성도착증

소아성애증과 아동 성범죄

Michael C. Seto 지음 | 이장규, 최은영 옮김

Σ 시그마프레스

성도착증 : 소아성애증과 아동 성범죄

발행일　2016년 9월 8일 1쇄 발행

저자 | Michael C. Seto
역자 | 이장규, 최은영
발행인 | 강학경
발행처 | (주)시그마프레스
디자인 | 김은경
편집 | 류미숙

등록번호 | 제10-2642호
주소 | 서울특별시 영등포구 양평로 22길 21 선유도코오롱디지털타워 A401~403호
전자우편 | sigma@spress.co.kr
홈페이지 | http://www.sigmapress.co.kr
전화 | (02)323-4845, (02)2062-5184~8
팩스 | (02)323-4197

ISBN | 978-89-6866-753-4

Pedophilia and Sexual Offending Against Children :
Theory, Assessment, and Intervention

* 책값은 책 뒤표지에 있습니다.
* 이 도서의 국립중앙도서관 출판예정도서목록(CIP)은 서지정보유통지원시스템 홈페이지(http://seoji.nl.go.kr)와 국가자료공동목록시스템(http://www.nl.go.kr/kolisnet)에서 이용하실 수 있습니다.(CIP제어번호 : CIP2016019812)

| 역자 서문 |

2010년 10월 26일 역자는 비행청소년 교육 및 보호기관인 서울소년원에서 국립법무병원(치료감호소)으로 이직하여 성범죄자 심리평가와 치료 업무를 맡게 되었다. 국립법무병원 임상심리실에서 지난 6년간의 시간 동안 법원이나 검찰 등의 사법기관으로부터 형사 정신감정이 의뢰된 수백 명의 성범죄자를 심리평가하였다. 2011년 1월부터 역자가 성범죄에 대한 나름의 공부를 시작하면서 접한 많은 책 중 하나가 지금의 번역서이며, 역자에게 이 책은 성범죄 분야의 다양한 연구 성과를 균형감 있게 다룬 핵심 개론서이다.

이 책은 성범죄 이론, 성범죄자의 평가 및 치료적 개입, 그리고 정책적 시사점을 다각적으로 제시하고 있다. 특히 실증적 · 경험적 증거를 바탕으로 현재 국내외 많은 나라에서 성범죄자들에게 일반적으로 제공하고 있은 심리치료적 개입의 한계점을 지적하고, 성범죄의 재범 방지와 선제적 예방을 위해 심리치료와 함께 병행해야 할 사회적 · 제도적 중재방안을 제시하고 있다. 역자의 임상적 경험으로 볼 때, 이 책은 성범죄자 관리 및 처우 관련 분야에 종사하는 심리학자, 정신건강 전문가, 정책입안자, 법적 의사결정 전문가들에게 많은 도움이 될 것이다.

이 책이 한국어 번역판으로 출간되기까지 꼼꼼하게 원고교정 작업을 해주신 민희진, 장은영, 조경희 선생님께 감사를 전한다. 또 기꺼이 번역서 출간을 맡아 주신 ㈜시그마프레스 강학경 사장님과 역자의 나태함을 이해하고 이 책이 잘 마무리될 수 있도록 지원해 주신 편집부 여러분께 깊이 감사드린다.

2016년 8월

역자 대표 이장규

| 차례 |

서론

아동 성학대의 범위 2 / 사회적 맥락 3 / 정치적 맥락 5 / 역사적 자료 18 /
법적 배경 6 / 이 책의 목표 8

제1장 소아성애증 정의

사춘기의 중요성 13 / 소아성애증의 역학 15 / 소아성애증 그리고 아동과
의 성적 접촉 17 / 역사적 자료 18 / 현대의 비교문화적 증거 22 / 소아성
애증은 인류보편의 문제가 아닐까 24 / 진화론적 관점 26 / 이 책의 서술
계획 28 / 부록 1.1 30 / 부록 1.2 34 / 부록 1.3 35

제2장 평가

자기보고 37 / 행동 41 / 심리생리학적 측정 46 / 소아성애자는 아동의 어떤
부분에 매력을 느끼나 57 / 논의 및 요약 61

제3장 소아성애증 연구의 다양한 접근법

스스로 소아성애증을 인정한 집단 67 / 일반 임상집단 70 / 범죄자 집단 71 / 정책과 실천에 대한 시사점 87 / 연구 관련 시사점 88 / 부록 3.1 92 / 부록 3.2 98

제4장 아동 성범죄 이론

아동 성범죄 이론 개관 103 / 성범죄에 대한 일반적인 설명 108 / 성범죄 발생을 설명하는 고유한 요인 109 / 아동 성범죄자와 다른 남성과의 비교연구 114 / 성범죄를 설명하는 몇 가지 고유한 요인에 대한 재개념화 122 / 발달적 관점 124 / 아동의 취약성 128 / 결론 129 / 부록 4.1 130 / 부록 4.2 132

제5장 소아성애증의 원인

조건화 135 / 아동기 성학대 경험 138 / 신경발달적인 요인 143 / 발달적 측면에서의 소아성애증 148 / 후속 연구 방향 150 / 결론 및 논의 156 / 부록 5.1 159 / 부록 5.2 161

제6장 근친상간

근친상간의 금기 165 / 생의 초기 근친관계와 근친상간의 회피 166 / 유전적 관련성 170 / 아버지-딸 그리고 형제-자매 근친상간에 대한 설명 174 / 마지막 결론 180 / 부록 6.1 182 / 부록 6.2 184

제7장 위험성 평가

성범죄 재범 188 / 재범의 위험 요인 189 / 위험성 평가도구의 개발 191 / 계리적 위험성 평가 192 / 계리적으로 추정된 위험성의 임상적 수정 202 / 임상적 수정의 영향 205 / 계리적 위험성 척도의 조합 206 / 아동 대상 성범 죄자에게 특화된 위험성 평가척도 209 / 현재까지 아동 성범죄 전력이 없는 남성의 위험성 210 / 결론 및 논의 213 / 부록 7.1 215

제8장 치료적 개입과 대처방안

성범죄자 치료 효과 221 / 심리학적 개입 225 / 의학적 중재 234 / 사회적 개 입 242 / 요약 253 / 향후 연구 방향 255 / 최종 논평 268 / 부록 8.1 272

집필 후기 277

참고자료 281

참고문헌 295

찾아보기 349

┊┊┊┊┊ 서론 ┊┊┊┊┊

사춘기전 아동에게 성적 관심을 지속적으로 보이는 소아성애증은 우리의 마음을 불편하게 만들며, 사회적으로 논란이 많은 주제이다. 비록 현실과는 다를지라도 일반 대중에게 소아성애라는 용어는 일면식이 없는 아동에게 성폭행을 저지르는 변태성욕을 가진 성범죄자[1]를 떠올리게 만든다. 아동을 대상으로 한 성범죄에 관한 대중의 인식은 미디어의 영향을 많이 받는다. 다만 미디어에서는 대부분 아동의 유괴나 살인, 혹은 다수의 아동들을 대상으로 오랜 기간 동안 성

---

1 일반 대중과 전문가들 사이에 소아성애자(pedophile), 아동 성추행범(child molester), 아동 성범죄자(child sex offender), 아동 포식자(child predator) 등의 용어가 종종 같은 의미로 사용되고 있다. 성인이 아동과 성적 접촉을 한 경우 범죄가 되지만 소아성애를 가진 것 자체는 범죄가 아니다. 이 책에서 필자는 소아성애자와 아동을 대상으로 성범죄를 저지른 범죄자를 명확하게 구분하였다. 비록 이 두 집단이 서로 중첩되는 부분도 있지만 이들은 동일한 집단이 아니다. 필자는 소아성애자(pedophilie) 또는 소아성애(pedophilia)라는 용어를 사춘기전 아동에 대한 성적인 관심을 외현적 행동으로 표출한 것과 상관없이 아동에 대한 성적 관심을 가진 사람이라는 의미로 사용한다. 아동 대상 성범죄자(sex offenders against children)라는 용어는 소아성애자 여부에 상관없이 아동을 대상으로 한 성적 접촉에 연루된 사람이라는 의미로 사용한다. 이러한 맥락에서 볼 때, 성학대(sexual abuse)라는 용어 사용에는 논란의 여지가 있을 수 있다. 이 용어는 행동적인 것이 아닌 정서적인 것이기 때문에 과학적 측면에서 적절하지 못하다. 또한 아동의 피해와 그러한 피해나 학대를 야기한 성인의 의도를 암시하기보다 도덕률에 가까운 용어라는 측면에서도 부적절하다. 이는 아동이 심각한 피해를 입지 않은 경우 성인과 아동의 성적 관계를 충분하게 설명하지 못하며[Rind, Tromovitch와 Bauserman(1998)은 많은 아동이 성인과의 성적 접촉 경험으로부터 잘 회복된다는 사실을 발견했다.], 성적 접촉을 저지른 성인은 그 성적 접촉이 아동을 학대한 것이 아니라 사랑과 보살핌 과정의 일부였다고 믿거나 피해아동이 성적 접촉을 먼저 시작했다고 믿는다.(물론 아동이 성적 접촉을 먼저 시작했다고 해서 그에 대해 반응하지 말아야 한다는 성인의 법적, 도덕적 책임이 사라지는 것은 아니다.) 성학대보다 더욱 중립적인 대안 용어는 '아동보다 훨씬 나이가 많은 청소년 혹은 성인과의 어린 시절 성적 접촉'이지만 이는 너무 길고 복잡하다. 필자는 성학대라는 용어를 사용하는데, 그 이유는 이 용어가 과학적·비과학적 저술에도 폭넓게 사용될 뿐 아니라 이 책을 읽는 독자들에게도 아마 훨씬 친숙할 것이기 때문이다.

범죄를 저질러 온 범죄자들과 같은 선정적인 사례에 초점을 맞추는 경우가 많다(Cheit, 2003; Jenkins, 1998).

부모는 당연히 자녀들의 안전과 복지에 대해 걱정하기 마련이며, 많은 사람들 또한 혹시 자신이 알고 있는 아동이 어른에게 학대나 피해를 입을까 봐 걱정한다. 서론에서 필자는 소아성애증 연구에 필요한 사회적·정치적·법률적 내용에 대해 논의하고자 한다. 이를 통해 독자들에게 소아성애증에 대한 사회적·정치적·법적인 대응책과 아동 성범죄와 관련된 문제들을 이해하는 데 도움이 되는 기본적인 틀을 제공할 것이다.

아동 성학대의 범위

아동 성학대는 보편적인 사회문제 중 하나이다. 미국의 경우 2000년에 구체적으로 밝혀진 아동 성범죄가 대략 89,500건 발생했다(Finkelhor & Jones, 2004). 2세에서 17세 사이의 전국 아동과 청소년을 대상으로 설문조사한 결과, 약 1/12에 해당되는 아동들이 성학대를 경험한 것으로 나타났다(아주 어린 아동에 대해서는 부모가 아동을 대신하여 응답; Finkelhor, Ormrod, Turner, & Hamby, 2005). Finkelhor(1994)는 아동 성학대의 발생률을 알아보기 위해 성인을 대상으로 한 국제적인 설문조사 자료들을 검토하였다(발생률은 조사방법이나 성학대의 정의에 따라 차이를 보임). 벨기에, 캐나다, 덴마크, 핀란드, 영국, 네덜란드, 노르웨이, 스페인, 스웨덴, 미국, 이렇게 10개국으로부터 확보한 표본을 포함하여 19개국의 자료가 수집되었다. 성인 응답자로부터 얻은 아동기 성학대 경험의 평균은 여성의 경우 대략 20%, 남성의 경우 10%였다. 이러한 국제적 설문조사를 통해 볼 때, 여성은 남성에 비해 성학대를 당할 가능성이 더 높고, 낯선 사람보다는 친척으로부터 성학대를 당할 확률이 높았다. 그리고 성학대의 가해자는 주로 남성이었다.

공식적으로 밝혀진 범죄 데이터에 의하면 많은 아동 대상 성학대 사건은 일면식이 없는 사람이 아닌 이전부터 알고 지내던 사람에 의해 발생하며, 대부분은 성적 접촉과 관련되어 있다는 것이 밝혀졌다(Snyder, 2000). 다행스럽게도 소아성애자에 의해 아동이 납치되거나 살해당하는 사건은 매우 드물지만, 이런 사건이 미디어를 통해 대중에게 널리 알려지게 되면(Cheit, 2003), 소아성애증과 아동 성범죄에 관한 사회적 · 법적 · 정치적 대응에 엄청난 영향을 미친다.

사회적 맥락

소아성애자와 아동 성범죄를 저지른 사람에 대한 대중의 태도는 매우 부정적이다. 아동 성범죄는 굉장히 심각한 범죄로 인식한다. 그 예로 지각된 윤리적 부당행위에 관한 한 연구에서는 아동 성범죄가 국제적인 살인보다도 더 심각한 범죄라고 평가하는 것으로 나타났다(Lieberman과의 개인적 교신, 2003년 2월 19일; Lieberman, Tooby, & Cosmides, 2003). 또한 대학생을 대상으로 한 Rosenmerkel(2001)의 연구에서 아동 성범죄가 흉악 살인과 다른 폭력범죄보다 더 심각한 범죄로 평가되었으며, 일반적으로 그 심각성에 있어서는 살인 다음으로 높은 등급을 받았다.

아동 성범죄로 기소된 범죄자들은 종신형, 거세, 사형 등의 중형 판결을 받았다(아동 성범죄에 관한 태도와 법률적 변화에 관한 역사적 기술을 보고 싶다면 Jenkins, 1998 참조). 한 개인이 소아성애자로 판정될 경우 그의 대인관계, 직업, 가정, 심지어 신체적 안전까지 위험해질 수 있다. 비록 이런 경우는 매우 드물지만 자경단원들이 성범죄자로 알려진 사람의 집을 불태우거나, 아동 성범죄자로 의심되는 사람을 폭행한 경우도 있었다(미국에서 일어났던 이러한 사건의 전말을 보기 원한다면 Freeman-Longo, 1996 참조). 최근에 크게 공론화된 사례의 경우, 메인 주에 등록된 두 명의 아동 성범죄자가 젊은 캐나다인 남성에 의해 살해되었으며, 한 성범죄자는 자신이 탄 버스가 경찰에 의해 멈추게 되자 자살했다. 유사한 사례로 워싱턴에서는 두 명의 아동 성범죄자가 인터넷 성범죄자 신상공개 사이트에서 주소를 찾아낸 한 남성에 의해 살해되었다(Canadian Broadcasting Corporation News, 2006). 타블로이드판 뉴스인 *News of the World*는 2000년 여름 8세 소녀인 Sara Payne의 살해로 불거진 '부끄러운 이름(Name and Shame)' 캠페인의 일환으로 유죄판결을 받은 성범죄자의 이름을 공개하기 시작하였다. 이 캠페인 후 전문 직종명인 소아과전문의를 소아성애자로 오인한 사람들이 소아과

전문의의 자택 문에 스프레이 페인트를 뿌려 의사가 도망가는 사건이 발생했다 (Boulware, 2000).

앞서 제시한 사례에서 보았듯이 이 시대에 아동 성학대는 엄청난 충격으로 사회를 압도하는 위협으로 여겨지고 있다. 필자는 아동 성학대에 대한 강렬한 두려움 및 분노와 Jenkins(1998)가 도덕적 공황의 한 예로 든 소아과전문의가 겪은 고충의 이야기를 이 책에 소개하였다. Jenkins는 아동 성범죄에 대해 적절한 대처가 이루어질 경우 그리 심각한 결과를 초래하지 않는다고 여겼던 과거에 비해 아동 성학대와 아동 성범죄자에 대한 사회적 관점이 크게 변화되었다고 주장하였다. 이러한 관점의 변화는 아동 성학대와 연관된 악마적 의식에 대한 드라마 같은 이야기들이 대대적으로 보도되면서 1980년대와 1990년대 초반에 급격하게 나타났다. 20년이 지난 지금 아동 학대와 관련된 악마적 의식이 존재했다는 구체적 증거를 찾을 수 없다(Jones, 2004; Nathan & Snedeker, 2001). 현재는 수익성이 높은 아동 포르노 산업과 관련된 인터넷의 위험성을 경고하는 주장이 증가하는 추세이다. 인터넷의 위험성과 관련하여 인터넷 포식자로 불리는 많은 사람들은 잠재적인 아동 범죄 피해자, 방대한 소아성애자들의 온라인 네트워크, 아동 포르노 범죄자, 아동 성범죄자들 간의 정보 교환을 위해 이메일이나 채팅방 등의 인터넷 공간을 활용한다. 그러나 현재 이러한 인터넷상의 문제를 지지하거나 주요 정책 수립 및 법적 장치 마련을 위한 사전 연구는 거의 존재하지 않는다.

필자는 이 책의 원고를 정리하던 중 소아성애자와 아동 성범죄자에 관한 대중의 분노를 우연히 경험하게 되었다. 필자와 동료들은 정부에서 제공하는 연구 기금을 받고, 아동 성범죄 전력이 없는 아동 포르노 소지 범죄자들과 아동 성범죄 전력이 있는 아동 포르노 소지 범죄자들 간 변별 요인에 관한 연구를 수행하였다. 연구 자료의 수집은 인터뷰, 자기보고 설문지, 그리고 합성된 아동과 성인 사진 자극에 대한 응시 시간을 측정하는 것이었다(제2장 참조). 그러나 뜻밖의 사건이 발생했는데, 한 신문사에서 필자와 동료들의 연구가 아동 성범죄 발생 원인에 대한 이해의 증진과 향후 성범죄를 예방할 목적으로 이루어지는 것이 아니며, 범죄자들이 경제적인 보상 때문에 연구에 참여한다는 내용을 중점적으로 다루는 신문사설을 쓴 것이다(Tetley, 2007). 범죄 피해자 권리옹호자들은 성범죄자들이 연구에 참여할 때 경제적인 보상을 받는 것에 반대 입장을 표명했다. 아마도 이들 범죄 피해자 권리옹호자들은 그 어떤 연구윤리위원회라도 사람들을 연구에 강제적으로 참여시키지 않는다는 사실을 알지 못했거나, 일반적으로 피검자들이 연구에 참여할 때 연구 참여의 대가로 경제적 보상을 받는다는 사실을 몰랐기 때문일 것이다.

그 신문사설의 내용은 캐나다의 뉴스 제공 서비스에 게재되었고, 이후 다른 신문과 라디오, 텔레비전 등에서도 방영되었다(Canadian Broadcasting Corporation News, 2007). 이러한 논란이 연구 기금에 영향을 미친 것은 아니었지만 대중의 반발은 소아성애증과 아동 성범죄의 이해를 돕기 위한 연구 활동을 위축시키는 결과를 가져왔다.

정치적 맥락

아동 성범죄자에 대한 대중의 태도를 볼 때, 이에 대한 정치적 입장 역시 감정적이고 강렬한 것은 그리 놀랄 일이 아니다. 한 예로 대학생들을 대상으로 실시한 연구에서 "아동기에 성인과의 성적 접촉 경험의 악영향이 비교적 경미하다."고 결론지은 Rind 등(1998)의 메타분석 논문 발표 후 촉발된 정치적 대응이다. Rind 등(1998)은 논문에서 성인에게는 아동 성범죄에 관한 법적인 또는 도덕적인 책임이 없다고 주장하거나 이러한 암시를 하지 않았을 뿐 아니라, 데이터를 통해 획득된 연구결과는 법적, 도덕적인 함의와 구분되어야 한다는 점을 구체적으로 밝혔다. 그럼에도 불구하고 이 연구결과는 대중매체의 격렬한 반응을 불러일으켰고, 성학대가 피해아동에게 되돌릴 수 없는 심각한 피해를 초래하지 않는다는 비과학적인 연구결과를 논문에 게재하였다는 이유로 미의회가 미국심리학회(논문이 게재된 학회지)를 견책하게 하는 이례적인 표결을 하도록 만들었다. 이 견책으로 인해 미국심리학회는 심각한 내부 문제에 휩싸이게 되었다(American Psychologist의 2002년 3월 호의 학술지 편집위원, 미국심리학회 직원, 그 외의 해설자들에 의해 자세하게 기술된 개요 참조; Albee, Newcombe, & McCarty, 2002).

이러한 미의회의 견책은 우려스러운 일이었는데, 왜냐하면 학문의 자유, 학술지의 독립성, 공공정책과 과학 사이의 관계에 대한 문제이기 때문이다. 또 이 견책은 주목할 만한 가치가 있는데, 이는 아동이 심각한 피해를 입는다는 것만으로 성인과 아동의 성적 접촉에 대한 법적·도덕적 금기를 설명하기엔 부족한 측면이 있다.[2] 아동의 권리, 인지 및 정서발달 단계를 고려했을 때, 성적 접촉을 수락할 수 있는 아동의 능력에 대한 불확실성, 성인과 아동이 성적 접촉이 있었을 때 나타날 수 있는 잠재적인 기회 및 위험의 비대칭 등을 고려하여, 금기에 대한 보다 일관된 철학적 근거를 마련할 수 있다. 연구에 있어 누군가는 다음과 같은 질문을 던질 수도 있을 것이다. 얼마나 많은 아동이 성인에 비해 성인-아동 간 성관계를 범죄가 아니라고 하는가? 성인-아동 간 성관계가 범죄가 아니라고 주장하는 성인들의 동기는 무엇인가? 이 책에서 필자가 기본적으로 제시하고 있는 중요한 전제 중 하나는 성인-아동 간 성관계에 대한 합법적이고 도덕적인 금지는 계속되어야 하고 계속될 것이라는 것이다.

법적 배경

Jenkins(1998)는 미국의 아동 성범죄관련법에 대한 변화를 조사하였다. 성범죄관련법은 20세기 들어 크게 변화되었고, 법의 변화는 아동과의 성적 접촉에 대한 대중과 정치적인 견해를 보여주고 있다. 현재의 견해들은 상당히 구속적이며, 법적으로 가능한 범위 내에서 폭력적인 범죄자들로부터 성범죄자들을 추려내고 있다. 비록 총기관련 범죄, 폭력조직 범죄, 가정폭력 범죄에 대중과 전문가들이 큰 관심을 갖는 것이 사실이지만, 성범죄가 아닌 다른 집단의 범죄자들이 거주지를 이전할 때 신상공개의 대상이 되거나, 신상정보가 평생 경찰에 등록되거나, 법으로 어디에 거주해야 하는지 정해지거나, 형기가 만료된 이후 민사적 감금제재(civil commitment)를 받는 것과 같은 특별 관리 대상자가 되지는 않는다.

미국에서 성범죄를 당한 두 명의 피해아동에 대한 추모행사가 열렸다. 지역의 사법기관이 아동 성범죄자들의 거주지를 강제적으로 등록하도록 하는 웨털

---

2 아마 일부 사람들은 많은 아동이 성학대 경험으로부터 높은 회복력을 보인다는 사실에 희망을 가질 것이다.

링법(The Jacob Wetterling Crimes Against Children and Sexually Violent Offender Registration Act, 2001)은, 남동생과 친구와 편의점에 갔다가 집으로 돌아가고 있던 11세 소년을 권총으로 협박하고 납치한 사건이 발생한 후 만들어졌다. 범죄자는 체포되지 않았고, Jacob Wetterling은 발견되지 않았다. 성범죄자들의 신상등록을 의무화한 메간법(1994)은 7세의 Megan Kanka라는 뉴저지 소녀의 이름을 딴 법이다. 1994년 7월 29일, 피해 소녀는 과거 성범죄 전력이 있는 범죄자로부터 유인당해 이웃 자택에서 강간당하고 살해되었다. 이 범죄 사건으로 인해 뉴저지와 미국 연방정부는 성범죄자가 거주지를 이전할 때 신상등록을 의무화하는 법을 통과시켰다. 많은 주의 사법당국이 성범죄자들의 거주지 통제를 위한 법률을 제정하기 시작하였는데, 이 법률은 학교, 공원, 어린이집, 학교 부근 버스 정류장 등 아동들이 많이 모이는 장소로부터 거주지까지의 최소 거리를 제한하는 내용이다(Levenson & Cotter, 2005). 아동 성범죄자에게 적용되는 각 주와 연방법률에 대한 더 자세한 정보는 Doren(2002), Matson과 Lieb(1996), Prentky, Janus, 그리고 Seto(2003), LaFond(2005) 등에 제시되어 있다. 미국 법무부에 의해 관리되고 있는 국가적 차원의 성범죄자 신상공개 등록정보는 성범죄자 웹사이트(http://www.nsopr.gov)를 통해 열람할 수 있다.

또 다른 법적 대응으로는 위험한 성범죄자들이 형기를 마친 이후 민사적 감금 제재를 받는 것이다(Doren, 2002). 2002년에 실시된 한 조사에서 당시 2,478명의 성범죄자들이 민사적 감금시설에 있는 것으로 나타났다. 이들 중 1,632명의 범죄자는 민사적 감금이 집행 중이었고, 나머지 범죄자는 판결을 기다리고 있었다. 민사적 감금을 선고받은 성범죄자들 중 대략 절반(49%)이 소아성애증 진단을 받았다(Fitch, 2003). 소아성애를 가진 성범죄자들은 민사적 감금을 권고받을 확률이 더욱 높았다(Levenson, 2004b). 끝으로 몇몇 국가들은 다른 나라에서 발생하는 아동 대상 성적 접촉에 대해 사법권 행사를 추진하고 있는데, 이는 타국으로 성매매 관광을 떠나거나 미성년자와 매춘행위를 하는 사람들에 대한 우려 때문이다. 이러한 성매매 관광과 미성년자 매춘행위에 대한 구체적인 통계는 없지만 이것이 중요한 문제라는 사실은 인식하고 있다(제3장 참조).

이 책의 목표

이 책은 다음의 질문들을 다루기 위해 쓰였다. 소아성애는 문화와 시대에 관계없이 나타나는 보편적인 현상인가? 어떻게 소아성애를 밝혀낼 수 있는가? 소아성애증과 아동 성범죄는 어떤 관계가 있는가? 소아성애가 있는 성범죄자와 그렇지 않은 성범죄자들은 어떻게 다른가? 소아성애증과 아동 성범죄는 어떻게 설명되는가? 성범죄 위험성을 어떻게 평가할 것인가? 마지막으로 아동 성범죄의 발생을 줄이기 위한 중재방안은 무엇인가?

필자의 소망은 아동들이 성범죄로 인해 희생되는 것을 방지하기 위해 위와 같은 주제에 대한 과학적 지식이 정책과 임상현장에 적절하게 적용되는 것이다. 그러나 현실에서 아동 성학대 문제에 대한 실천, 정책 개발의 방향, 그리고 이 주제들에 대한 과학적 이해 사이에는 상당한 괴리가 존재한다. 아동 성범죄의 대처방안으로 이행되고 있는 법과 정책, 그리고 전문가와 비전문가들의 믿음은 경험적 증거를 바탕으로 하지 않는 경우가 많다. 필자는 경험적 증거를 바탕으로 하지 않을 경우, 피해아동을 지원하고 성범죄자를 치료하는 정신보건 및 형사사법 시스템에 효율성이 저하된다고 생각한다. 이로 인해 아동들은 상당한 성범죄 위험에 노출될 수도 있다. 왜냐하면 성범죄자의 석방 혹은 형기와 관련된 적절한 의사결정을 내리지 못하게 되거나 성범죄자들이 재범 위험성으로부터 적절한 관리를 받지 못할 수 있으며, 정신보건과 형사사법 시스템이 그들의 자원을 효율적으로 배분할 수 없게 될 수 있기 때문이다.

비록 아직 밝혀야 할 사항이 많지만 과학적 지식은 정책과 현장을 이해할 때 유용하게 사용될 수 있다. 구체적으로 성범죄자들의 재범 위험성 평가에 상당한 진전이 있었다. 이러한 재범 위험성에 대한 정보는 성범죄자의 판결, 배치, 석방, 보호관찰 또는 치료개입 등의 판단에 체계적으로 활용될 수 있다. 비록 과거에 비해 재범 위험성을 보다 정확하게 추정하는 것이 가능해졌지만, 아직까지 많은 의사결정은 주관적인 판단에 의한 외적 요인에 영향을 받는다. 객관적이고 정확한 위험성 평가는 매우 중요한데, 그 이유는 아직까지 성범죄자들의 성범죄 재범을 감소시키기 위한 효과적인 치료가 없기 때문이다. 성범죄자 치료의 효과성을 지지하기 위해 제시되는 연구들은 방법론적인 문제를 지니고 있으며, 현재까지 보고된 과학적인 방법론(무선배치 설계)을 사용한 심리치료 연구는 아동 성범죄자의 치료에 있어 유의미한 효과를 발견하지 못했다(Marques, Wiederanders, Day, Nelson, & van Ommeren, 2005). 대조적으로 아동에게 성범죄를 저지른 청소년들을 대상으로 다중체계치료(multisystemic therapy)를 적용하여 무선배치 실험을 실시한 두 개의 연구에서는 재범에 상당한 감소를 보고하였다. 이는 범죄 태도, 신념, 또래집단, 행동 패턴 등이 고착화되기 전 조기에 중재할 수 있도록 가용한 자원을 더 많이 활용하는 것이 개인과 사회에 도움이 된다는 것을 암시한다. 필자는 혁신적인 치료가 필요하며, 현재의 치료가 거의 효과를 나타내지 못하고 있는 점을 감안할 때, 미래에는 무선배치 방법론을 적용한 임상치료 연구가 일반적으로 고려되어야 한다는 것을 강조하고 싶다. 필자 역시 학교에서의 성학대 예방 프로그램, 소아성애증이 있지만 아직까지 아동과의 위법한 성적 접촉을 저지르지 않은 소아성애자들에 대한 지원과 치료, 성학대 폭로와 아동들을 보호하기 위한 책임 있는 어른들의 도움을 쉽게 받을 수 있는 환경 조성을 위해 공공교육 캠페인 등을 포함하는 예방 노력에 대한 관심이 높아지는 것에 찬성한다. 가용한 자원은 성적 행동문제를 보이는 아동을 비롯하여 성범죄를 저지른 청소년에 대한 치료로 전환될 수 있을 뿐 아니라 아동 성범죄 발생 사실을 밝히는 것을 용이하게 하여 성범죄자들의 체포와 기소에도 적용될 수 있다.

소아성애증에 대해 밝혀진 것은 아동 성범죄보다 더 적다. 소아성애에 관한 대다수의 연구는 성범죄를 저지른 남성의 임상 혹은 교도소 수감자 표본으로부터 수행되었다. 이러한 표본이 아닌 다른 소아성애자, 특히 아동과의 성적 접촉 경험이 없으면서 스스로 소아성애자임을 밝힌 이들에 대한 더 많은 연구가 필요하다. 비록 현재의 사회적·정치적·법적 환경에서 이런 연구를 수행한다는 것이 현실적으로 매우 어렵겠지만 소아성애증을 보다 심층적으로 이해하기 위해서는 이러한 연구는 반드시 필요하다. 소아성애는 삶의 초기에 나타나며 개인의 성적 성향을 주도한다는 측면에서 이성애 또는 동성애와 같은 안정적인 성적 선호로 보인다. 이러한 성적 선호의 안정성 때문에 마치 그 어떤 치료도 동성애적(혹은 이성애적) 성향을 성공적으로 변화시키지 못했던 것처럼 그 어떤 치료도 소아성애를 변화시키기는 어려워 보인다(Shidlo & Schroeder, 2002; Zucker, 2003). 따라서 성공적인 치료 중재를 위해서는 소아성애자들에게 효과적인 자기조절 기술을 가르치고, 아이들에게는 어떻게 하면 성학대를 피할 수 있는지, 만약 피해를 당했다면 성학대 사실을 주변 사람들에게 어떻게 알릴 것인지에 대해 교육시키며, 환경을 통제하는 범죄예방 활동과 범죄자에게 범죄의 지각된 위험을 증가시키는 등의 개입이 필요하다. 소아성애증과 아동 성범죄의 원인에 대한 새로운 연구는 효과적인 예방 프로그램의 개발에 핵심적인 역할을 할 것이다.

필자는 더 이상 아동 성범죄 피해자가 발생되지 않기를 바라는 마음에서 이 책을 집필하였다. 북아메리카 남성/소년 사랑 협회(The North American Man/Boy Love Association)와 같은 소아성애 옹호단체의 회원들 또는 걸챗(Girlchat)과 보이챗(Boychat)과 같은 온라인 메시지 그룹의 회원들은 아동들도 성관계에 동의할 수 있는 능력이 있으며, 소아성애자와 성인-아동 간 성관계에 대한 억압은 아동 권리에 대한 침해이며, 아동들은 성인-아동 간 성관계 그 자체보다는 자신의 가족과 사회의 부정적인 반응 때문에 더 많은 피해를 입게 된다고 주장하고 있다. 그러나 이러한 주장을 하는 단체 회원들은 아동-성인 간에 존재하는 이득과 위험의 엄청난 비대칭성을 인식하지 못하고 있다. 아동에게 성적 관심을 갖는 성인들이 아동과 성적 접촉을 할 때 얻게 되는 이익은 명확한 반면, 아동이 얻게 되는 이익은 명확하지 않다. 더욱이 비록 성학대를 당한 많은 아동들의 경우 그 피해의 정도가 상당히 심각하지 않았다 하더라도, 아동들에게 피해를 끼칠 위험은 늘 존재한다(Rind et al., 1998). 필자는 성인-아동 간 성관계를 옹호하는 자들의 주장은 자기중심적이며, 도덕적으로 옳지 않다고 생각한다. 이러한 부당함을 예방하기 위해서 필자는 소아성애자들이 아동에 관한 그들의 성적 흥미를 회피하는 방향으로 행동하는 것을 강화하기 위한 지원이 필요하며, 아동 성범죄자들은 지금까지 밝혀진 재범 위험성과 효과적인 중재 방식에 따라 체계적인 치료와 관리가 필요하다. 필자는 이 책이 이 같은 노력에 기여하기를 희망한다.

CHAPTER 1

소아성애증 정의

정신질환 진단 및 통계편람에서는 소아성애증(pedophilia)은 사춘기전(prepubescent) 아동을 대상으로 성적 공상(fantasies), 충동(urges), 성적 행동을 지속적이고 반복적으로 보이는 것으로 정의한다(DSM-IV-TR, APA, 2000; Seto, 2002 참조)[1]. 국제질병분류체계에서도 '통상적으로 사춘기전 또는 사춘기 초기 연령의 아동(남아 또는 여아, 혹은 양쪽 모두)에 대한 성적 선호'로 DSM-IV-TR과 유사한 정의를 사용하고 있다(WHO, 1997). 미국심리학회의 심리학 사전에서는 소아성애증을 다음과 같이 정의하고 있다(American Psychological Association, 2007).

소아성애증은 성적 흥분을 얻을 목적으로 사춘기전 아동에게 성적 행동이나 성적 공상을 지속적으로 보인다. 아동의 연령은 소아성애자의 연령보다 상당히 어린 것이 일반적이다. 소아성애자의 성적 행동은 아동을 쳐다보거나 만지는 행동, 경우에 따라서는 매우 어린 아동에게 성기를 삽입하는 성관계이다.

소아성애증은 어린 아동(*pedeiktos*)에 대한 사랑(*philia*)이라는 그리스어에서 비

---

1 역자 주 : 최근 개정판 DSM-5에서는 소아성애증을 소아성애장애(pedophilic disorder)로 진단 명칭이 변경되었으나 핵심적인 진단기준 내용에는 큰 변화가 없다.

롯된 용어이다. 소아성애(paedophilia erotica)라는 용어는 성(性)에 관한 연구를 선구적으로 시작한 Richard von Krafft-Ebing(1906, 1999)이 *Psychopathia Sexualis*라는 사례연구에서 처음 사용하였다. 소아성애증은 성도착증(paraphilia)의 하위 유형 중에서 임상과 법정 관련 연구문헌에 가장 빈번하게 등장하는 주제일 것이다(부록 1.1 참조). 소아성애증을 뚜렷하게 보이는 소아성애자는 성인에게 성적 매력을 느끼지 못하고 아동에만 국한된 성적 기호를 나타내는 경우로, 이러한 소아성애자는 이차성징의 발달이 시작되지 않았고 성인에게 성적인 관심이 없는 아동에게 강렬한 성적 기호를 보인다(부록 1.2, 1.3 참조). 매우 드물지만 어원적 측면에서 John Money는 네피오필리아(nepiophilia : 영아기호증, 그리스어로 *nepion*은 영아를 의미)라는 용어를 만들어 영아에게 성적 기호를 보이는 사람에게 이 용어를 사용하였다(Greenberg, Bradford, & Curry, 1995). 그리고 Kurt Freund는 청소년에게 성적 기호를 보이는 경우 에페보필리아(epheophilia : 청소년 기호증, 그리스어로 *ephebos*는 사춘기를 의미)를 헤베필리아(hebephilia)라는 용어로 다시 바꾸어 사용하였다. 소아성애증과 달리 청소년 성애자(hebephiles)는 음모가 자라고 유방의 발달이 시작하는 등 약간의 이차성징이 나타난 아동ㆍ청소년에게 성적 매력을 느낀다. 현재까지 영아에 대한 성적 기호와 사춘기 아동에 대한 성적 기호가 소아성애증의 이형(異形)인지 또 다른 형태의 성도착증인지는 명확하지 않다. 소아성애증(pedophilia), 영아성애증(nepiophilia), 청소년성애증(hebephilia) 세 가지 용어는 Ray Blanchard가 성적으로 성숙한 사람에 대한 인간의 일반적인 성적 선호를 설명하기 위해 만든 텔레오필리아(teleiophilia, 그리스어로 *teleios*는 '완전히 성장한'의 의미)라는 용어와 구별할 필요가 있다.[2]

비록 소아성애자와 아동 성범죄자가 대중이나 미디어에서 서로 대체 가능한 동일한 의미로 사용되고 있으나 두 용어는 동의어가 아니다. 그리고 앞서 간략하게 소개한 소아성애증의 정의와 일치되지 않음에도, 일반 언론매체에서는 사춘기를

---

2 드물게 일부 사례연구 문헌에서 노인에 대한 성적 선호를 가진 노인성애자(gerontophilia)를 볼 수 있다. 이처럼 노인성애자가 드문 이유는 노인과의 성적인 접촉을 추구하는 것이 불법이 아니며, 강제적이거나 폭력적이지만 않다면 소아성애증보다 임상적으로나 법적으로 주목을 덜 받기 때문이다(Ball, 1998; Kaul & Duffy, 1991; Oules, Boscredon, & Bataille, 1997). 또 실제 소아성애자보다 노인성애자가 드물다는 사실을 반영한 것으로 보인다.

끝낸 청소년을 대상으로 한 성범죄자들을 소아성애자라고 보도하기도 한다. 필자가 이 책의 제3장과 제4장에서 기술한 바와 같이 일부 소아성애자는 아동 대상 성범죄를 저지르기 전까지 소아성애자라는 사실이 밝혀지지 않으며, 많은 수의 아동 대상 성범죄자는 소아성애가 아닌 다른 원인으로 아동을 대상으로 성범죄를 저지른다. 소아성애증 외 아동 성범죄의 발생 원인은 반사회적 성향, 성욕과다, 음주나 약물에 의한 일시적인 충동조절 실패 등이다. 아동과의 성적 접촉을 자제하는 소아성애자들이 부당하게 아동 성범죄자로 취급받기도 한다. 소아성애자와 비(非)소아성애 성범죄자 집단 간 재범의 위험성이 서로 다르며, 재범 방지를 위한 효과적인 치료적 개입 또한 상이하기 때문에 이들 두 집단 간 차이에 대한 명확한 인식이 필요하다.

사춘기의 중요성

소아성애증 정의의 핵심적 요소는 성적 선호의 대상이 되는 아동이 사춘기 발달 단계상에 있느냐이다. 사춘기후 청소년과의 성적 접촉은 법으로 금지되어 있지만 국가마다(미국에서는 주마다) 금지에 대한 개념과 법적으로 규정한 연령도 제각각이다. 법적으로 '미성년자'는 인지와 정서발달 수준, 그리고 성인에게 이용당하고 착취당할 수 있는 가능성을 고려하여 정의한다. 법적으로 정해진 연령이 제각각인 것과는 대조적으로 사춘기에 나타나는 이차성징은 임신이 가능해진다는 구체적이고 공통된 발달상의 변화이다. 생물학적으로 볼 때 생식능력이 없는 사춘기 이전의 아동에게 성적인 매력을 느끼는 것은 종족 보전의 측면에서 부적응적인 행동이다. 그러나 시대와 문화를 불문하고 아동에게 성적인 매력을 느끼는 부적응적인 행동이 지금도 계속 나타나고 있다. 왜 소아성애자가 계속 존재하는지, 생물학적 관점에서 이 모든 것은 풀리지 않는 수수께끼이다.

사춘기 시작 연령은 제각기 다를 수 있다. 예를 들어, 20세기에 접어들어 산업화된 국가에서 사춘기의 평균 시작 연령이 낮아진 증거가 있다(Herman-Geugan, 2001). 사춘기 시작 연령이 낮아진 것에는 영양 섭취와 건강 상태의 개선이 영향을 미쳤다(Thomas, Renaud, Benefice, De Meeüs, Geugan, 2001).[3] 어린 소녀의 대부분은 12~13세 무렵 이차성징을 보인다. 지금 어떤 한 성인이 12~14세 연령의 소녀와 성적인 접촉을 한다면 대부분의 국가에서 규정하고 있는 법적 연령기준을 위반하는 것이 되겠지만, 그 성인의 성적 접촉이 소아성애증에 의해 유발되었다고는 볼 수 없다. 왜냐하면 소녀는 이미 유방 및 음모의 발달과 같은 이차성징이 나타났기 때문이다. 산업화 이전의 과거에는 아동의 사춘기가 지금보다 늦게 시작되었다. 따라서 산업화 이전 시대에 12~14세 소녀와의 성적 접촉은 지금 시대보다도 더 소아성애증의 영향이 크다고 할 수 있다.

　사춘기 발달단계를 구분할 수 있는 신뢰할 만한 체계가 Tanner(1978)에 의해 개발되었다. Tanner 점수는 음모(陰毛), 음문(陰門, vulva)의 형태, 유방의 발달, 겨드랑이 털의 발달에 따라 수량화된다. Tanner는 사춘기를 5단계로 구분하였다. 1단계는 이차성징이 없다. 2단계는 유방이 솟아오르고, 겨드랑이 털과 음모가 자라기 시작하며, 질과 소음순의 점막이 변화된다. 3단계에는 젖꽃판이 확대되고 유방이 더 커지며, 가슴의 윤곽과 젖꼭지가 구분되지 않고, 음모가 더 짙고 거세지고 겨드랑이 털이 많아진다. 4단계에는 젖꽃판과 유두가 돌출되고 유방이 더 커지며, 성인만큼의 음모와 겨드랑이 털이 생긴다. 5단계에는 어른스러운 유방, 음모, 겨드랑이 털이 생긴다. 소년의 경우, 생식기 발달에 따라 Tanner 점수가 부여되고 소녀의 점수체계와 같이 5단계로 구분된다. 1단계는 고환, 음낭, 성기가 초기 아동기 때와 동일하다. 2단계는 고환과 음낭이 커지며, 음낭의 피부가 붉어지고 감촉이 변한다. 3단계에서는 고환과 음랑이 성장하고 성기가 더 커지는데, 처음에는 주로 성기의 길이가 커진다. 4단계에는 성기의 둘레가 확대되고 분비샘이 발달하며, 고환과 음낭이 더 커지고 음낭 피부색이 어두워진다. 5단계에는 크기와 모양이 성인과 비슷해진다.

　Lang, Rouget, Santen(1988)은 연령과 Tanner의 사춘기 단계가 강한 정적 상

---

3 지난 세기 동안 사춘기 평균 시작 연령이 낮아진 것은 아동 성범죄 피해자 연령도 같이 낮아졌고 어린 청소년을 대상으로 한 성범죄자 중 소아성애자의 비율이 감소됨을 의미한다. 필자는 앞의 견해를 검증한 어떤 역학 조사 자료도 보지 못하였다. B. J. Ellis(2004)는 소녀의 사춘기 시작 연령에 영향을 미치는 심리사회적 요인에 대해 개관하였다.

관을 갖고 있지만, 소아성애증을 정의할 때는 실제 생활연령보다 사춘기 발달 단계를 사용하는 것이 더 정확하다고 주장하였다(Cooper, 2005; Rosenbloom & Tanner, 1998). 대부분의 소아성애증 연구에서 아동의 연령을 제시하고는 있지만 실제 제시된 연령은 본인이 소아성애자라고 자칭하는 사람이나 임상적으로 진단된 사람들이 보고한 성적 선호 연령 또는 성범죄자의 피해아동의 연령 중 하나이다. 실제 아동의 연령이 어떻든 간에 생물학적 측면에서 아동이 성적으로 미성숙한 것은 명백한 사실이다. Lang과 동료들(1988)은 성범죄 피해아동을 조사한 결과, 피해아동의 2/3가 1단계에 속하였고, 2단계와 3단계에 해당되는 비율이 각각 15%로 나타났다. 10세나 그보다 어린 피해자 중 생리를 시작한 피해아동은 없었다. 아마 Tanner의 4단계와 5단계에 속하는 피해아동은 소아성애증이 없는 가해자로부터 구강성교, 삽입성교, 항문성교의 피해를 입을 가능성이 더 크다. Tanner 체계는 다른 신체발달 특성을 고려하지 않았지만 몸매와 신체 크기와 같은 신체적 특성 또한 아동에게 성적 매력을 느끼게 만드는 중요한 변수이다(Lang, Rouget, et al., 1988; Rice, Chaplin, & Harris, 2003).

소아성애증의 역학

일반 인구를 대상으로 한 소아성애증 유병률은 알려져 있지 않다. 일반 인구를 대상으로 한 역학연구의 가장 큰 어려움은 실제 소아성애자를 변별해 내는 것이다. 즉, 사춘기전 아동에게 지속적이고 강한 성적 생각, 공상, 성적 욕구와 각성, 성적 행동을 보이는 사람을 찾아내야 하는데, 이 같은 역학조사 연구는 현재까지 수행되지 않았다. 사춘기전 아동에 대한 성적 환상이 있거나 심지어 사춘기전 아동과 성적인 접촉을 한 경우도 소아성애증 진단기준에 부합되지 않을 수 있다. 그 이유는 소아성애증 진단기준에 제시된 지속성과 강도라는 두 가지 기준 때문이다.

성인 남성과 여성을 대상으로 한 조사연구는 지속성과 강도에 관한 기준을 배제하였기 때문에 일반 인구에서의 소아성애증 유병률에 대한 상한 추정치(upper limit estimates)를 제공해 준다. 예를 들어 성인 남성의 5%가 사춘기전 아동에 대한 성적 공상을 했다면 소아성애증의 유병률은 5% 미만임을 의미한다. 왜냐하면

이 경우 소아성애증 진단과 관련하여 '아동에 대한 지속적인 성적 공상'만을 변별기준으로 사용했기 때문이다. 아동에 대한 성적 기호는 여성보다 남성이 더 많다(Smiljanich & Briere, 1996). Crépault와 Couture(1980)는 94명의 남성을 대상으로 자위행위나 성관계 동안 하는 세부적인 성적 공상에 대해 조사한 결과, 62%가 어린 소녀와의 성관계를, 3%는 어린 소년과의 성관계를 상상하는 것으로 나타났다. 남자 대학생 193명을 대상으로 한 Briere와 Runtz(1989)의 연구에서는 남자 대학생의 9%가 어린 아동(연령은 특정되지 않았음)과의 성관계에 관한 공상을 하고 있었으며, 5%는 자위행위 시 아동과의 성관계를 상상하는 것으로 나타났다. 그리고 남자 대학생의 7%는 만약 자신의 신분이 밝혀지지 않고 법적인 처벌이 없다는 것이 보장된다면 아동과 성관계를 할 수 있다고 보고하였다. 아직까지 일반 인구집단에서 사춘기전 아동에 대한 성적 공상, 자위행위 시 아동에 대한 공상 혹은 이들 공상에 수반된 성적 행동을 보이는 사람의 비율은 보고되지 않았다. Templeman과 Stinnett(1991)가 남자 대학생 60명을 대상으로 조사한 결과, 표본의 5%가 12세 미만 여아와의 성관계에 관심을 보였다. Fromuth, Burkhart와 Jones(1991)는 582명의 남자 대학생을 대상으로 그들의 연령이 16세 이상이었을 때 아동과의 성경험을 가진 비율을 조사하였다. 582명의 조사 대상자 중 3%가 아동과의 성관계 경험을 보고하였다. 다양한 범죄력을 가진 4명의 남학생은 다수의 성적 접촉을 보고하였다. 위와 동일한 조사방법을 사용하여, Smith(1994)는 남자 대학생 183명을 대상으로 한 연구를 통해 표집의 6명(3%)이 13세 미만의 사춘기전 여자 아동과 성적 접촉을 한 것을 확인하였다. 이들 집단에서 13세 미만의 남자 아동을 대상으로 한 성적 접촉을 보고한 대학생은 한 명도 없었다. 응답자의 11%는 자신의 연령이 18세가 된 이후에 12~15세 연령의 여자 청소년과의 성적 접촉 경험을 보고하였다. Beier, Alhers, Schaefer와 Feelgood(2006)은 위와 유사한 연구 조건에서 373명의 남성을 대상으로 연구를 수행하였다. 연구결과 응답자의 4%가 아동과의 성적 접촉을 시인하였고, 응답자의 9%가 아동에 대한 성적 공상을, 6%는 자위행위 시 아동에 대한 성적 공상을 한다고 보고하였다. Crépault와 Couture(1980)가 보고한 어린 소녀와의 성관계 공상에 관한 연구결과를 배제하고 이상의 연구결과들을 종합해 볼 때, 아동에 대한 성적 공상과 성적 접촉이 흔한 것이 아님을 알 수 있다. 결론적으로 일반 남성 인구에서 소아성애증 출현율은 5% 미만이다.

한편, Kurt Freund와 또 다른 연구자들은 지역사회의 이성애자 성인 남성을 대상으로 음경체적변동 검사(phallometry)를 사용한 연구를 통해, 성인 남성이 성인 여성 자극에 비해 크진 않았으나 사춘기 소녀나 사춘기전 아동 자극에 대해서도 약간의 성적인 흥분 반응을 보이는 것을 발견하였다(Freund, McKnight, Langevin, & Cibiri, 1972; Hall, Hirschman, & Oliver, 1995; Seto & Lalumière, 2001). 실험실 장면에서 이루어진 이들 연구들은 지역사회의 일반 성인 남성들이 사춘기전 소녀에게 성적인 각성을 보일 수 있음을 시사해 준다. 그러나 대부분의 일반 남성은 사춘기전 아동(여아나 남아)에게 성적 기호를 나타내지 않는다.

여성을 대상으로 한 연구는 드물지만, Fromuth와 Conn(1997)은 여대생 546명을 대상으로 자신의 연령보다 적어도 5세 어린 아동과의 성경험에 대해 조사하였다. 그 결과 여대생 연구 샘플에서 4%가 적어도 한 번 이상 아동과의 성경험(성경험 내용의 92%는 신체적 접촉으로 대부분 만지거나 키스한 것임)을 보고하였다. 아동과의 성경험 당시의 평균 연령은 12세였으며, 아동의 평균 연령은 6세였다. 다른 연구들에서 성범죄 피해아동의 성별이 대부분 여자인 것과는 대조적으로, 이 연구에서는 피해아동이 대부분 남자였으며(70%), 피해아동의 대부분은 여성과 친척관계였다(69%). 아동과의 성경험이 경찰이나 사법기관에 알려진 경우는 한 건도 없었다. 아동과의 성적 접촉을 시인한 여성은 이를 부인한 여성에 비해 아동과 함께하는 일에 대해 더 많은 호감과 공상을 보고하였다(18% 대 5%).

소아성애증 그리고 아동과의 성적 접촉

지금까지 밝혀진 소아성애증에 관한 대부분의 학문적 지식은 아동과 성적 접촉 행위를 한 남성, 즉 아동 성범죄자를 대상으로 한 연구를 통해 축적되었다. 따라서 이 책의 상당 부분은 소아성애자가 아닌 아동 대상 성범죄자 연구를 소개하고 있다. 아동을 대상으로 성범죄를 저지른 범죄자 집단에 표 1.1에 제시된 진단준거를 적용할 때, 소아성애증 비율이 높게는 50%에 이른다. 이 책을 읽을 때는 소아

표 1.1 아동 성범죄자 중 소아성애자 비율

연구	사례 수(명)	소아성애자	진단준거
Blanchard, Klassen, Dickey, Kuban, Blak(2001)	217(성인)	50%	음경체적 반응(PPG)
Maletzky와 Steinhause(2002)	5,223(성인)	43%	성범죄 과거력
Seto와 Lalumière(2001)	1,113(성인)	40%	음경체적 반응(PPG)
Seto, Murphy, Page, Ennis(2003)	253(청소년)	30%	음경체적 반응(PPG)

주 : 위 표의 연구결과들을 다음과 같은 이유로 제시하였다. Blanchard 등(2001)의 연구에서는 성범죄 사실과 아동에 대한 성적 기호를 부인하는 범죄자를 연구 대상으로 하였는데, 부인하는 대상자의 경우 음경체적변동 검사에서 일반적으로 낮은 성적 각성 반응을 보인다. Maletzky와 Steinhause(2002)는 대규모 집단(5,223명) 연구를 수행하였다. Seto와 Lalumière의 연구는 사례 수가 많고 특정 집단에 국한된 사례가 아닌 아동 성범죄자를 대상으로 하였다(예 : 대상자가 부인하거나 시인하는 것에 따라 연구 대상자를 제외시키지 않았으며, 피해자의 성별을 한쪽으로 제한하지 않고 여아와 남아 모두를 포함). 마지막으로 Seto 등(2003)은 청소년을 대상으로 연구를 수행하였다. DSM의 소아성애증 진단기준이 제시하고 있는 연령기준에 부합되지 않으므로 이 연구결과를 바탕으로 일반 청소년 집단의 소아성애증 유병률은 추정할 수 없다(DSM-IV-TR에서 소아성애증 진단에 16세 이상의 연령기준을 제시).

성애증과 아동 성범죄자 간의 차이를 구분할 필요가 있다. 또 하나 유념해야 할 것은 아동에게 국한된 성적 기호를 보이는 남성과 아동과 성인 모두에게 성적 기호를 보이는 남성 간의 차이다. 이러한 차이는 DSM-IV-TR(American Psychiatric Association, 2000)에도 반영되어 소아성애증을 폐쇄형과 비폐쇄형으로 구분하고 있다(역자 : 참고로 이 같은 구분은 DSM-5에서도 그대로 적용됨).

다음 절에서 필자는 시대와 문화권에 따라 성인-아동, 성인-청소년 간 어떤 형태의 성행동이 있었는지에 대해 역사적 · 비교문화적 증거들을 제시하고, 이를 지금의 소아성애증과 비교하였다. 다음에 제시되는 역사적 · 비교문화적 사례에서 사춘기전 아동이 나오면 소아성애증과 관련성이 크겠지만, 성인-청소년 간 성적 접촉 사례는 소아성애증과 관련이 적을 것이다.

역사적 자료

성인-아동 간의 성은 오랜 역사에 걸쳐 사회적 · 법적 관심의 대상이었다. Quinsey (1986)는 성인-아동 간의 성에 대한 역사적 자료를 검토하였다. Killias(1990)는 성인-아동 간의 성에 관한 서양 법률의 변천사를 기술하였다. 예를 들어, 로마법에서는 최소 혼인 연령을 소년은 16세, 소녀는 12세로 규정하고 있으며, 이러한 전통에 기초하여 로마 가톨릭교회에서도 동일한 연령 규정을 적용하고 있다. Killias의 주장에 따르면 중세시대에는 혼인의 최소 연령 제한이 없는 대신 개인이 신체적으로 성숙에 이르렀는지 여부가 중요하였으며, 사실상 한 개인이 사춘기에 접어든 경우 성인에게 일반적으로 적용되는 규범의 이행을 요구하였다. Killias는 전통적으로 사춘기에 도달한 개인에게 성인과 동등하게 법을 적용하는 것이 일반적이었으며, 현대사회와 달리 19세기 전까지는 인간의 발달단계에서 청소년기가 주목받지 못했다고 주장하였다.

Lloyd(1976)는 소년 성매매에 관한 사회적 역사를 간략하게 소개하였다. 그는 소년 성매매에 관한 최초의 증거가 로마의 역사기록에 있다고 하였다. Lloyd에 따르면 로마의 부유층들은 어린 남자 노예를 매수하여 자신의 아들에게 성적 동반자로 제공하였다(단, Lloyd는 남자 노예의 연령과 사춘기 유무 등에 관한 사항을 구체적으로 언급하지 않음). 또 Lloyd는 로마 대부분의 도시에 노예로 팔려온 소년이 종사하는 사창가가 존재하였는데, 이곳 사창가는 주로 가난한 로마 시민이 저렴한 성매매 비용으로 이용할 수 있었다고 하였다. 빼어난 성적 매력을 지닌 노예는 차출되어 부유층에게 넘어가기 전까지 특별한 교육이 제공되는 학교에서 성장하였다. Lloyd에 따르면 안티누스는 노예 소년 중 가장 유명한 인물이다. 안티누스는 하드리아누스 황제가 그의 동상을 로마제국 곳곳에 세울 만큼 황제를 매료시켰으며, AD 130년에 사망하였다.[4]

성인-청소년 간의 성으로 가장 잘 알려진 역사적 사례는 고대 그리스 때 성인 남성이 어린 남자 청소년을 연인으로 삼는 풍습일 것이다. Killias(1990)에 따르면, 당시 성인 남성과 어린 남자 청소년의 관계는 경험과 지식이 많은 성인이 어린 남자 청소년을 지도하고 조언하는 멘토 관계로 여겼다(고대 그리스 도리스 방언은 연인을 격려하는 사람이라는 뜻으로 사용). 알렉산더 대왕과 헤파이스톤의 관계가 가장 유명한 격려 관계(inspirer relationship)일 것이다. 이러한 종류의 관계를

---

4 19세쯤 나이의 안티누스를 표현한 동상이 일부 현존한다. 역사적 기록으로 볼 때 안티누스는 AD 123 혹은 124년에 하드리아누스 황제에게 간 것으로 추정된다. 안티누스가 하드리아누스 황제를 처음 만났을 때 그의 나이는 12세 혹은 13세였다.

그리스 용어로 소년애(*paiderastia*)라고 하며, 이 어원에서 소년과의 남색이란 용어가 생겨났다. 고대 그리스 때 호감이 가는 청년의 동의어로 *ta paidika*(boyish)란 용어를 사용하였다.

성인 남성이 소년의 피후견인 역할을 하지 않을 경우, 이를 멘토링 의무의 태만으로 간주하였다(Killias, 1990). 또 주목할 만한 것은 성적으로 미성숙한 소년과의 관계는 무거운 처벌을 받았지만 사춘기가 시작된 소년과의 관계는 이상적인 것으로 여겼다는 점이다. 그리스의 많은 작가들은 이 관계를 특별하고 아름다운 것으로 묘사하였다. 그러나 이러한 제한적인 역사기록만으로 이 관계가 그리스 사회의 일반적인 관습이라고 단정할 수는 없다.

아동-성인의 성관계, 아동 성매매, 근친상간의 사례를 비잔틴제국에서 찾아볼 수 있다(Lascaratos & Poulkou-Rebelakou, 2000 참조). 비잔틴제국은 로마제국 이후에 세워졌으며, 1,000년 이상 지속된 가장 큰 세계국가이다(324~1,453년). 비잔틴제국에서는 아동과의 성관계와 근친상간을 법률로써 다스렸는데, 이는 아동과의 성관계와 근친상간이 법률을 통해 공식적인 통제가 필요할 만큼 빈번하였다는 사실의 반증이기도 하다. 아동과의 결혼은 정치적 그리고 사회적 정당성을 바탕으로 조율되었는데, 아동과 결혼한 성인은 어린 아이가 12세가 될 때까지 성관계를 하면 안 되었다. Lascaratos와 Poulkou-Rebelakou(2000)에 따르면, 이 시대에 가장 잘 알려진 이 금기의 위반은 안드로니쿠스 2세(1,282~1,328년)의 외동딸 시모니스 공주의 결혼이다. 시모니스 공주는 5세 때, 두 제국 간 정치적 동맹 강화를 목적으로 40세의 세르비아인 군주인 스테판 밀루틴과 정략결혼을 하였다. 밀루틴은 법적으로 시모니스와 성관계를 맺을 수 있는 나이(12세)가 될 때까지 기다리지 않고 그녀가 8세일 때 강간을 하였다. 그 일로 그녀는 자궁이 손상되어 임신을 할 수 없게 되었고 정신적으로 괴로워하다 눈물을 흘리며 모국으로 돌아와 수녀가 되었다(Nicephorus Gregoras, cited in Lascaratos & Poulakou-Rebelakou, 2000, p. 1,087). 그러나 그녀의 아버지는 딸의 안녕보다는 정치적 동맹관계 유지를 더 염려한 나머지 그녀를 다시 밀루틴에게 돌려보냈다.

이 사건으로 인해 아동의 처녀성을 돈으로 사는 아동 매춘을 말로 표현하는 것이 어려워졌고, 비잔틴의 작가들이 아동 성학대 문제와 소아성애증을 가진 저명한 사람들의 법적 고발에 대한 글을 쓰게 하는 계기가 되었다(Lascaratos & Poulakou-Rebelakou, 2000). 소아성애증이었던 저명한 인물에는 테오도시우스 황제, 콘스탄티누스 5세, 콘스탄티노플 대주교, 그리고 사춘기전 아동을 상습적으로 폭행한 존 카파도시스가 있다(Kukules, quoted in Lascaratos & Poulakou-Rebelakou, 2000, p. 1,087). 정교회는 아동 성학대 문제를 가장 큰 죄악으로 간주하였고, 죄인에게는 19년 동안 성찬을 받지 못하게 하는 벌칙을 만들었다. 아동과의 성적 접촉이나 혼인에 대한 법적 처벌은 매우 엄중하였다. 법적 처벌은 벌금형을 포함해서 줄에 매달아 길거리에서 끌고 다니기, 코 자르기, 추방, 그리고 가장 무거운 처벌은 사형이었다. 유스티니아누스 1세가 통치하는 동안에는 아동과 성관계를 가진 사람들의 성기를 훼손시켜 성불구 만들기, 벌거벗긴 채 길거리에서 끌고 다니기, 사형 등의 처벌이 내려졌다.

성인-아동 간의 성관계에 관한 역사적 기록은 서양뿐만 아니라 다른 문화권에도 존재한다. 고대 중국 문헌에도 아동과의 성관계에 관한 내용을 찾을 수 있는데, 여기에서도 아동의 연령과 사춘기 여부를 구체적으로 기술하지 않았다(Lloyd, 1976). 한 가지 흥미로운 점은 고대 그리스의 문헌에서는 강건한 체격의 소년을 이상화한 것과는 대조적으로 고대 중국은 남성성보다는 여성스럽고, 짙은 화장을 한 소년을 선호한 것으로 기록되어 있다. Ng(2002)는 성인-아동 간의 성관계에 관한 많은 양의 중국 문헌을 제시하였다. Schild(1988)는 성인 남성-청년 간의 성적 관계에 관한 문헌들을 제시하며, "아름다운 청년의 불가항적인 매력은 아라비아와 페르시아의 시와 문학에 반복된 주제로 등장한다."고 주장하였다. 또 당시 미혼 남녀가 함께 있는 것을 금하였고, 매춘에는 고가의 비용이 들며 자위행위는 회교도적 관습을 거스르는 것이었기 때문에, 미혼 남성에게 이러한 성적 접촉은 성욕 해소를 위한 다양한 성행동 중 한 가지 대안이었다. 한편, 소년이 어느 정도 신체적 성숙단계에 이르게 되면 성적 매력이 줄어드는 것으로 여겼기 때문에, 여기서도 사춘기는 중요한 경계선이었다. 19세기 말, 성 연구 선구자인 Krafft-Ebing(1906, 1999)은 아동에게 성적 매력을 느끼는 남성의 사례를 보고하였다(예 : 사례 228번, 그는 10세에서 15세 사이의 소년에게만 관심을 보였고, 소녀와 성인 여성과의 성관계에 무관심하였다)[5]. Kraffit-Ebing은 자신이 아동에게 주된 흥미를 느끼고 있다고 보고한 4명의 사례만을 접하였기 때문에 소아성애자가 흔하지 않다고 생각하였고, 4명의 사례에 근거하여 아동과의 성적 접촉의 원인을 권태감(새로운 성적 자극의 추구), 사회적 관계에서의 성 접촉 결핍(여성을 두려워하거나 자신의 정력에 대한 불안)이나 탈억제(알코올에 의한 급성 중독, 노인성 치매, 지적장애)로 보았다. 필자가 제4장에서 기술하고 있듯이 과거의 역사적 자료와 사상들은 아동 성범죄에 대한 현대적 이론에도 반영되고 있다.

현대의 비교문화적 증거

20세기부터 오스트레일리아, 캐나다, 뉴질랜드, 미국, 서유럽 국가에서 아동 성범죄자들에 대한 과학적 자료들이 축적되었다. 하지만 Finkelhor(1994)는 위에 열거된 국가들뿐만 아니라 코스타리카, 도미니카공화국, 남아프리카 등 20개 국가에서 행해진 조사연구들을 포함하여 아동 성학대 관련 조사들을 개관하였다. 이들 모든 국가는 아동 성학대에 관한 기록이 있었다. 그러나 아프리카, 중동, 아시아 국가들은 비교연구에 사용할 만한 역학조사 자료가 없었다. 다른 비교문화적 증거로 Law가 수행한 연구를 포함시켰다. Law(1979)는 홍콩에서 15세 이하의 아동 성범죄자 155명을 대상으로 피해자와 범죄자의 특성을 조사하여 북아메리카 및 서유럽 국가와 비교하였다(피해자는 남자 아동보다 여자 아동이 많았고 대부분의 범죄가 아동의 몸을 만지는 등의 접촉 성범죄였다).

Bauserman(1989)은 성인-아동 간의 성관계에 대한 민족지학적 증거(ethnographic evidence)를 개관하였다(성매매, 한 번의 성 접촉, 낯선 사람과의 접촉을 제외하고 강제적 성격이 뚜렷한 부자 간의 근친상간을 연구에 포함). Bauserman은 오

---

5 그와 비슷한 시대에 아동에게 성적 매력을 느끼는 사람들을 주제로 한 서적들이 사적으로 집필되었다. 미국 미네소타 주의 블루밍턴에 있는 킨제이 도서관에 *When a Child and When One Hates : A Tale of Birch and Bed by a Gentleman*(Anonymous, 1890)의 원판과 *Private Letters From Phyllis to Marie, The Art of Child-Love, The Adventures and Experience of Little Girl*(Anonymous, 1898)가 소장되어 있다. 이들 서적은 모두 갓 사춘기가 시작된 소녀와의 성적 접촉을 생생하게 묘사하고 있다. 짐작건대 이들 서적은 개인에게 음란물을 판매할 목적으로 제작한 것으로 추정된다.

스트레일리아의 뉴기니 섬과 남태평양에 있는 말라네시아 섬의 부족 사이에 성인-소년 간의 의례화된 관계를 연구하였다. 마린드아님족 소년의 경우 성기 주변에 털이 나기 시작하는 12~13세가 되면 자신의 어머니의 조카와 성관계를 갖기 시작한다. 소년은 남성과 그의 아내와 함께 생활하면서 항문성교를 제공하고 그 대가로 사냥과 원예기술 교육을 받는다. 이러한 관계는 소년이 19~20세가 되어 결혼을 하게 되면 끝이 난다. 뉴기니의 에토로 부족은 정액이 신체 성장을 촉진시킨다고 믿기 때문에 나이가 더 많은 남성이 사정을 할 때, 소년이 남성의 성기를 입술이나 혀로 애무하는 것을 당연시 여긴다. 소년은 대략 10세부터 성기를 애무하는 훈련을 받게 되고 이러한 성기 애무는 20대 초반까지 계속된다(Kelly, 1976). 또 카루리 부족도 이와 비슷한 믿음이 있는데, 이들 부족은 소년이 약 10~11세가 되면 소년의 아버지가 지정한 남성으로부터 성기 애무 훈련을 받게 된다(Schieffelin, 1976). 이 같은 성기 애무 훈련으로 가장 잘 알려진 사례는 Herdt(1981)가 보고한 것으로, 삼비안 부족은 나이 많은 소년이 행하는 성기 애무 의식을 거친 후 사춘기전 소년에게 성기 애무 훈련을 시작한다. 정액은 소년의 생명력을 증진시키고 사춘기에 도달하기 위해서는 반드시 필요한 것으로 여겼다. 부족 소년들이 전하는 바에 따르면, 소년들은 성기 애무 훈련이 싫지만 처벌이 두려워 순종할 수밖에 없다고 한다. 성기 애무 훈련을 계속해 온 소년들이 마침내 사춘기에 접어들게 되면, 자신의 사춘기를 삼비안 이론(Sambian theory, 정액은 소년의 생명력을 증진시키고 사춘기에 도달하기 위해 반드시 필요한 것)의 효과로 여기게 되고 성기 애무 훈련을 지지하는 태도를 갖게 된다. 그로 인해 소년들은 10세가 되어 성기 애무 훈련을 시작하는 자신보다 어린 소년에게 성기 애무를 바라게 된다. 나이 많은 소년이 결혼을 하게 되면 어린 소년이 해주는 성기 애무는 중단된다.

Lloyd(1976)는 소년을 대상으로 한 성매매는 모든 나라에서 볼 수 있으며, 이에 대한 예로 중동의 사창가, 베트남에서 소년이 남성의 집에 식료품을 배달해 준 후 돈을 받고 성관계를 제공하는 바구니 소년(basket-boys), 필리핀 마닐라의 비니 소년(bini boys), 서구 사회에서의 청소년 성매매들을 언급하였다.

멜빌 섬의 원주민들이 사춘기전 소녀와 나이 많은 남성 간의 중매결혼을 하였다는 민족지학적 사례가 일부 있지만(Goodale, 1971), 성인 남성과 어린 소녀 간의 성적 접촉에 관한 민족지학적 사례는 많지 않다. 필자는 성인 여성이 아동과 성관계를 하는 민족지학적 사례를 발견할 수 없었다. 이는 임상 및 법정장면에서 나타나는 남녀 간의 소아성애자(아동 대상 성범죄자 포함) 비율의 차이가 단지 범죄 적발 편향(detection bias)에서 비롯된 것이 아님을 의미한다.

끝으로, Graupner(2000)는 성관계를 할 수 있는 최소 연령을 법으로 규정하게 된 것은 오래전이 아니라 비교적 최근의 일이라고 주장하였다. 그가 연구한 현대의 모든 사법체계는 성관계를 할 수 있는 최소 연령을 정해 두고 있는데, 연령을 12세보다 낮게 적용한 사법체계는 없다(http://www.ageofconsent.com 참조). 또한 Graupner는 비록 사춘기전 미성년자와의 성적 접촉의 합법성이 국가별 사법체계에 따라 상이하지만 사춘기전 아동과의 성적 접촉이 법적 문제로 대두되었을 때, 그 결과는 항상 불법으로 간주되었다고 주장하였다.

소아성애증은 인류보편의 문제가 아닐까

어떤 한 가지 현상이 시대와 문화를 초월하여 공통적으로 나타날 경우 그 현상의 이면에는 잠재된 소인이 있다. 인종마다 서로 상이하게 나타나는 현상보다 거의 대부분의 인종에서 공통적으로 나타나는 현상은 인류 보편의 특성일 가능성이 크다. 아동을 포함하여 성인-청소년 간의 성관계는 시대를 넘어 다양한 문화권에 존재하였다는 증거들이 있다. 성인-아동 간의 성관계는 소아성애증과 관련되기 때문에 소아성애자도 어느 시대와 문화권에 상관없이 존재하였음을 의미한다. 아동과의 성적 접촉에 대한 법적·사회적으로 금하는 정도에 따라 소아성애증이 표면적으로 드러나는 비율이 서로 다르겠지만, 소아성애증을 문화나 시대적인 영향으로 설명할 수 있는 이론적 근거는 없다.

전반적으로 많은 나라에서 결혼의 최소 연령 제한과 사춘기전 아동과의 성관계를 처벌한 비교문화적 역사기록을 볼 때, 사춘기를 중요한 사건으로 인식하였음을 알 수 있다. 뉴기니와 멜라네시아에서는 청소년이 사춘기에 이를 수 있도록 성인-청소년 관계를 사회문화적 관습으로 그 범위를 제한하였다. 이러한 사회문화적 관습을 벗어나 성인에게 아동과의 성적 접촉을 허용했다는 증거를 현재까지 찾지 못했다. 지금까지 제시한 증거들에서 서로 일치되는 부분은 사춘기를 중요한 사건으로 인식하고 있다는 것인데, 이는 이 책에서 사용하고 있는 소아성애증의 조작적 정의와도 일치한다.

일부 연구자는 아동에 대한 성적 기호를 장애로 규정할 때, 그 사회의 대중적 가치와 태도, 문화 등이 반영되기 때문에 자의적이고 편향된 측면이 있음을 지적하였다(Sandfort, Brongersma, & Van Naerssen, 1990). Sandfort와 동료들(1990)은 앞에서 언급한 견해를 지지하는 서로 다른 시대와 문화권에서의 성인-청소년 간의 성관계에 관한 증거를 제시하였다(그러나 여기에서 제시된 증거들은 청소년과의 성적 접촉과 비교해 사춘기전 아동과 성인 간의 성적 접촉을 엄격하게 통제함). 부록 1.1에서 논의하고 있는 것처럼, 하나의 질병에 의한 현상으로 규정할 때는 생물학적 병인(biological pathology)에 관한 근거가 필요하다. 생물학적 병인은 자연선택(natural selection) 메커니즘을 방해하는 생물학적 메커니즘의 결함으로 정의할 수 있다(Spitzer & Wakefield, 2002; Wakefield, 1992). 사춘기전 아동에게 성적 기호를 가진 소아성애자는 그 수가 많지 않으며(일반 전체 인구에서 소아성애자 비율을 정확하게 알 수 없지만 5% 미만으로 추정), 거의 대부분의 시대와 문화권에서 부정적으로 인식되며, 더욱이 아동에 대한 성적 기호는 종족번식을 방해하기 때문에 생물학적 측면에서도 병리적이다(예 : 이 원리에 따르면 성적으로 성숙한 이성과의 성관계는 자손의 생산을 가능케 함). 임신 가능성이 있는 파트너를 성적으로 좋아하는 것은 자녀 출산 측면에서 중요하다. 소아성애증은 정신장애에 대한 Wakefield(1992)의 진화론적 기능장애 기준에 부합되며, 개념적으로 소아성애증은 성적으로 선호하는 연령 메커니즘 기제의 장해로 인해 나타난다고 할 수 있다. Wakefield의 이론은 사춘기전 아동에게 성적 기호를 가진 사람에게 적용할 수 있지만, 임신 가능한 파트너와 성관계를 가지면서 사춘기전 아동과 성적 접촉을 한 개인에게는 적용될 수 없다. 이러한 측면들을 고려하여, 소아성애증의 핵심적인 진단기준 항목은 성관계를 가질 수 있는 성인이 있음에도 불구하고 사춘기전 아동에 대한 성적 기호가 지속되는 것이다. 이러한 소아성애증은 개인 스스로 보고하는 아동과의 성적 접촉에 대한 충동, 생각과 공상, 성인에 대한 성적 자극보다 아동 자극에서 더 큰 성적 흥분, 아동을 대상으로 한 성적 행동의 현저함을 통해 확인할 수 있다. 이러한 성적 기호로 인해 개인이 괴로워하고 사회적 대인관계나 다른 영역에서 곤란을 경험하는 것은 그리 중요한 측면이 아니다.

진화론적 관점

다윈의 진화론에 익숙하지 않은 독자들은 진화생물학, 진화심리학, 다윈의 진화론자의 생각과 진화론 비판을 자세하게 다루고 있는 Buss(1999), Ridley(1995), Williams(1996)의 저서들을 참고할 것을 권한다. Wranghanm과 Peterson(1997)은 진화론적 측면에서 남성의 폭력성에 관한 흥미로운 사례를 제시하였고, 필자의 동료들도 강간과 청소년 비행을 진화론적 관점에서 분석하였다(Lalumière, Harris, Quinsey, & Rice, 2005; Quinsey, Skilling, Lalumière, & Craig, 2004). 이 책에서 다루고 있는 진화론의 핵심 개념은 근친상간의 회피(incest avoidance mechanism)를 설명하기 위한 Hamilton(1964)이 제안한 포괄적응 이론(inclusive fitness theory)과 최소 양육 투자의 남녀 차이 및 그에 따른 구애 전략의 성차, 그리고 위험 감수이다(Trivers, 1972). 아래에 이들 개념의 이론적 내용을 간략하게 소개하였다.

　일부 남성은 자녀가 많은 반면 다른 남성은 그렇지 못하다. 한편, 남성이 많은 수의 자손을 가질 수 있는 것과는 대조적으로 여성은 생식이 가능한 기간 동안 한정된 수의 자녀만을 생산할 수 있다. 남성은 신체적인 위험을 무릅쓰더라도 자손을 성공적으로 생식할 목적으로 자신의 지위를 확고히 하고 자원을 획득하려한다(Daly & Wilson, 2001; Quinsey, 2002; Quinsey & Lalumière, 1995; Rowe, 2002). 남성이 많은 자손을 가지려면 위험을 감수해야 하는 반면, 위험을 감수하지 않게 되면 후손이 끊어질 가능성이 커진다. 따라서 남성은 여성에 비해 반사회적인 범죄 행동과 같은 신체적 위험이 수반되는 행동을 보일 가능성이 더 크다.[6]

---

6 이것은 인간행동의 진화론과 관련된 자연주의적 오류(naturalistic fallacy, 윤리학적이 아닌 전제에서 윤리학적인 원리를 끌어내거나, 윤리학적이 아닌 용어에서 윤리학적인 개념을 정의하는 오류)에 대한 의미 있는 언급이다. 이 자연주의적 오류는 '무엇에 따라 행동해야 하는지'에 관한 의문을 던져준다. 예를 들어, 남성은 다윈의 자연선택(Darwinian Selection) 때문에 범죄 성향을 가지게 되므로 범죄 행동이 정당하다고 주장하는 것이다. 범죄 행동의 정당성 문제는 도덕적 차원의 질문인 반면, 범죄 행동이 자

이러한 반사회적 행동에는 특정한 지위를 얻기 위해 싸움을 하는 것, 자원을 얻기 위한 절도 행동, 성관계 가능성을 높이기 위한 강간 등이 포함된다(Lalumière et al., 2005; Quinsey et al., 2004). 이 같은 위험 추구 행동은 젊은 남성들 사이에서 볼 수 있는데, 진화심리학자인 Margo Wilson과 Martin Daly는 두 남성이 한 여성을 차지하기 위해 서로 경쟁하는 행동을 설명하기 위해 **젊은 남성 증후군**(young male syndrome)이라는 새로운 용어를 사용하였다(Daly & Wilson, 2001, Wilson & Daly, 1985).

남녀 간에 선호하는 배우자 연령의 차이가 매우 뚜렷한데, 남성은 보다 젊은 여성 배우자를 선호하고 여성은 나이가 좀 더 많은 남성을 선호한다(Kenrick & Keefe, 1992). 이러한 남녀 간의 성차는 Trivers의 양육 투자 이론에서도 언급되었다. 여성의 경우 임신으로 인한 시간과 노력이 요구되기 때문에 남성보다 더 적은 투자를 하게 된다. 비록 현실에서 남성은 배우자와의 관계 형성과 자녀 양육을 위해 많은 노력을 기울이지만, 이 이론만을 놓고 볼 때 남성은 생식을 위해 한 번의 사정과 그것을 위해 몇 달 동안만 투자하면 된다. Trivers의 이론으로 보면 고대 남성은 생식 성공률을 극대화하는 방법으로 많은 여성 배우자와 성관계를 했다. 여성의 경우 자신에게 많은 시간과 노력, 자원을 기꺼이 투자하는 남성과의 관계를 추구할 때, 생식 성공률이 극대화된다. 이러한 경향성은 선호하는 배우자에게도 그대로 반영된다. 남성은 신체적/행동적으로 임신 가능성이 있는 여성에게 매력을 느끼고, 여성은 신체적으로 건장하고 높은 위치의 신분을 가지고 있으며, 자신에게 충실한 남성에게 매력을 느낀다.

여성의 생식능력은 젊음과 상관이 있고 남성은 젊은 여성을 선호한다. 그러나 성적으로 성숙한 배우자가 자녀를 보다 더 잘 출산할 수 있기 때문에 반드시 연령에 의해 배우자에 대한 선호가 결정되는 것은 아니다. 주름 없는 피부, 윤기가 흐

연도태 압력(selectionist pressure)에 의해 나타난다는 전제는 과학적 차원의 질문이다. 다윈의 자연선택이 인간행동에 미치는 영향에 관해 토론해 볼 가치는 있으나, 그렇다고 사람들이 자기행동의 생식효과 가능성을 의식적으로 인식하고 생활할 필요는 없다. 육체적 위험을 추구하는 남성의 대다수는 여성 배우자를 임신시킬 가능성이 매우 낮다. 사실, 많은 사람들은 피임을 통해 의도적으로 출산을 조절한다. 대신 남성은 지위나 자원을 얻기 위해 노력하고, 명예와 돈과 같은 지위와 자원의 획득은 배우자와의 성적 접촉을 용이하게 해준다.

르는 머리카락, 동안(童顔) 등과 같은 젊음의 특성은 이성애자 남성이 평가한 여성의 신체 매력도와 높은 상관이 있다(Marcus & Cunningham, 2003). 젊음과 관련된 또 다른 신체 특징은 허리-엉덩이 비율(약 0.7)이다. 이 비율은 신체적 건강과 출산능력, 가슴과 엉덩이의 균형, 쾌활한 성격과 태도를 예측하는 지표가 되기도 한다(여성의 허리-엉덩이 비율에 대한 남성의 반응에 관한 개관은 Henss, 2000; Singh, 1993 참조).

Quinsey와 Lalumière(1995)는 소아성애증은 남성이 젊음에 대한 선호를 결정하는 메커니즘의 결함이라고 주장하였다. 즉, 소아성애자들은 약 0.7의 허리-엉덩이 비율이나 성숙한 가슴과 엉덩이 같은 젊음의 신체적 특징보다는 부드러운 피부와 동안 등의 신체적 특징에 주의를 기울인다. 이러한 필자의 견해는 제5장에서 다시 언급될 것이다. 필자는 제2장에서 적어도 어린 소녀에 대한 성적 기호와 관련된 소아성애자를 이해하는 데 있어 여성에 대한 성적 매력에 관한 신체적 특징이 중요하다는 것을 강조하였다.

친족혈통은 동일한 유전자를 공유한다. 따라서 포괄적응 이론에서 가장 핵심적인 전제는 혈통이 같지 않은 사람을 선택하는 것이다. 식량, 안식처, 상호 도움, 자원을 공유함에 있어 유전적 친족관계를 구별하지 않는 사람은 그렇게 하는 사람보다 자신의 유전자를 후대에 덜 전하게 된다. 포괄적응 이론이 포함하고 있는 중요한 개념적 전제 중 하나는 해로운 영향을 미치는 근친교배 위험을 최소화시키는 근친상간 회피 메커니즘이다(Thornhill, 1993; Welham, 1990). 근친상간의 발생은 어쩌면 근친상간 회피 메커니즘의 붕괴나 결함을 의미한다. 필자는 근친상간 회피에 대해 제6장에서 보다 자세하게 다룰 것이다.

이 책의 서술 계획

이 책에서 필자는 소아성애증과 아동 대상 성범죄 연구들에서 일관성 있게 밝혀진 연구결과들을 주로 소개할 것이다. 특히, 필자는 인류학, 범죄학, 신경과학, 정신의학, 심리학, 사회학 등 서로 다른 인접 학문에서 도출된 다양한 연구결과들을 통합하고자 노력하였다. 제2장에서는 비전형적인 성적 기호의 과학적 연구에 반드시 필요한 소아성애 평가법(측정)을 다루었다. 소아성애 평가에는 자기보고 검사, 성적 행동에 대한 추론, 실험실 검사, 성적 자극에 대한 성적 흥분을 직접 측정하는 방법들이 포함된다.

제3장에서는 서로 다른 표본(스스로 소아성애자임을 자칭하는 집단, 아동 포르노 소지 범죄자 집단, 아동을 대상으로 성범죄를 저지른 범죄자 집단)에서 도출된 연구결과를 바탕으로 그들의 특성과 소아성애증과의 관련성을 기술하였다. 제4장, 5장에서는 아동 대상 성범죄자와 소아성애증에 대한 이론들을 개관하였다. 제6장에서는 주로 소아성애증이 없는 개인이 범한 근친상간 문제를 다루었다. 제7장, 8장은 응용 분야로 지금까지 축적된 성범죄자 재범 위험성 평가와 재범 방지를 위한 치료 및 개입방안을 다루었다. 이 책에서 가장 중요한 후반부에서는 중요 사항을 다시 강조하면서 원인론, 평가와 치료에 대한 추후 연구 과제를 언급하였다. 또한 필자는 어떤 방식으로 연구결과를 검토하는 것이 임상가, 형사사법기관, 정책입안자에게 도움이 되는지도 언급하였다.

변태성욕

정의

정신질환 진단 및 통계편람(DSM-IV-TR, APA, 2000)은 캐나다와 미국의 정신건강 전문가들 사이에서 정신장애를 진단할 때 중요하게 사용된다. DSM-IV-TR의 성도착증 진단기준에 따르면, (a) 반복적이고 강한 성적 공상이나, 욕구(혹은 신체 부분이나 물체에 대한 직접적인 성적 행동)로 성관계 파트너에게 고통이나 수치심을 주거나 상대방의 동의 없이 이루어지는 성적 행동 그리고 (b) 이러한 공상, 욕구, 행동들이 임상적으로 유의미한 고통 혹은 기능장애를 야기하는 것으로 정의하고 있다. 특히 DSM-IV-TR에서는 일반적으로 흔히 알려진 성도착증보다 많은 수의 성도착증을 담고 있다(표 1A.1 참조). 캐나다와 미국 외의 다른 나라의 경우, ICD-10(정신 및 행동장애 분류 : 임상특징 및 진단지침)에서 DSM-IV-TR과 일반적으로 유사한 정의를 담고 있다.

성도착증의 유형

성도착증은 크게 변태적인 대상과 변태적 행위로 나눌 수 있다. 전자의 경우는 성적 생각, 공상이 성적으로 성숙한 사람 이외의 대상에게 집중되는 경우이며, 후자는 성적 생각, 공상, 욕구의 행위가 성적으로 성숙한 일반인의 선호와 매우 상이한 것을 말한다. 성적인 대상이나 활동이 성적인 만족을 얻기 위해 필수적인 것이라면 폐쇄형(exclusive) 성도착으로 볼 수 있다. 예를 들어 가학-피학 성향을 가진 소수집단을 연구한 Moser와 Levitt(1987)는 이들 집단이 성적인 만족을 얻기 위해서는 가학-피학적 성행동이 필요하다고 하였다. 성도착증의 극단적인 예로 신체절단기호증(acrotomophilia, 절단된 신체에 성적인 기호를 가짐)을 들 수 있다. 이들은 합병증과 죽음에 대한 위험을 무릅쓰고 성적인 만족감을 느끼기 위해 수술

표 1A. 1 임상적으로 밝혀진 성도착증 예

성도착증	선호하는 대상 혹은 행위
신체절단성애증(Acrotomophilia)	절단된 신체나 다른 사람의 사지를 절단하고자 하는 욕구
질식성애증(Asphyxiophilia)	스스로 질식을 유도하는 것
얼굴성애증(Coprophilia)	얼굴을 만지거나 먹는 것
관장성애증(Kilsmaphilia)	변에 대한 선호
이상체형성애증(Morphophilia)	독특한 체형
시체성애증(Necrophilia)	시체나 다른 사람이 죽은 척하는 것
상처성애증(Stigmatophilia)	주로 문신한 상대방의 성기 주변을 긁거나 파헤치는 것
소변성애증(Urophilia)	소변을 누거나 소변을 마시는 것
수간/동물성애증(Zoophilia)	인간이 아닌 동물과 성관계를 하는 것

을 받는다(First, 2004).

임상장면이나 연구문헌에서 다양한 성도착증이 소개되고 있다. 일반 대중에게도 잘 알려진 성도착증에는 소아성애증(pedophilia), 물품음란증(fetishism, 무생물에 대한 선호), 가학증(sadism), 피학증(masochism) 등이다. 임상이나 법정장면에서의 성도착증은 한 가지 이상의 다양한 변태성욕을 보이는 경우가 많으며, 성도착증의 병인에 대해서는 이제 조금씩 알려지기 시작한 수준이다(제5장에서 성도착증의 병인에 대해 논의).

장애 측면에서의 성도착증 정의

연령, 체형 그리고 지성이나 친밀성 등과 같은 인류에게 보편적인 성적 선호에서부터 인종, 눈동자의 색, 체중과 같은 문화특수성에 기초한 독특한 성적 선호를 생각해 볼 수 있다. 또 다른 측면으로 개인의 성적 선호의 강도를 고려해 볼 수 있는데, 어떤 남성은 금발에 키가 크고 날씬한 여성에게 선택적인 성적 선호를 보이지만, 또한 다른 여성에게도 여전히 성적인 각성을 보인다. 반면, 극단적 형태의 성도착증은 위의 경우와 달리 성적인 만족을 얻기 위해 반드시 특정 대상이나 행위가 필요하다.

정상과 비정상은 통계적 유병률, 사회문화적 규범, 생물학적 병인 등과 같은 다양한 차원에서 설명될 수 있다. 이 같은 비정상에 대한 정의 방식은 서로 독립적인 것은 아니지만 서로 간의 관점이 반드시 일치될 필요는 없다(Ernulf, Innala, & Whitan, 1989). 한 가지 좋은 예는 동성애를 정상 혹은 비정상으로 볼 것인지에 관한 논쟁이다. 통계적으로 볼 때 동성에게 매력으로 느끼고 동성을 성적 파트너로 선택하는 것은 흔한 일이 아니다[Sell, Well, & Wypij(1995)의 연구에서 일반 남성의 2~5%를 동성애로 추정]. 반면, 지난 30년 동안 동성애에 대한 법적 제도나 차별 등의 사회적 태도는 매우 관대한 방향으로 바뀌었다(2005년 캐나다에서는 동성 간 결혼을 합법화하였음). 끝으로, 최근의 연구에서는 신경발달의 문제가 동성애적 성적 지향 가능성을 높인다고 제안하였다(Lalumière, Blanchard, & Zucker, 2000). 그러나 독특한 성적 기호가 장애라고 할지라도 법적으로나 사회적으로 부당한 대우와 차별을 받아야 한다는 것은 아니다. 독특한 성적 기호는 과학의 영역이고 법적 · 사회적 차별은 정책적 · 사회적 문제의 영역이다.

역학

변태성욕자는 이질적인 집단이지만 변태성욕이 없는 보통의 사람들과 인구통계학 변인이나 성격 특성 면에서 일관된 차이를 보이지 않는다. 변태성욕은 여성보다 남성에게 더욱 두드러지며 대개 청소년기나 성인 초기에 시작된다. 소아성애증, 노출증, 강간을 통해 성적 만족을 얻는 변태성욕자(biastophilia)들은 법적 문제와 연결되므로 임상 및 법정 평가에 의뢰될 가능성이 크다. 이로 인해 성범죄와 관련된 변태성욕에 대한 연구가 기타 변태성욕 연구(예 : 물품도착증)보다 더 많다. 또 소아성애증, 노출증, 강간은 타인과 직접적인 성적 접촉을 하지 않는 물품음란증이나 서로 간의 동의를 전제로 신체를 묶고 때리는 식의 가학-피학적 성행위와는 달리 성범죄 피해자가 생겨나기 때문에 행위에 대한 파장이 중대하다.

Money(1984)는 다소 복잡하지만 변태성욕자의 하위 유형에 대해 기술하였고, Freund(1990)는 특정 변태성욕 행위(관음증, 노출증, 마찰 도착증, 강간에 대한 선호)를 남성의 일반적인 구애과정(courtship process)상의 문제로 보았다. Money의 변태성욕 하위 유형과 Freund가 주목한 구애과정 장애(courtship disorder)는 변태성욕의 원인을 설명한다기보다 단순한 기술에 가깝다. 현재까지는 어떤 사람이 특정 변태성욕자가 될 가능성이 높은지를 명확하게 설명해 주는 이론이 없는 실정이다. 예를 들어, 고무나 비닐 등의 합성물질에 대한 물품음란적 기호는 목재나 깃털과 같은 천연재의 물품음란보다 더 많이 나타난다. Mason(1997)은 시대에 따라 성적 각성을 위해 사용하는 물품의 종류에 변화가 있었는지를 조사한 결과, 시대마다 물품의 종류가 변한 것을 발견하였다(예 : 지난 세기는 의복이었으나 19세기에는 실크나 벨벳에서 비닐, 고무, 가죽으로 기호가 변화됨).

변태성욕의 종류는 일반인들에게도 비교적 잘 알려져 있는 수간(zoophilia, 동물성애)이나 사체와 성행위를 하는 시간증(屍姦症, necrophilia)에서부터 믿어지지 않을 만큼 기이한 유형까지 아주 특이한 변태성욕(예 : 박제된 동물에 대한 물품음란적 기호)들이 있다. 변태성욕자들에게 인터넷은 익명성을 전제로 성적 이야기, 사진, 음란 동영상 등 셀 수 없이 많은 자료를 공유할 수 있고, 다양한 성적 기호에 대한 정보를 교류할 수 있는 대단히 흥미로운 공간이다. 경제적 측면에서 상업적인 목적이든 그렇지 않든 간에 인터넷을 통한 음란물의 유포는 매우 쉽고 효율적이며, 이들 음란물에 대한 접근과 유포 행위는 변태성욕과 관련성이 있는 듯하다. 이 주제에 대해서는 제3장의 소아성애증과 아동 포르노(p.75)에서 논의할 것이다.

임상사례

여기에서 소개할 임상사례는 아동 대상 성범죄로 실형을 선고받은 범죄자이다. 개인정보 보호를 위해 아주 구체적인 사항을 제외시키거나 그 내용을 변경하였다. 스미스는 27세 남성으로 남자 아동을 대상으로 성범죄를 저지른 후 실형을 선고받고 교도소에서 실시하는 성범죄자 치료 프로그램에 참여하고 있다. 26세 때 스미스는 13세 남자아이를 둔 엄마와 친해지게 되었다. 스미스는 소년이 패스트푸드 음식 배달일에 관심을 보이자 자진해서 아이가 하는 일을 돕겠다고 하였다. 그는 소년과 오후 8시부터 다음날 오전 4시까지 배달일을 함께하기로 약속하였고, 엄마를 귀찮게 하지 않기 위해 소년의 엄마에게 아이가 일을 마치고 자신의 집에서 잠잘 수 있게 허락을 받았다. 일을 마치고 아파트로 귀가한 스미스는 아이에게 알코올이 함유된 음료를 일반 음료라고 속여 술을 마시게 하였다. 아이가 소파에서 잠에 곯아 떨어졌을 때, 스미스는 아이의 성기를 입으로 빨았다. 스미스가 성범죄를 하는 중 아이가 잠에서 깨어나 아파트를 도망쳐 나왔다. 아이는 이 사실을 주변 이웃에게 알리고 경찰을 불렀다. 스미스는 이전 성범죄 경력이 없었고 이 사건이 첫 성범죄였다.

치료 초기 스미스는 자신의 성범죄는 주변의 오해에서 비롯된 것이라며 아동 성범죄 사실을 부인하였다. 스미스에게 음경체적변동 검사(제2장에서 소개)를 실시한 결과, 어린 소년 자극에 강한 성적 각성 반응을 나타낸 반면, 성인 여성과 남성 자극에는 반응을 거의 보이지 않았다. 이후 치료 프로그램 회기에 출석하면서, 스미스는 아동과의 성적 접촉에 대한 개인력을 보고하였다. 스미스는 아동기 때 자신보다 나이가 많은 소년들로부터 성학대를 경험한 이후부터 자신의 성적 문제행동이 시작되었다고 하였다. 그는 지금까지 수십 명의 아이들과 성적인 접촉을 하였음을 시인하였다. 스미스는 지난 수년 동안 다른 사람에게 발각되지 않았고, 주로 공원이나 쇼핑몰과 같은 공공장소에서 성범죄를 저질렀다. 스미스는 과거 성적 행동과 음경체적변동 검사 결과를 바탕으로 소아성애자로 진단되었다.

소아성애자의 자서전 발췌문[*]

실바는 중형을 선고받고 교도소에 복역할 때 이 자서전을 집필하였다. 이 자서전에서 실바는 개인력과 서로 다른 연령의 소년과 소녀에게 행한 자신의 성범죄를 기록하였다. 그는 여자아이보다 남자아이를 더 선호하였다. 실바는 아주 어린 아이에게는 관심이 없고 10세에서 13세 정도의 아이에게 성적인 기호가 있다고 하였다. 그는 자신의 사랑과 즐거움을 남자아이와 교류할 수 있다고 믿었다.

이 자서전에서 실바는 10세 때까지 자신의 형과 침대를 함께 사용할 당시 형이 자신의 신체를 애무하지 못하게 저항했던 기억을 회상하고 있다. 또 그는 9세 때 사촌 누나(11세)와 함께 침대에 있었을 때 자신의 성기가 발기된 기억을 회고하였다. 그는 본 건 성범죄로 기소되기 전까지 법적으로 문제시된 성적 접촉 전과가 없었고, 의과대학을 졸업하고 나이 차이가 많이 나는 젊은 여성과 결혼하였지만 결혼 생활을 유지할 수 없었다(30세 때 17세 여성과 결혼). 우연히도 그의 부모님도 결혼 당시 나이 차이가 13세였다.

소아성애증 원인에 대한 실바 자신의 생각을 기술한 내용이다.

나는 소아성애자로 태어났다고 믿는다. 왜냐하면 나는 아동에게 성적인 매력을 느끼고 그들을 사랑한다. 동성애자와 이성애자가 자신의 성적 성향을 발견하듯이 나는 성장하면서 내가 선호하는 연령을 발견하였다. 나는 어린 연령의 아동에게 성적 기호가 있음을 알게 되었다.

---

[*] 출전 Feierman(1990)

CHAPTER 2

평가

소아성애증을 타당하게 평가하기 위해 소아성애자들을 대상으로 하는 과학적 연구가 필요하다. 제2장에서 필자는 소아성애의 평가방법들을 소개하였다. 특히 소아성애증에 관한 핵심적 연구의 상당수가 심리생리적 측정법을 사용하였고, 또 현재까지 평가방법 중 음경체적변동 검사가 성적 기호 평가에 가장 우수한 타당도를 나타냈기 때문에 이 장에서는 음경체적변동 검사를 다른 평가방법보다 좀 더 자세히 소개하였다. 제2장에서는 음경체적변동 검사뿐만 아니라 자기보고(면담과 자기보고 질문지), 행동(과거 성범죄 전력이나 실험실 검사), 인지심리학적 접근에 기초한 시각반응 검사를 간략하게 다루었다. 그리고 마지막 부분에서는 소아성애 평가와 관련된 연구들의 시사점과 후속 연구 과제를 논의하였다. 한편, 성범죄 재범 위험성 평가는 제7장에서 논의할 것이다.

자기보고

피검자가 평가에 의뢰된 목적이나 배경에 따라 자기보고의 유용성이 크게 달라진다. 비법정장면의 임상가는 아동에 대한 성적 생각과 공상, 충동, 성적 행동 등의 문제를 솔직하게 보고하는 내담자를 볼 수 있겠지만, 법정 평가 장면에 있는 임상가는 아동과의 불법적인 성적 접촉으로 형사사법당국에 기소된 아동 성범죄자들을 주로 접하게 된다. 이들은 솔직하게 자신의 성적 문제, 아동에 대한 성적 충동과 공상 등을 임상가에게 보고하지 않으며, 방어적인 태도를 취하는 것이 일반적이다. 법정장면의 임상가들은 범죄자의 이전 평가 보고서와 공식 범죄기록 등의 부가적인 정보를 비교적 쉽게 얻을 수 있는 장점이 있다. 반면 비법정장면의 임상가는 내담자에 대한 부가적인 정보를 가지고 있지 않으며 주로 자기보고 검사나 면담을 통해 과거력과 임상 정보를 수집하지만, 법정장면과 달리 전문가의 도움을 얻기 위해 내담자는 자신의 성적 기호나 문제에 대해 솔직하고 자세하게 보고한다.

임상면담

성과 관련된 과거력 정보는 주로 임상면담을 통해 얻는다(p. 281, 참고자료 A 참조). 임상면담에서 피검자는 아동에 대한 자신의 성적 생각과 행동, 기호 등에 관한 질문을 받게 된다. 아동 성범죄를 저지른 남성은 자신의 범죄에 대해 매우 구체적인 질문을 받게 되며, 소아성애증 진단은 피검자의 성 관련 과거력을 종합적으로 고려하여 신중하게 내려진다. 예를 들어, 어떤 한 사람이 지속적으로 아동과 성관계를 갖는 공상을 강하게 하고, 아동 사진과 동영상을 수집하고, 아동과의 성행위를 반복하였을 경우 DSM-IV-TR의 소아성애증 진단기준에 확실하게 부합된다. 자기보고 평가에서 얻은 아동에 대한 성적 기호는 유용한 정보를 제공해 주며, 성범죄 재범 가능성과 일정한 상관을 갖는다(Worling & Curwen, 2000).

임상가는 피검자에게 가족, 친구, 이웃 등 사회적 대인관계 상황에서 아동과 접촉한 적이 있거나 아동에게 접근이 용이한 직업을 가진 적이 있었는지 질문한다. 피검자 중 성인과의 성적 접촉이 제한적이고, 아동에게 높은 수준의 정서적·사회적 친밀감을 보이는 경우 소아성애자일 가능성이 매우 높다(Finkelhor & Araji, 1986). 이러한 의견을 지지하는 증거가 있는데, 예를 들어 성인과의 성적 접촉 빈도와 음경체적변동 검사에서 아동 자극에 대한 성적 반응이 역상관을 보이는 것은 소아성애자들이 성인과 성적 접촉을 거의 하지 않는다는 것을 지지하는 증거이다(Blanchard, Klassen, Dickey, Kuban, & Blak, 2001). 더욱이 스스로 소아성애자라고 인정하는 피검자의 경우, 결혼을 하지 않거나 결혼을 하더라도 배우자와 성관계를 거의 하지 않는다(Bernard, 1985; Rouweler-Wuts, 1976).

면담에서 임상가는 감별진단을 위해 아동에 대한 성적 생각, 욕구, 공상, 행위에 대한 질문뿐만 아니라 다양한 가능성을 배제하기 위해 광범위한 질문을 한다. 예를 들어, 강박장애를 가진 피검자는 '아동을 성적으로 학대하는 생각'을 떨쳐버릴 수 없어 몹시 힘들어한다(Free-man & Leonard, 2000; W. M. Gorden, 2002). 강박장애의 감별진단은 피검자가 보이는 성적인 생각이 불안이나 역겨움이 아닌 성적 흥분이나 만족과 관련되어 있는지에 따라 결정된다. 따라서 임상가는 강박장애를 배제하기 위해 강박장애 증상에 대한 추가적인 임상면담이 필요하다.

임상면담이 유용한 것이 사실이나 면담을 통해 얻은 정보는 피검자의 과거 경험에 대한 기억에 의존할 수밖에 없으며(예 : 잘못된 기억), 피검자의 진술 편향 가능성이라는 근본적인 문제를 안고 있다(Wiederman, 2002, 자기보고법의 문제에 대한 리뷰 참조). Hilton, Harris와 Rice(1998)는 폭력행동과 관련하여, 무작위로 두 집단을 표집하고, 두 집단 모두 익명성이 보장된 조건에서 첫 번째 집단에게 지난 한 달 동안의 폭력행동 빈도를, 두 번째 집단에게는 지난 1년 동안의 폭력행동 빈도를 조사하였다. 그 결과 두 집단의 평균 폭력행위 빈도가 동일한 것으로 나타났다. 조사에 참여한 응답자들이 거짓말을 할 필요가 없는 상황에서 연구가 진행되었음에도 불구하고 두 집단 간 폭력행위 빈도가 동일하게 추정된 것은 선택적 기억 등의 영향으로 보인다.

범죄자는 법적으로나 사회적으로 제재의 대상이 되는 자신의 위법적 성행동에 대한 질문에 거짓말을 하게 된다. 많은 형사사법당국은 아동학대 의무신고법(mandatory reporting)을 따르고 있기 때문에, 성범죄자들은 진술에 대해 비밀보장이 되지 않을 경우 자기개방을 꺼린다. 더욱이 무의식적인 자기기만이든 자신을 사회적으로 바람직하게 보이기 위한 의식적인 노력이든 간에 결과적으로 상당수의 성범죄자는 아동에 대한 성적 기호나 행위를 축소하거나 부인한다(Harris, Rice, Quinsey, & Chaplin, 1996; Kennedy & Grubin, 1992).

자기보고법의 제한점은 성범죄자에만 국한된 것이 아니며 일반 범죄자 집단에서도 흔히 볼 수 있는 문제이다. 하지만 성에 대한 질문은 매우 사적이고 민감한 것이어서 많은 성범죄자들은 자신의 성적 기호나 행위를 축소하고 부인할 것이다. 예를 들어, 남자 청소년은 자신이 저지른 범죄와 자위행위에 대해 실제보다 더 축소보고하며, 자기개방을 꺼린다(Halpern, Udry, Suchindran, & Campbell, 2000).

자기보고 질문지

면담에서 피검자의 성적 기호나 행위 등에 대한 자기개방성을 높일 수 있는 한 가지 방법은 질문지(종이로 된 질문지나 컴퓨터 실시 모두)를 사용하는 것이다. 예를 들어, Koss와 Gidyce(1985)의 연구에서 응답자는 면담보다 자기보고 질문지에서 자신의 강압적인 성행위를 보다 더 많이 시인하였다. 자기보고 질문지를 사용할 경우 얻을 수 있는 또 다른 장점은 임상가가 흔히 잊어버리거나 질문하지 않고 넘어갈 수 있는 피검자의 비전형적인 성적 기호에 대한 정보들을 빠짐없이 검토할 수 있다는 것이다. 소아성애증 평가 관련 문항이 포함된 자기보고 질문지는 클라크 성에 대한 개인력 질문지-개정판(CSHQ-R : Clarke Sexual History Questionnaire-Revised; Langevin & Paitich, 2001), 다면적 성 평가(MSI : Multiphastic Sex Inventory; Nichols & Molinder, 1984), 성적 공상 질문지(SFQ : Sexual Fantasy Questionnaire; Daleiden, Kaufman, Hilliker, & O'Neil, 1998) 등이 있다. CSHQ-R은 508문항으로 구성된 성인용 평가도구로, 변태성욕, 아동기 경험, 성 기능장애, 성적 공상, 포르노 노출, 성행동 등 비전형적인 성행동 및 성경험을 평가하는 문항들이 포함되어 있다. SFQ는 청소년에게 사용할 수 있으며, 12세 이하의 아동에 대한 성적 공상뿐만 아니라 비전형적인 성적 공상에 대한 문항이 포함되어 있다. MSI는 총 200문항으로 일반적인 성행동과 비전형적인 성행동을 수량화한 20개의 하위 척도로 구성되어 있으며, 피검자의 수검 태도 등을 평가할 수 있는 6개의 타당도 척도가 포함되어 있다.

성적 기호 카드소트 질문지(Sexual Interest Cardsort Questionnaire, SICQ)는 성도착증의 하위 유형에 해당되는 성행동을 묘사한 75개 문항으로 구성되어 있다. 피검자는 각 문항을 읽고 자신의 성적 기호의 정도를 7점 척도로 응답한다. 초기의 SICQ는 필기구를 사용하여 응답하는 대신, 카드 세트를 사용하여 반응하는 형태로 개발되었기 때문에 카드소트(cardsort)라는 이름을 사용하게 되었다. Holland, Zolondek, Abel, Jordan, 그리고 Becker(2000)는 임상가에 의해 성범죄자 371명을 진단 분류한 것과 카드소트 질문지의 응답이 유의미한 상관을 갖는다고 보고하였다. Law, Hanson, Osborn, 그리고 Greenbaum(2000)은 카드소트 질문지가 남자 아동만을 대상으로 한 성범죄자와 여자 아동만을 대상으로 한 성범죄자를 잘 변별할 수 있다고 보고하였다.

비록 CSHQ-R과 MSI에 거짓반응을 탐지하기 위한 타당도 척도가 포함되어 있지만, 질문지 방식은 임상면담과 마찬가지로 자기보고 편향에 취약할 수밖에 없다. 이들 질문지들에 대한 심리측정적 속성에 관한 연구들이 발표되었지만 (CSHQ-R: Curnoes & Langevin, 2002; Langevin, Lang, & Curnoe, 2000, MSI: Day, Miner, Sturgeon & Murphy, 1989; Kalichman, Henderson, Shealy, & Dwyer, 1992; Simkins, Wards, Bowman, Rinck, 1989), 예측 타당도와 관련된 연구는 없는 실정이며, 또 임상장면에서 사용되는 다른 많은 질문지들의 타당도가 실증적으로 검증되지 않은 상태이다. 이러한 자기보고 평가의 근본적인 한계로 인해 다른 대안적 방법을 사용하는 다양한 평가법이 개발되었다.

행동

피검자의 과거 행동에 대한 명확하고 객관적인 정보는 아동과 관련된 성적 생각, 공상, 충동, 행동 등을 부인하는 피검자 평가에 특히 유용하게 사용된다. 성범죄자를 평가할 때 과거의 성범죄 전력은 매우 중요한 정보가 된다. 최근에는 인지심리학적 이론에 기초한 성적 기호 평가 연구가 주목받고 있다.

성범죄 특성

임상가는 소아성애증을 진단할 때 성범죄 피해자 특성에 대한 정보를 활용한다. 여러 명의 아동 피해자, 매우 어린 연령의 피해자, 남자 아동 피해자, 친족이 아닌 피해자가 있는 아동 성범죄자는 그렇지 않은 성범죄자보다 소아성애자일 가능성이 크다. 일반적으로 이러한 성범죄 특성에 대한 정보는 주관적/비구조화된 임상적 판단 형태로 조합된다. 이러한 방식으로 필자와 동료들은 4개 문항으로 구성된 소아성애자 선별검사(Screening Scale for Pedophilic Interests, SSPI)를 개발하였다. 이 도구는 성범죄자의 피해자 특성을 요약한 것으로 소아성애적 성적 각성을 예측할 수 있다(Seto & Lalumière, 2001). SSPI는 적어도 한 번 이상 아동을 대상으로 성범죄를 저지른 성인 남성과 청소년 성범죄자 샘플에 기초하여 개발되었다(총 1,113명 샘플 중 청소년 성범죄자 40명). 간편하게 점수화할 수 있는 4개의 문항은, 음경체적변동 검사의 아동 자극에 대한 성적 반응을 예측하였다. 다른 항목과 달리 남자 아동 피해자 문항은 성적 각성에 대해 약 2배에 해당되는 변량을 가진 것으로 나타나 2배의 가중치를 부여하였다. SSPI의 4개 문항은 과거 범죄력을 바탕으로 '있음'과 '없음'으로 채점된다(남자 피해자 있음/없음, 두 명 이상의 피해자 있음/없음, 11세 이하의 어린 피해자 있음/없음, 비친족 피해자 있음/없음, p.286, '표 A.2 소아성애자 선별척도' 참조). SSPI는 0점에서 최고 5점으로 채점된다. SSPI에서 5점을 얻은 범죄자는 여러 명의 아동 피해자, 한 명 이상의 남자 피해자, 한 명 이상의 11세 이하의 어린 아동 피해자, 한 명 이상의 비친족 성범죄 피해자가 있는 성범죄 전력을 가진 경우이다. 반대로, 0점으로 채점된 범죄자는 피해자 수가 1명인 경우와 12~13세의 친족 피해자가 있는 경우이다. SSPI를 채점할 때 공식적인 범죄기록이 없는 경우를 제외하고는 자기보고보다 경찰의 수사기록, 보호관찰 및 교정 관련 공식 기록이 우선시된다.

SSPI에서 높은 점수를 얻은 성범죄자는 낮은 점수를 얻은 범죄자에 비해 소아성애자일 가능성이 크다(그림 2.1). SSPI에서 0점을 얻은 범죄자는 약 5명 중 대략 1명이 성인보다 아동 자극에 더 큰 성기 반응을 보인 반면, 만점인 5점을 얻은 범죄자들은 4명 중 대략 3명이 아동 자극에 성적 반응을 보였다. 또, SSPI는 아동을 대상으로 성범죄를 저지른 청소년 성범죄자 집단에서도 그 타당성이 확인되었다(Madrigano, Curry, & Bradford, 2003; Seto, Murphy, Page, & Ennis, 2003). 특히 주목할 만한 것은 SSPI가 아동 대상 성범죄자의 새로운 재범(성적·비성적 폭력범죄 포함)을 예측한다는 것이다(Seto, Harris, Rice, & Barbaree, 2004). 그러나 성범죄를 저지른 청소년 범죄자의 성범죄 재범은 유의하게 예측하지 못하였다(Fanniff & Becker, 2005).

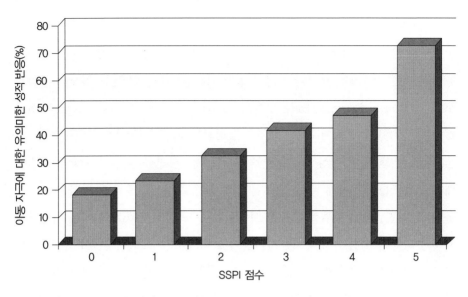

| **그림 2.1** | 성범죄자의 피해자 특성(SSPI)과 아동 자극에 대한 성적 반응 비율(%)

SSPI처럼 성범죄 피해자의 특성(예 : 아동의 연령이나 성별)에 기초한 평가의 가장 큰 문제점은 과거 범죄력이 없는 초범 성범죄자를 적절하게 평가할 수 없다는 것이다. 그러나 서로 다른 두 개의 집단에 기초한 최근 한 연구에서 SSPI가 재범자뿐만 아니라 초범자의 재범과도 유의미한 상관이 있음이 발견되었다(Seto et al., 2004). 더욱이 SSPI는 성인 범죄자에 비해 성적 기호를 추론할 수 있게 하는 성범죄 전과 수가 제한적인 청소년 성범죄자 집단에도 타당화되었다. 이는 청소년 성범죄자가 처음으로 성범죄 대상으로 아동을 선택한 것에 소아성애증 성향이 성범죄 발생에 영향을 미침을 암시한다.

인지심리학적 접근의 실험실 검사

폴리그래프(polygraphy : 거짓말탐지 검사)와 음경체적변동 검사는 심리생리학적 측정을 다룬다. 실험실 환경에서 피검자의 행동 반응을 측정하는 방법을 지금부터 소개하고자 한다. 맨 처음으로 살펴볼 검사는 응시 시간 측정(viewing time measure)[1]이다.

---

1 다른 문헌에서 시각 반응 시간 측정(visual reaction time measure)이란 용어로 사용하기도 함

지역사회 일반인을 대상으로 자극 사진을 쳐다보는 시간이 기록된다는 사실을 알려주지 않은(비간섭적 측정) 상태에서 응시 시간을 측정하였다. 이렇게 측정된 응시 시간은 피검자가 보고한 자신의 성적 기호 및 음경체적변동 검사와 상관을 보였다(Quinsey, Ketsezsis, Earls, & Karamanoukian, 1996; Quinsey, Rice, Harris, & Reid, 1993). 기본적인 응시 시간 측정 절차는 피검자에게 남자 아동, 여자 아동, 성인 남성, 성인 여성 사진을 연속적으로 제시하면서, 피검자에게 각 사진에 대해 선호도를 평가하게 하는 것이다. 응시 시간 측정에 사용되는 자극은 평상복을 입은 사진, 신체 일부를 노출한 사진이나 누드 사진이다. 검사에서 피검자는 제시된 각각의 사진에 대해 "이 사진의 인물이 얼마나 매력적입니까?", "성적으로 얼마나 매력적입니까?"와 같은 선호도를 평가하게 된다. 응시 시간 측정에서 가장 중요한 것은 피검자가 의식적으로 인물 사진에 대한 선호도를 1점에서 5점 등으로 평가할 때, 선호도 평가와 독립적으로 인물 사진을 평가하는 데 소요된 시간(응시 시간)이 측정되고 있다는 것을 알지 못하게 하는 것이다.

일부 응시 시간 연구에서 성인 사진과 아동 사진 간 응시 시간의 상대적 차이를 기준으로 아동 성범죄자를 유의하게 변별한 결과를 보고하였다(Harris et al., 1996). 또 다른 연구에서는 응시 시간과 성적 기호에 대한 자기보고 검사를 동시에 적용하여 아동 성범죄자를 변별하였다(Abel et al., 2004; Abel, Huffman, Warberg, Holland, 1998; Worling, 2006). 그러나 청소년 성범죄자와 일반인에게 아벨 성적 기호 평가도구(Abel Assessment of Sexual Interests)를 사용한 Smith와 Fischer(1999)의 연구에서는 응시 시간 측정의 변별 타당도가 지지되지 못하였다. 지금까지 응시 시간과 성범죄 재범을 주제로 한 연구결과는 발표되지 않았다.

응시 시간 측정의 가장 큰 단점은 피검자가 이 검사의 핵심 원리를 알게 되면 쉽게 검사결과를 왜곡할 수 있다는 것이다(예 : http://www.innocentdads.org/abel.htm). 현재까지 응시 시간 측정 시 피검자의 검사결과 왜곡이나 피검자의 속임수를 탐지하는 것을 주제로 한 논문은 발표되지 않았다.

선택 반응 시간 검사(CRT)는 Wright와 Adams(1994, 1999)에 의해 소개되었다. CRT 검사의 절차는 피검자에게 컴퓨터 화면에 제시된 남성과 여성의 누드 사진에 있는 점의 위치를 가능한 빠르고 정확하게 찾게 하는 것이다. 동성애자와 이성애자 일반인 남녀를 대상으로 한 연구에서, 피검자들은 자신이 선호하는 성적 대상의 사진에 있는 점의 위치를 찾는 데 더 많은 시간이 소요되었다(이성애자 여성은 남성 사진, 동성애자 여성은 여성 사진, 이성애자 남성은 여성 사진, 동성애자 남성은 남성 사진). 그러나 남자 대학생을 대상으로 한 Gaither(2001)의 연구에서는 CRT가 피검자가 보고한 성적 각성과 음경체적변동 검사 간에 상관이 높지 않은 것으로 나타났다. 아직까지 CRT 검사를 통한 소아성애자 변별에 관한 연구는 보고되지 않았다.

Smith와 Waterman(2004)은 성범죄자, 폭력 범죄자, 비범죄자 집단을 대상으로 스트룹 검사(Stroop task)의 변별 효용성을 알아보았다. 이 연구에서 피검자들은 서로 세 가지 범주를 의미하는 단어(성적, 폭력적, 중립적 의미를 지닌 단어들)의 글자색을 말하게 된다. 성범죄자의 경우 성적 단어에 대한 반응시간이 폭력범과 비범죄자에 비해 유의미하게 늦었다. 성적 단어에 대해 아동 성범죄자와 성인 대상 성범죄자 집단 간에 유의미한 차이는 없었지만, 폭력적 단어에서는 유의미한 차이를 보였다. 이 연구에 사용된 스트룹 검사에 아동이나 성인을 연상시키는 단어들을 정교하게 포함시킬 필요가 있겠다.

인지심리학적 접근에 기초한 실험실 검사의 또 다른 예는, Beech와 Kalmus(2004)가 소개한 연속적 시각제시 검사(rapid serial visual presentation task)이다. 이 검사는 연속해서 빠르게 제시되는 일반적인 사진 자극 세트에 옷을 입은 아동 사진과 동물 사진(대조 자극)들이 제시되는 방식으로 구성되어 있다. 피검자는 연속해서 제시되는 이들 사진에 표적 자극이 포함되었는지, 또 표적 자극이 왼쪽과 오른쪽 중 어디에 있는지를 찾는 과제를 수행하게 된다. 이 검사를 아동 성범죄자와 비범죄자에게 실시한 한 연구에서 아동 성범죄자는 비교집단에 비해 아동 사진 자극이 제시될 때 더 많은 오류를 보였다.

인지심리학적 이론에 기초한 소아성애증 평가 연구가 증가하였으며(Kalmus & Beech, 2005)[2], 최근에는 암묵적 연합 검사(IAT)를 사용하여 성적 지향을 연구

---

2 역자는 성범죄자의 인지심리학적 평가에 관련하여, 이 책이 출간된 후 발표된 Robert J. Snowden, Rebecca L. Craig & Nicola S. Gray (2011). Indirect Behavioral Measures of Cognition among Sexual Offenders. *Journal of Sex Research*, 48(2-3), 192-217의 최근 리뷰 논문을 추천한다.

한 논문이 발표되었다(Spiering, Everaerd, & Laan, 2004; Treat, McFall, Viken, & Kruschke, 2001). 이러한 인지심리학적 이론에 기초한 실험실 검사들은 검사 비용이 저렴하고, 피검자가 평가자를 속여 검사결과를 왜곡하는 것이 어렵고, 검사의 핵심 원리에 대한 보안이 지켜지고, 그리고 현재까지 밝혀진 소아성애증 평가방법들과 서로 중첩되지 않는 것이 이상적이다. 한 가지 예로 사람들은 화난 얼굴 표정을 짓고 있는 군중 속에서 행복한 얼굴 표정을 탐지하는 것보다 행복한 얼굴 표정을 짓고 있는 군중 속에서 화난 얼굴 표정을 보다 더 빨리 탐지한다. 이는 타인의 정서 인식 과정에 우리가 가진 시각적 정보처리 태세를 반영한 결과이다(군중 속에서의 **얼굴 효과** : Hansen & Jansen, 1988; Öhman, Lundqvist, Esteves, 2001). 따라서 소아성애자의 시각적 정보처리 과정에 이와 유사한 패러다임의 적용이 가능해 보이는데, 소아성애자 집단은 성인 얼굴의 군중 속에서 아동 얼굴을 찾아내는 속도와 아동 얼굴의 군중 속에서 성인 얼굴을 탐지하는 속도가 소아성애증이 없는 집단과 차이가 날 수 있다.

심리생리학적 측정

법정장면의 평가자는 과거 성범죄 이력에 관한 정보뿐만 아니라 개인이 가지고 있는 성적 기호에 대한 보다 구체적이고 객관적인 정보를 얻으려 한다. 이 절에서 필자는 자기보고 검사의 타당성을 높일 수 있는 폴리그래프 검사(일반 대중에게 거짓말 탐지기로 알려진 검사)와 통제된 실험실 환경에서 성적 자극에 대한 성적 각성 수준을 측정하는 음경체적변동 검사를 소개할 것이다.

폴리그래프

폴리그래프는 피검자에게 행위에 대한 구체적인 질문을 제시하면서 심장박동, 혈압, 피부 전도반응, 호흡 등의 변화를 평가하는 심리생리학적 측정법이다. 폴리그래프 검사는 성적 기호를 직접적으로 평가하는 것은 아니지만 이 도구를 통해 자기보고 검사의 타당도를 점검할 수 있다.

폴리그래프 검사는 크게 통제 질문 검사(control question test)와 유죄 지식 검사

(guilty knowledge test)로 나누어진다. 통제 질문 검사에서 피검자는 자신의 행동과 관련된 질문(성범죄 과거력이나 혼자 있는 아동과 함께하는 등 성범죄 가능성을 높이는 행동)과 중립적 내용의 통제 질문을 받게 된다. 통제 질문 검사 시 피검자가 평가자를 속이려 할 경우 중립적 내용의 통제 질문보다 성범죄와 관련된 자신의 행동에 대한 질문을 받았을 때 호흡, 맥박, 피부 전도반응 등의 생리적 측정치가 높아질 것이라고 가정한다. 한편, 유죄 지식 검사에서는 평가자가 범행을 했을 것으로 추정되는 범죄자의 행동과 관련하여 매우 구체적인 질문을 한다. 이 검사방법은 피검자가 통제 질문보다 범행에 관한 정보가 포함된 질문에 더 큰 생리적 반응을 보일 것이라고 가정한다.

성범죄자를 대상으로 한 폴리그래프 검사에서는 통제 질문 검사가 유죄 지식 검사보다 더 많이 사용된다. 미국 전역을 대상으로 조사한 보고서에 따르면, 보호관찰과 가석방심사위원회의 절반 정도가 지역사회 내 성범죄자의 치료와 보호관찰 준수사항의 이행을 점검할 목적으로 폴리그래프 검사를 정기적으로 실시하고 있다(Englis, Jones, Pasini-Hill, Patrick, & Cooley-Towell, 2000). 또 다른 형태의 통제 질문 검사에서는 범죄자에게 공식적으로 밝혀지지 않은 범죄 피해자나 범죄력, 성적인 생각과 공상, 최근 행동들을 질문하기도 한다.

아직까지 방법론적으로 폴리그래프 검사의 정확도를 확실하게 검증한 연구는 없는 실정이다(보호관찰 성범죄자의 폴리그래프에 관한 논의는 Lalumière & Quinsey, 1991; 리뷰 논문은 National Research Council, Committee to Review the Scientific Evidence on the Polygraph, 2003 참조). 유죄 지식 검사의 타당도를 실증적으로 지지하는 소수의 연구가 이루어졌지만 이 검사법은 소아성애증의 평가나 치료 경과 및 보호관찰의 관리감독 점검과 관련하여 큰 도움이 되지 않는다. 또 현재까지 성범죄자 평가에 일반적으로 사용되고 있는 폴리그래프 검사의 타당도는 확립되지 않은 실정이다. 그럼에도 불구하고 일부 연구자들은 범죄자에게 폴리그래프 검사를 사용할 경우 공식적으로 밝혀진 범죄보다 더 많은 범행을 시인한다고 주장한다(Ahlmeyerm Heil, Mckee, & English, 2000; Emerick & Dutton, 1993; Hindman & Peters, 2001).

폴리그래프 검사를 사용할 경우 피검자의 자기개방이 증가되는 것은 '보그스 파이프라인 효과'일 수도 있다(Roese & Jamieson, 1993). 보그스 파이프라인 실험에서는 참가자에게 거짓말을 탐지한다는 기계장치를 부착하지만 사실 그 기계장치는 작동이 되지 않는다. 일단 이 기계장치를 부착하게 되면 사실과는 다른 더 많은 정보들을 진술하게 된다. 드물지만 폴리그래프 검사의 거짓된 자기개방의 문제점을 지적한 문헌이 하나 존재한다. 이 문헌에서는 특히 강압적인 심문상황에서 피암시성이 높고 낮은 지능을 가진 사람들이 거짓된 자기개방을 할 가능성이 있다고 주장하였다.

음경체적변동 검사

음경체적변동 검사(Phallometry)는 연령 및 다양한 범주의 성적 자극(여자 아동, 남자 아동, 여자 청소년, 남자 청소년, 성인 여성, 성인 남성)을 피검자에게 제시하고 자극에 대한 성기 발기 정도를 측정하여 성적 기호를 평가한다. 음경체적변동 검사는 Kurt Freund에 의해 개발되었고, 최초로 이 검사법이 동성애자와 이성애자를 변별함에 있어 신뢰도가 높은 것으로 확인되었다(Freund, 1963). 후속 연구에서 음경체적변동 검사가 아동을 대상으로 한 성범죄자와 다른 성인 남성을 잘 변별하는 것을 확인하였다(Freund, 1967).

음경체적변동 검사는 성기의 둘레나 부피의 변화를 기록하게 되는데, 제시된 자극에 성기가 발기되어 둘레나 부피가 더 증가될 때 해당 범주 자극에 성적 기호가 있다고 해석한다. 성기 둘레의 변화를 측정하기 위해 탄성이 있는 수은 스트레인 게이지를 성기 중간에 끼우는 방식을 가장 많이 사용한다(그림 2.2). 수은 스트레인 게이지의 전기 전도력의 변화는 성기 둘레의 변화를 반영하게 되므로 성기 발기의 정도를 정밀하게 측정할 수 있다. 동공 확장, 심박, 응시 시간, 피부 전도도와 같은 심리생리학적 측정과 달리 성기의 성적 흥분을 직접적으로 측정하기 때문에 타당도 측면에서 가장 정확한 성적 기호 평가법이다(Zuckerman, 1971). 음경체적변동 검사 반응은 비범죄자 집단의 자기보고 검사 및 응시 시간과 정적 상관이 있으며(Harris et al., 1996), 성범죄자 집단의 자기보고 검사와 응시 시간과도 상관을 보였다(Letourneau, 2002).

최적의 음경체적변동 검사 결과를 얻기 위해, 제시된 자극 범주에 대한 상대적

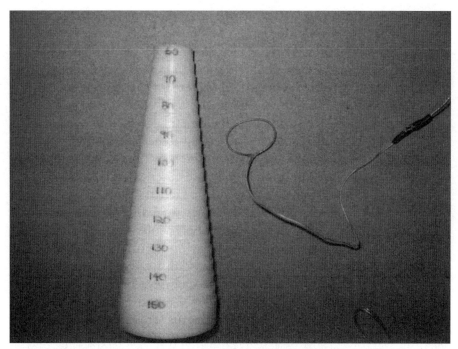

| 그림 2.2 | 음경체적변동 검사에 사용되는 스트레인 게이지(성기의 둘레 측정)

반응치를 사용한다. 예를 들어 사춘기전 아동 사진 자극에 대한 반응값에서 성인 사진 자극에 대한 반응값을 뺀다. 이렇게 해서 산출된 결과가 양수일 경우 성인보다 아동에게 더 많은 성적 기호가 있다고 해석한다. 성기 반응에 개인차가 있기 때문에 검사결과 해석에 원점수를 그대로 사용하는 것보다 자극 범주에 따른 상대적 반응점수를 사용한다. 성기의 발기 정도는 피검자의 연령, 건강 상태, 검사 전 사정 경험 등에 따라 달라진다. 평가자가 음경체적변동 검사를 보다 타당하게 해석하기 위해서는 피검자가 아동 자극에 대해 10mm 발기 반응을 보였다는 정보와 함께 성인 자극에 대한 측정치가 필요하다. 예를 들어, 두 명의 피검자가 아동 자극에 10mm 반응을 보였고, 성인 자극에 한 명은 5mm, 또 다른 사람은 20mm의 반응을 보였다. 첫 번째 사람은 성인 자극(5mm)에 비해 아동 자극(10mm)에 상대적으로 더 큰 성기 반응을 보였기 때문에 아동에 대한 성적 기호가 있음을 의미한다. 두 번째 사람의 경우 아동 자극(10mm)에 비해 성인 자극(20mm)에 상대적으로 더 큰 반응을 보였으므로 성인에 대한 성적 기호가 있다고 해석한다. 음경체적변동 검사에 관한 보다 자세한 내용을 참고자료 A에 제시하였다.

변별 타당도

성기 반응의 상대적 지수를 사용하여 아동 대상 성범죄자와 다른 남성을 유의미하게 변별할 수 있다. 차이 지수(아동 자극의 평균 반응점수에서 성인 자극의 평균 반응점수를 뺀 값)를 사용할 때 아동을 대상으로 한 성범죄자는 다른 유형의 범죄자(성인 대상 성범죄자, 일반 범죄자)와 비범죄자들보다 아동 자극에 상대적으로 더 큰 반응을 보인다(Barbaree & Marshall, 1989; Freund & Blanchard, 1989, Quinsey, Steinman, Bergersen, & Holmes, 1975). 한편, 음경체적변동 검사에서의 성기 반응은 범죄 피해자를 선택하는 것과도 관련되어 있다. 소녀를 대상으로 성범죄를 저지른 범죄자는 소녀 자극에 상대적으로 큰 반응을 보이며, 소년을 대상으로 성범죄를 저지른 범죄자는 소년 자극에 상대적으로 더 큰 반응을 보인다. 비강간범(nonrapists)에 비해 강간범은 폭력적 성행위 자극에 상대적으로 더 큰 반응을 보인다(Lalumière & Quinsey, 1994; Lalumière, Harris, Rice, & Trautrimas, 2003). 또 다른 연구자들에 의해 음경체적변동 검사가 가학적 성행위자, 이성 복장도착증(cross-dressing), 노출증을 변별하는 것으로 확인되었다(Freund, Seto, & Kuban, 1996; Marshall, Payne, Barbaree, & Eccles, 1991; Seto & Kuban, 1996). 다른 남성과 아동 성범죄자를 변별하는 가장 신뢰로운 지표는 음경체적변동 검사에서 아동 자극에 대한 성적 각성 반응이다.

몇 가지 방법으로 음경체적변동 검사의 변별력을 높일 수 있다. 먼저, 서로 다른 자극 범주에 대한 상대적 반응차에 기초하여, 반응 지수를 표준점수로 변환시킬 때 음경체적변동 검사의 변별 타당도가 더 증가된다(Earls, Quinsey, Castonguay, 1987; Harris, Rice, Quinsey, Chaplin, & Earls, 1992). 또 음경체적변동 검사 중 피검자에게 폭력적이거나 성적인 내용의 시청각 자극이 제시될 때 버튼을 누르게 하는 의미적 추적 과제를 검사과정에 포함시킴으로써 피검자의 부주의한 수검 태도를 방지할 수 있다(Harris, Rice, Chaplin, & Quinsey, 1999; Proulx, Côté, & Achille, 1993; Quinsey & Chaplin, 1988). 인위적 검사반응(response artifacts)은 피검자가 검사결과를 조작하려는 시도를 탐지하는 데 사용될 수 있다(Freund, Watson, & Rienzo, 1988). 피검자 중 일부는 음경체적변동 검사를 받는 동안 의도적으로 자신의 성기 반응을 통제하기 때문에 속임 행동을 줄일 수 있는 방법을 사용하는 것이 중요하다(Quinsey, Bergersen, 1976; Quinsey & Carrigan, 1978). 성적 내용의 시나리오를 청각적으로 제시하는 방법은 상당히 좋은 변별력을 갖게 한다(Chaplin, Rice, Harris, 1995; Quinsey & Chaplin, 1988).

검사의 민감도와 관련된 소아성애증의 진단은 음경체적변동 검사에서 피검자가 보인 성기 반응에 근거하여 적정 절단 점수에 따른다(비록 많은 연구에서 성인 자극에 비해 아동 자극에서 더 큰 성기 반응을 보인 것을 소아성애증의 준거로 사용하고 있지만, 아직까지 소아성애증 진단에 사용되는 절단 점수에 대한 확실한 준거가 확립되지 않았음). 아동을 대상으로 한 성범죄자 모두가 소아성애증을 가진 것이 아니므로 표집에서 소아성애자 비율에 근거하여 음경체적변동 검사의 민감도를 추정하는 방법은 보수적인 접근이 된다. 예를 들어, 음경체적변동 검사를 사용하여 어떤 성범죄자 표집에서 60%가 소아성애증이 있다는 것을 확인하였을 때 검사의 민감도가 60%라고 추정한다. 그러나 만약 표집의 90%만이 실제로 소아성애증을 가졌다면 검사의 민감도는 66%로 좀 더 높아지게 된다.

피검자가 소아성애증으로 진단되면 이후 개인에게 매우 부정적인 결과가 수반되기 때문에, 실제 임상장면에서 특이도가 높은 절단 점수를 사용한다. 특이도란 연구 표집에서 아동에게 성적 기호가 없는 비성범죄자를 변별해 내는 것을 의미한다. 달리 말해 어떤 진단 검사를 통해 실제로 질병이 없는 사람을 질병이 없다고 정확하게 진단하는 비율이다. Freund와 Watson(1991)은 아동 성범죄와 관련이 없는 147명의 성범죄자를 대상으로 소아성애증 진단의 절단 점수를 적용해 음경체적변동 검사의 특이도가 98%, 민감도가 50%라고 보고하였다. Blanchard와 동료들(2001)은 아동에 대한 성적 기호를 부인하는 성범죄자를 대상으로 음경체적변동 검사의 민감도와 특이도를 확인하였다. 연구결과 아동 성범죄 전력이 많은 성범죄자 집단의 경우 민감도가 61%, 성인을 대상으로 다수의 성범죄를 저지른 집단의 특이도는 96%였다. 소아성애증을 시인하는 집단에 음경체적변동 검사를 적용하면 검사의 민감도가 매우 높다. 이와 관련하여, Freund와 동료들은 본인 스스로 소아성애증을 시인한 137명의 아동 성범죄자를 대상으로 음경체적변동 검사를 실시하고 검사의 민감도를 92%로 보고하였다(Freund & Blanchard, 1989; Freund, Chan, & Coulthard, 1979; Freund & Watson, 1991).

음경체적변동 검사의 소아성애증 변별 절단 점수는 매우 보수적으로 설정하였기 때문에 절단 점수를 초과하는 피검자는 소아성애자일 가능성이 매우 크다(절단 점수는 성인과 아동 자극에 동일한 성기 반응을 보이거나 성인보다 아동 자극에 더 큰 반응을 보이는 것을 기준으로 함). 소아성애 지수 점수가 절단 점수보다 낮은 것은 실제로 피검자에게 소아성애증이 없다거나 음경체적변동 검사로 피검자의 소아성애증을 탐지하지 못했음을 의미한다.

예측 타당도

음경체적변동 검사는 우수한 예측 타당도를 나타낸다. 최근 10건의 연구를 바탕으로 1,278명의 성범죄자의 자료를 메타분석한 연구결과, 아동 자극에 대한 음경체적변동 검사의 반응이 여러 가지 성범죄 재범 예측 요인 중 단일 요인으로서 가장 뛰어난 것으로 밝혀졌다. 음경체적변동 검사는 성범죄 재범과 r=.32의 상관을 보였는데, 이 수치는 정신병질(psychopathy)이나 이전 범죄력 및 재범 간의 상관계수와 비슷한 수준이다. 정신병질과 이전 범죄력은 성범죄 재범뿐만 아니라 다른 유형의 범죄 재범과도 강한 상관을 갖고 있다.

비판적 견해

소아성애증 평가와 관련하여 음경체적변동 검사의 효용성을 지지하는 임상적 증거가 있음에도 불구하고 검사의 효용성을 부정하는 반대 입장이 있으며, 실제 지난 10년 동안 음경체적변동 검사의 연구실 수가 감소하였다(Howes, 1995; Knopp, 1986; McGrath, Cumming, & Burchard, 2003). Launay(1999), Marshall과 Fernandez(2000)는 임상장면에서 음경체적변동 검사의 사용 목적과 윤리적 문제에 대해 비평하였다. 음경체적변동 검사의 가장 큰 문제점은 검사 자극과 시행절차가 표준화되지 않았고, 자료분석 방법이 실험실마다 서로 상이하다는 점이다. Howes(1995)는 캐나다와 미국에 있는 48개의 연구실을 조사한 결과, 연구실마다 검사시행 방법이 매우 상이한 것을 발견하였다. 이에 대한 예로 각 연구실마다 제시되는 자극의 유형과 자극의 수, 자극 제시 시간, 개인별 성적 각성 프로파일의 임상적 해석기준이 서로 달랐다. 더욱이 많은 연구실에서는 타당화된 절차와 점수체계를 사용하지 않는다.

연구실마다 검사시행 절차를 통일시키는 표준화 작업이 필요하다. 일부 음경 체적변동 검사는 타당도 작업을 거쳤지만 타당도 연구가 되지 않은 검사들이 아직도 많이 있다. 전체적으로 표준화된 절차에 따라 검사를 실시하게 되면, 규준 자료를 풍부하게 축적할 수 있게 되어 검사결과의 해석이 보다 용이해진다. 변태성욕 및 성범죄자 연구 분야에서 음경체적변동 검사의 표준화에 대한 주장이 반복적으로 제기되었음에도 불구하고 아직까지 검사 표준화에 대한 진척이 미미한 실정이다. 음경체적변동 검사에 포함되는 자극의 수와 종류 등의 검사방법 과 자료 해석을 위한 최적의 점수 변환에 관한 실증적 연구가 있다(Lalumière & Harris, 1998; Quinsey & Lalumière, 2001). 그림 2.3은 성기의 부피 변화를 측정하는 음경체적변동계이다. 음경체적변동 검사의 전반적인 지침은 성학대자 치료학회(Association for the Treatment of Sexual Abusers, ATSA)에서 발표하였다(1993; Association for the Treatment of Sexual Abusers, Professional Issues Committee, 2001).

한편, 음경체적변동 검사는 신뢰도가 낮다는 비판을 받고 있다. 음경체적변

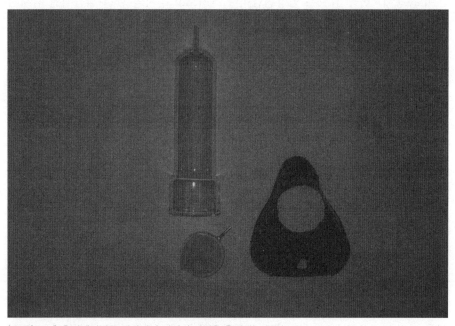

| **그림 2.3** | 음경체적변동 검사에서 성기의 체적을 측정하는 장치

동 검사의 내적 일치도와 검사-재검사 신뢰도는 잘 나와야 중간 정도의 수준이다(Barbaree, Baxter, & Marshall, 1989; Davidson & Malcolm, 1985; Fernandez, 2002; Gaither, 2001). 음경체적변동 검사가 우수한 변별력과 예측 타당도를 갖고 있지만 검사의 낮은 신뢰도가 타당도까지 위협하는 결과를 낳았다. 이처럼 신뢰도와 타당도가 크게 상반되는 원인으로, 다음의 두 가능성을 고려해 볼 수 있다. (a) 변별 타당도와 예측 타당도는 보수적으로 추정되었기 때문에 만약 검사의 신뢰도가 높아진다면 타당도가 증가할 것이다. (b) 음경체적변동 검사는 전통방식의 지필 검사와는 성격이 다른 검사이므로 이 검사의 신뢰도를 평가할 때에는 다른 방식의 신뢰도 지표가 필요하다.

또 다른 비판으로 음경체적변동 검사는 피검자가 부분적으로 옷을 탈의한 상태에서 성기에 기계장치를 부착하는 등 검사 절차가 침습적이고, 검사자가 피검자의 성기 발기 정도를 실시간 관찰하기 때문에 피검자에게 수치심을 줄 수 있다. 더욱이 경우에 따라서 피검자가 검사결과를 조작하기 위해 검사 장비를 고의로 만지거나 엉뚱한 곳에 시선을 두는 것을 방지할 목적으로 피검자의 상반신을 카메라로 관찰한다.

이 음경체적변동 검사는 임상면담이나 자기보고 검사와 달리 침습적인 검사지만, 아동에 대한 성적 기호를 부인하는 소아성애자를 변별할 수 있기 때문에 면담과 다른 검사를 통해 알 수 없었던 유용한 정보를 얻을 수 있다. 또한 소아성애증 평가를 통해 미래의 재범을 잘 예측할 수 있지만, 한편으로는 아직까지도 소아성애증을 가진 성범죄자를 타당하게 평가할 수 있는 도구가 많지 않다. 예를 든다면, 스스로 소아성애증이 있다고 말하는 두 명의 성범죄자 중 한 명은 음경체적변동 검사에서 아동 자극에 비해 성인 자극에 상대적으로 더 큰 반응을 보이고, 나머지 한 명은 아동 자극에 상대적으로 더 큰 반응을 보인다. 이 경우 두 명의 범죄자가 다른 위험 요인의 조건이 동일하다고 가정할 때, 아동 자극에 상대적으로 큰 반응을 보인 범죄자가 미래의 재범 위험성이 다른 범죄자보다 더 높다고 할 수 있다.

또 음경체적변동 검사는 두 가지 윤리적 문제가 있다. 먼저 시각적으로 제시되는 아동 사진 자극을 만들 때 아동에게 사진촬영의 목적을 설명하고 동의를 얻을 수 없기 때문에 윤리적 문제가 발생한다(일부 연구실에서는 경찰이 압수한 아동 포르노를 사용). 또 다른 문제는 검사 중 피검자에게 아동 포르노 사진 자극을 보여줌으로써 청소년이나 초범인 성범죄자에게 아동과 관련된 새로운 성적 공상을 하게 만들 수 있기 때문에 아동 포르노 자극을 제시하는 것은 윤리적이지 못하다.

첫 번째로 언급한 윤리적 문제는 사진 자극을 실재하지 않는 가상의 아동과 성적 행위를 하는 내용이 포함된 청각 자극으로 대체함으로써 해결될 수 있다. 또 디지털 이미지 편집 소프트웨어를 사용하여 실재하지 않는 아동 사진 자극을 제작하는 것이 가능하다(참고로 미국에서는 아동 포르노 예방을 목적으로 아동 이미지의 변형을 불법으로 규정). 두 번째 제시한 윤리적 문제와 관련하여, 음경체적변동 검사에 의뢰된 범죄자는 이미 위법한 성범죄를 저질렀기 때문에, 이후 집단심리치료 장면에서 성범죄와 관련된 시청각 자료를 접하게 될 가능성이 크다. 아직까지 성범죄자를 대상으로 한 연구는 없으나, Malamuth와 Check(1984)은 강간 장면의 사진 자극 노출 실험에 자원한 피검자가 강간 통념(rape myths)을 적게 인정하였다고 보고하였다. 성범죄자의 경우 치료에 참가한 후보다 음경체적변동 검사를 받은 후에 강간 통념을 더 많이 인정하였다. 사실 성범죄자 치료 프로그램에서 주로 반사회적인 태도와 아동 성범죄에 대한 인지적 왜곡을 다루기 때문에 이는 당연한 결과로 보인다.

마지막으로, 음경체적변동 검사는 청소년 성범죄자와 초범의 친족 성범죄자들에는 유용하지 못하다는 주장이 있다. 그러나 이 주장이 옳은 것만은 아니라는 증거가 있다. 필자와 동료 연구자들은 아동을 대상으로 성범죄를 저지른 청소년 성범죄자를 대상으로 음경체적변동 검사를 사용한 평가를 실시하였다(Seto, Lalumière, & Blanchard, 2000). 연령을 통제한 대조집단을 구성할 수 없었기 때문에, 아동 대상 성범죄 전력이 없는 18~21세 연령의 성인을 비교집단으로 하였다. 다른 집단과 마찬가지로, 피해자가 남자 아동인 청소년 성범죄자 집단은 대조집단에 비해 아동 자극에 상대적으로 더 큰 성기 발기 반응을 보였다. 또 피해자가 남아와 여아 모두인 청소년 성범죄자는 성인 사진 자극에 비해 아동 사진 자극에 상대적으로 더 큰 반응을 보였다. Robinson, Rouleau와 Madrigano(1997)도 청소년 성범죄자 집단과 18세 대조집단을 통해 위와 유사한 연구결과를 보고하였다. 끝으로, Blanchard와

Barbaree(2005)는 음경체적변동 검사를 13세에서 16세의 청소년에게 사용하여 사춘기전 아동에게 성적 기호를 가진 집단과 사춘기 청소년(또는 성인)에게 성적 기호를 가진 집단을 변별하였으며, 음경체적변동 검사에서 아동에 대한 성적 기호를 보인 청소년 집단의 경우 다른 집단에 비해 12세 미만의 아동 피해자가 유의미하게 많다는 것을 발견하였다.

친족 아동 성범죄자를 대상으로 음경체적변동 검사를 적용한 몇 개의 연구가 있다(Balnchard et al., 2006; Rice & Harris, 2002; Seto, Lalumière, & Kuban, 1999). Seto와 동료들(1999)의 연구 대상자 대부분이 초범의 친족 아동 성범죄자였음에도 불구하고 친족 아동 성범죄자 집단은 강간범이나 비범죄자 집단에 비해 아동 자극에 대한 반응이 상대적으로 더 컸다. 이상의 연구결과들을 종합해 볼때, 음경체적변동 검사는 청소년과 초범의 친족 아동 성범죄자 집단에게도 유용하게 사용될 수 있다.

대뇌 영상법

성적 기호의 평가에 있어 대뇌 영상법(neuroimaging)은 아주 흥미로운 분야이다. 이 분야의 초창기 연구로 Lifshitz(1966)는 성인 피검자에게 성적 자극과 비성적 자극을 제시하였을 때 신경 반응 패턴이 서로 다르게 나타나는 것을 발견하였고, Costell, Lunde, Kopell 그리고 Wittner(1972)는 남성과 여성 모두 자신들이 선호하는 자극과 비선호 자극 간 뇌파의 차이를 보고하였다. Cohen, Rosen, 그리고 Goldstein(1985)은 남성에게 성적 자극을 제시하였을 때 우측 대뇌 측두엽에서 상대적으로 높은 뇌파 반응이 나타나는 것을 확인하였다. 끝으로 높은 해상도를 가진 대뇌 영상기법을 사용한 최근의 연구들에서는 성적 자극과 중성 자극에 대해 대뇌의 서로 다른 영역이 활성화되는 것을 보고하였다(Karama et al., 2002; Park et al., 2001; Redouté et al., 2000; Stoléru et al., 1999). 이들 연구마다 대뇌의 활성 영역이 상이한 측면이 있지만, 주의와 관련된 전대상회(anterior cingulategyrus), 감각 통합과 사물 인식에 관여하는 섬피질(insular cortex), 언어와 관련된 전두엽아래 피질 등은 연구자들이 일관되게 보고하는 영역이었다. Dreβing과 동료들(2001)은 사례연구를 통해 머지않은 미래에 대뇌 영상기법이 소아성애증 평가에 적용될 수 있다고 주장하였다. Dreβing과 동료들(2001)은 기능적 자기공명영상(fMRI) 검사를 남자 아동에게 성적 기호를 가진 33세의 소아성애자에게 실시한 결과, 전대상회와 우측 안와전두 피질(orbitofrontal cortex)의 활성도가 대조군(2명)과 차이가 있음을 확인하였다. 소아성애자는 수영복을 입은 남자 아동 사진 자극을 보고 있는 동안 전대상회의 활성도가 대조군과 차이를 보였다. 2명의 대조군은 수영복을 입은 성인 여성 자극에 전대상회가 동일하게 활성화되는 패턴을 보였지만, 아동 사진 자극에서는 이러한 활성화 패턴을 보이지 않았다. 그리고 소아성애자는 자극이 제시되는 동안 좌반구 활성도에서 대조군과 다른 패턴을 보였다. 앞의 연구와 비슷한 맥락에서, Kanwisher와 동료들은 얼굴과 다른 신체부위를 응시할 때 선택적으로 활성화되는 대뇌 영역을 확인하였다(Downing, Jiang, Shuman, & Kanwisher, 2001; Grill-Spector, Knouf, & Kanwisher, 2004; Kanwisher, 2003). 소아성애자와 비소아성애자는 제시된 성인과 아동 사진 자극에 대해 서로 다른 패턴의 대뇌 활성도를 보일 수 있다. 그러나 한 가지 의문이 드는 것은 대뇌 활성화의 수준이 제시된 자극 사진에서 얼굴이나 신체부위가 피검자에게 얼마나 매력적이고 선호하는 자극인가에 따라 달라질 수 있다는 것이다.

대뇌 영상기법의 발달로 성적 자극을 처리하는 대뇌 영역을 밝히는 것이 가능해졌다. 대뇌 영상기법은 음경체적변동 검사와 시각 반응 검사에 비해 피검자가 검사결과를 왜곡하기 어려운 장점이 있으며, 과거 범죄력이나 자기보고 검사의 편향에 영향을 받지 않는다. 심리생리학적 측정에 정교화된 아동 자극을 사용한다면, 보다 높은 변별 및 예언 타당도를 확보할 수 있겠다.

소아성애자는 아동의 어떤 부분에 매력을 느끼나

소아성애자들은 아동의 어떤 부분에 성적인 매력을 느끼는가? 이 질문에 대한 해답을 얻기 위해 많은 연구자들은 피해아동을 대상으로 이들의 심리적 · 신체적 특징을 조사하고, 성범죄로 구속된 소아성애자에게 '아동의 어떤 부분'에 성적 매력을 느끼는지 연구하였다. Wilson과 Cox(1983)는 자신을 소아성애자라고 보고한

77명의 소아성애자를 대상(소아성애 옹호단체 회원)으로 한 조사연구를 통해 소아성애자들이 선호하는 아동의 성격적 · 신체적 특징을 보고하였다. 이 연구의 요약된 결과가 표 2.1과 2.2에 제시되어 있다. Wilson과 Cox는 남자 아동을 선호하는 소아성애자의 상당수는 여성스러운 외모를 가진 남자 아동을 선호한다고 보고하였다. Wilson과 Cox는 실제 연구 샘플 사례를 들어 이러한 주장을 하였다(예 : 샘플 No. 50 : 왜 당신은 남자 아동을 좋아합니까? / "몸에 털이 나지 않았고, 아이의 몸이 더 여성스럽습니다." p. 22). Lanng, Rouget, 그리고 Santen(1988)은 성범죄 피해아동이 동일 연령 아동에 비해 체중과 체구가 작다는 것을 보고하였다. 기타 아동 성범죄자들은 아동의 부드러운 피부, 작은 신체, 체모가 없는 것, 남아의 성기 형태, 여아의 성기 모양 등의 신체적 특징에 성적 매력을 느낀다고 보고하였다(Conte, Wolf, & Smith, 1989; Freund, McKnight, Langevin, & Cibiri,

표 2.1 소아성애자 77명이 보고한 아동의 중요한 성격적 특성

성격적 특성	77명 중 답한 사례
천진함	17
솔직함, 마음이 열려 있음	7
호기심	7
자발성	6
활력, 열정	5
억제력 부족	5
솔직함	5
따듯함, 애정	5
대화, 동료애	4
애교	4
친절함	4
유머감각, 재미와 장난기	3
부드러움, 단순함, 활기, 약함, 얌전함, 그리워하는 마음, 친절함, 이해심	1 또는 2

주 : Wilson & Cox(1983)에서 발췌함. 소아성애자가 보고한 빈도에 따라 순위를 부여

표 2.2 소아성애자 77명이 보고한 아동의 중요한 신체적 특징

신체적 특징	77명 중 답한 사례
보기 좋음(특정되지 않음)	12
부드러운 피부(털이 없음)	11
눈	5
아담한 체형	5
얼굴	3
체격(특정되지 않음)	3
하체, 엉덩이	3
왜소함	2
안색(깨끗함)	2
다부진 몸, 여성스러운, 건강한, 근육, 성기, 흑인이나 동양인, 변성되지 않은 목소리, 금발머리, 교복	각 1명

주 : Wilson & Cox(1983)에서 발췌함. 소아성애자가 보고한 빈도에 따라 순위를 부여

1972; W. L. Marshall, Barbaree, & Butt, 1988). Quinsey와 Lalumière(1995)는 이러한 신체적 특성들은 어리고 젊다는 것을 대표하는 특징들로, 이 중 상당수는 여성에 대한 이성애자의 매력도 평가와 상관을 가진다고 하였다. 그러나 소아성애자는 일반 성인 남성과 달리 유방과 같은 성숙한 신체적 특징에 매력을 느끼지 않는다.

소아성애증 연구의 선구자인 Kurt Freund는 신체 크기와 형태가 소아성애증을 결정짓는 특징이라고 추측하였다. 이러한 Freund의 임상적 직관은 역설적 효과를 최초로 발견한 Rice, Chaplin, 그리고 Harris(2003)의 두 연구를 통해 지지되었다. 그들의 첫 번째 연구에서, 비범죄자 집단에서는 18~25세 연령의 젊은 여성 자극에 더 큰 반응을 보인 반면, 여자 청소년을 대상으로 한 성범죄자 집단에서는 25세 이상의 성인 여성 자극에 상대적으로 더 큰 반응을 보였다. 사춘기전 아동을 대상으로 한 성범죄자와 관련된 두 번째 연구에서도, 아동 대상 성범죄자들이 나이가 많은 성인 여성 자극에 상대적으로 더 큰 반응을 보이는 것을 확인하였다. 그

러나 두 번째 연구에서 나이 많은 성인과 아동 자극에 대한 성범죄자의 성기 반응은 유사한 수준이었다. 이러한 연구결과를 놓고, Rice와 동료들은 소아성애자들이 제시된 인물 자극의 허리−엉덩이 비율(waist-to-hip ratio)[3]에 따라 반응하는 것으로 추측하였다. 즉, 나이가 많은 여성과 사춘기전 아동 모두의 허리−엉덩이 비율이 약 0.80인 반면, 젊은 성인 여성은 약 0.70이다. 소아성애자들은 허리−엉덩이 비율에 대한 반응이 일반 남성과 다를 가능성이 있다. Connolly, Slaughter, 그리고 Mealey(2004)는 6세에서 17세까지의 아동·청소년 511명을 대상으로 발달적 측면에서 허리−엉덩이 비율의 선호도 변화를 연구하였다. 연구자들은 나이에 따라 선호하는 허리−엉덩이 비율이 점진적으로 변화되는 것을 발견하였다. 285명의 소년들은 나이가 들어감에 따라 선호하는 여성의 허리−엉덩이 비율이 감소하였다. 이러한 경향은 가장 어린 6세 집단에서는 관찰되지 않았으며, 15세가 되면 소년들이 선호하는 허리−엉덩이 비율이 성인과 거의 유사해지는 것으로 나타났다.

Smith(1994)는 나이와 매력에 대한 지각이 성범죄 피해자가 될 가능성에 미치는 영향을 세 연구를 통해 확인하였다. 첫 번째 연구에서는 대학생들에게 성학대를 당한 소녀와 성학대를 당하지 않은 소녀의 사진을 보여주고 소녀의 매력과 나이를 평가하게 하였다(대학생에게 성학대 여부를 알려주지 않았음). 연구결과 대학생들은 성학대 피해를 입은 소녀들을 더 매력적이고, 더 어린 나이로 평가하였다. 두 번째 연구에서는 대학생에게 11세나 12세 소녀의 사진을 제시하고, 사진 속 소녀가 성학대를 당할 가능성을 판단하게 하였다. 매력적인 소녀는 성인에 의해 성학대를 당할 개연성이 더 많은 것으로 평가되었다. 또 연구에서 나이와 매력도는 상호작용 효과를 보였는데, 나이가 많은 매력적인 소녀와 나이가 어리고 비(非)매력적인 소녀가 성인에 의해 성학대를 당할 개연성이 더 많다고 평가되었다. 세 번째 연구에서는 34명의 대학생과 성범죄자 심리치료를 받고 있는 범죄자 38명의 평가를 비교하였다(범죄자 중 71%가 소아성애증 진단기준에 부합). 대학생

---

3 허리−엉덩이 비율(waist-to-hip ratio)은 엉덩이 둘레에 대한 허리 둘레 비율로, Singh(1993) 등의 연구자들은 여성의 허리−엉덩이 비율이 여성에 대한 남성의 매력 지각과 상관이 있음을 밝혔다. 비교문화적 연구와 역사적 증거에 기초할 때 최적의 허리−엉덩이 비율은 약 0.70이다.

들은 소녀가 매력적일 경우 나이가 많아 보이는 소녀가 성범죄를 당할 위험이 더 많다고 평가하였다. 한편, 매력적이지 않은 소녀에게 지각된 연령 효과(effect of perceived age)는 없었다. 대학생 집단의 평가와는 대조적으로 소아성애자가 대부분인 성범죄자 집단의 경우 사춘기 소녀가 성숙해 보일 경우 더 위험한 반면, 사춘기전 소녀는 어려 보이는 경우가 더 위험하다고 평가하였다. 이상의 연구결과는 성범죄자들은 서로 다른 두 경로를 통해 성범죄 피해 위험군을 인식함을 보여 준다. 첫 번째는 성적으로 성숙하였는가(실제 연령보다 나이가 더 많아 보이는 사춘기 소녀)이며, 두 번째는 확실하게 성적으로 미성숙한가이다(실제 연령보다 더 어려보이는 사춘기전 소녀).

아동 성범죄 관련 연구문헌을 종합하여, Smith(1994)는 소녀를 대상으로 한 성범죄에는 두 가지 경로가 있다고 주장하였다. Smith의 주장은 현대의 아동 대상 성범죄 이론과 성범죄자 추적 관찰연구를 통해 확인된 2개의 주요 위험 차원과 일치한다(제4장, 7장 참조). 첫 번째 경로는 비소아성애 경로로, 범죄자는 실제보다 나이가 많아 보이는 사춘기 소녀를 범행 표적으로 한다. 즉, 이 경로의 범죄자는 성적으로 성숙한 소녀를 범행 표적으로 삼지만, 소녀는 성행위의 동의가 가능한 법적 제한 연령보다 어리다. 두 번째 경로는 소아성애증으로 설명되는 경로이다. 이 경로의 범죄자는 실제 연령보다 더 어려 보이는 성적으로 미성숙한 소녀를 늘 범행 표적으로 삼는다. 소녀를 대상으로 한 성범죄의 이중 경로 모형은 Finkelhor와 Baron(1986)의 리뷰 연구결과와 일치한다. Finkelhor와 Baron(1986)은 피해아동에 관한 6편의 연구를 검토하여, 소아성애증 경로에 해당되는 6~7세 연령의 피해자 집단과 비소아성애증 경로로 볼 수 있는 10세 이상의 피해자 집단을 발견하였다. 또, 사춘기가 시작되는 약 10세에서 12세 사이의 소녀가 다른 연령의 소녀들보다 성범죄 피해자가 되는 비율이 2배 더 많은 것을 발견하였다.

논의 및 요약

임상면담이나 질문지 같은 자기보고 검사가 소아성애증 평가에 활용되고 있지만, 소아성애증으로 진단될 경우 개인이 감수해야 할 사회적 · 법적 파장이 매우 중

대하기 때문에 성범죄자들은 평가에서 자신의 범행을 축소하고 아동에 대한 성적 기호를 부인하는 경우가 많다. 따라서 자기보고는 사춘기전 아동에 대한 성적 생각, 공상, 충동, 각성, 행동들을 시인하는 피검자에게 유용하게 사용될 수 있겠지만, 소아성애증을 부인하는 피검자에게는 그 유용성이 제한적이다. 폴리그래프 검사를 통해 피검자의 자기개방성을 증가시킬 수는 있지만, 피검자의 기만과 관련한 폴리그래프의 타당도가 명확하게 검증되지 않았으며, 거짓된 자기개방에 대한 실증적 증거도 부족한 실정이다.

많은 연구자들은 음경체적변동 검사가 아동 성범죄자를 신뢰성 있게 변별한다는 내용의 연구결과를 제시하였다. 또 음경체적변동 검사에서 아동 자극에 대한 상대적인 성적 반응 지표는 미래의 성범죄 재범을 예측하는 가장 강력한 변인으로 밝혀졌다. 음경체적변동 검사의 임상적 사용과 관련하여 많은 비판들이 있지만, 이 검사는 무시할 수 없는 장점을 가지고 있다. 음경체적변동 검사에 제기된 비판과 관련하여, 검사 자극과 시행절차를 표준화하고, 청각 자극과 이미지 편집 소프트웨어를 통해 실제 존재하지 않는 인물 사진 자극을 만들 수 있다. 심지어 실제 현실에서 마주치게 되는 성인과 아동에 대한 성적 반응을 실시간으로 평가할 수 있는 휴대용 음경체적변동 검사의 개발도 가능하다(Rea, Debriere, Butler, & Saunders, 1998).

특히 필자는 음경체적변동 검사가 우수한 예측력을 갖고 있기 때문에, 임상과 법정에서 소아성애증 평가에 널리 활용된다고 생각한다. 음경체적변동 검사를 사용할 수 없거나 피검자가 이 검사를 거부할 경우, 대안적인 방법으로 인지심리학적 이론에 기초한 응시 시간 검사나 성범죄 특성(성범죄력)을 평가에 사용할 수 있다. 과거 성범죄 특성을 통해 미래의 재범을 예측한 연구결과를 볼 때, 과거 성범죄 전력에 대한 정보는 매우 중요하다. 반면, 시각 반응 검사를 사용하여 미래의 재범을 예측한 연구는 없는 실정이다(Seto et al., 2004). 범행에 대한 법적 판결을 받은 범죄자와 치료 중 친밀한 관계가 형성된 경우, 자기보고 검사가 유용하게 사용될 수 있다(Barbaree, 1991; Bourke & Hernandez, 출간 중; Worling & Curweb, 2000). 한편, 소아성애증을 확인해 주는 음경체적변동 검사 지표는 재범 위험성과 범죄자 관리에 매우 중요한 의미를 갖는다. 그러나 한 개인이 이 검사에서 소아성애증이 없는 것으로 나타날 경우, 그 사람은 실제로 소아성애자가 아니거나 성공적으로 소아성애증 탐지를 피한 것이다.

음경체적변동 검사에 대한 최적의 연구 지침이 마련되어 있으며 스스로 소아성애증이 있음을 인정한 아동 성범죄에게 적용할 경우 검사의 민감도는 90%를 넘어선다. 앞으로의 과제는 타당도가 입증된 절차와 검사 자극 세트를 사용하는 필자가 소속된 기관(Centre for Addiction and Mental Health, Canada)[4]이나 다른 기관의 검사방법 중 하나를 지정하여 음경체적변동 검사를 표준화하는 것이다. 이 책에서 인용한 음경체적변동 검사의 많은 연구들은 이들 기관에서 수집한 자료에 기초한 것이다. 법정 평가를 의뢰한 사람들은 음경체적변동 검사가 기존의 지필 검사들처럼 만족스러운 수준의 심리측정적 속성을 확보하고, 타당화된 절차와 검사 자극 사용을 요구할 것이다.

언젠가 다른 검사들에 의해 음경체적변동 검사가 대체될 수 있겠지만, 이 검사를 대신할 수 있는 또 다른 측정법들에 대해서는 더 많은 연구가 필요하다. 소아성애증 평가와 관련하여 최근에 특히 진전된 분야는 대뇌 영상기법과 인지심리학에 기초한 평가법(예 : 연속적 시각제시 검사와 스트룹 검사)이다. 이들 대안적 측정법은 침습적이지 않으며, 검사결과의 왜곡이 어렵고, 기술적으로 복잡하지 않다.

소아성애증을 평가할 수 있는 신뢰성 있고 타당한 평가법이 개발되었음에도, 소아성애증의 정신의학적 진단기준 자체에 많은 논란이 있다. O'Donohue, Regev, 그리고 Hagstrom(2000)과 Marshall(2006b)은 DSM-IV-TR의 소아성애증 진단에서 평가자 간 신뢰도(두 명의 임상가가 진단에 동의)와 검사-재검사 신뢰도(특정 시점에서 소아성애증으로 진단된 사람이 시간이 경과 후에도 소아성애증으로 진단되는 것) 문제를 지적하였다. 이러한 비판에 같은 견해를 가진 Levenson(2004a)은 295명의 성범죄자 집단(3/4이 아동 성범죄자)을 바탕으로 진

---

4 필자가 소속된 기관 외 다른 기관의 음경체적변동 검사 실험실에서도 타당도가 입증된 검사 자극과 시행절차를 사용한다. Mental Health Centre Penetanguishene(Grant Harris, gharris@mhcp.on.ca), Correctional Service of Canada's Regional Treatment Centre(Jan Looman, loomanja@csc-scc.gc.ca), Royal Ottawa Hospital (John Bradford, jbradfor@rohcg.on.ca). 성학대자치료협회(http://www.atsa.com)에서도 검사에 대한 정보를 얻을 수 있다.

단의 신뢰도를 보고하였다. 이 연구에서 평가자 간 소아성애증 진단의 신뢰도가 비교적 양호하였으나 높은 수준은 아니었다. Wilson, Abracen, Picheca, Malcolm, 그리고 Prinzo(2003)는 성에 대한 과거력, 엄격한 DSM-IV-TR 진단기준 적용, 음경체적변동 검사결과, 전문가의 진단이라는 서로 다른 네 가지 분류기준을 비교하였다. 이들 네 가지 분류기준은 아동 성범죄자 집단과 높은 상관을 보이지 않았다. 따라서 각각의 기준들이 소아성애자를 일관되게 분류하지 못하는 것으로 나타났다. 공식적으로 발표된 자료는 아니지만, Seto, Cantor, Blanchard(2006)는 성적 기호에 대한 자기보고 검사, 성범죄력, 아동 포르노 소지라는 세 변인이 음경체적변동 검사 반응을 예측한다는 것을 발견하였다. 이러한 연구결과는 소아성애증을 정확하게 변별하기 위해 다양한 출처의 정보를 함께 고려해야 한다는 것을 의미한다. 따라서 우리에게 던져진 과제는 서로 다른 정보들을 조합하고, 자기보고 검사, 성범죄력, 음경체적변동 검사 등 타당한 측정도구들의 결과를 하나로 결합할 수 있는 알고리즘을 도출하는 것이다(Ægisdóttir, Spengler, & White, 2006; Grove et al., 2000).

비록 진단기준이 간단해 보이지만, 소아성애증은 평가자 간 신뢰도에 문제가 있을 수 있다. 왜냐하면 성적 기호에 대한 정보가 주관적인 방식으로 취합될 뿐만 아니라 많은 소아성애자들이 사춘기전 아동에 대한 성적 생각, 공상, 충동을 시인하지 않기 때문에 임상가들은 과거의 성적 행동을 확인하고 소아성애증으로 추론하기 때문이다. 소아성애증 관련 문헌을 검토할 때 당면하는 복잡한 문제는 연구에 사용된 소아성애증의 조작적 정의와 평가방법이 서로 다르다는 것이다. 제3장에서는 소아성애증 연구집단의 유형에 대해 논의할 것이다.

CHAPTER 3

소아성애증 연구의
다양한 접근법

소아성애증 연구의 대부분은 아동 성범죄자 집단을 대상으로 한 것이다. 아동 성범죄자 집단은 공공 정책 및 일반 대중에게 실제적으로 많은 주목을 받아 왔다. 이들 집단을 대상으로 소아성애증을 과학적으로 연구하는 데 다음과 같은 몇 가지 제한점이 있다. 첫째, 성범죄를 저지르는 남성들의 약 1/2이 소아성애자이다(표 1.1 참조). 제4장에서 보다 자세히 논의하겠지만, 소아성애자가 아닌 사람도 여러 가지 다양한 이유로 아동 성범죄를 저지른다. 소아성애증이 없는 아동 성범죄자들은 특정한 대상에 성적인 선호를 갖고 있지 않거나 아동의 피해나 위험에 무관심한 반사회적 성향의 사람, 사회기술이 부족하여 적절한 성적 접촉 기회가 결핍된 사람, 그리고 범행 당시 약물 및 알코올 섭취로 일시적 탈억제 상태에 있었던 사람들이 포함된다.

여러 가지 이유가 있겠지만 아동을 대상으로 성범죄를 저지른 사람들도 다른 범죄자와 마찬가지로 범죄와 반사회적 행동을 한 것은 분명한 사실이다. 따라서 반사회적 태도 및 신념, 반사회적 성격, 범죄력을 가진 사람들은 범죄 전력이 없는 소아성애자들과 근본적으로 다르다. 이러한 이유로 반사회적 행동이나 범죄력이 없는 친사회적 소아성애자들(prosocial pedophiles)의 특성을 형사사법 장면의 성범죄자 집단이 적절하게 반영해 주지 못하는 측면이 있다.

이러한 표본 선택의 영향은 형사사법이 아닌 일반 임상장면에서 쉽게 찾아볼 수 있다. 일반 임상장면의 소아성애자들은 아동에 대한 자신의 성적 기호에 대해 몹시 괴로워하고, 배우자나 주변 사람들로부터 정신건강전문가를 찾아가라는 외부 압력을 받는다. 따라서 아동에 대한 성적 기호를 가진 것에 대해 본인 스스로 괴로워하지 않거나 주변 사람들에게 압력을 크게 느끼지 않는 소아성애자들과 일반 임상장면의 소아성애자들은 서로 다른 특성을 가졌다는 추론이 가능하다.

한편, 본인 스스로 소아성애가 있다고 밝힌 소아성애자들을 대상으로 한 연구는 매우 유용한 정보를 제공해 준다. 그러나 이들의 표본을 찾기 어렵기 때문에 연구가 매우 제한적이다. 이 책의 서문에서 언급하였듯이 소아성애자들은 아동 성범죄에 대한 법적 처벌과 맹혹한 사회적 분위기 때문에 소아성애증을 숨기는 것이 일반적이다. 그들이 불법적 성행동에 연루되지 않았음에도 불구하고 소아성애자로 밝혀지게 되면 상당한 위험에 처할 수도 있다. 이러한 이유로 성범죄에 연루된 전력이 없고 스스로 소아성애자라고 시인한 집단에 대한 연구는 주로 작은 수의 표본으로 수행된다. 또 이 집단을 대상으로 한 연구는 성범죄 과거력이나 음경체적변동 검사를 통한 성적 기호 등을 평가하는 성범죄자 집단 연구와 달리 주로 자기보고 검사에 의존한다. 따라서 이들 집단을 대상으로 한 연구는 자기보고 법의 근본적 한계인 신뢰도와 타당도 문제에서 자유로울 수 없다(제2장 참조).

정리하자면 소아성애증 연구의 대표적인 표본은 (1) 본인 스스로 소아성애증을 인정한 집단, (2) 일반 임상장면의 소아성애자 집단, (3) 아동을 대상으로 성범죄를 저지른 성범죄자 집단이다. 이들 연구 표본 각각은 장단점을 갖고 있다. 일반 임상이나 법정 등 다양한 집단을 통해 도출된 연구결과는 소아성애증에 대한 수렴적 증거를 찾게 하여 연구의 신뢰성을 증가시킨다. 필자는 세 가지 대표적인 소아성애증 연구집단(본인 스스로 소아성애증을 인정한 집단, 일반 임상장면의 소아성애자 집단, 아동을 대상으로 성범죄를 저지른 범죄자 집단)에서 밝혀진 연구결과들의 차이점과 공통점을 개관할 것이다. 특히 여기에서 흥미로운 몇 가지 질문은 다음과 같다. (1) 소아성애자들은 아동의 어떤 부분에 매력을 느끼는가? (2) 일반 임상이나 법정장면에서 볼 수 없는 소아성애자 집단에 대해 우리가 알고 있는 것은 무엇인가? (3) 소아성애증을 연구하기 위한 다른 대안적 방법은 무엇인가?

스스로 소아성애증을 인정한 집단

1978년과 1979년 Wilson과 Cox는 소아성애자 동호회(Pedophile Information Exchange, PIE)회원들과 접촉하였다. PIE는 과거 영국 런던에서 성인-아동 간의 성관계를 옹호하였던 단체로 현재는 존재하지 않는다. 이 단체 대표의 도움으로 PIE회원 150~160명에게 이메일을 통한 설문지를 발송하였다. Wilson과 Cox는 약 77명에게 이메일에 대한 회신을 받을 수 있었다. 설문조사에 응답한 사람들 모두가 남성이었고 나이는 20세에서 최고 60세, 평균 연령은 35~40세 정도였다. 설문 응답자 중 소년을 선호하는 사람이 71%, 소녀를 선호하는 사람이 12%, 소년과 소녀 모두를 선호하는 사람의 비율이 17%였다. 선호하는 연령 범위는 소년의 경우 12~14세, 소녀의 경우에는 8~10세였다. 소년과 소녀 모두를 선호하는 사람들은 선호하는 소년의 연령보다 소녀의 연령이 더 어렸다. 이러한 결과는 소년보다 소녀가 사춘기를 더 일찍 시작한다는 것으로 설명될 수 있겠다. 최근 아동을 대상으로 한 자료를 보면, 소녀의 초경 연령이 약 11세인 반면, 소년의 사춘기 시작 연령은 약 13세이다(Abbassi, 1998; Herman-Giddens et al., 1997; Tanner & Davies, 1985). 선호하는 아동의 연령으로 응답자 중 일부는 사춘기를 넘긴 연령(16~18세)을 보고하였다. 엄밀하게 보면, 이들은 소아성애자가 아니거나 설문 응답 때 실수했을 가능성이 있다. 아동에 대한 성적 공상에 대해서는 77명 중 39명의 응답자가 아동과의 성관계에 대한 공상을 보고하였다. 그리고 22명은 아동과의 로맨틱한 행위나 아동을 보살피는 공상을 보고하였으며, 18명은 공상이 없다고 하였고, 7명은 설문에 응답하지 않았다. 아동에게 매력을 느끼게 되는 심리적·신체적 특징들을 이 책 제2장의 표 2.1과 표 2.2에 제시하였다. 성인과의 성관계에 대해 느끼는 감정에 대한 질문에 14명이 혐오와 두려움 등 부정적인 응답을 하였고 33명은 무관심, 14명은 긍정적 느낌을 갖고 있다고 하였다. 나머지 응답자 중 7명은 성인과의 성관계 문항을 아동과의 성관계 문항으로 잘못 이해하였고 7명은 응답하지 않았다. Wilson과 Cox(1983)는 응답자의 상당수가 자신이 가진 소아성애증으로 많은 어려움을 겪고는 있지만 모든 응답자가 이러한 불편을 경험하는 것은 아니라고 보고하였다. 또 Wilson과 Cox(1983)는 개방형 질문을 통해 아동에 대한 성적 기호에 대해 스스로 어떻게 느끼는지를 질문하였다. 그 결과 27명이 긍정적으로(행복하고, 자랑스럽고, 긍정적) 응답했고, 21명이 불행하다, 13명이 좌절감을 느낀다, 11명이 혼란스럽다, 5명이 슬프고 무기력하고 우울하다, 4명이 죄짓는 것 같고 부끄럽다, 3명이 사회에 화가 나고 괴롭다 순으로 응답하였다.

Bernard(1985)는 독일의 소아성애자 옹호 단체회원 50명을 조사하였다[1]. 이 단체 회원의 나이는 대부분 40세 미만이고 다양한 종류의 직업을 가졌으며, 약 90%가 미혼이고 자녀가 없었다. 응답자의 96%는 소년을 선호하였고 가장 선호하는 연령 범위는 12~13세였다. 응답자 중 2명은 소년과 소녀 모두를 똑같이 선호한다고 하였다. 응답자의 상당수(56%)가 현재 아동들과 성적으로 관련된 행동을 하고 약 절반의 응답자(54%)는 아동과의 성적 행동에 대해 죄책감을 느끼고 있었다. 응답자의 14%는 50명 이상의 아동들과 성적 접촉 경험이 있었다고 보고하였다. 응답자의 24%는 15세가 되기 전에 자신이 아동에게 성적인 관심이 있다는 것을 자각하였고 64%는 자신이 20세 무렵에 아동에 대한 성적인 관심이 있다는 것을 자각하게 되었다고 보고하였다. 응답자의 약 90%는 소아성애증을 치료하는 것이 가능하다 해도 아동에 대한 성적 기호를 포기하지 않을 것이라고 응답하였다.

Li(1991)는 스스로 소아성애증을 인정한 27명을 면담하였다. 이 집단의 1/3(9명)에 해당되는 사람들은 자신의 소아성애는 선천적이라고 답하였다. 약 1/2 이상의 사람들은 자신이 특히 매력적으로 느끼는 아동에 대한 구체적인 특징들을 보고하였다. Wilson과 Cox(1983)의 연구와 같이 이들 소아성애자들은 아동에 대해 따뜻하고, 관대하고, 순결하고, 진실되며, 애정 있고 영민하다는 등으로 표현하였다. 또한 그들은 성인보다 아동과의 성적 접촉이 더 만족스럽다고 하였다. 아동과의 관계는 사랑하는 것으로 묘사되었고, 성적 접촉은 장난으로 인식하고 있었다.

---

1 Bernard(1987)은 독일 내 소아성애자 독립운동의 역사를 개관하였다. 이 운동은 1970년대에 특히 더 활발하였다.

리(가명)의 면담 내용

나는(리) 성인-아동 간의 관계가 아동에게 해가 되지 않고 오히려 도움이 될 수 있다고 생각한다. 나는 아동에게 도움을 줄 수 있는 사람이다. 다른 성인들은 이기적이기 때문에……, 아동이 이기적인 성인을 만나게 되면 결국 해를 입게 된다 (Li, 1991, p. 137).

또 다른 면담에서 닉도 리와 비슷한 말을 하였다. "당신도 알고 있듯이, 소년과의 관계에서 성관계는 나에게 매우 지엽적인 부분입니다. 내 생각에 성관계는 관계의 주된 목적이 아니며, 중요한 것은 내가 그를 원한다는 것입니다."(p. 135) 연구에 참여한 27명 중 8명은 소아성애증은 사회문화적 차이에서 비롯된 것이기 때문에 상대적일 수밖에 없다고 주장하였다. 즉, 이들은 소아성애증이 다른 문화권이나 시대에 따라 수용될 수도 있다는 생각을 갖고 있었다. 또 리는 형사사법당국을 통해 소아성애자로 밝혀진 개인은 상당히 착취적인 처벌을 받을 가능성이 크다고 주장하였다.

Riegel(2004)은 익명으로 290명에게 인터넷 설문조사를 실시한 결과, 응답자의 대부분이 소년에게 성적 매력을 느낀다는 것을 발견하였다. 응답자의 거의 대부분이 인터넷을 통해 아동 포르노를 시청하고, 또 상당수의 응답자는 아동 포르노 시청이 실제 소년과 성적인 접촉을 하려는 욕구를 줄이는 데 도움이 된다고 보고하였다. 하지만 이러한 주장은 아동 포르노 시청자와 소년 간의 실제 성적 접촉 경험이 있는 비(非)시청자 집단 간 비교연구를 통해 현재 실증적으로 규명되진 않았다. 한편, Riegel의 연구결과와는 대조적으로 Wheeler(1997)가 수행한 연구에서는 범죄자의 약 1/3이 성범죄를 실행에 옮기기 전에 포르노를 시청하였다고 응답하였다. 그러나 대다수의 아동 성범죄자들은 아동 포르노보다 아동이 등장하지 않는 일반 포르노를 주로 시청해 왔다고 보고했다. Langevin과 Curnoe(2004)는 아동 성범죄자들이 성인을 대상으로 한 성범죄자보다 성범죄의 한 과정으로 포르노를 사용한다고 보고하였다. 비친족을 대상으로 성범죄를 저지른 아동 성범죄자의 1/4이 아동 포르노를 범죄의 일부로 사용하는데, 이들 중 약 1/2은 성범죄 피해 아동에게 포르노를 보여주었다. Bourke와 Hernandez(출판 중)는 이전에 아동과 성적 접촉이 있었다는 사실을 시인한 131명의 아동 포르노 범죄자를 연구하였다. 연구결과 이들 중 상당수가 아동 포르노에 빠져들기 전에 아동 성범죄를 저지른 것을 발견하였다.

지금부터 약 30년 전에도 스스로 소아성애자라고 인정한 집단에 대한 연구들이 있으나 이 연구들은 영어로 발표되지 않았다. 필자는 이들 연구의 내용을 영문 초록을 바탕으로 요약하였다. Rouweler-Wuts(1976)는 60명의 독일인 소아성애자를 대상으로 연구한 결과, 이들이 성인 파트너와 정서적 관계는 좋으나 성적 관계가 나쁘다는 것을 발견하였다. Pieterse(1982)는 161명의 독일인 소아성애자를 대상으로 설문을 실시한 결과, 이들은 아동과의 단순한 성적 관계보다는 친구관계를 이어가는 데 관심이 많다는 것을 발견하였다. Leonard des Sables(1976, 1977)는 소년에게 성적 관심을 가진 프랑스인 소아성애자를 연구하였고, 60명의 소아성애자를 대상으로 한 Lautmaan(1994)의 사회학적 연구는 독일어로 출간되었다. 필자는 북아메리카의 *Man-Boy Love Association*의 회원이나 소아성애를 지지하는 웹사이트에 활동하는 개인[2]을 대상으로 한 연구는 수행되지 않은 것으로 알고 있다.

일반 임상집단

소아성애증 연구에서 일반 임상장면의 표본은 또 다른 연구방법을 제공한다. 공식적으로 밝혀진 것은 없지만 일반 임상장면에서 실제 아동을 대상으로 성범죄를 저지른 사례는 거의 볼 수 없다. Fedoroff, Smolewska, Selhi, Ng 그리고 Bradford(2001)는 정기적으로 성치료 클리닉을 내원하는 소아성애 내담자 316명 중 26명(8%)은 자의로 클리닉을 내원하였으며, 알려진 아동 성범죄 피해자가 없

---

2 필자는 지난 2005년 6월 1일부터 2006년 3월 31일까지의 기간 동안 소아성애자와 성인-아동 간의 성관계를 옹호하는 웹사이트에 접속해 보았다. 이들 웹사이트에는 아동의 매력에 관한 내용과 합법적으로 사용 가능한 사진이 많이 게시되어 있었다. 또 아동에 대한 보살핌과 사랑, 합법적 사례에 대한 예시, 소아성애자 그리고 아동 성범죄자의 이야기, 소아성애자와 아동의 성적 자기 결정권 탄압 등을 논의하는 내용의 게시글이 많았다. 이들 사이트에 게시된 성인-아동 간의 성관계, 아동 사진 등에 관한 글을 뉴스그룹(특정 주제에 대하여 관심을 가진 불특정 다수의 사람들이 모여 함께 토론하고 정보를 교환할 수 있는 인터넷 게시판)에서 볼 수 있다(Jenkins, 2001; Malesky & Ennis, 2004). De Young(1988)도 성인-아동 간의 성관계를 옹호하는 출판물을 보았는데, 그 내용 또한 웹사이트의 내용과 유사하다.

다는 사실을 발견하였다. 밝혀진 아동 피해자가 없고 자의로 내원한 26명의 내담 자는 다른 내담자에 비해 어떤 다른 종류의 범죄 경력이 유의하게 적었다. 또, 자 의로 내원한 이들은 다른 내담자 집단에 비해 성학대 경험과 포르노 사용을 더 많 이 보고하였으며, 성관계 경험이 전혀 없는 경우가 더 많았다. 한편, 이들 두 집 단 간 연령, 교육 수준, 약물남용, 첫 성관계 연령, 첫 성관계 파트너 연령 등의 인구통계학적 특성에 유의미한 차이는 없었다. Fedoroff와 동료들(2001)의 연구 는 조사 대상자의 자기보고 응답에 기초하였기 때문에 일부 참가자의 거짓보고가 연구결과를 왜곡시켰을 가능성도 있다. 즉, 일부 아동 성범죄자는 자신의 아동기 성학대 경험을 과장하고 포르노 사용을 축소 보고했을 수 있다.

범죄자 집단

앞서 언급한 바와 같이 소아성애증의 실증적 연구의 대부분은 아동을 대상으로 성범죄를 저지른 범죄자를 대상으로 수행되었다. 아동 성매매나 아동 포르노 범 죄자 집단을 대상으로 한 연구들도 소아성애증을 이해하는 데 도움이 되겠지만 상대적으로 이들 집단의 연구가 많지 않다.

아동 성구매자

아동에 대한 성적인 흥미가 있고 아동과의 성적 접촉을 위해 돈을 지불하는 아동 성구매자는 매춘에 대한 연구를 통해 이해될 수 있다. 조잡하게 제작된 *Where the Young Ones Are*라는 여행 안내서는 34개 주 59개 도시에 있는 남자 청소년 매춘 과 관계된 장소 378곳을 소개하고 있다(Lloyd, 1976). Brien(1983)은 이 안내서에 로스앤젤레스도 포함된 것을 경찰이 확인했다고 주장하였다. 매춘이 음지에서 이 루어지기 때문에 경찰이나 정부당국자들에게 잘 드러나지 않으며, 아동 매춘을 하는 사람들은 아동을 대상으로 성범죄를 저지르는 사람들보다 적발률이 더 낮 다. 불행하게도 아동 매춘이나 아동 성구매자에 대해서는 별로 알려진 것이 없다 (Bittle, 2002; Cusick, 2002 참조).

12세 미만의 아동 대상 매춘은 12~17세 연령의 아동 매춘에 비해 드물다. 북아메리카의 한 조사에서 매춘의 평균 연령이 대략 청소년기에서 초기 성인기라고 보고하였다(McClanahan, McClelland, Abram, & Teplin, 1999; Potterat, Rothenberg, Muth, Darrow, & Phillips-Plummer, 1998; Silbert & Pines, 1982). 캐나다의 배즐리 위원회(Badgley Committee, 1983)의 인터뷰 조사결과, 229명의 청소년 매춘부 대부분이 16세 이하의 연령인 것으로 나타났다. 이러한 조사결과는 실제로 아동 매춘부의 연령이 더 어릴 수도 있다는 것을 시사한다. 아동의 노동을 당연하게 여기는 일부 가난한 국가에서는 아동에게 매춘이 강요될 가능성이 높다.

성매매 종사자와 교도소 재소자를 대상으로 한 북아메리카의 조사에서 어린 아동이 매춘에 반드시 포함되는 것은 아니라는 응답을 얻었다. Inciardi(1984)는 소수의 표본에 기초한 9개의 질적 연구를 바탕으로 8~12세 여자 아동이 매춘에 관여한 사실을 보고하였다. 또, Inciardi는 연방수사국 범죄보고서를 검토한 결과, 1971년~1980년 동안 12세 이하의 몇몇 여자 아동이 매춘으로 체포된 사실을 지적하였다. 명확하게 입증되진 않았지만 일부 사람들은 아동 음란물을 제작하여 다른 사람에게 돈을 받고 팔거나 유포하며, 다른 음란물과 서로 맞교환한다. Faller(1991)는 근친상간 성범죄가 발생한 범죄자 가정 48곳을 조사한 결과, 약 1/3의 범죄자 가정에서 아동을 음란물 제작과 매춘에 가담시킨 사실을 발견하였다.

아동 매춘과 음란물 유포근절 국제기구(ECPAT, http://www.ecpat.net)는 아동 착취 예방을 목적으로 설립된 국제조직이다. 일부 성매매 관광으로 부끄러운 명성을 얻은 국가에서 청소년이 매춘에 얼마나 가담되어 있는지에 대해서는 알려진 것이 거의 없다. 성매매가 목적인 외국인들은 자신의 나라보다 청소년 성매매로 체포될 우려가 적은 국가를 택해 그 나라를 방문한다. 이들이 주로 택하는 나라는 캄보디아, 쿠바, 인도, 태국, 도미니카공화국 등으로 미성년자 성매매로 기소될 가능성이 적은 국가들이다. 성매매를 목적으로 외국을 여행하는 사람의 수와 매춘 관련 자료는 정확한 통계를 작성하는 것이 어렵기 때문에 주로 추정에 의존한다(Estes & Weiner, 2005; Hughes, 2000)[3]. 국제노동사무국(ILO)에서는 2000년

---

3 이는 동료들의 검토를 거치지 않은 보고서에서 흔히 볼 수 있는 문제이다. 추정된 통계치는 경험적 자료를 바탕으로 산출되지 않는 경우가 많으며, 주로 다른 연구자들의 보고서 등에 제시된 통계치를 계

한 해 동안 매춘과 포르노에 연루된 미성년자를 약 180만 명으로 추정하였다. 필자가 확인한 가장 보수적 추정치는 태국의 자료이다. 2004년도에 추정한 미성년자 수는 12,000~18,000명이었으며, 사춘기전 아동의 비율은 구체적으로 밝혀져 있지 않았다.

Bernard(1985)는 스스로 소아성애를 인정한 네덜란드인을 대상으로 한 연구에서 표집의 약 1/2에 해당되는 사람이 아동과의 성관계를 목적으로 유럽이나 남아프리카 등의 국가로 여행한 경험이 있다고 하였다. Estes와 Weiner(2005)는 미국 이민 후 매춘과 범죄조직에 연루된 청소년들을 인터뷰하였다. 이 인터뷰 연구결과에 근거하여 Estes와 Weiner는 미성년자 성구매자들은 소아성애자나 출장이나 직업 특성상 해당 지역에 단기간 체류하는 사람들(물류 운송, 업무상 출장, 계절업종 종사자 등)이라는 결론을 내렸다.

요약하면 현재 매춘을 통해 미성년자와 성적 접촉을 갖는 사람들에 대해 우리가 알고 있는 정보는 매우 단편적이며, 매춘에 연루된 미성년자의 연령 등 인구통계학적 특성에 대한 경험적 자료도 거의 없다.

아동 포르노 범죄자

미성년자 성구매자에 대한 경험적 연구가 부족한 것과는 대조적으로 아동 포르노 범죄자에 대한 연구는 일정 부분 이루어졌다. 캐나다와 미연방 법률에서 규정한 아동 포르노의 정의와 같이, 이 책에서도 아동 포르노를 아동에 대한 시각적 묘사, 성적으로 자극적이거나 아동이 다른 사람(성인, 아동 모두)과 성적인 행동에 관여하는 것으로 정의하였다(United States, The Child Pornography Prevention

---

속해서 재인용한다(예 : Schell, Martin, Hung, & Rueda, 2006). 예를 들면, 대중화된 성인영화와 잡지들이 경쟁적으로 생산되고 있는데도 어떻게 포르노 산업이 성장할 수 있는지, 현실적 이치에 맞지 않다는 주장이 빈번하게 제기된다(예 : Ackman, 2001). 최근 유엔의 연구(United Nations, 2006)에서는 2002년 한 해 동안 18세 미만의 소녀 1억 5천만, 소년 7천만 명이 성폭력을 경험하였다고 추정한 세계보건기구(WHO)의 통계치를 인용하였다. 그러나 미국 인구조사국의 자료에 따르면, 19세 이하의 전세계 인구가 대략 22억이기 때문에 이 통계치는 사실상 신빙성이 낮아 보인다. 이 통계에 따르면, 2002년 한 해 동안 성폭행 발생률이 9%라는 의미인데, 이는 Finkelhor(1994)가 제시한 평생 발생률(소녀 7%, 소년 3%)과 크게 불일치된다. 물론, 성폭력을 어떻게 정의하는지와 각 연구마다 방법론의 차이로 인해 통계치가 달라질 수 있다. 그러나 이 모든 것을 감안하더라도 1년 발생률과 평생 발생률 간의 큰 차이는 쉽게 납득할 수 없는 부분이다.

Act, 2002, 미국의 경우 아동 포르노에 대한 법률적 정의가 주마다 차이가 있다. Canada, The Criminal Code of Canada, 1985). 전체 아동 성범죄 발생 건수에 비해 상대적으로 그 수가 적지만 지난 5년 동안 아동 포르노 범죄자의 기소율은 증가하였다(Finkelhor & Ormrod, 2004 ; Oosterban, 2005 ; Wolak, Finkelhor, & Mitchell, 2005 ; Wolak, Mitchell, & Finkelhor, 2003). Wolak과 동료들(2005)은 국가통계보고서(2007)에 근거하여 2000년 6월 1일부터 2001년 7월 30일까지 미성년자와 관련된 성범죄로 약 65,000명, 인터넷 관련 아동 포르노 소지 범죄로 약 1,713명이 구속된 것으로 추정하였다.

아동 포르노 소지 범죄 건수가 다른 성범죄에 비해 적지만 인터넷의 발달로 인해 익명으로 아동 포르노에 쉽게 접근하고 유포할 수 있게 되었다. 그로 인해 아동 포르노 범죄가 증가되었으며, 이에 대한 사법부의 관심도 높아지게 되었다(예 : Galbreath, Berlin, & Sawyer, 2002). 인터넷이 발달하기 이전에 아동 포르노 구매자는 오프라인상에서 직접 판매자를 만날 수밖에 없기 때문에 판매자로 위장한 경찰에 의해 적발될 가능성이 높았다. 이와 달리 인터넷을 통해 아동 포르노를 다운로드하는 것은 컴퓨터를 함께 사용하는 가족이 우연히 발견하게 되거나 경찰의 암행 인터넷 네트워크 조사를 통하지 않고서는 발각되기 어렵다. 인터넷을 이용할 경우 체포될 가능성이 낮고 아동 포르노를 다운로드받고 유포하는 일련의 과정이 쉽고 간편하기 때문에 인터넷이 발달되기 이전보다 더 많은 사람들이 아동 포르노 수집과 유포에 관여하고 있다.

Fulda(2002)는 경찰이 성범죄 사전예방을 위한 실태조사로 인터넷상에서 아동 포르노 판매자나 원조교제를 원하는 미성년자로 위장하여 사이버 비밀수사를 할 경우, 성범죄 전과가 없는 잠재적 성범죄자를 발견하는 데 도움이 될 수 있다고 주장하였다. 이러한 주장을 지지하는 국립 청소년 인터넷 피해센터의 연구결과에 따르면, 인터넷상에서 미성년자로 위장한 경찰의 사이버 수사를 통해 용의자의 29%를 적발할 수 있었다(Wolak et al., 2003). Fulda가 주장한 바와 같이, 검거된 용의자 중 이전 범죄 전과가 있는 사람은 거의 없었다. 인터넷이 아동 포르노 접근을 더욱 용이하게 한다는 가설이 맞는다면, 인터넷이 발전하지 않았던 과거에 비해 더 많은 인터넷 아동 포르노 범죄자들이 생겼다는 것이 된다. 과거 아동 포르노 범죄자는 반사회적 성향이 더 높았을 것으로 짐작할 수 있다. 왜냐하면 그들은 아동 포르노를 수집하고 거래하기 위해 오프라인상에서 사람들을 직접 만나야 했기 때문이다. 이러한 직접적인 만남은 체포 위험이 수반되기 때문에 이를 감수할 수 있는 사람은 반사회적 성향을 가졌다고 볼 수 있다. 반면에 반사회적 성향을 보이지 않는 소아성애자들은 인터넷상에서의 사이버 예방수사를 통해 체포될 가능성이 크다. 한 가지 생각해 볼 수 있는 가설은, 일반 대중에게 인터넷이 보급된 후부터 아동 포르노를 수집한 사람들은 인터넷이 보급되기 전부터 아동 포르노를 수집한 사람들에 비해 아동 성범죄를 저지를 가능성이 적다는 것이다. 그러나 인터넷 보급 전후를 비교하는 방식으로 이 가설을 검증한 연구는 수행되지 않았다.

인터넷을 통한 아동 포르노 접근이 더욱 용이해짐에 따라 아동 포르노 범죄의 기소율이 증가하였고 자연스럽게 인터넷에서 아동 포르노는 찾기 어려울 정도로 줄어들게 되었다. Jenkins(2001)는 1990년 후반에 아동 포르노가 인터넷 웹상에서 공개적으로 거래되었다는 증거를 발견하였다. Bagley(2003)의 조사에 따르면, 대중이 쉽게 접근할 수 있는 인터넷 웹사이트에서 아동 포르노를 찾을 수 있었지만 1998년에서 2002년 사이에 아동 포르노가 급속도로 사라지게 되었다. 이러한 포르노 웹사이트가 현저하게 사라졌음에도 2001년과 2002년에 파악된 미성년자 포르노 사진의 수는 7,725개로 확인되었다(Bagley, 2003).

과거에 비해 아동 포르노에 접근하기가 어려워졌지만 완전히 근절된 것은 아니다. 아동 포르노 범죄자는 암호화된 파일이나 익명의 인터넷 프로토콜 혹은 이메일 주소를 사용할 뿐만 아니라 인터넷 접속기록을 숨길 수 있는 소프트웨어 프로그램을 활용해 보다 치밀한 방법으로 아동 포르노에 접근하고 이를 유포한다. 특히 컴퓨터나 정보통신기술에 능숙한 아동 포르노 범죄자들은 경찰의 사이버 수사에서도 잘 탐지되지 않는다. 이들 중 어떤 사람은 10년 동안 경찰의 수사망을 피해 아동 포르노를 거래한 것을 스스로 자랑하는 경우도 있었다(Jenkins, 2001).

소아성애증과 아동 포르노

직관적으로 아동 포르노 소지자는 소아성애자일 수 있다는 추측이 가능해 보인다. 이러한 추측을 지지하는 경험적 증거들이 있다. 스스로 소아성애를 인정한 집단을 대상으로 한 연구에서 74%에 해당되는 소아성애자들이 아동의 나체나 반누드 사진을 수집한 경험을 보고하였다(Bernard, 1985). 이 연구집단에서 37명 중 22명은 직접 아동 사진을 촬영하였다고 응답하였다. Quayle와 Taylor(2002)는 인터넷에서 아동 포르노를 다운로드한 혐의로 유죄처분을 받은 13명의 범죄자를 인터뷰하였다. 범죄자들이 다운로드받은 아동 포르노는 그들에게 성적 흥분을 유발시켰고 범죄자 개인이 가진 성적 공상과도 일치하였다. 이들 범죄자들은 주로 자신이 가장 선호하는 포르노를 다운로드하지만, 새로운 성적 자극을 위해 다른 음란물도 함께 다운로드받았다고 한다.

Seto, Cantor, Blanchard(2006)는 아동 포르노 소지 범죄와 소아성애증 간의 관련성을 알아보기 위해 아동 포르노 소지 범죄자 100명의 음경체적변동 검사 반응을 아동 포르노 소지 범죄력이 없는 성인 대상 성범죄자(216명), 아동 성범죄자(178명), 그리고 범죄에 연루되지 않은 일반 성클리닉 내담자(191명) 집단과 비교하였다. 100명의 아동 포르노 소지 범죄자들은 음경체적변동 검사에서 비교집단에 비해 아동 자극에 유의미하게 더 큰 성적 흥분 반응을 보였다(그림 3.1 참조). 한편, 음경체적변동 검사에서 아동 성범죄 전력이 없는 57명의 아동 포르노 소지 범죄자 집단과 아동 성범죄 전력이 있는 아동 포르노 소지 범죄자 집단 간 유의미한 차이는 없었다. 음경체적변동 검사에서 아동 포르노 소지 범죄자의 약 61%가 성인 자극보다 아동 자극을 선호하는 것으로 나타났다. 이러한 결과는 아동 포르노 범죄가 아동을 대상으로 성범죄를 저지른 것보다 소아성애증 진단에 보다 강력한 지표임을 의미한다.

위 결과에 대해 Seto와 동료들(2006)은 아동을 대상으로 성범죄를 저지른 반사회적 비소아성애 성범죄자(antisocial nonpedophilic sexual offender)는 성적 만족을 얻기 위해 주로 이차성징의 발달이 나타난 소녀를 대상으로 성범죄를 저지른다고 설명하였다. 성범죄의 피해소녀는 성관계에 동의할 수 있는 법적 제한 연령보다 어리다. 대부분의 사람들은 자신의 성적 선호(공상)와 일치하는 포르노를 선택한다. 따라서 소아성애가 없는 사람들은 합법화된 성인 음란물을 쉽게 구할 수 있기 때문에 자신의 성적 선호와 맞지 않은 불법의 아동 포르노를 거의 찾지 않는

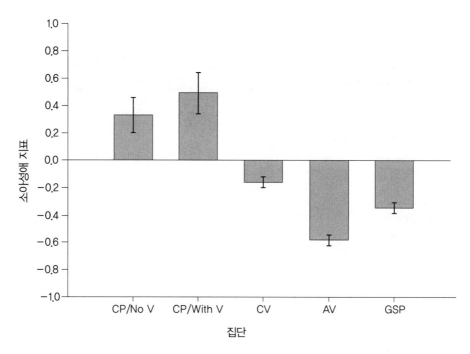

| **그림 3.1.** | CP/No V : 아동 포르노 소지, 아동 성범죄 전력 없음, CP/With V : 아동 포르노 소지, 아동 성범죄 전력 있음, CV : 아동 대상 성범죄자, AV : 성인 대상 성범죄자, GSP : 일반 성문제 클리닉 외래 환자 집단의 소아성애 지표 평균(아동 자극에 대한 표준화된 흥분 반응점수-성인 자극에 대한 표준화된 흥분 반응점수 사용). 평균에 대한 95%의 신뢰구간은 오차 막대로 표기. 출처 : "Child Pornography Offenses Are a Valid Diagnostic Indicator of Pedophilia," by M. C. Seto, J. M. Cantor, and R. Blanchard, 2006, *Journal of Abnormal Psychology*, *115*, p. 614. Copyright 2006 by the American Psychological Association.

다. 아동 포르노에 연루된 전력이 없는 반사회적 아동 성범죄자 집단은 아동 포르노 범죄자 집단에 비해 아동 자극에 평균적으로 더 적은 성적 흥분을 보인다.

아동 포르노와 아동 성범죄

공식 발표된 자료와 발표되지 않은 자료들을 종합해 볼 때, 약 1/3의 아동 포르노 사용자가 아동 성범죄 전력을 가진 것을 알 수 있다(표 3.1 참조). 미국 연방 우편 사기 담당국에서 아동 포르노 조사를 담당하는 Raymond Smith는 1997년 1월부터 2004년 3월 사이에 체포된 아동 포르노 관련 범죄자 1,807명 중 34%가 아동에 대한 접촉 성범죄나 아동에게 성적인 접촉을 시도한 전과가 있다고 보고하였다(Kim의 개인적 교신 인용, 2004; U.S. Postal Inspection Service, 2002). Smith는 또한 아동

표 3.1 아동 포르노 소지와 아동을 대상으로 한 접촉 성범죄력 간의 관련성

자료 출처	표본	밝혀진 접촉 성범죄력(%)
Bourke & Hernandez (출판 중)	아동 포르노 범죄자 남성 155명	26[b]
FBI Operation Candyman[a]	아동 포르노 범죄로 기소된 남성 94명	31
Seto, Cantor, & Blanchard (2006)	아동 포르노 소지로 기소되거나 자백한 남성 100명	43
Seto & Eke (2005)	신상정보가 공개된 아동 포르노 범죄자 남성 205명	25
Sullivan (2005)	'유해성 콘텐츠' 사용 혐의로 기소된 202명의 범죄자(남성 201명), 이들 중 92%가 아동 포르노 범죄로 기소	7
Wolak, Finkelhor, & Mitchell (2005)	아동 포르노 소지 혐의로 체포된 남성 429명	40

[a] 더 많은 정보는 http://www.fbi.gov/pressrel/pressrel02/cm031802.htm.
[b] 치료회기 중 자백과 폴리그래프 검사를 통해 자백을 받은 두 경우를 포함할 경우 85%로 증가

과의 성적인 접촉이나 이를 시도한 전과가 있는 620명의 범죄자를 조사하여 총 839명의 피해아동을 확인하였다.

실제로 아동과 성적인 접촉을 한 전력이 있는 아동 포르노 범죄자의 비율은 더 높을 수 있다. Bourke와 Hernandez(출판 중)는 아동 포르노 범죄로 유죄 판결을 받고 교정시설에 수감 중인 범죄자 155명을 대상으로 연구를 수행하였다. 155명의 범죄자 중 40명(26%)은 아동 대상 접촉 성범죄를 저지른 사실을 자백하거나 공식적인 범죄기록이 있었다. 그러나 이후 치료 프로그램과 폴리그래프 검사에서 아동 포르노 범죄자 131명(85%)이 수사당국에 인지되지 않은 접촉 성범죄가 있었음을 자백하였다. 이들 범죄자 1명당 평균 피해자 수는 13명 이상으로 밝혀졌다. 더 놀라운 것은 이러한 결과가 치료와 폴리그래프 검사 전에 범죄자가 스스로 시인한 접촉 성범죄의 피해아동 수보다 두 배 많다는 것이다. 또 치료회기 중 아동 포르노 범죄자의 상당수가 사춘기전 아동(남녀 아동 모두)과 사춘기 미성년자

를 대상으로 한 성적 접촉 성범죄 사실을 자백하였다.

아동 포르노 범죄는 특정 국가에 한정된 것이 아닌 국제적인 현상이다. 아동 포르노 거래와 유포에 사용되는 컴퓨터 서버가 여러 국가에 걸쳐 광범위하게 존재하기 때문에 경찰 수사 시 다국적 공조가 필요하다. 아동 포르노에 대해 가장 대규모로 진행된 수사는 미국 연방 우편사기 수사국이 텍사스 커플이 운영하던 온라인 결제 대행업체를 수사한 것이다. 수사결과 월 사용료가 29.95달러이고 그 회사의 최대 수익은 약 150만 달러인 것으로 밝혀졌다. 또 경찰은 미국의 37개 주와 해외 60개국으로부터 수천 명의 사용자에 대한 이름과 신용카드 정보를 입수하였다. 계속된 수사를 통해 캐나다, 미국, 영국, 그 외 다른 많은 나라에서 용의자들이 체포되었다.

뉴질랜드의 한 연구에서는 유해성 콘텐츠를 소지한 혐의로 기소된 202명의 범죄자(이 중 1명만 여성) 중 가장 많은 인원(92%)이 아동 포르노 소지 혐의로 기소되었다(Sullivan, 2005). 아동 포르노 소지로 기소된 범죄자들 중 일부는 성폭력, 배설물을 사용하는 성행위, 수간(bestiality)과 같은 변태적 성행위 장면이 포함된 유해성 콘텐츠들도 함께 소지하고 있었다. 범죄자들의 75%는 전과가 없었고 약 7%는 접촉 성범죄 전과가 있었다. 성범죄 전과가 있는 16명의 남성 중 12명은 16세 이하의 아동·청소년을 대상으로 성범죄를 저지른 것으로 나타났다. 범죄자의 상당수는 30세 이하였으며, 이들은 컴퓨터 사용에 익숙한 정보통신기술 분야의 종사자나 학생들이었다. 또 여기서 주목해야 할 연구결과는 아동 성범죄의 잠재적인 위험이 될 수 있는 아동에 대한 접근 용의성과 접촉 빈도이다. 이들 범죄자 중 42명은 아동을 직접 상대하거나 잦은 접촉이 가능한 직업(예 : 운동 코치, 버스기사)에 종사하고 있었으며, 19명은 혼자서 아동을 돌보는 일을 한 것으로 밝혀졌다.

지금까지 이루어진 아동 포르노 범죄에 대한 가장 대규모 연구는 Wolak과 동료들(2003, 2005)이 수행한 '국제 청소년 온라인 피해 연구(National Juvenile Online Victimization Study, NJOV)'이다. Wolak과 동료들은 아동 포르노 소지 혐의로 기소된 429명의 자료를 검토하였다. NJOV 연구의 범죄자 표본은 99% 이상이 남성이고, 대부분 백인(91%)이며 25세 이상(89%)이었다(표본에 대한 추가적인 정

표 3.2 국제 청소년 온라인 피해 연구 표본의 범죄자 특성

변인	비율(%)
거주 환경	
• 기혼이거나 부모님과 생활	38
• 미성년자들과 가정에서 거주	34
• 거주지, 직장, 조직 활동을 통해 미성년자들에게 접근	46
범죄력	
• 비성범죄로 체포	22
• 아동 대상 성범죄로 체포	11
아동 포르노 내용	
• 12세 이하의 어린 아동 이미지	17
• 대부분 소년의 이미지	14
• 소년과 소녀 모두의 이미지	15
• 성기 삽입이 묘사된 이미지(영상 이미지에 더 가까움)	80
• 미성년자에 대한 폭력을 묘사하는 이미지	21
• 성인−아동 간의 성적 접촉을 묘사하는 이미지	71
• 이미지 100개 이상	48
• 이미지 1,000개 이상	14
수집 행동	
• 정리된 수집품(예 : 시리즈 또는 나이와 성별에 따른 정리)	27
• 아동 포르노를 숨기기 위한 어떤 조치(예 : 파일 암호화)	20
• 아동 포르노 유포	33

주 : Wolak 등(2003)에서 발췌함

보는 표 3.2 참조). 429명의 아동 포르노 범죄자의 과거 범죄력 비율은 비성범죄 27%, 미성년자와 연루된 성범죄 11%, 폭력범죄 11%, 물질 사용 관련 범죄가 18%였다. 또한 아동 포르노 범죄자들의 40%는 아동 대상 접촉 성범죄로 기소된 전력이 있었다. Wolak과 동료들(2003, 2005)은 수집한 아동 포르노들을 체계적으로 정리하거나 이를 유포한 아동 포르노 범죄자들이 1,000개 이상의 포르노와 6세 이하의 아주 어린 아동의 포르노를 소지하고 있을 가능성이 높다는 점에서 다른 성범죄자와는 차별되는 특성을 가진 것을 발견하였다. 이러한 결과에 비추어 볼 때, 아동 포르노를 체계적으로 정리하고 유포하는 행위는 소아성애증과 상당한

관련이 있음을 암시한다. 즉, 정말로 사춘기전 아동에게 성적인 관심이 있는 소아성애자만 1,000개가 넘는 많은 수의 아동 포르노를 소지할 가능성이 크다. 그리고 이들 아동 포르노 범죄자들은 범행의 위험성을 인식하고 적발을 피하기 위해 아동 포르노를 은닉하기 위한 특정한 조치를 취할 가능성 또한 크다.

아동 포르노 사용이 실제 아동과의 성적 접촉에 미치는 영향을 경험적으로 밝힌 연구는 지금까지 수행되지 않았다. 아동 포르노가 아동 성범죄 발생에 미치는 영향은 이론적으로나 실제적으로도 중요한 질문이다. 이론적으로 아동 포르노 사용이 이후 아동 성범죄 발생에 미치는 영향이 확인될 경우 아동 성범죄의 원인으로써 소아성애증의 역할을 설명해 줄 것이다. 실제 현실에서도 임상가가 법정으로부터 아동 포르노 범죄자의 성범죄 위험성 평가를 의뢰받는 경우가 증가하고 있다. 아동 포르노가 미래의 아동 성범죄 가능성을 증가시키는지(예 : 아동에 대한 성적 욕구와 호기심 증가), 반대로 감소시키는지(예 : 실제 아동과의 성적 접촉 욕구를 아동 포르노를 사용한 자위행위로 해소), 또는 아무런 영향을 미치지 않을 수도 있다. 아동 포르노 사용이 인간의 행동에 미치는 영향에 대해 확실하게 밝혀지지 않았지만 일반 포르노의 경우 공격성과 여성에 대한 부정적인 태도 형성과 같은 영향이 실험적 연구를 통해 입증되었다. 따라서 아동 포르노에 노출되는 것은 아동과의 성적 접촉에 대한 인지적 왜곡과 부정적 태도를 형성시키고 더 나아가 아동과의 성적 접촉 가능성을 증가시킬 수 있다는 추론이 가능하다(부록 3.1 참조). 텔레비전이나 영화를 통한 폭력적 내용의 영상물 시청과 폭력적인 비디오 게임 이후 공격행동이 증가한다는 것이 실증적으로 증명되었듯이 폭력적인 아동 포르노 또한 아동을 대상으로 한 공격행동에 영향을 미칠 가능성이 있다(Anderson et al., 2003).

범죄 발생 통계를 보면 1990년대 초반 아동 성학대 범죄가 급격하게 감소한 것을 확인할 수 있다. 1990년대에 아동 성학대 범죄가 약 40% 감소하였는데(Finkelhor & Jones, 2004), 이 기간은 인터넷에 아동 포르노가 출현한 시점과 비슷하다. 또 범죄발생 통계는 성인 포르노의 법적 규제 폐지로 성범죄 비율이 감소되었음을 보여준다(Kutchinsky, 1991). 일부 연구자들은 이러한 범죄 통계자료를 근거로 하여 포르노가 카타르시스 효과(cathartic effect)를 줄 수 있으므로 포르노 시청이 성범죄 발생을 줄일 수 있다는 증거로 해석하였다. 그러나 이러한 해석은 집단 수준의 자료에 기초한 것으로 포르노를 더 많이 사용하는 사람은 성범죄 가능성이 더 낮다는 것이 되어버린다. 범죄 통계자료에서 확인된 성범죄 감소의 원인은 위험 부담의 변화로 더 잘 설명될 수도 있다. Martin Lalumière와 동료들은 다른 유형의 범죄, 작업장 사고, 흡연 등 건강을 해치는 행동의 감소를 위험 부담의 변화로 설명하였다(Lalumière, Harris, Quinsey, & Rice, 2005; Mishra & Lalumière, 2006). 소아성애증 성범죄자의 구속과 성학대 예방 활동의 증가 등과 같은 다른 대안적 설명들도 성범죄가 급감한 원인을 적절하게 설명하지 못한다. 아동 성학대 범죄가 너무나 빠른 속도로 감소했기 때문에 이 현상을 소아성애증 유병률 감소로도 설명하기 어렵다.

인터넷 유인 범죄자

아동 포르노나 성범죄 피해로부터 아동을 보호하기 위해 인터넷을 통해 아동을 유인하는 것을 불법으로 규정하는 성범죄의 새로운 범주가 추가되었다. 대부분의 아동 포르노 범죄자들이 인터넷과 관련되어 있지만 인터넷 유인 범죄자들(또는 여행자로 표기, eAlexy, Burgess, & Baker, 2005)은 아동 포르노 범죄자들과 다르다. 인터넷 유인 범죄자 집단에서 우려되는 것은 일부 소아성애증을 가진 사람들이 아동과 접촉할 목적으로 아동에 대한 정보를 검색하거나(예 : 집 주소, 학교 이름, 일과), 아동을 직접 만나기 위한 사전조율작업을 인터넷 공간에서 하는 것이다. 예를 들어, Malesky(2005)는 101명의 인터넷 관련 성범죄자(대부분이 아동 포르노 범죄자)를 조사하였다. 조사결과 이들 범죄자 중 35명은 성적인 관계를 맺을 목적으로 인터넷에서 만난 미성년자와 이메일을 주고받았고, 18명은 직접적인 만남을 시도한 것으로 나타났다. 사전작업(grooming)이라고도 명명되는 이러한 행동은 실제 현실에서도 역시 일어날 수 있다. 인터넷의 보급률 증가는 잠재적 범죄자의 범행 반경을 더 확장시켰는데, 범죄자들은 다른 도시나 심지어 다른 나라의 아동과도 접촉이 가능해졌다.

한편, 최근 연구에서는 보통 성인이 성적인 목적으로 유인하고 여행을 하는 행위는 어린 아동과의 접촉이 아닌 10대 청소년을 찾는 것과 관련된 것이라고 보고하였다. 2001년 아동 성범죄 연구센터는 10~17세 사이의 아동·청소년 1,500명을 대상으로 첫 조사 실시 후 2005년에 다시 재조사를 하였다(Wolak, Mitchell, & Finkelhor, 2006). 조사결과 2000년도에는 대략 5명 중 1명의 아동·청소년이 인터넷상에서 성적 유혹을 받은 경험이 있었지만, 2005년도에는 이러한 성적 유혹을 받은 경우가 7명 중 1명으로 감소된 것으로 나타났다. 조사에서 나타난 성적 유혹에는 성적인 대화, 성과 관련된 정보 요청, 성적 행동을 함께하자는 요청(예: 사이버 섹스 초대)이다. 연구자들은 2000년에 비해 2005년 조사에서 성적 유혹이 감소한 것은 청소년들이 이러한 인터넷상의 문제에 대한 인식과 경각심이 증가되어 인터넷상에서 보다 신중하게 행동한 결과로 해석하였다. 2005년에 조사된 성적 유혹의 39%가 성인에 의한 것이었고 나머지는 또래 연령의 청소년에 의한 것이었다. 소년과 어린 청소년에 비해 소녀와 나이가 좀 많은 청소년이 성적 유혹을 접할 가능성이 더 많았다. 특히 14~17세 여자 청소년들이 성적 유혹을 접할 가능성이 가장 높았다. 또한 인터넷을 통한 성적 유인이 드물지 않은 것과는 대조적으로, 유인을 오프라인에서 사람을 만나기 위한 접근이나 서로 간 개인적 교류를 위한 시도 정도로 인식하는 것으로 나타났고, 단지 4%만이 유인을 '공격적인' 것으로 인식하였다. 조사에서 공격적인 유혹이 두 사례가 있었는데, 둘다 10대 여자 청소년을 성폭행한 것이었다.

Walsh와 Wolak(2005)은 성범죄의 대부분이 온라인을 통해 10대 미성년자를 포함한 피해자를 만난 후 발생된 것을 발견하였다. 성범죄 피해자들은 이러한 만남을 성적이거나 혹은 로맨틱한 관계로 인식하고 있었다. 위와 같은 범죄는 아동을 대상으로 한 성범죄보다 법적인 성관계 동의 연령에 이르지 못한 10대 청소년을 대상으로 흔히 발생되며, 소아성애자가 이러한 범죄에 포함될 가능성은 낮다. Wolak, Finkelhol, Mitchell(2004)은 온라인 접촉 후 발생한 129건의 성범죄 자료를 검토한 결과, 피해자의 3/4이 13~15세 사이의 소녀였고 범죄자의 연령은 3/4이 25세 이상이었다. 대부분의 범죄자들은 자신의 나이를 피해자에게 정직하게 밝혔기 때문에 10대 소년들은 자신이 성인을 만난다는 것을 알고 있었다[반면 인터넷 관련 범죄자를 조사한 Malesky(2005)의 연구에서는 표본의 50%가 나이를 속인 것으로 나타남]. 또 피해 소녀의 절반은 자신이 사랑에 빠졌었다고 말하거나 성인과 가까운 친밀감을 느꼈다고 보고하였다.

국제 청소년 온라인 피해 연구결과, 성인이 청소년과 성적인 목적으로 인터넷을 통해 접촉한 상대의 절반가량이 이전부터 알고 지내던 가족이나 이웃, 친구의 친척이나 가족의 친구였다(Mitchell, Finkelhor, & Wolak, 2005). 다시 말해, 이들은 성범죄 발생 이전에 이미 미성년자와 사회적 관계를 맺고 있었으며, 인터넷은 미성년자들과의 사적인 의사소통의 수단으로 사용되었다. 앞서 언급한 인터넷을 통한 성적인 유혹 후 발생한 성범죄(법적 성관계 동의 연령 이하의 청소년과의 성적 접촉)와 달리, 가족이나 이전부터 알고 있었던 지인에 의해 자행된 성범죄는 인터넷 사용과 관련되지 않은 아동 대상 성범죄와 더 비슷한 측면이 있다. 대부분의 범죄자들은 남성(99%)이고 대부분의 피해자는 소녀였으며, 6~12세 사이의 연령이 약 절반이었다. 성범죄 가해자가 가족 구성원인 경우와 이전부터 알고 지내던 사람 간에 유의미한 차이가 있었는데, 가족 구성원이 가해자인 경우 대부분 소녀를 범행 대상으로 하였고(93%), 피해자의 연령은 대부분 12세 이하였다(82%). 반면 가해자가 이전부터 알고 지냈던 사람인 경우는 소년을 대상으로 한 범죄가 더 많았고(49%), 피해자는 주로 10대 청소년이었다(71%). 가해자인 가족 구성원은 피해자에게 폭력이나 협박 등의 무력을 행사하는 경우가 더 많았다. 이전부터 알고 있었던 아동을 대상으로 한 성범죄자와 10대 미성년자를 유혹하기 위해 인터넷을 사용하는 범죄자들 사이에는 포르노 사용에 있어 어떤 차이를 보인다. 가해자 가족 구성원(49%)과 이전부터 알고 있었던 사람(39%)의 대략 절반이 아동 포르노를 소지하고 있었다. 이들 남성 중 일부는 자신의 성범죄 피해자가 담긴 아동 포르노를 거래까지 한 것으로 나타났다. 이들 포르노의 내용에 대해 구체적으로 보고되지는 않았지만, 필자는 가해자가 이전부터 알고 지냈던 사람들일 경우 성적으로 조숙한 미성년자가 등장하는 불법 포르노를 소지했을 가능성이 높고, 반대로 가해자가 가족 구성원인 경우는 사춘기전의 어린 아동(실제 범죄자의 피해자나 잠재적 피해자)이 포르노에 담겨 있을 가능성이 더 높을 것으로 추측한다. 가족 구성원이나 알고 지냈던 범죄 가해자 중 소수의 사람(2%)만이 아동에게 자신의 성적인 목적과 의도를 알리기 위해 인터넷을 사용했다.

아동 성범죄자

아동 성학대에 대한 일반 대중과 전문가들의 우려로 인해 법정신의학, 심리학, 범죄학, 성과학, 법률, 공공정책 등의 다양한 분야에서 아동 성범죄자에 대한 관심이 집중되었다. 제1장의 표 1.1에 제시한 것처럼, 아동 성범죄자의 대략 절반은 소아성애자일 것이다. 필자는 이 책 제4장에서 다루고 있는 소아성애증의 원인처럼 지금까지 밝혀진 아동 성범죄자의 차별적인 특징들과 관련된 내용들을 다루었다. 재범 위험성과 관련된 문제는 제7장에서 논의하였다. 지금부터 이 절에서는 성범죄 피해자 특성, 범행 패턴, 소아성애 성범죄자와 비(非)소아성애 성범죄자 간의 차이에 초점을 맞춘 성범죄자 연구들을 살펴볼 것이다. 형이 확정된 아동 성범죄자들의 피해자는 범죄자가 이전부터 알고 있었거나 친족관계에 있는 사람이었고, 대부분이 여성이다. 피해자 연령이 어릴수록 친족 피해자의 비율이 증가하는 것은 아주 어린 아동에게 가족 구성원인 가해자가 보다 더 많은 접촉 기회가 있는 것을 반영한 결과일 수 있다(Snyder, 2000). 제6장의 근친상간 부분에서 다루고 있는 것처럼, 가까운 친족만을 대상으로 성범죄를 저지르는 사람과 친족관계가 아닌 사람을 대상으로 성범죄를 저지르는 성범죄자 간에는 의미 있는 차이가 존재한다. 또 생물학적으로 친족관계에 있는 아동에게 성범죄를 저지른 범죄자와 사회법률적으로 연결된 아동에게 성범죄를 저지른 범죄자 간에도 의미 있는 차이가 있을 수 있다. 또 의붓관계에 있는 아동이 성학대 위험성이 상대적으로 더 크다(Finkelhor, Hotaling, Lewis, & Smith, 1990).

소아성애를 가진 성범죄자와 비소아성애 성범죄자 간에 결정적인 차이가 있다. 이들 두 집단 간에는 성범죄 양상과 재범 가능성이 서로 다르다. 제2장에서 논의한 것처럼 소아성애증이 있는 범죄자는 소년을 대상으로 한 성범죄, 다수의 아동 피해자, 사춘기전 어린 아동 피해자, 비친족 피해자를 대상으로 한 성범죄 전력이 있을 가능성이 크다. 한편, 비소아성애 성범죄자들은 소녀 피해자, 한 명의 피해자, 사춘기 혹은 사춘기 이후 연령의 피해자, 이전부터 사회적 관계를 맺고 있던 피해자를 대상으로 범죄를 저지를 가능성이 크다. 자신과 관련이 없는 소년을 대상으로 다수의 성범죄를 저지른 범죄자는 소아성애자일 가능성이 높은 반면, 단지 한 명만의 사춘기 딸이나 의붓딸, 또는 자신과 사회적으로 관계를 맺고 있는 소녀를 대상으로 성범죄를 저지른 범죄자는 소아성애자가 아닐 가능성이 크다 (Seto & Lalumière, 2001). 아동 성범죄자 중 소아성애자의 비율은 표집의 평균 연령과 적용된 소아성애증 진단 준거에 따라 달라진다. 음경체적변동 검사를 사용한 일부 연구에서는 다른 연구들보다 아동에 대한 성적 선호를 가진 비율이 높게 나타났다. 이러한 차이는 표집과 연구방법, 비교집단 간의 차이에서 발생된 것으로 보인다[Chaplin, Rice, 그리고 Harris(1995)는 음경체적변동 검사를 최고도 보안시설에 수용된 성범죄자 집단에 실시한 결과 소아성애자 비율이 이 표집에서 더 높다는 것을 발견하였다].

아동을 대상으로 성범죄를 저지른 성범죄자들의 특성은 서로 다르다. 일부 아동 성범죄자들은 잠재적 아동 피해자를 찾기 위해 성범죄 대상을 물색하고 아동과 신뢰성 있는 애착관계를 형성하기 위해 선물을 주고 관심을 보이면서 아동과의 접촉을 늘려간다. 이와는 반대로 다른 유형의 아동 성범죄자들은 자신의 성적인 지시를 따르게 할 목적으로 아동을 위협하거나 물리력을 사용한다 (Gebhard, Gagnon, Pomeroy, & Christenson, 1965; Kaufman et al., 1998; Lang & Frenzel, 1988; W. L. Marshall & Christie, 1981). 예를 들어, Daleiden, Kaufman, Cooper(Kaurman et al., 1998 인용)는 성범죄를 저지른 청소년 표집에서 범죄자의 74%가 피해자를 순종시킬 목적으로 한 가지 이상의 위협 방법을 사용한 것을 발견하였다. 일부 아동 성범죄자들은 아동과의 성적 접촉을 관계 진전의 한 부분으로 여겼는데, 이는 동년배 사이의 애정관계와 유사하다(Bernard, 1985; Pieterse, 1982). 또 다른 유형의 아동 성범죄자는 이러한 관계보다는 아동 성범죄를 통한 성적 만족에만 몰두한다. 성범죄 피해자 유형이 고착화된 상습 아동 성범죄자의 일부는 특정한 연령대의 같은 성별의 아동만을 대상으로 성범죄를 저지른다. 성범죄 양상이 특정되지 않은 성범죄자의 경우 성범죄 대상으로 남아와 여아를 가리지 않으며, 성인을 대상으로도 성범죄를 저지르고, 성기노출(노출증), 훔쳐보기(관음증), 아동과의 성적 접촉 등과 같은 다양한 유형의 성범죄 행동을 보이기도 한다(Abel, Becker, Cunningham-Rathner, Mittelman, & Rouleau, 1988; Bradford, Boulet, & Pawlak, 1992; Heil, Ahlmeyer, & Simons, 2003; Sjöstedt, Långström, Sturidsson, & Grann, 2004). 한 가지 예를 들면, Abel 등(1988)의 연구

표집에서 28%는 남아와 여아 모두를 대상으로 성범죄를 저질렀고, 8%는 아동과 성인 모두를 대상으로 성범죄를 저질렀다. 한편, 오로지 10~12세 연령의 여아만을 대상으로 성범죄를 저지른 남성이 이후 나이가 더 적거나 많은 여아 또는 남아에게 성범죄를 저지를 위험성이 없다고 가정하는 것은 옳지 않다. 비록 새로운 성범죄가 이전과 비슷한 연령대의 여아를 대상으로 행할 가능성이 더 높을지라도 다른 연령대와 성별의 아동들도 피해자가 될 수 있다. 일부 아동 성범죄자들은 성범죄 외에는 다른 유형의 범죄에 연루되지 않고, 직업을 유지하고, 지역사회 공동체 내에서 타인과의 안정된 관계를 맺는 등 친사회적인 삶을 살아간다. 그러나 다른 성범죄자들은 성범죄뿐만 아니라 다양한 유형의 범죄 전력을 갖고 있고 반사회적 행동을 보인다. 아동 성범죄자의 특성과 예방적 대처방안에 대해서는 제8장에서 논의할 것이다.

정책과 실천에 대한 시사점

이 장에서 다룬 연구들의 표집집단들은 서로 매우 상이하다. 연구 표집에 포함된 개인들이 실제로 소아성애자일 가능성도 매우 다를 수 있다. 스스로 자신을 소아성애자라고 밝힌 개인들은 소아성애증 스펙트럼상에서 가장 확실한 소아성애자에 해당된다. 또 아동 포르노 범죄자의 대다수도 소아성애자이며, 아동 성범죄자의 약 절반을 소아성애자로 볼 수 있다. 아동 매춘 이용자와 공식적인 아동 성범죄 전력이 없는 남성 집단에서 소아성애증 유병률을 추정하기는 어렵다. 왜냐하면 이들 집단을 대상으로 한 연구가 몹시 제한적이어서 지금까지 밝혀진 것이 거의 없기 때문이다. 연구 표집집단에 포함된 개인들이 아동에 대한 성적 흥미를 갖고 행동하였을 가능성 또한 서로 다르다. 소아성애자임을 스스로 인정한 사람과 임상적으로 소아성애자로 진단된 일부 사람들의 경우 과거 아동과의 성적 접촉 경험이 없을 수 있고, 아동 포르노 범죄자의 일부는 아동의 성행위를 암시하고 묘사한 이미지를 소지하는 것과 같은 최소한의 불법행위에만 가담했을 수 있다. 그리고 아동 매춘 이용자와 아동 성범죄자들은 아동과 직접적인 성적 접촉을 가졌다.

이러한 연구집단 간의 차이는 정책 실천에 시사점을 던져주며, 연구집단의 이

질성으로 인해 자칫 잘못된 방향으로 정책을 이끌어 갈 수도 있다. 예를 든다면, 아동 성범죄자 모두를 소아성애자로 간주하는 정책의 실천은 소아성애자가 아닌 성범죄자들의 재범 위험성을 과대평가하게 만들 것이고, 다른 여건들이 동일할 경우 비소아성애 성범죄자들도 치료(예 : 아동에 대한 성적 흥분을 수정하는 혐오치료와 성충동 억제 약물치료)를 받게 되는 앞뒤가 맞지 않는 잘못된 정책 결정을 하게 될 수도 있다. 두 번째 예로, 아동 포르노 범죄자들의 재범 위험성 문제가 제기되지 않거나 상대적으로 낮게 평가될 수 있고, 또 아동에 대한 성적인 흥미에 따라 행동해 온 소아성애증 포르노 범죄자들이 적절한 치료적 개입에서 배제될 수도 있다. 필자는 이 책에서 소아성애자들과 아동 성범죄자 그리고 소아성애 성범죄자들과 비소아성애 성범죄자를 구분하였다. 이처럼 용어를 구분하여 사용한 이유는 이들 집단마다 아동 성범죄의 위험성이 상이하여 차별화된 대응책이 필요하기 때문이다. 우연히 아동 성범죄자와 소아성애자를 동일시하는 것으로 인해 우리가 아동 성범죄자에게 가지고 있는 두려움과 분노가 아동 성범죄 전력이 없는 소아성애자에게도 향할 수 있다. 이로 인해 성범죄를 단절하고 싶어 하는 소아성애자들은 자신의 가족이나 주변의 친구들로부터 사회적 지지를 쉽게 얻을 수 없고, 전문가의 도움을 구하는 것이 어려워질 수 있다. 제8장에서는 소아성애자와 아동 성범죄자를 서로 비교하면서, 이들에 대한 서로 다른 개입이 필요하다는 것을 제안하였다.

연구 관련 시사점

이 절에서는 소아성애증의 실증적 연구에 사용된 각각의 연구 표집집단의 장단점을 제시할 것이다. 자신을 소아성애자라고 인정한 개인들의 연구 표집은 심리적 어려움을 호소하는 일반 임상장면이나 반사회적 행동을 보이는 범죄자 집단에서 표집된 것이 아니다. 이들 연구집단은 소아성애 옹호단체회원이나 익명의 온라인 조사에 참여한 개인들로 긍정적인 인상을 지나치게 부각시키는 사람들이 표집될 수 있다. 소아성애자라고 인정한 집단의 연구들은 자기보고 연구방법에 기초하고 있다(Bernard, 1985; Li, 1991; Rigel, 2004). 아동 포르노 범죄자를 대상으로 한 연구는 아동과의 성적 접촉은 없었지만 성적인 흥미를 가진 남성 집단을 연구할 수 있는 기회를 제공해 준다. 일반 임상장면, 범죄자 표집 등 다양한 경로를 통해 표집된 집단을 연구하는 것도 의미가 있겠지만, 이들 연구집단은 일반적인 소아성애자를 대표하는 표집으로 볼 수 없다.

소아성애자들이 매력을 느끼는 아동의 신체적 특징들은 아동 포르노 범죄자들이 수집해 놓은 포르노를 통해 알 수 있고, 또 아동 성범죄 피해자들의 특징을 조사함으로써 그 추론이 가능하다. 하지만 성범죄자들이 매력적으로 느끼는 아동에게 접근하기까지 실제 많은 제약이 따르기 때문에 단순히 피해자들의 특징만을 가지고서는 그들의 성적 선호를 파악하는 데 어려움이 있다. 이와 달리 아동 포르노 범죄자들은 수천 개의 포르노 이미지를 쉽게 구하고 소유할 수 있으며, 특히 자신이 선호하는 성별과 연령에 맞는 포르노 자료를 인터넷을 통해 큰 제약 없이 접근할 수 있다.

이 절에서 다룬 모든 연구들은 소아성애증을 이해하는 데 기여하고 있다. 비록 연구집단 내에서도 많은 이질성이 있고 표집된 각각의 집단 간에도 많은 차이가 있겠지만, 공통점 또한 많이 존재한다. 공통점은 소아성애자들이 대부분 남성이라는 것인데, 이는 일반적으로 성도착증의 유병률이 남자가 더 높다는 것과 일치한다. 또 소아성애자들은 여아보다 남아에게 더 흥미를 느낀다는 결론이 가능하다. 스스로 소아성애자라고 인정한 사람들의 자기보고 및 아동 포르노 범죄자가 수집한 아동 포르노 이미지, 그리고 음경체적변동 검사에서 성적 흥분을 일으키는 자극을 통해 밝혀진 결과들에 근거할 때, 성적인 매력을 느끼는 아동의 특징은 각각의 연구집단과 상관없이 서로 동일해 보인다. 주로 선호하는 신체적 특징은 작은 키와 아담한 체형, 부드러운 피부, 그리고 젊음을 상징하는 몇 가지 지표들이며, 선호하는 심리적 특징들은 상냥함, 순수함, 명랑함, 그리고 솔직함이었다(Freund, McKnight, Langevin, & Cibiri, 1972; Taylor, Holland, & Quayle, 2001; Wilson & Cox, 1983). 끝으로 많은 소아성애자들이 아동에 대한 성적 흥미를 실제 행동으로 표출하였지만, 행동으로 옮기지 않은 소아성애자들도 있다는 결론이 가능하다.

보다 더 구체적인 연구를 위해서는 스스로를 소아성애자라고 인정한 개인들의 연구표집이 필요하다. 그러나 이 방법의 가장 큰 난점은 현재의 사회적 분위기 속에서 많은 소아성애자들이 자신이 소아성애자라고 밝히는 것에 대한 두려움을 갖고 있다는 것이다. 또 다른 어려움은 아동 성학대 의무보고법(mandatory reporting)으로 인해 소아성애자들이 형사사법당국에 인지되지 않은 아동과의 성적 접촉을 스스로 공개할 수 없다는 것이다. 소아성애자에 대한 미래의 후속 연구들에서는 소아성애자 커뮤니티와 연계[G. D. Wilson and Cox(1983) did in contacting the Paedophile Information Exchange, and as Bernard(1985) and Pieterse(1982) did in contacting Dutch pedophilia groups]하고, 미국 정부의 허가를 받아 미국에서 수집된 기밀자료를 활용하는 것도 연구에 도움이 될 것이다.

임상이나 형사사법기관에서 연구 대상자를 표집하는 방법 외에 또 다른 대안적 연구방법은 인터넷을 통해 자료를 수집하는 것이다. 이 접근법은 특히 인터넷 프로토콜 주소들을 익명으로 유지해 주는 웹사이트들과 커뮤니티를 위한 웹기반 이메일 무료 계정, 그리고 파일 암호화의 사용으로 어느 정도 익명성을 보장해 준다는 장점이 있다. 인터넷을 활용한 최근의 연구 사례로는, 남아에게 성적 흥미를 가진 사람들을 분석한 Malesk와 Ennis(2004)의 연구와 성적으로 소년을 선호하는 소아성애자들에 대한 Riegel(2004)의 온라인 조사 연구가 있다. 인터넷 연구의 주된 한계점은 자기보고 편향의 가능성이다. 왜냐하면 소아성애자인 응답자 중 일부가 자신을 사회적으로 바람직한 사람으로 보이기 위해 문제와 관련된 보고를 왜곡할 가능성이 있기 때문이다. 또한 익명성은 자기보고가 진실인지 확인하기 어렵게 만든다. 예를 들면, Riegel은 연구의 응답자 중 소년들을 멘토링하는 것에 관심이 있다고 응답한 87%가 멘토링하는 것이 성관계에 대한 흥미보다 더 크거나 같다고 응답한 것을 발견했다. 이것은 응답자들의 흥미를 실제적으로 반영한 결과일 수도 있겠지만, 응답자들과 관계를 맺어온 소년들을 직접 면담해 보지 않는 한 이것이 사실인지 밝혀낼 수 없다. 또 다른 방법론적 한계는 몇몇 응답자들이 실제로 소아성애자가 아니거나, 혹은 장난이나 호기심으로 설문 응답에 참여했을 수도 있다는 것이다. 그럼에도 불구하고 인터넷 연구는 소아성애자가 사회적으로 바람직한 응답에 영향을 받지 않는다(혹은 적게 영향을 받는다)는 것을 검증해 볼 수 있는 독특한 기회를 주기도 한다. 예를 들어, 제5장에 제시된 것처럼 Balanchard와 그의 동료들은 소아성애 범죄자들이 비소아성애 범죄자들에 비해 13세 이전에 의식소실을 야기한 두부손상 과거력을 더 많이 보고하는 것을 발견하였다(Blanchard et al., 2002). 아동기 두부손상 경험에 대한 보고나 부인 모두가 사회적 바람직성과 관련되어 있다고 보기 어렵다. 따라서 이 결과를 확증하기 위한 연구로 스스로 소아성애자라고 밝힌 소아성애자를 대상으로 한 후속 연구도 수행될 수 있겠다.

연구에 어떤 접근법이 사용되었든 간에, 다양한 집단으로부터 얻은 연구결과를 서로 비교하는 것은 연구들에서 공통적인 부분과 독특한 요인을 찾을 수 있게 하는 효율적 방법이다. Garber와 Hollon(1991)은 서로 다른 집단에서 도출된 연구결과들의 비교가 어떻게 유용한 정보를 제공하는지에 대해 논의하였다. 필자도 제4장, 제5장에서 연구결과들을 서로 비교하였는데, 그 첫 번째는 아동 성범죄 이론에 대한 것으로 일반 범죄자와 성범죄자, 피해자가 아동인 성범죄자와 피해자가 성인인 성범죄자를 각각 비교한 것이다. 그다음으로 소아성애의 원인론적 측면에서 소아성애자를 소아성애증이 없는 다른 남성들과 비교하였다.

||||||||||||||||||||||||||||||

아동 포르노와 아동 성범죄자

포르노 영상물에 대한 실험적 연구들을 메타분석한 연구에서, 범죄자가 아닌 일반인 실험 참가자들이 성인 포르노 영상물에 노출되었을 때 신체적 공격성과 여성에 대한 부정적 태도 형성에 중간 크기의 유의한 효과가 있는 것으로 나타났다(Allen, D'Alessio, & Brezgei, 1995; Allen, Emmers, Gebhardt, & Giery, 1995). 포르노 영상물의 부정적 영향은 폭력적 내용이 포함된 성인 포르노에서 관찰된다. 또 구속 상황에 있지 않은 남성을 표집으로 한 연구에서는 포르노 사용 빈도가 성적 강요 행위 가능성과 정적 상관이 있는 것으로 나타났다(Malamuth, Addison, & Koss, 2000). Allen, D'Alessio, 그리고 Emmers-Sommer(1999)는 13편의 연구를 메타분석한 결과를 바탕으로 성범죄자 집단과 비범죄자 집단 간 최초 포르노 노출 연령과 포르노 사용 빈도가 유의미한 차이가 없다는 결론을 내렸다. 하지만 성범죄자의 경우 포르노를 사용한 후 성적 행위(자위행위, 합의된 성관계, 혹은 성범죄에 관여)를 더 많이 하였다는 약간의 증거들이 있다. 그러나 아동 포르노의 노출 효과를 직접적으로 실험한 연구가 없기 때문에 현재 아동 포르노 노출에 대한 영향이 구체적으로 밝혀지지 않았다.

간접적이지만 텔레비전, 영화, 비디오 게임 등의 폭력적 상황이 담긴 영상물과 성인 포르노의 노출 효과에 대한 실험적 연구문헌들을 검토해 볼 때, 아동 포르노 노출 또한 차후 행동에 부정적 영향을 미칠 수 있다는 합리적 추론이 가능하다. 특히 아동이 등장하는 포르노를 검색하거나 이미 자신의 성적 관심을 행동에 옮기는 경향성이 있는 사람들일수록 아동 포르노의 영향을 받을 가능성이 크다. 아동 포르노를 사용하는 것이 카타르시스 효과를 일으켜 아동 성범죄를 저지를 가능성을 줄인다는 관점은 상당히 의심스럽다. 아동 포르노의 카타르시스 효과는 노골적인 성행위 장면이 포함된 미디어의 영향에 관한 증거와도 일치하지 않는다(Malamuth et al., 2000; Seto, Maric, & Barbaree, 2001). 따라서 아동 포르노 사용은 소아성애자가 될 가능성을 높이고, 아동과의 성적 접촉을 지지하는 등의 태도를 형성하게 하고 실제로 아동과의 성적 행동을 할 가능성에 영향을 미칠 수 있다.

Allen(1999)은 성범죄 연구 중 성인 포르노 사용과 관련된 연구방법론상의 문제점을 세 가지 지적하였다. 첫째, 그들은 과거를 떠올리며 응답하기 때문에 기억회상 편향(recall bias)에 영향을 받기 쉽다. 둘째, 기본적으로 자기보고식 설문조사 방식을 사용하기 때문에 사회적 바람직성에 취약하며, 마지막으로 포르노의 유형(예 : 아동/성인, 폭력/비폭력 등)을 구체적으로 구분하지 않았다. 지금까지 연구의 대부분은 아동 포르노가 아닌 일반 포르노에 초점을 맞춰 왔다(예 : 플레이보이 혹은 펜트하우스와 같은 잡지에 있는 누드 사진, 비디오, 디지털 미디어에 포함된 노골적인 성적 묘사). 여기서 주목해야 할 것은 성범죄자들의 전반적인 포르노 사용 총량이 비교집단과 유의미한 차이가 없을 수 있지만, 범죄자들이 선호하는 포르노의 유형이 비교집단과 다를 수 있다는 것이다. 예를 들면, Nutter와 Kearns(1993)는 포르노 사용에 있어 불구속 상태의 아동 성추행범 집단과 일반인 참가자 집단 간 유의한 차이가 없다고 하였다. 그러나 이 연구자들은 상업적으로 접근 가능한 일반 포르노에 관한 내용만을 연구 참가자에게 질문하였고, 아동 포르노와 같은 비전형적 유형의 포르노 사용에 대해서는 질문하지 않았다. Marshall(1988)은 비범죄자들에 비해 아동 성범죄자들이 빈번하게 포르노를 사용하는 비율이 높다는 것을 발견하였다. 하지만 아동 성범죄자 51명 중 7명이 아동 포르노 사용 경험이 있음을 시인하였고, 단지 3명만이 아동 포르노를 수집한 사실을 인정하였다. 포르노를 사용한다고 보고한 아동 성범죄자의 약 1/3은 포르노 사용이 성범죄 행위의 선행 과정이 된다고 하였다. 그러나 예상과 달리 이들이 주로 사용한 포르노는 아동이 아닌 성인이 등장하는 포르노라고 보고했다. 또한 아동 성범죄자들은 굳이 포르노를 사용하지 않더라도 아동을 단순히 쳐다보는 것만으로도 아동에 대한 성적인 환상을 가질 수 있다고 보고했다.

Wheeler(1997)는 외래 집단치료를 받고 있는 아동 성범죄자 150명을 조사했다. 이들 성범죄자가 가진 성적 환상의 대부분(93%)은 아동과 관련된 것이었고, 주로 소녀라는 사실을 시인하였다. 아동 성범죄자들의 1/3이 범죄를 저지르기 전에 포르노를 사용하였고, 1/3은 성범죄 발생에 포르노가 영향을 미쳤다고 주장했다. 이들은 아동 포르노를 사용하는 것을 인정했지만 그 사용 빈도가 높지 않고, 노골적인 성행위 장면보다는 주로 아동의 누드가 포함된 포르노라고 보고했다. 또 122명의 다른 유형의 범죄자 집단에 비해 아동 성범죄자 집단은 성인이 등장하는 일반 포르노의 사용을 더 많이 보고하였다.

마지막으로, Langevin과 Curnoe(2004)는 아동 성범죄자(21%)가 성범죄 과정의 한 부분으로 포르노를 사용하는 비율이 강간범(8%)보다 높다는 것을 발견하였다. 또 친족이 아닌 아동을 대상으로 한 범죄자(26%) 역시 근친상간 범죄자(17%)에 비해 성범죄 과정의 한 부분으로 포르노를 더 많이 사용하는 경향을 보였다. 포르노를 성범죄에 사용한 아동 성범죄자들의 약 절반은 범죄를 저지르는 동안 피해아동들에게 포르노를 보여주었다. 그들이 피해아동에게 보여준 포르노의 절반은 상업적으로 이용 가능한 일반 성인 포르노였다. 그러나 아동 성범죄자 중 6명은 아동이 등장하는 포르노를 보여주었고, 다른 범죄자들은 피해아동의 사진을 촬영하였다. 피해아동의 사진을 촬영한 아동 성범죄자 33명 중 9명은 자신이 촬영한 사진을 다른 사람에게 유포하였다.

아동 포르노의 내용

고대에도 아동과의 성관계에 대한 묘사가 존재하였다. 예를 들면 Tannahill(1980)은 1400년대 *The Admirable Discourses of the Plain Girl*이라는 중국인의 성관계 매뉴얼을 소개하였다. 20세기에 인터넷과 다른 디지털 정보통신기술이 발달하기 전에는 아동 포르노 범죄자들은 포르노를 교환하거나 수집하기 위해 오프라인상에서 개인 혹은 공급업자와 접촉했을 것이며, 또는 스스로 자신만의 포르노 콘텐츠를 제작했을 수도 있다. 과거 이러한 포르노의 수집과 유포, 제작은 사법당국의 감시와 체포의 대상이었다(Jenkins, 2001; Lloyd, 1976; O'Brien, 1983 참조). 게다가 시간이 지나면서 사진, 잡지, 책에 포함된 콘텐츠들은 종국에는 사라질 수 있다. 잡지나 사진 등과 같은 물리적 재료로 만들어진 아동 포르노물의 경우 관련 법률의 엄격한 집행으로 접근 가능성이 제한될 수 있으며, 이러한 현상은 실제 1970년대와 1980년대에 나타났다. 하지만 지난 15년 동안 디지털 카메라 기술이 발달되어 아동 포르노의 제작과 유포는 훨씬 용이해지고 비용도 저렴해지게 되었다. 이러한 디지털 이미지들은 시간이 지나도 훼손되지 않아(가끔 파일복사로 이미지의 해상도가 떨어질 수 있지만) 이미지 속의 아동이 성인이 된 뒤에도 계속해서 유포될 수 있다. Howitt(1995)는 소아성애자 인터뷰 연구를 통해 인터넷이 광범위하게 보급되기 이전에는 아동 포르노에 접근하고 이를 수집하는 것이 지금보다 더 어려웠다고 하였다. Howitt(1995)는 가끔 아동 포르노를 사용한다고 보고한 11명의 소아성애자를 인터뷰한 결과, 이들 소아성애자들은 잡지나 카탈로그와 같은 무료로 이용할 수 있고 합법적으로 접근할 수 있는 이미지나 자료를 사용하여 자신만의 포르노물을 제작하였다.

인터넷상의 전체 포르노 중 아동 포르노가 차지하는 비율은 매우 낮지만 이미지와 비디오 등의 포르노들을 모두 포함할 때, 수십만 개의 이미지와 상당히 많은 수의 영상물이 존재하는 것으로 추정된다(Jenkins, 2001; Taylor & Quayle, 2003 참조)[4]. 이 추정치는 텍스트나 오디오 파일은 취합하지 않은 것이다. Mehta(2001)는 1995년 7월부터 1996년 7월 사이 32개의 유즈넷으로부터 무선적으로 표집한 9,800개의 이미지들을 검토한 결과, 사춘기전 아동이 묘사된 이미지(4%)와 사춘기 아동 이미지(11%)를 발견하였다. Mehta, Best, 그리고 Poon(2002)은 동료 유포망에서 무선적으로 표집된 507개의 필름 클립을 조사한 결과, 전체 중 약 4%가 아동이 성적인 상황에 처해 있는 것을 묘사한 것이었다. 이는 Lebegue(1991)가 3,000개가 넘는 포르노 잡지와 서적의 제목을 분석한 연구와 비교할 수 있는데, 서적의 제목 중 1% 미만이 소아성애 내용을 암시했으며(*Nymph Lovers*, *Lollitots*, *Joyboy*를 포함한 1970년대부터 1980년대까지의 제목), 다른 4%는 근친상간의 내용을 암시했다. Taylor와 동료들(2001)은 "아동 포르노의 수집은 우연한 행동이 아니다. 성적인 자료들을 얻기 위한 개인의 의도적 선택의 결과이다."(p.99)라고 주장했다. Taylor와 동료들은 COPINE(Combating Paedophile Information Networks in Europe) 프로젝트를 통해 수집된 80,000개 이상의 아동 포르노 이미지들과 400개 이상의 비디오 클립들의 데이터베이스를 소개하였다.

---

4 필자는 논란의 여지가 있는 Rimm(1995)의 연구는 Hoffman과 Novak(1995)이 지적한 연구방법론과 개념적 정의 문제 때문에 여기에서 다루지 않았다.

이 데이터베이스는 현재 인터폴의 아동 학대 이미지 데이터베이스의 한 부분으로 (Noble, 2007), 15세 이하의 아동으로 밝혀진 사진과 60개가 넘는 뉴스그룹으로부터 다운로드된 이미지들이 포함되어 있다. 아동 포르노의 절반 이상은 소녀의 이미지이다. 연구자들은 최근의 데이터베이스 이미지에서 소녀의 41%, 소년의 56%가 9세에서 12세 사이일 것이라고 판단했으며, 나머지는 이보다 더 어린 아동으로 파악하였다.[5] 제1장에 제시된 바와 같이, 단순 연령은 사춘기 전후 상태를 나타내는 불안전한 기준이지만, COPINE 데이터베이스에 있는 이미지 속 아동들의 추정된 연령은 대부분 사춘기전 연령으로 보인다(특히 9세 미만의 아동들로 추정). 아동 포르노 범죄자를 인터뷰한 COPINE 조사관들은 아동 포르노 범죄자들이 생식기가 명확하게 보이고, 이차성징이 시작되기 이전의 왜소한 체구의 아동을 선호한다고 보고했다(Taylor et al., 2001).

경찰 수사관들도 아동 포르노물의 내용에 대한 정보를 공개했다. 예를 들면, 원더랜더 클럽이라는 다국적 아동 포르노 비밀조직을 수사하던 국제경찰수사단체는 14개 국가에서 최종 107명의 남성을 구속했다. 이 국제적인 비밀조직은 첫 회원가입 시 10,000개의 이미지를 요구할 만큼 규모가 큰 유포 조직이었고, 전성기 때 최고 회원 수는 200명 정도로 추정된다. 이 조직은 거의 100만 장에 달하는 1,263명의 아동 이미지를 소유하고 있었으며, 이미지 속의 아동은 모두 16세 이하 연령으로 추정되었고 몇몇 이미지는 신생아나 유아였다.

끝으로 Wolak(2005)의 연구에서는 아동 포르노 범죄자들의 4/5는 6~12세에 해당되는 연령의 아동 이미지를 갖고 있었다. 또 2/5는 3~5세의 아동들의 이미지를 소지하고 있었고, 1/5은 3세 이하의 유아 이미지를 가지고 있었다. 많은 범죄자들이 사춘기와 사춘기전 아동의 이미지를 갖고 있었지만 17%에 해당되는 범죄자는 12세 아동과 이보다 나이가 더 어린 아동들의 사진만을 선택적으로 갖고 있었다. 이들 범죄자의 4/5는 아동과의 삽입성교 장면이 담긴 이미지를 갖고 있

---

5 Taylor와 동료들(2001)은 연령 추정치의 신뢰도를 제시하지 않았다. 사실 이러한 추정치의 신뢰도를 산출하는 것은 어려운 일이다(Rosenbloom & Tanner, 1998; Stathopulu, Hulse, & Canning, 2003). 하지만 많은 사춘기전 아동의 포르노 이미지는 Tanner 기준(제1장 참조)을 활용하면 이미지 속 아동의 사춘기 상태를 쉽게 추론할 수 있다. Cooper(2005)는 아동 포르노 이미지에서 아동의 성적 성숙 단계뿐만 아니라 운동기술발달, 치아발달, 머리-신장 비율의 추정에 Tanner 기준의 활용 방법을 제시하였다.

었고, 약 1/5에 해당되는 범죄자들은 신체결박, 강간, 고문과 같은 폭력적 내용이 묘사된 이미지들을 갖고 있었다.

여성 성범죄자와 여성 소아성애자

성범죄에는 매우 큰 성차가 존재한다. 성인 성범죄자 중 여성이 차지하는 비율은 5% 미만이며(Atkinson, 1995; Grayston & De Luca, 1999; Greenfeld, 1996; Motiuk & Vuong, 2002), 청소년 성범죄자 중 여성은 10% 미만이다(Hornick, Bolitho, & LeClaire, 1994). 하지만 범죄자와 비슷한 연령이나 성인을 대상으로 한 범죄와 비교했을 때에는 아동을 대상으로 성범죄를 저지른 여성 성범죄자들의 비율은 더 높을 수도 있다. 공식적인 신고나 기소 편향의 가능성은 성범죄의 성차를 충분히 설명하지 못한다(Finkelhor & Russell, 1984). Trivers(1972)의 부모투자 이론(parental investment theory)과 같이 남성은 다른 새롭고 신선한 성적 파트너에 의해 성적으로 동기화될 가능성이 여성에 비해 더 높다. 또 남성은 잠재적 성적 파트너로 젊은 여성에게 흥미를 갖고 성관계를 목적으로 강압적 행동을 보일 소지가 여성보다 더 높다(Buss & Schmidt, 1993; chap. 1, this volume; Lalumiere, Harris, Quinsey, & Rice, 2005; Symons, 1979 참조).

여성 성범죄에 대한 대부분의 설명은 소수의 연구와 사례연구에 의존하고 있다(Faller, 1995). 초기연구에서는 여성 성범죄자들은 자신의 남자 친구나 남편과 같은 남성 범죄자들과의 파트너 압력에 의해 공범으로 성범죄에 관여한 것으로 보았다(Atkinson, 1995). 그러나 실제 연구 자료들은 성범죄를 저지르는 대부분의 여성들이 자신의 의지에 따라 성범죄를 저지른 것으로 나타났다. 또 연구들에서 여성 성범죄자들이 저지른 상당수의 범죄는 자신이 돌보고 있는 아동을 대상으로 한 것으로 나타났다. 가장 흔한 성적 접촉 유형은 구강-성기 혹은 손가락-성기를 사용한 것이었다. 아동을 대상으로 한 남성 성범죄자들의 피해자 특성처럼 여성 성범죄자들의 피해자도 소년보다 소녀가 더 많았고, 소녀 피해자의 연령은 소년 피해자의 연령보다 더 어린 경향을 보였다(Lewis & Stanley, 2000).

Wiegel, Abel과 Jordan(2003)은 미국에서 성범죄를 저질렀다고 시인한 242명의 여성을 대상으로 한 설문조사 자료를 분석했다. 대다수(70%)가 아동을 대상으로 성적인 범죄를 저질렀으며(70%), 나머지는 관음증, 노출증, 수간 혹은 음란전화에 연루된 범죄였다. 응답자들의 절반 이상이 1명의 피해자가 있음을 스스로 자백하였고, 10%에 해당되는 소수의 응답자는 5명 이상의 아동을 대상으로 성범죄를 저질렀음을 시인하였다. 이들의 최초 성범죄 시작 평균 연령은 19세였다. 17%의 여성들은 자신의 자녀를 대상으로 한 아동 성범죄를 저질렀고, 35%는 조카를 대상으로 성범죄를 저지른 사실을 시인하였다. 낯선 아동을 대상으로 성범죄를 저지른 여성은 소수(4%)에 불과하였다. 여성의 아동 성범죄 피해자 특징은 남성 소아성애증 성범죄자들의 피해자 특징과 유사하다. 마지막으로, 이들 여성의 약 1/3은 남아나 여아에게 성적인 흥분을 느낀다고 하였고, 여아보다 남아에게 성적인 흥미를 느꼈다고 응답한 비율이 약간 더 높았다. 한 가지 주목할 점은 응답자들의 상당수가 사춘기 청소년들에게 성적인 흥분을 느낀다고 보고한 것으로 보아, 이들 여성 성범죄자 집단은 전형적인 소아성애자 집단과는 그 양상이 달라 보인다는 것이다.

일부 여성 성범죄자들은 소아성애증 진단기준에 명확하게 부합된다. Fedoroff, Fishell, 그리고 Fedoroff(1999)는 아동과 관련된 성적 환상을 가지고 있다고 보고한 몇몇 여성들과 성적인 행위를 하지 않을 때에도 성적 흥분을 느낀다고 보고한 소수의 여성 사례를 보고하였다. 예를 들면, 어떤 여성은 8세 남자 조카와 레슬링을 할 때 성적으로 흥분된다고 하였고, 또 다른 여성은 자신의 1세와 3세 아들의 성기를 입으로 애무한 사실을 아동보호기관에 자진 신고하였다. 이 여성은 소년에 대한 성적 환상이 있었음을 인정했다. Fedorof와 동료들(1999)은 다른 몇몇 여성들을 소아성애자로 분류하였다. 그러나 이러한 소수의 사례는 제한점이 많다.

Chow와 Choy(2002)는 아기를 돌보는 일을 하던 중 4세 여아를 상대로 두 번 성범죄를 저지른 여성의 사례를 보고하였다. 그녀는 DSM-IV의 소아성애증 진단기준에 부합되었다. 그녀는 자신이 소녀였을 때부터 3~4세 여아에 대한 성적 환상을 갖게 되었고, 자신이 돌보는 여아를 목욕시킬 때도 성적 흥분을 느낀다는 것을 시인하였다. 하지만 그녀는 자신의 두 어린 아들에 대해서는 어떠한 성적 흥분도 느끼지 않는다고 하였다. 그 여성이 저지른 두 건의 성범죄 내용은 여아에게 구강성교를 한 것이었으며, 두 번째 성범죄를 저지른 후부터는 자신이 저지른 범행장면을 떠올리며 자위행위를 하고 이를 통해 오르가슴을 느꼈다고 한다. 평가에서 그 여성은 아동에게 성적 흥분을 느끼거나 성적 환상을 갖는 경우가 한 달에 12번 정도라고 보고하였다. Chow와 Choy는 이 여성 사례연구에서 다음과 같은 결론을 내렸다. "그녀의 개인력은 소아성애증을 가진 남성과 상당히 유사하다."

Cooper, Swaminath, Baxter, 그리고 Poulin(1990)은 아동을 대상으로 한 여성 성범죄자들에게 적용할 수 있는 심리생리학적 평가법을 소개하였다. 여성 성범죄자들에게 생식기 성적 각성 측정(measure of genital sexual arousal in women)을 실시한 결과, 아동과 성인 자극 간 유의미한 차이가 없었다. 흥미로운 것은 성범죄자 여성들은 합의된 성관계나 합의되지 않은 성관계를 묘사한 자극 간에도 유의미한 차이를 보이지 않았다는 점이다. 이에 대한 가능한 설명은 Chivers와 그의 동료들이 동성애자, 양성애자, 이성애자 여성을 대상으로 한 연구에서 도출한 결과와 같이, 아동을 대상으로 성범죄를 저지른 여성 성범죄자들도 남성 아동 성범죄자들처럼 자신이 선호하는 연령의 아동 자극에 생식기 반응을 보이지 않을 수도 있다는 것이다. Chivers와 그의 동료들은 동성애자, 양성애자, 이성애자 여성들이 자기보고한 성적 흥분과 성적 지향(sexual orientation)이 일치하였음에도 성적 자극 유형에 따른 생식기의 흥분 반응에는 집단 간 차이를 확인할 수 없었다(Chivers, 2003; Chivers & Bailey, 2005; Chivers, Rieger, Latty, & Bailey, 2004).

임상이나 교정장면의 연구를 제외한 소수의 사례연구가 *Paidika* 저널 특별호에 보고되었는데(Sax & Deckwilz, 1992), 이 저널에서는 미성년자와의 성관계나 이들에 대한 성적 환상이 있는 여성을 집중적으로 소개하였다(Sandfort, 1992). 31세의 주디스라는 여성은 파티에서 13세 소녀를 만났고, 그 둘의 관계는 약 18개월 동안 지속되었다. 이와는 반대되는 경우로 하이디라는 여성은 13세 때 성인 선생님과의 열정적인 관계를 묘사하였다. 저널의 편집자는 성인 여성-소녀 간의 관계는 생식기 자극을 통한 성적 오르가슴에 지나치게 치우치지 않으며, 사실상 직접적인 성행위보다 더 열정적인 측면이 있음을 강조하였다. 저널에 소개된 아동들의 연령을 고려할 때, 사례의 여성들은 소아성애자는 아닐 것이다.

Fromuth와 Conn(1977)은 지금까지의 삶에서 자신의 연령보다 최소 5세 어린 아동과의 성적인 경험을 가진 46명의 여대생을 대상으로 설문조사를 실시했다.

조사결과, 여대생이 한 아동과의 성적 경험 대부분은 애무와 키스 등과 같은 신체적 접촉이었고, 성적 접촉 사실이 적어도 한 번 이상 외부로 밝혀진 경우는 4%였다. 아동과의 성적 접촉이 있었던 당시 여대생의 평균 연령은 12세였으며, 아동의 평균 연령은 6세였다. 13%에 해당되는 여대생들은 처음부터 아동과의 성적 접촉을 의도했던 것이 아니라고 보고하였다. 성범죄로 기소되거나 법적 판결을 받아 공식 성범죄 경력을 가진 여성 성범죄자들과 달리 이들 여대생 집단의 대부분(70%)은 소년과의 성적 접촉 경험을 보고하였고, 이들 사례 중 경찰이나 사법당국에 성적 접촉이 인지된 건수는 한 건도 없었다. 흥미롭게도 아동과의 성적 접촉 경험이 있는 여성은 성적 접촉을 부인하는 여성에 비해 아동에 대한 성적인 매력이나 환상을 더 많이 보고하는 경향이 있다(18% 대 5%).

여성 성범죄자 연구들에서 가장 큰 모순은 남자 아동과의 성적 접촉으로 사법당국에 공식 기소된 여성 성범죄자의 비율이 성인 남성 성범죄자가 보고하는 여성 가해자로부터의 아동기 성학대 경험 비율과 다르다는 것이다(Denov, 2003). 이러한 비율상의 불일치는 남성 피해자들이 성범죄 피해를 사법당국에 잘 신고하지 않기 때문에 많은 여성 가해자들이 공식적으로 밝혀지지 않는 확인 편향 혹은 남성 범죄자 일부를 대상으로 한 자기보고 편향으로 설명될 수 있다. 아동을 대상으로 한 여성 성범죄자에 대한 보다 많은 연구가 필요해 보인다.

CHAPTER 4

아동 성범죄 이론

제4장에서는 아동 성범죄를 설명하는 주요 이론들을 소개한다. 대부분의 연구결과들이 포괄적이지 못하고 단편적이어서 아동 성범죄와 다른 범죄자 집단을 비교한 연구결과들을 중심으로 기술하였다.[1] 아동 성범죄에 대한 종합적인 이론은 비교집단과 유의미한 차이를 발견한 것에 대해 적절한 설명이 필요하다. 지금부터 이들 연구들을 개관하고 아동 성범죄 이론들을 살펴볼 것이다. 필자는 서로 다른 영역에서 이루어진 연구결과들이 추후 통합되어 새롭고 흥미로운 가설이 만들어질 것으로 기대한다.

아동 성범죄 이론 개관

이 절에서는 아동 성범죄에 대한 다요인적 이론 간의 공통점과 차이점을 요약하였다. 지금부터 살펴볼 이론들은, Finkelhor의 4요인 이론(Finkelhor, 1984),

---

1 이들 연구에서는 이론적으로 관련된 변인을 선정하고, 관련 변인의 집단 간 차이를 비교하는 것이다 (보다 자세한 사항은 Garber와 Hollon, 1991 참조). 다시 말해 이러한 연구 설계는 특정 성적 기호가 소아성애자 혹은 아동 성범죄자만의 고유한 특성인지 여부를 밝힐 수 있게 한다. 특정 성적 기호가 집단 간 서로 다르지 않다면, 그 성적 선호는 단순 인과모델에서 제외되어야 한다. 그러나 보다 복잡한 인과모델에서는 다양한 요인과 요인 간 상호작용이 함께 고려되어야 한다.

Marshall과 Barbaree의 통합이론(Marshall & Barbaree, 1990), Hall과 Hirschman의 4측면 이론(Hall & Hirschman, 1992), Marshall과 Marshall의 발달적 애착이론(Marshall & Marshall, 2000), Ward와 Siegert의 경로이론(Ward & Siegert, 2002), Word와 Beech의 통합이론(Word & Beech, 2005)이다. 단일요인에 초점을 둔 이론(예: 부모-자녀 간 애착문제)은 이 장 후반부에서 살펴볼 것이다(Knight & Sims-Knight, 2003; Lalumiere, Harris, Quinsey, & Rice, 2005; Malamuth, 2003).

Ward, Polaschek, 그리고 Beech(2006)는 이곳에 소개된 다요인적 이론 각각에 대해 광범위한 논의와 비판적 평론을 제시하였다. 구체적으로 Ward와 동료들은 (2006)은 아동 성범죄 관련 요인들의 통합력, 서로 다른 측면에서 이론의 내적 일관성, 미래의 행동에 대한 예측(예언 타당도), 새로운 가설을 만들어 낼 수 있는 휴리스틱 가치(heuristic value, 경험적 발견적 가치), 실증적인 검증을 통해 이론을 반증할 수 있는 반증 가능성을 기준으로 이들 이론들을 검토하였다. 이론을 평가할 때 추가적으로 고려해야 하는 기준은 이론에서 현상을 설명하는 데 불필요하거나 이질적인 요인들을 적절하게 배제하였냐는 것이다(이론의 간명성). 간명한 이론들은 관찰된 많은 현상들을 설명할 때 상대적으로 소수의 가정을 갖는다. 따라서 두 이론이 유사하다면 보다 단순하고 간명한 이론이 선호된다.

Finkelhor(1984)는 아동 성범죄를 다요인적 측면에서 설명한 최초의 연구자이다. 그는 아동 성범죄를 설명하는 네 가지 요인을 제안하였고, 이들 요인이 충족될 때 성범죄 발생 가능성이 높아진다고 보았다. 먼저 세 가지 요인은 아동에 대한 성적 흥분(소아성애), 성인보다 아동에게 더 끌리고 친밀한 관계를 맺고자 하는 욕구(정서적 합치), 성인과의 관계에서 정서적 욕구 및 성적 욕구를 채울 수 없다는 느낌(성인과의 성적 욕구를 충족하려는 시도의 차단)으로 성범죄 범행 동기와 관련된 요인이다. 네 번째 요인은 성범죄를 저지르기 위해서는 죄의식과 같은 내적 억제를 극복해야 하는 것인데, 알코올이나 약물, 반사회적 태도와 신념, 충동성 등이 탈억제를 이끌어 내는 요인이 될 수 있다. Finkelhor(1984)는 아동 성범죄는 (1) 아동 성범죄에 대한 동기, (2) 체포의 두려움과 같은 내적 억제의 극복, (3) 외적 억제 요인의 부재(예: 범행을 지켜보는 사람의 부재), (4) 피해아동의 저항 극복이라는 네 가지 전제 조건이 충족되었을 때 발생한다고 보았다.

Marshall과 Barbaree(1990)는 발달적 관점에서 생물학적 취약성과 역기능적 초기 경험(예 : 학대와 방임)을 통합하여 사회기술 결함과 자기조절 문제를 통해 성범죄를 설명하였다. 이들은 생물학적 취약성이 성행동 및 신체적 공경성에 영향을 미치는 남성의 전형적인 소인이라고 하였다. 사회기술의 결함과 자기조절 문제는 또래 동료와의 사회적 관계 형성에 부정적인 영향을 미치게 되고, 사회적 관계 형성이 또래 동료에서 아동으로 대치된다. 아동과의 성행위에 관한 상상은 자위행위를 통해 얻게 되는 오르가슴 경험과 연합되어 강화되고 아동과 성적 접촉을 갖고자 하는 내적 동기를 증가시킨다. 접촉 가능한 아동과 탈억제가 결합되어 아동 성범죄를 저지르게 되고, 성범죄 후 경험한 성적 만족감, 자기 통제감, 부적 정서의 완화 등을 통해 다시 강화를 얻게 됨으로써 아동 성범죄 재범 가능성을 증가시킨다.

Hall과 Hirschman(1992)은 성인 대상 성범죄 모형을 수정하여 아동 성범죄를 설명하는 네 가지 요인을 제안하였다. 이들의 4측면 이론은 Finkelhor(1984)의 4요인 이론, 즉 아동에 대한 신체적 성적 각성, 아동과의 성적 접촉을 정당화하는 인지적 왜곡, 정서조절 곤란, 성격문제와 개념적으로 많은 부분이 중첩된다. Hall과 Hirschman은 이들 4요인이 개별적으로 조합될 수 있으나, 특정 요인이 어떤 성범죄자에게는 더 주된 요인이 될 수 있다고 보았다. 그러므로 4측면 이론에서도 서로 다른 아동 성범죄자 유형이 존재한다고 보았다. 아동에 대한 성적 각성이 주된 요인으로 범행이 동기화된 아동 성범죄자들은 위협이나 폭력을 적게 사용하고 성범죄 외의 다른 범죄는 잘 저지르지 않는다. 반면, 아동과의 성적 접촉을 정당화하는 인지적 왜곡에 의해 범행이 동기화된 아동 성범죄자들은 체계적인 범행 계획을 세우는 데 몰두하고 아동과 관련된 범죄를 더 많이 저지르는 경향이 있다. 정서조절 곤란에 의해 동기화된 아동 성범죄자들은 우발적이며, 심한 폭력을 사용하고, 성범죄를 포함하여 다양한 유형의 범죄를 저지르는 양상을 보인다. 성격문제 요인은 아동에 대한 성적 흥분, 아동과의 성관계에 대한 인지적 왜곡, 정서조절 곤란 가능성을 내포하고 있다.

Marshall과 Marshall(2000)은 발달과정에서 부모-자녀 간의 빈약한 애착이 성범죄 가능성을 증가시킨다고 보았다. 그들은 부모-자녀 간의 빈약한 애착이 자존감을 낮게 만들고 대인관계 문제를 불러온다고 주장하였다. 그리고 빈약한 부모-자녀 간 애착, 낮은 자존감, 대인관계 문제는 아동기 성학대 가능성을 증가시키는 세 가지 요인으로 보았다. 어떻게든 성학대를 경험한 사람은 정상적인 성적 발달에 문제가 생기게 되고, 성을 부정적인 정서에 대처하는 수단으로 과도하게 사용하는 결과를 초래하게 된다. 탈억제 성향이 있을 경우 아동과의 성행위 등과 같은 부적절한 방식으로 성욕을 해소하는 분출구를 찾게 되고 이로 인해 성범죄 가능성이 더욱 높아진다. 성범죄 당시 경험한 성적 각성과 이후 자위행위를 통한 조건 형성은 아동에 대해 보다 항진된 성적 반응을 유발하게 만든다.

Ward와 Siegert(2002)는 위에서 언급한 이론들을 개관하고 통합된 모형을 제시하였다. Ward와 Siegert는 아동 성범죄를 설명하는 핵심 요인들을 검토하였고, 임상적으로 고려할 네 가지 영역에 기초하여 성범죄의 다중 경로 모델을 제안하였다. 그들이 제안한 네 가지 영역은 친밀감과 사회기술의 부족, 인지적 왜곡, 정서조절 곤란, 아동에 대한 성적 공상과 각성을 주된 내용으로 하는 왜곡된 성행동 스크립트이다. 이들 네 가지 문제 영역은 성범죄에 대한 특정 경로와 관련이 있다. 참고로 성범죄의 다섯 번째 경로는 성범죄를 포함하여 다양한 유형의 범죄 전력이 있는 반사회적인 사람의 성범죄이다.

Ward와 Beech(2005)는 성범죄 통합이론의 틀에서 이들 경로를 확장시켰다. Ward와 Beech의 이론은 신경생물학적 기능과 학습, 그리고 심리적 구조와 관련된 정서문제, 사회적 곤란, 인지왜곡, 일탈된 성적 각성 등을 그들의 이론에 포괄하려 하였다. Ward와 Beech는 그들이 제안한 통합이론이 다른 이론들과 개개의 연구 가설들을 하나로 통합할 수 있는 개념적인 틀을 제공한다고 주장하였다.

제시된 이론 간 공통된 부분이 많은 것이 사실이다. 모든 이론은 아동에 대한 성적 공상과 각성, 그리고 아동 성범죄 가능성을 증가시키는 요인으로 기질(예 : 성격 문제)이나 상황적 변인(예 : 물질에 의한 급성중독 상태)인 탈억제 문제를 다루고 있다. 또 모든 이론은 여성을 배제하고 남성이 저지르는 성범죄에 초점을 두고 있는데, 남녀 간 성차로 인해 여성 성범죄자에게 이들 이론이 적용될 수 없는 한계를 지니고 있다(부록 3.2 참조).

한편 이론 간 뚜렷한 차이를 보이는 것도 있다. Finkelhor(1984)와 Hall과

Hirschman의 이론(1992)은 아동을 대상으로 한 성범죄에 초점을 두고 있는 반면, 다른 이론들은 아동 성범죄에만 국한하지 않은 전체 성범죄에 대한 일반적인 이론이다. 그리고 성범죄와 관련된 요인이 전체적으로 영향을 미치는가, 혹은 일부 하위 요인들이 성범죄 발생에 영향을 미치는가, 아니면 단일 요인만으로도 아동 성범죄를 유발하기에 충분한가에 대해 이론 간 견해차가 있다. Finkelhor는 Ward와 Siegert(2002)의 이론처럼 각각의 요인들이 성범죄 발생에 기여한다고 주장한 반면, Hall과 Hirschman은 일부 성범죄자의 경우 특정한 단일 요인이 성범죄 발생에 주된 동기가 된다고 보았다. 마지막으로, Marshall과 Barbaree(1990), Ward와 Siegert(2002) 그리고 Ward와 Beech(2005)는 발달생물학적 관점에서 이론을 제시하였다.

Ward, Yates, 그리고 Long(2006)은 각각의 이론에 대해 비평하였다. 이들 이론은 이론의 통합력, 내적 일관성, 미래 행동에 대한 예측(예언 타당도), 새로운 가설을 만들어 낼 수 있는 휴리스틱 가치, 실증적인 검증을 통해 이론을 반증할 수 있는 반증 가능성, 이론의 간명성 등의 평가기준에 비추어 볼 때 한계점이 있다. 특히 이론에서 사용되고 있는 많은 개념들이 명확하게 정의되지 않았고 인과관계에 대한 설명이 불명확한 것이 많다. 예를 들어, Marshall과 Marshall(2000)은 부모-자녀 간의 빈약한 애착, 낮은 자존감이 왜 건강한 성적 발달의 문제를 야기하는지 설명하지 않았고, 어떤 한 개인에게 대인관계 문제가 있는 경우 성인과의 정상적인 성행위나 성매매, 성인 포르노물 등을 통해 성욕을 해소하지 않고 그 대신 아동과의 성적인 접촉을 갈망하게 되는지 그 이유를 명확하게 설명하지 못하였다. 또 다른 예로, Ward와 Beech(2005)의 이론은 아동 성범죄 이론의 틀에서 통합을 시도하였으며, 그들의 이론은 통합력과 내적 일치도 측면에서 긍정적인 평가를 받았다. 그러나 Ward와 Beech의 통합이론은 아동 성범죄를 설명하는 메커니즘과 과정이 명확하지 않고 모호하며, 너무 광범위하게 기술하고 있어 이론의 예언 타당도, 반증 가능성, 간명성 기준을 충족시키지 못하고 있다.

여기에서 언급한 바와 같이 모든 성범죄 이론의 주요 비평은 발달범죄학 (developmental criminology)과 일반 범죄이론에서 다루고 있는 실증된 범죄학적 개념을 소홀히 하였다는 것이다. 아동 성범죄가 심각한 범죄 행동임에도 불구하고 다른 범죄이론에서 성범죄 이론을 따로 분리하여 차별적으로 다룬 것은 언뜻 이해가 되지 않는다. 이 책의 다음 장에서 보다 자세하게 논의하겠지만, 일반 범죄와 발달적 변인이 상당한 관련성을 가진다는 것은 이미 많은 연구에 의해 밝혀진 사실이다. Marshall과 Barbaree(1990)를 제외한 많은 이론들의 또 다른 제한점은 소아성애증 발현의 원인에 대해 명확하게 언급하지 않았다는 것이다. Marshall과 Barbaree의 통합이론에서는 아동기 학대와 같은 역기능적인 초기 경험이 아동에 대한 일탈적 성적 각성을 야기한다고 보고 있다. 끝으로, 서로 다른 모델은 성범죄자들이 한 가지 혹은 그 이상의 요인에서 일반 범죄자와 차이가 난다는 연구 결과를 근거로 지지되고 있을 뿐, 이론에서 제시하고 있는 모델은 전체적으로 검증되지 않았다.

성범죄에 대한 일반적인 설명

먼저 생각해 봐야 할 질문은 아동 대상 성범죄만을 설명하는 특화된 이론이 있어야 하는가에 관한 사항이다. 다른 범죄와 마찬가지로 성범죄는 반사회성이 표출된 것으로 볼 수 있으므로 일반론적인 범죄이론을 통해서도 아동 성범죄에 대한 설명이 가능할 수 있다. 또 남성은 성범죄를 포함하여 다른 범죄를 저지를 가능성이 여성보다 많다는 것도 명백한 사실이다. 이처럼 남성이 범죄에 더 많이 연루된다는 사실은 부모투자이론으로 설명가능하다(제1장에서 간단히 언급, Daly & Wilson, 2001; Quinsey, 2002; Quiney & Lalumière, 1995; Rowe, 2002). 출산의 잠재적 성공 가능성의 변산이 크기 때문에 남성은 여성보다 높은 지위와 많은 자원을 얻기 위해 위험을 감수하며, 새로운 성적 파트너에게 접근한다. 이러한 위험 감수 행동은 지위를 얻기 위한 싸움, 자원을 획득하기 위한 절도, 성적 접촉을 위한 성범죄 등과 같은 반사회적 범죄 행동에서 특히 두드러진다.

반사회성이 높은 남성은 범죄 경력이 화려하다. 범죄 경력을 분석해 보면 특정한 한 가지 유형의 범죄에 연루되는 범죄자에 비해 지속적으로 범죄를 저지르는 범죄자는 다양한 유형의 범죄를 반복하는 경향이 있다(Lussier, 2005; Simon, 1997; Smallbone & Wortley, 2004). 아동을 대상으로 성범죄를 저지른 많은 청소년과 성인 성범죄자는 반사회적 행동 및 비성적 범죄 경력을 갖고 있으며, 재범에 있어 아동 성범죄자는 성범죄보다 비성적 범죄를 더 많이 저지른다(Butler & Seto, 2002; Caldwell, 2002; France & Hudson, 1993; Friedrich et al., Hanson & Bussière, 1998). 마지막으로, 이 책의 제7장에서 자세하게 다룬 것처럼 반사회성은 아동 성범죄자의 재범뿐만 아니라 다른 유형의 범죄자 재범을 예측하며(Hanson & Bussière, 1998; Hanson & Morton-Bourgon, 2005; Rice & Harris, 1997; Seto, Harris, Rice, & Barbaree, 2004; Gendreau, Little, & Goggin, 1996), 정신장애 범죄자와 비행청소년 집단의 재범도 유의미하게 예측한다(Bonta, Law, & Hanson, 1998; Lipsey & Derzon, 1998). 지금까지의 연구결과들을 종합적으로 고려할 때, 아동 성범죄 발생의 상당 부분은 기존의 일반 범죄이론으로 설명 가능하다(Gottfredson & Hirschi, 1990; Loeber & Farrington, 1997; Moffitt, 1993).

성범죄 발생을 설명하는 고유한 요인

성범죄 발생을 설명하는 고유한 요인을 찾기 위한 첫 시도는 성범죄자와 다른 유형의 범죄자 집단을 비교하는 것이다. 이러한 연구방법은 범죄를 설명하는 일반적인 변인에서 두 범죄자 집단 간 차이가 없겠지만, 성범죄자에게 초점을 둔 고유한 변인에서는 집단 간 차이가 있다는 것을 전제로 한다. 이러한 접근법은 이 장의 초반부에 언급된 이론들과 관련된 것으로 성범죄자 집단은 소아성애적 성향과 사회적 유능성 등이 다른 유형의 범죄자 집단과 다를 것이라고 가정한다. Finkelhor(1984), Marshall과 Barbaree(1990), Hall과 Hirschman(1992), Ward와 Siegert(2002), 그리고 Ward와 Beech(2005)가 제안한 이론에서도 아동 성범죄자는 아동과의 성적 접촉에 대한 태도, 아동과의 정서적 일체감, 정서조절 곤란 및 탈억제의 정도가 다른 남성과 차이가 있을 것으로 예상한다. 또 Marshall과 Marshall(2002)은 성범죄자는 아동기 부모-자녀 애착, 성학대 경험, 초기 성적 발달이 다른 남성과 차이가 있다고 주장하였다.

이번 절에서부터 이들 서로 다른 요인을 이성적이고 경험적인 증거에 근거하여 간략하게 검토할 것이다. 이들 중 몇몇은 앞서 기술한 다요인 이론의 한 부분이며, 또 다른 것은 아동 성범죄에 국한되는 고유한 요인이다. 필자가 제시하는 몇

몇 증거는 청소년 성범죄자와 다른 유형의 청소년 범죄자를 대상으로한 연구들을 메타분석한 것이다(Seto & Lalumière, 2005, 2007). 또한 필자는 성범죄자와 다른 유형의 범죄자를 비교한 연구들도 검토할 것이다.

소아성애증

사람들은 자신이 성적으로 선호하는 상대방과 성적 접촉을 갖는 경향이 있다고 가정할 때 소아성애증과 아동 성범죄가 서로 연결되어 있음을 직감할 수 있다. 이 성애자 남성이 여성과 성적 접촉을 하려는 것처럼 소아성애자는 아동과의 성적 접촉을 추구한다. 소아성애증과 아동 성범죄가 서로 연결되어 있다는 사실이 경험적으로도 지지되었다. 제2장에서 제시한 바와 같이 아동 성범죄자는 성적 기호에 대한 자기보고, 성적 과거력, 아동 자극에 대한 성적 흥분 반응이 다른 남성들과 차이를 보인다. 더욱이 사춘기에 훨씬 못 미친 어린 아동과의 성적 접촉 경험이 있고, 한 명이 아닌 다수의 아동 혹은 남자 아동과의 성적 접촉 경험이 있는 아동 성범죄자는 음경체적변동 검사에서 아동 자극에 보다 더 큰 성적 흥분 반응을 보인다. 성적 흥분 반응과 재범 예측에 대해서는 제7장에서 논의할 예정이며 제5장에서는 소아성애증의 원인에 대해 기술할 것이다.

사회적 유능성

앞 절에서 소개한 성범죄 이론들은 사회적 유능성의 문제를 포함하고 있다. 연구자들은 성범죄자들이 또래 연령의 동료들과의 관계에서 정서적·성적 욕구를 충족시키지 못하기 때문에 어린 아동들을 찾게 된다는 가설을 설정하였다. 이 가설에 근거할 때 성범죄자들은 타인에게 다가가 즐겁게 대화할 수 있는 기술이 부족하고, 대인관계에서 타인이 보이는 정서적 단서를 이해하는 능력이 부족하다고 예상할 수 있다(Becker & Kaplan, 1988; Kinght & Prebtky, 1993; Marshall, Jones, Hudson, & McDonald, 1993; Marshall, Serran, & Cortoni, 2000; Worling, 2001). Hunter, Figueredo, Malamuth, 그리고 Becker(2003)는 아동을 대상으로 성범죄를 저지른 청소년 성범죄자의 경우 또래나 성인을 대상으로 성범죄를 저지른 청소년 성범죄자보다 사회적 유능성의 문제가 더 심각하다고 주장하였다.

아동과의 성적 접촉에 대한 태도와 신념

성범죄 발생을 설명하는 서로 다른 이론들에서 아동 성범죄에 대한 태도나 신념(혹은 인지왜곡이나 생각의 오류)을 이론에 포함시켰다(Hall & Hirschman, 1992; Ward & Siegert, 2002). 스스로 소아성애자라는 사실을 인정하는 많은 남성의 경우 아동과의 성관계에 대해 긍정적인 태도를 보이며, 아동이 성관계에 동의할 수 있는 능력이 있다는 견해를 더 많이 피력한다(Able, Becker, & Cunningham-Rathner, 1984; Hanson, Gizzarelli, & Scott, 1994; Wilson & Cox, 1983). 아동 성범죄에 대한 이러한 태도와 신념은 성범죄를 동기화시키거나 성범죄 행위를 정당한 것으로 주장하게 하는 요인이 되고, 아동 성범죄에 연루될 가능성을 더 높게 만든다.

정서조절 곤란

정서조절 곤란은 여기에서 소개하고 있는 많은 이론에 포함된 공통된 요인이다. 정서조절 곤란은 또래와의 대인관계 발달에 문제를 초래하고, 정서적 문제와 스트레스 상황에 대처하기 위해 아동과의 성적 접촉을 추구하게 만든다(Hall & Hirschman, 1992; Marshall & Barbaree; Marshall & Marshall, 2000; Ward & Siegert, 2002). 더욱이 정서조절 곤란문제가 있는 사람은 탈억제된 행동문제를 더 많이 나타낼 수 있고, 또 그들이 스트레스에 대처하기 위해 알코올이나 약물을 사용하였을 경우에는 정서조절과 행동문제가 더 심각할 것이다.

탈억제

아동 성범죄 발생을 설명하는 많은 이론에서 탈억제를 중요한 요인으로 보고 있다. 아동과 성적인 접촉을 하고자 하는 사람들 중 내적인 억제(체포에 대한 불안, 양심의 가책과 같은 부정적 정서, 사회적 규범에서 벗어나는 불법 행위라는 인식)를 극복할 수 있는 사람만이 아동 성범죄를 저지를 수 있다. 탈억제는 반사회적 성격과 같은 개인의 특성이나 만취 상태와 같은 상황적 요인에 의해 나타날 수 있다. 예를 들어, 많은 아동 성범죄 이론들은 아동 성범죄자들이 정서적 공감이 부족하거나 결핍되어 있다고 본다. 이로 인해 범죄 상황에서 불안을 잘 느끼지 못하고 피해아동과 피해자의 가족이 받게 될 고통을 고려하지 않은 채 자신의 성적 욕구에 따라 행동하게 된다는 것이다(Finkelhor, 1984; Marshall & Barbaree, 1990; Marshall, Hudson, Jones, & Fernandez, 1995). 또 다른 연구자는 개인이 알코올이나 약물에 취했을 때 성범죄 발생 가능성이 더 높아진다고 하였다. 많은 연구자들이 약물과 반사회적 성향이 성범죄에 미치는 영향에 대해 언급하였다(Georeg & Stoner, 2000; Marshall & Barbaree, 1990; Seto & Barbaree, 1995; White, 1997).

부모-자녀 간 애착문제

Marshall과 Marshall(2000)은 부모-자녀 간 불안정한 애착문제를 아동 성범죄를 설명하는 고유한 요인으로 보았다. Bowlby의 애착이론을 바탕으로 Marshall과 Marshall은 유아기와 아동기 동안 부모-자녀 간 불안정한 애착을 형성한 남자 아동은 대인관계 발달이 지연되고, 정서적 문제(외로움, 친밀감 부족, 낮은 자존감)를 나타낼 가능성이 커진다고 보았다. 또 불안정한 애착문제를 가진 아동은 부모를 대신하여 다른 성인 남성과 관계를 맺을 가능성이 크기 때문에 성학대를 경험할 가능성이 더 크다고 주장하였다. 아동에 대한 성적인 상상과 행동은 아동기의 역기능적 경험에 의한 부정적 영향에 대처하기 위한 수단이 된다(이들의 이론은 왜 아동기 애착문제를 가진 사람은 성인이 아닌 아동을 대상으로 성적인 상상과 행동을 하게 되는지 설명하지 않음).

부모-자녀 간 불안정한 애착문제는 보다 직접적으로 성범죄 가능성을 증가시킬 수 있다. 왜냐하면 불안정한 애착문제를 가진 사람들은 사회 관습적으로 용인되지 않는 관계 속에서 친밀감의 욕구를 충족할 가능성이 더 크기 때문이다. Smallbone(2006)은 애착 관련 연구와 Marshall과 Barbaree(1990)의 성범죄 이론과의 통합을 시도하였다. Smallbone은 불안정한 애착문제는 공감능력과 타인에 대한 조망수용능력을 부족하게 하고, 정서조절 곤란문제와 타인과의 강압적인 상호작용 가능성을 증가시키기 때문에 아동 성범죄를 유발하게 만드는 요인으로 보았다.

성적 발달

몇몇 이론가들은 남성 성범죄자들의 성적 발달이 다른 남성들과 다르다고 주장한다. 즉, 또래 아동들보다 더 어린 나이에 빈번하게 성에 노출된 경험이 있다고 한다(Beauregard, Lussier, & Proulx, 2004). 이러한 주장을 뒷받침하는 연구는 성범죄자들의 성행동과 포르노물 노출 경험을 조사한 것이다. 또 성범죄자들은 일반적이고 사회적 통념이 용인하는 범위에 있는 성관계 파트너를 가질 가능성이 더 적을 것이며, 이는 사회기술의 부족과도 관련되어 있다. 따라서 아동 성범죄자들은 자위행위의 시작과 최초 성에 노출되는 연령은 더 어리지만 사회적 관습이 용인하는 성인 파트너와 최초 삽입 성교를 더 늦게 경험하고 파트너 수도 더 적을 것이다.

아동기 성학대

아동 성범죄를 설명하는 고유한 변인 중 가장 빈번하게 논의되는 요인은 아동기 성학대 경험일 것이다. 성학대를 경험한 성학대자 가설은 성학대의 순환(cycle of sexual abuse)으로 언급되기도 한다(Johnson & Knight, 2000; Kobayashi, Sales, Becker, Figueredo, & Kaplan, 1995). 성학대의 순환 가설은 성학대를 경험한 남성이 이후 인생에서 성범죄를 저지를 가능성이 더 크다는 것이다. Ryan, Lane, Davis, 그리고 Isaac(1987)은 일부 청소년들은 자신이 경험한 성학대에 부적응적으로 대처한다는 가설을 설정하였다. 이들 청소년들은 또래들과의 관계에서 고립되고 무력감을 보상하기 위해 성적인 상상을 시작하게 된다는 것이다. 성적인 상상은 성범죄 가능성을 증가시킬 뿐만 아니라 자신을 보다 더 부정적으로 생각하게 만드는 악순환을 반복하게 만든다. Marshall과 Marshall은 아동과의 성행위를 상상하면서 하는 자위행위는 아동기 성학대 경험에 대한 대처 반응으로, 자위행위를 통해 우월감과 통제감 등의 정서적 강화를 얻게 되고, 아동과의 정서적 일체감을 형성하게 된다고 하였다. Burton(2003)은 성학대 경험과 이후 성범죄의 연결고리를 설명하는 그럴듯한 사회학습 기제를 제시하였다. 이 설명에 따르면 통제감을 다시 회복하기 위해 성학대자를 모델링하고 성학대를 통해 유발된 성적 자극과 과거 성학대 경험이 연합된다. 이를 통해 아동-성인 간의 성관계에 대한 태도나 신념도 변화하게 된다.

아동 성범죄자와 다른 남성과의 비교연구

필자가 지금까지 제시한 아동 성범죄와 관련된 고유한 요인들을 지지하는 증거는 무엇인가? 지금부터 2단계를 거치면서 이 질문에 대해 논의할 것이다. 그 첫 번째 단계는 성범죄자 집단만을 설명하는 고유한 요인으로 추정되는 요인들이 다른 범죄자 집단과 실제 차이가 있느냐는 것이다. 두 번째 단계는 아동 성범죄자를 설명하는 고유한 요인이 아동 성범죄자 집단과 일반 성범죄자 집단 간 실제 차이가 존재하느냐는 것이다.

첫 번째 단계의 질문에 대한 증거들은 최근 필자와 Lalumière의 메타분석 연구에 근거하고 있다. 이 메타분석 연구는 52편의 연구를 분석한 것으로 반사회성, 가족관계 문제, 사회적 유능성, 성적 발달, 성학대 경험 변인을 중심으로 남자 청소년 성범죄자(3,112명)와 남자 청소년 비성범죄자(9,995명) 집단을 비교분석한 것이다(Seto & Lalumière, 2005, 2007). 성인 성범죄자를 대상으로 이와 유사한 성격의 연구는 아직 보고되지 않았지만, 몇몇 중요한 개별 연구들을 소개할 것이다.

반사회성

메타분석 연구에서 한 가지 중요한 발견은 청소년 성범죄자 집단이 다른 비범죄자 집단에 비해 반사회적 특성(범죄의 관여도, 아동기 품행문제, 반사회적 태도와 신념, 반사회적 친구와의 교류, 반사회적 성격 특성, 충동성과 냉담성)이 유의미하게 낮다는 것이다. 성인 성범죄자 집단도 청소년 성범죄자 집단과 유사하게 다른 성인 비성범죄자 집단에 비해 사이코패스(psychopathy; PCL-R, 부록 4.1 참조) 점수, 반사회적 태도, 반사회적 동료들과의 교류 정도가 유의하게 더 낮았다(Hare, 2003; Mills, Anderson, & Kroner, 2004; Porter et al., 2000).

이와 동시에 많은 연구에서 성인을 대상으로 성범죄를 저지른 성인 성범죄자 집단은 아동을 대상으로 한 성범죄자 집단에 비해 반사회성이 일관되게 높은 것으로 나타났다. Lalumière와 동료들(2005)은 성범죄자 관련 연구문헌들을 검토한 것을 바탕으로 성인을 대상으로 성범죄를 저지른 성범죄자 집단은 다른 비성적 범죄를 저지른 범죄자 집단과 유사한 수준의 반사회성을 보이는 반면, 아동을 대상으로 한 아동 성범죄자의 경우는 반사회성이 유의미하게 낮다는 결론을 내렸다. Rice와 Harris(1997)는 피해자가 성인인 성범죄자(88명)가 아동이 피해자인 성범죄자(142명)에 비해 범죄력이 더 화려하고 사이코패스 점수가 더 높다는 사실을 발견하였다. 성인을 대상으로 성범죄를 저지른 범죄자의 경우 사회로 석방된후 비성적 범죄의 재범을 더 빨리 저지르는 반면, 아동 성범죄자의 경우는 새로운 성범죄 재범을 더 빨리 저지른다. 다른 연구들에서 이와 유사한 사실을 발견하였다(Bard et al., 1987; Serin, Mailloux, & Malcolm, 2001; Seto & Barbaree, 1999; Weinrott & Saylor, 1991). 필자와 Lalumière의 메타분석 연구에서도 성인이나 또래 연령의 피해자를 대상으로 성범죄자를 저지른 청소년 성범죄자의 경우 아동을 대상으로 한 청소년 성범죄자보다 범죄력, 품행문제, 반사회적 성향이 더 높은 것으로 나타났다(Seto & Lalumière, 2005, 2007). 이러한 연구결과들을 종합할 때, 범죄에 대한 일반적인 설명이나 범죄이론은 아동을 대상으로 한 성범죄를 충분하게 설명하지 못하고 있다.

사회적 유능성

필자와 Lalumière(2007)는 사회적 유능성이 성범죄를 설명하는 고유한 요인이라는 사실을 지지하는 증거를 메타분석 연구에서 발견하였다. 즉, 청소년 성범죄자 집단은 다른 비성적 범죄를 저지른 청소년 범죄자 집단에 비해 사회기술이 더 낮았다. 14편의 연구를 분석한 Dreznick(2003)의 연구에서도 성범죄자 집단이 다른 범죄자 집단보다 자기보고한 사회기술 점수가 낮았고, 실제 역할극 평가에서도 더 낮은 수행을 보였다.

Abracen과 동료들(2004)은 성인을 대상으로 성범죄를 저지른 성범죄자 166명, 비친족 아동을 대상으로 성범죄를 저지른 성범죄자 168명, 그리고 친족 아동을 대상으로 성범죄를 저지른 성범죄자 177명을 대상으로 집단 간 사회기술 결핍의 차이를 비교하였다. 친족과 비친족 아동을 대상으로 성범죄를 저지른 성범죄자 집단은 성인을 대상으로 성범죄를 저지른 집단보다 사회기술의 결핍이 유의하게 더 심하였다. 또 비친족 아동을 대상으로 한 성범죄자 집단(이들은 다른 집단보다 소아성애적 성향이 더 많음)은 친족 아동만을 대상으로 한 성범죄자 집단보다 사회기술의 결핍 점수가 더 높았다. 이러한 결과에 근거할 때, 사회기술의 결핍은 아동 대상 성범죄를 설명하는 고유한 요인임을 알 수 있다.

그러나 여기서 한 가지 고려할 사항은 아동 성범죄자들은 성인들과의 대인관계에서 사회기술 결핍의 문제를 보이나 아동들과의 관계에서는 사회기술 결핍문제를 보이지 않을 가능성이 있다는 것이다. 즉, 사회적 상황에서 다른 성인과 대화를 시작하는 것을 어색해하고 주저하는 사람이 아동과의 관계에서는 그렇지 않을 수 있으며, 심지어는 성인보다 아동과의 관계를 편안해하고 유능한 사회기술을 보일 수 있다는 것이다(Finkelhor의 정서적 일체감 요인과 스스로 소아성애자를 시인한 소아성애자의 특성을 상기할 것). 또한 아동 성범죄자들은 다른 아동 성범죄자들과 서로 연대를 맺고 교류하는 것에 곤란을 보이지 않을 수 있다(Hanson & Scott, 1996; Jenkins, 2001). 성범죄자의 사회기술 결핍문제를 보다 구체적으로 검증하기 위해 아동 성범죄자와 성인을 대상으로 한 성범죄자 두 집단을 대상으로 자기보고 측정과 행동관찰 평가법 모두를 적용한 후속 연구가 필요해 보인다.

아동과의 성적 접촉에 대한 태도와 신념

Racey, Lope, Schneider(2000)는 청소년 성범죄자와 비성적 범죄를 저지른 청소년 범죄자 집단을 비교한 결과, 아동과의 성적 접촉에 대한 두 집단 간의 태도가 다르지 않다는 것을 발견하였다. 아동을 대상으로 성범죄를 저지른 성인 성범죄자와 비성적 범죄를 저지른 성인 범죄자 집단을 비교한 다른 연구에서도 집단 간 유의미한 차이가 없었다(Abel et al., 1989; Fisher, Beech, & Browne, 1999; Gannon & Polaschek, 2005; Tierney & McCabe, 2001). 일부 연구자들은 아동을 대상으로 성범죄를 저지른 범죄자는 성인을 대상으로 범죄를 저지른 강간범에 비해 아동과의 성관계에 대해 허용적인 태도를 더 많이 보이며, 아동이 성관계에 동의할 수 있는 능력이 있고, 성인과의 성적 접촉이 아동에게 도움이 되고, 아동의 행동을 성적 의도가 있다고 지각하는 경향이 더 많다고 하였다(Arkowitz & Vess, 2003; Bumby, 1996; Stermac & Segal, 1989).

정서조절 곤란

필자의 동료인 Lalumière와 함께 수행한 메타분석 연구에서 청소년 성범죄자는 다른 범죄자에 비해 불안이나 우울을 유의하게 더 많이 보고한다는 것을 발견하였다(Seto & Lalumière, 2007). 이러한 결과를 볼 때 정서조절 곤란 변인이 성범죄를 설명하는 고유한 요인이 될 수 있음을 시사한다. 위와 같은 결과가 아동을 대상으로 성범죄를 저지른 성인 성범죄자와 다른 유형의 범죄자 집단 간 비교연구에서도 유사하게 나타났다(Ahlmeyer, Kleinsasser, Stoner, & Retzlaff, 2003; Chantry & Craig, 1994). 한편, 필자가 검토한 이들 문헌들은 정서조절 곤란증상이 나타난 시점을 명확하게 구분하지 않았다. 정서조절 곤란증상이 성범죄 발생 전 시점에 나타날 수도 있지만 성범죄 후 시점에서도 나타날 수 있다(예 : 범죄 후 체포나 기소된 성범죄자는 성범죄를 바라보는 극도의 부정적인 사회적 시각으로 인해 불안하고 우울해함). 심리적 문제가 발생하는 시점을 보다 명확하게 구분하는 연구를 통해 성범죄 발생과 정서조절 곤란 간의 관계가 설명될 수 있겠다(예 : 본건 성범죄가 발생되기 이전 범죄자의 정신과 진료기록이나 정신건강 관련 치료 병력 검토, 부록 4.2 참조).

탈억제

앞서 언급한 바와 같이 성범죄를 저지를 동기를 가진 사람들은 탈억제로 인해 성범죄 범행 가능성이 커진다. 탈억제는 개인의 성격 특성과 상황적 요인 모두를 포함하고 있다. 연구자들은 탈억제 요인과 관련하여 공감능력의 결핍과 물질남용에 특히 많은 관심을 가졌다.

공감능력의 결핍

필자와 Lalumière(2005, 2007)는 청소년 범죄자 집단을 대상으로 공감능력의 결핍을 측정한 6편의 연구를 메타분석하여 청소년 성범죄자 집단이 다른 비성적 범죄를 저지른 청소년 범죄자 집단에 비해 공감능력이 상대적으로 높다는 사실을 발견하였다. 성인을 대상으로 한 몇몇 연구에서는 성범죄자와 비범죄 남성 집단 간 일반적인 공감능력의 차이가 보고된 반면(Marshall et al., 1993; Marshall,

Hamilton, & Fernandez, 2001; Rice, Chaplin, Harris, & Coutts, 1994), 다른 연구에서는 집단 간 차이가 없었다(Langevin, Wright, & Handy, 1988; Seto & Barbaree, 1993). 이들 연구에서는 아동 성범죄자와 다른 비성적 범죄자 집단을 비교한 것이 아니다. 따라서 아동 성범죄자 집단이 다른 비성적 범죄자 집단에 비해 사이코패스 점수(PCL-R)가 더 낮으며, 사이코패스의 두드러진 특징 중 하나가 공감능력의 결핍인 것을 고려할 때, 필자는 아동 성범죄자 집단의 경우 다른 비성적 범죄자 집단에 비해 공감능력이 낮기보다는 오히려 높을 것으로 예상한다.

아동 성범죄자에게 초점을 둔 Chaplin, Rice, 그리고 Harris(1995)는 여자 아동을 대상으로 성범죄를 저지른 성범죄자 15명과 비범죄자 남성을 비교하였다. 그 결과 아동 성범죄자는 비성범죄자 집단에 비해 공감 질문지의 세 가지 하위척도 중 두 가지 하위척도에서 유의하게 낮은 점수를 보였다. 흥미로운 것은 유의한 차이를 보인 두 하위척도의 점수 모두가 음경체적변동 검사의 아동 자극에 대한 성적 흥분과 상관을 보였다는 것이다. 즉, 공감척도에서 낮은 점수를 보인 아동 성범죄자를 아동 자극에 대해 상대적으로 더 큰 성적 흥분반응을 보였다.

Marshall과 동료들(1995)은 성범죄자의 공감능력 결핍이 광범위하고 일반적이기보다는 특정한 성범죄 피해자에게 국한되어 있다고 주장하였다. 아직까지 이러한 피해자에 대한 공감능력의 결핍이 성범죄 이전부터 있었던 것인지, 아니면 범죄 후 범행을 합리화하는 심리적 기제에서 유발된 것인지 불명확하다. 사람들은 자신의 가치와 신념이 양립할 수 없는 상황에서 심리적 불협화음의 감소를 목적으로 다른 인지도식을 받아들이거나 기존의 인지를 수정하는 경향이 있다(Festinger, 1957). 따라서 성범죄자들은 특정한 성범죄 피해아동에게 공감을 적게 표현할 가능성이 있고, 경우에 따라서는 아동과의 성관계를 옹호하는 태도와 신념을 보이기도 한다(예 : 아동과의 성적 접촉은 아동에게 피해를 주지 않음). 또 한편, 아동 성범죄 후 죄책감에 시달리고 아동 성범죄를 지지하는 신념과 태도를 형성하지 못하고 인지적 불협화음을 가진 범죄자의 경우 우울 및 불안 등의 상당한 심리적 어려움을 보일 수도 있다.

물질 사용

필자와 Lalumière(2007)는 성범죄를 저지른 청소년 집단과 비성적 범죄를 저지른 청소년 집단을 비교한 메타분석 연구를 통해 청소년 성범죄자 집단이 다른 비성적 성범죄자 집단에 비해 알코올과 다른 약물의 사용이 유의하게 더 적다는 사실을 발견하였다. 놀랍게도 이 주제와 관련하여 성인 성범죄자를 대상으로 한 연구는 미미한 실정이다. 두 편의 연구에서 성인 성범죄자가 다른 비성적 폭력 범죄자 집단에 비해 알코올을 남용할 가능성이 더 높다고 보고한 것이 있지만 알코올 이외의 다른 물질남용에 있어서는 집단 간 유의한 차이가 없었다(Abracen, Looman, & Anderson, 2000; Looman, Abracen, DiFazio, & Mailler, 2004).

부모-자녀 간 애착문제

필자와 Lalumière(2007)는 청소년 성범죄자 집단과 비성적 범죄를 저지른 청소년 범죄자 집단을 비교한 메타분석 연구를 통해 부모-자녀 간 불안정한 애착이 성범죄를 설명하는 고유한 요인이 될 수 없음을 발견하였다. 성범죄를 저지른 청소년 범죄자와 비성적 범죄를 저지른 청소년 범죄자 집단 간 애착 형성 및 기타 가족관계 문제와 관련된 변인에서 유의한 차이가 없었다. 하지만 이 메타분석은 제한된 수의 연구결과를 분석하였기 때문에 가설 검증력이 낮다는 한계가 있다(애착과 관련하여 단지 두 편의 연구를 비교 분석하였고, 부모-자녀 간 애착에 초점을 둔 연구는 한 편에 불과함).

최근 두 편의 연구에서 성인 성범죄자들의 경우 다른 비성적 범죄자들에 비해 불안정 애착 유형(insecure attachment styles)이 더 많다는 것을 보고하였다(Lyn & Burton, 2004; Marsa et al., 2004). 아동 성범죄자를 대상으로 한 회고적 연구에서는 아동 성범죄자들은 비성적 범죄자와 비범죄자들에 비해 아동기와 성인기에 불안정 애착 유형이 더 많다고 보고하였다(Marshall et al., 2004; Smallbone & Dadds, 1998; 상반된 연구 Marshall et al., Marshall & Mazzucco, 1995). 또 다른 연구에서는 친족 아동을 대상으로 성범죄를 저지른 범죄자의 경우 비친족 아동을 대상으로 성범죄를 저지른 범죄자들에 비해 아동기 불안정 애착을 더 많이 보고하였다(Smallbone & Dadds, 1998). 현재까지 부모-자녀 간 애착 요인이 아동 성범죄자와 다른 성범죄자들을 구별짓고 아동 성범죄의 발생을 설명하는 고유한 요인인지는 증명되지 않았다.

성적 발달

필자와 Lalumière(2007)는 초기 성적 발달 경험이 성범죄를 일정 부분 설명하는 요인임을 발견하였다. 초기 포르노물의 노출 경험에 있어 성범죄를 저지른 청소년 범죄자와 다른 범죄자 집단 간 유의한 차이가 없었으나 사회적으로 허용되는 정상적인 성적 접촉 경험은 청소년 성범죄자 집단이 유의하게 적었다. 이 같은 후자의 결과는 청소년 및 성인 성범죄자들이 보이는 사회기술 결핍과 관련된 것이다. 비슷한 연령의 또래 동료들과의 관계에서 사회기술이 부족한 성범죄자는 관습적으로 허용되는 정상적인 성적 접촉을 경험할 수 있는 기회가 부족할 것이다. 한편, 아동을 대상으로 성범죄를 저지른 청소년 성범죄자와 성인이나 또래 연령의 피해자를 대상으로 성범죄를 저지른 범죄자 집단을 서로 비교한 메타분석 연구의 수가 충분하지 못하다.

놀랍게도 성인 성범죄자를 대상으로 관습적으로 허용되는 정상적인 성적 접촉 경험에 초점을 둔 연구가 부족한 실정이다. 지역사회 일반인을 대상으로 한 몇몇 연구에서 성관계 파트너의 수와 첫 삽입성교 경험 연령과 같은 일반적인 성적 과거력 변인이 또래 동료를 대상으로 한 성범죄와 정적 상관관계에 있다는 것이 보고되었다(Knight & Sims-Knight, 2003; Lalumière, Chalmers, & Quinsey, Seto, 1996; Malamuth, Addison, & Koss, 2000). 그러나 성범죄자와 다른 비성적 범죄를 저지른 범죄자 집단을 대상으로 일반적인 성적 과거력 변인의 집단 간 차이를 비교한 연구는 거의 없다. Cortoni와 Marshall(2001)은 아동을 대상으로 한 성범죄자와 성인을 대상으로 한 성범죄자가 함께 섞여 있는 59명의 성범죄자 집단을 비성적 폭력 범죄자 집단(30명)과 서로 비교한 결과, 첫 삽입성교 경험 연령, 성관계 파트너 수, 성적 행동의 종류나 포르노 사용에 있어 두 집단 간 유의미한 차이가 없었다. Gebhard, Gagnon, Pomeroy, 그리고 Christenson(1965)은 성범죄자와 비성범죄자 집단 모두 14세 이전에 이성과의 첫 성적 접촉과 16세 이전에 첫 삽입성교 경험, 그리고 결혼 전 성관계 파트너의 수와 같은 성적 과거력 변인이 비범죄자 집단과 차이가 있음을 발견하였다(두 범죄자 집단의 경우 비범죄자 집단에 비해 첫 성경험 연령이 더 어리고 결혼 전 성관계 파트너 수가 더 많음). 한편, 성범죄자 집단은 다른 범죄자 집단에 비해 성경험이 더 적었다. Kafka와 Hennen(2003)은 성범죄자들이 지속적으로 높은 수준의 성적 활동성(자위행위와 삽입성교)을 보이긴 하지만 성도착증을 가진 비범죄자 남성과 유의미한 차이가 없다고 보고하였다(이 연구에서는 비성도착증 비범죄자와 비성도착증 범죄자를 비교집단에 포함하지 않음).

성범죄자와 다른 비성적 범죄자 집단 간 비교를 통해 밝혀진 것과는 달리, 아동 성범죄자와 다른 성범죄자 집단을 대상으로 성범죄에 해당되지 않는 성적 과거력이나 일반적이고 정상적인 성적 경험의 집단 간 차이를 직접 비교한 연구는 매우 부족하다. Cortoni와 Marshall(2001)은 아동 성범죄자 집단(30명)과 성인을 대상으로 성범죄를 저지른 29명의 범죄자 집단을 대상으로 두 집단 간 성적 과거력의 차이를 비교하였다. 아동 성범죄자의 경우 최초 삽입성교의 경험이 성인 대상 성범죄자 집단에 비해 더 늦었으나 첫 성관계를 가진 파트너의 연령, 성관계 파트너의 수, 그들이 관여한 성행동의 종류에서는 집단 간 유의미한 차이가 없었다. 또 포르노 사용과 자위행위 빈도의 자기보고에서도 집단 간 유의미한 차이가 없었다. Gebhard와 동료들(1965)은 아동 성범죄자들이 성인을 대상으로 성범죄를 저지른 범죄자에 비해 일반적이고 정상적인 성적 경험이 더 적다는 것을 발견하였다.

아동기 성학대

마지막으로 필자와 Lalumière(2007)는 성범죄를 저지른 청소년 범죄자 집단과 다른 비성적 범죄를 저지른 청소년 범죄자 집단 간 성학대 경험의 유의미한 차이를 발견하였다. 범죄자 스스로의 자기보고나 다른 출처의 정보에 기초한 것과 상관없이 이러한 두 집단 간 비교연구에서 청소년 성범죄자 집단의 성학대 경험은 대략 5배 더 많았다. 특히 성학대가 신체적 학대와 동시에 발생하는 경향성이 있음에도 불구하고 청소년 성범죄자 집단과 비성적 범죄를 저지른 청소년 범죄자 집단 간 신체적 학대 경험에서는 유의미한 차이를 보이지 않았다. 자기보고 자료에 근거할 때, 성범죄를 저지른 청소년 범죄자의 52%가 성학대 경험을 보고한 것과는 대조적으로 비성적 범죄를 저지른 청소년 범죄자 집단에서는 13%가 성학대 경험을 보고했다.[2] 청소년 범죄자로부터 얻은 결과와 동일한 연구결과가 성인 성범죄자 집단(788명)과 다른 성인 범죄자 집단(1,506명)을 비교한 메타분석에서도 도출되었다(총 12편의 연구). 성인 성범죄자 집단의 경우 아동기 성학대 경험이 다른 유형의 범죄를 저지른 성인 범죄자에 비해 유의하게 많았으나 신체적 학대 경험에서는 집단 간 차이가 없었다. 이러한 성학대 경험의 집단 간 차이는 자기 보고와 다른 출처의 정보에 근거할 때와 상관없이 일관되게 나타났다(Lalumière, Seto, & Jespersen, 2006).

필자와 Lalumière(2007)은 메타분석을 통해 아동을 대상으로 성범죄를 저지른 청소년 범죄자(30%)의 경우 또래나 성인을 대상으로 성범죄를 저지른 청소년 범죄자(15%)에 비해 아동기 성학대 경험이 두 배 더 많다는 것을 발견하였다. 더욱이 이러한 성범죄자와 비성범죄자 집단 간 아동기 성학대 비율상의 차이는 성범죄자의 피해자 유형(아동 대 성인)과도 관련되어 있었다. 성인 성범죄자를 대상으로 한 추후 메타분석 연구에서 아동을 대상으로 성범죄를 저지른 범죄자는 또래 연령의 피해자를 대상으로 성범죄를 저지른 범죄자에 비해 성학대를 더 많이 경험한 것으로 나타났다(Lalumière et al., 2006). 소아성애증의 발현을 설명하는 중요한 변수인 아동기 성학대 경험에 대해서는 이 책의 제5장에서 논의한다.

성범죄를 설명하는 몇 가지 고유한 요인에 대한 재개념화

이 장에서 논의한 성범죄를 설명하는 몇 가지 고유한 요인들은 보편적인 심리적 경향성이 특정 범죄의 발현으로 이어진다고 재개념할 수 있다. 아동과의 성관계에 대한 긍정적인 태도와 신념은 아동 성범죄에 대한 책임을 축소하려는 시도, 즉 양심의 가책이나 죄책감 같은 불쾌한 감정을 줄이기 위한 의식적인 노력으로 해

---

2 아동기 성학대에 대한 조작적 정의와 측정 방법이 서로 상이하기 때문에 연구에 제시된 수치(%)를 통해 발생률을 추정할 수 없다. 그러나 Seto와 Lalumière(2007)의 메타분석에서는 각각의 연구에 대해 아동 성학대의 정의와 측정법을 동일하게 적용하였기 때문에 성범죄를 저지른 청소년 범죄자 집단과 다른 범죄를 저지른 청소년 범죄자 집단 간의 차이를 의미 있게 해석할 수 있다.

석되었다. 이러한 태도와 신념은 아동과의 성관계 상황에서 특이할 수 있지만, 심리적 메커니즘을 고려할 때 그다지 특이한 것이 아니다(인지적 부조화). 또 일반 범죄자에 관한 연구에서는 범죄자들이 자신의 범죄 책임을 최소화하기 위한 태도와 신념을 갖게 되는 것으로 밝혀졌다(예 : Simourd, 1997; Simourd & Van de Ven, 1999). 이와 더불어 인지적 부조화를 야기하는 행동에 대한 반응으로 태도를 수정하는 것은 범죄자에게 특이한 것이 아니다. 더욱이 보통의 사람들에게서도 자신의 태도와 행동이 일치하지 않을 때 흔히 나타나는 경향이다(Festinger, 1957).

또 아동에 대한 긍정적인 태도나 신념은 아동에 대한 개인의 인식에 영향을 주는 인지적 도식으로 해석되었다(예 : 성행위에 대한 관심을 우정의 표현으로 해석). 아동 성범죄자들은 자신들이 목표로 하는 사람의 나이에 있어서 차이를 보이지만 성적 동기를 비성적 행위로 간주하는 경향을 가진 다른 남성 등과 반드시 다르지 않다. Abbey(1982)와 다른 연구자들은 이성애자 남성들은 여성들의 우정을 오해하는 경향이 있어서 미소와 같은 제스처를 성적 관심이나 의도로 인식한다는 사실을 발견하였다. 이러한 왜곡된 인식은 알코올 섭취로 더 악화될 수 있다(Abbey, Zawacki, & McAuslan, 2000).

아동 성범죄자들, 특히 소아성애자들은 성인들과의 일반적인 성경험이 유의하게 적은 반면, 첫 성경험 연령이나 아동과의 성적 접촉을 고려했을 때 성경험 파트너의 수 등과 같은 변수는 다른 남성들과 유사하다. 이러한 관점에서 아동 성범죄자들은 성적 발달에 있어 다른 남성들과 다르지 않지만 성적 선호나 성적 관심을 표현하는 방식에 있어서 차이를 보인다.

자기보고된 사이코패스와 공감능력 결핍은 성범죄 후에 범죄자가 당면한 부정적 결과에 대한 반응이다. 부정적 결과의 예로는, 아동의 고통 인식, 구속에 따른 당혹감을 들 수 있다. 일부 가해자들은 범죄 후 자신에 대해 부적절감을 느끼고 불안과 우울을 경험하게 되며 그 결과 자존감이 낮아진다. 다른 사람들은 자신의 자존감을 지키기 위해 성범죄를 저지른 후 인지적 부조화에 대한 반응으로 피해자를 비난하거나 피해자의 고통에 대해 덜 공감하게 될 것이다. 이러한 두 가지 경우에 고통, 당혹감 또는 기타 부정적인 결과에 대한 반응은 특수한 경우를 제외하고 아동 성범죄자에게는 특이한 반응이 아니다.

낮은 공감능력과 물질남용은 반사회성과 상관이 있어서 높은 수준의 반사회적 성향을 가진 개인은 낮은 공감을 보인다. Smallbone(2006)이 제시한 모든 요인들은 불안정한 부모-자녀 애착관계(낮은 공감능력, 정서조절 곤란 및 강압적인 대인관계)와 관계가 있으며, 이는 또 반사회적 성향을 반영한다고 볼 수 있다. 게다가 불안정한 애착관계 및 인생 초기의 학대 경험은 일반적인 범죄 발생에도 일정 부분 기여한다(Hicks, Krueger, Iacono, McGue, & Patrick, 2004; Verona & Sachs Ericsson, 2005; Widom & White, 1997).

이러한 재개념화 과정은 고유한 요인으로 추정되는 일부 요인들이 반사회성과 소아성애에 대한 광범위한 고려를 바탕으로 설명 가능하다는 것을 의미하며, 단지 아동기 성학대 요인만이 아동 성범죄를 설명하는 포괄적인 이론에 포함될 가능성이 있다. 다음 절에서는 아동 성범죄 이론에서의 발달적 고려사항에 대해 논의하겠다.

발달적 관점

앞서 검토한 일부 이론은 발달적 관점을 포함하고 있다(Marshall & Barbaree, 1990; Marshall & Marshall, 2000; Ward & Beech, 2005). 발달적 관점은 매우 유용하다. 그 이유는 아동 · 청소년과 성인 간에는 매우 많은 차이가 있으며 연령에 따라 성범죄의 지속과 중단이 서로 다르기 때문이다(Barbaree, Hudson, & Seto, 1993 참조). 후향성 연구에서는 대략 절반의 성범죄자들이 자신의 첫 번째 성범죄를 청소년기 때 저질렀고(Abel, Mittelman, & Becker, 1985; Abel, Osborn, & Twigg, 1993; Groth, Long, & McFaddin, 1982), 절반에 달하는 청소년 성범죄자들은 12세 이하일 때 성적인 불법행위를 저질렀다(Burton, 2000; Ryan, Miyoshi, Metzner, Krugman, & Fryer, 1996; Zolondek, Abel, Northey, & Jordan, 2001). 그러나 전향성 연구에서는 단지 소수의 청소년 성범죄자들이 5년 동안 새로운 성범죄를 저질렀다(Caldwell, 2002 참조). 또한 생애 후기까지 성범죄를 지속적으로 범하는 성적 행동 문제를 가진 아동의 비율이 비교적 적었다. Carpentier, Silovsky,

그리고 Chaffin(2006)은 성적인 행동문제를 가진 아동 집단의 2%가 성범죄를 저지른다고 보고하였다. 이러한 내용을 종합해 볼 때, 성적인 행동문제를 가진 많은 아동과 청소년 성범죄자들은 비록 비성적 문제행동을 하거나 비성적인 범죄를 저지를지라도 성범죄를 중단했음을 알 수 있다. 아동의 성적인 행동문제는 자신들이 경험한 성학대에 대한 반응일 수 있으며, 성적 조숙이나 정상적 발달과정에서 일시적으로 나타나는 성적인 놀이를 의미할 수도 있다. 많은 청소년 성범죄는 상황적 요인에 의해 일시적으로 나타나는 행동일 수 있다. 하지만 아동 또는 청소년으로서 성적 행동문제를 가진 몇몇 집단은 성인이 되어서도 성범죄를 지속하는 경향이 있다.

필자와 동료들은 청소년 범죄에 대한 다양한 연구결과를 통합하기 위해 Moffitt(1993)이 제시한 영향력 있는 분류법에 기초하여 성범죄의 발달적 이론을 제시했다(Lalumière et al., 2005; Quinsey, Skilling, Lalumière, & Craig, 2004; Seto & Barbaree, 1997; Seto & Lalumière, 2005). 초기 Moffitt의 발달적 분류법에서는 인생의 전과정 동안 범죄를 지속하는 범죄자(평생 지속적)와 청소년기에 국한된 범죄자(청소년기 제한형) 집단을 구별하였다. 그녀는 평생 범죄를 저지르는 집단의 경우 반사회적 행동에 차별화된 원인이 있고 다른 발달경로를 보인다고 주장하였다. 평생 범죄를 지속하는 집단은 청소년기에 국한하여 범죄를 저지르는 집단에 비해 신경심리학적 문제나 불안정한 가정문제, 신체적 학대와 방임 등과 같은 인생 초기 역기능적인 경험 등의 문제를 더 많이 겪은 것으로 보고되었다. 이러한 인생 초기 역기능적인 경험은 지속적인 반사회적 행동의 발현 가능성을 증가시키는 환경적 영향을 나타내거나 지속적인 반사회적 행동을 하게 되는 유전적 기질의 발현을 촉진시킬 수 있다(반사회적인 부모들은 종종 불안정한 가정 환경을 형성하며 자녀를 학대하거나 방임하는 경향이 더 많기 때문). 신경심리학적 문제나 인생 초기의 역기능적 경험(또는 기질)은 반사회적 행동을 중단하고 친사회적 행동을 하는 것을 어렵게 만든다. 예를 들어, 인생 초기의 학업 실패는 추후의 교육 및 고용 기회를 제한하는 요인이 될 수 있으며, 범죄 행위로 구속될 경우 학교 교육, 고용, 가족 및 친구관계에 악영향을 미친다. 평생 범죄를 지속하는 범죄자의 경우 품행문제가 보다 어린 나이에 나타나고(조발비행), 반사회적 행동문제가 지배적이며 성인이 되어서도 범죄 행동을 지속하는 경향을 보인다.

이와 반대로 청소년기 제한형은 평생 지속형에 비해 그 비율이 훨씬 높으며 행동문제를 어린 나이에 보이지 않고 범행이 상황적이고 일시적이며, 이 집단에 속한 청소년들은 성인기에 접어들면서 범행을 중단한다. 청소년기 제한형 집단은 평생 지속형 집단과 위험성이 서로 다르다. 청소년기 제한형 집단에 속한 청소년은 평생 지속형 집단에 속한 청소년을 잠시 따라하는 흉내쟁이(mimic)로 간주된다. Moffitt(1993)은 청소년기 제한형에 속한 청소년은 '성숙 격차'가 없어지면 범죄를 저지르지 않으며 사회적 지위(돈을 벌기 위한 취업, 가족으로부터 독립 및 성관계 시작)를 획득하기 위해 친사회적인 행동을 하게 된다고 보았다. 평생 지속형과 청소년기 제한형 집단 간의 장기적 결과에 대한 또 다른 발달경로가 존재한다는 제안이 있으나(Laub & Sampon, 2003), 후속 추적 연구를 통해 두 집단의 서로 다른 발달경로가 뒷받침되었다(Moffitt, Caspi, Harrington, & Milne, 2002; Raskin White, Bates & Buyske, 2001).

Moffitt의 분류에 대한 최근의 다른 주장은 두 집단이 아니라 뚜렷하게 구분되는 세 집단이 존재한다는 것이다(Quinsey et al., 2004). 필자의 동료들은 평생 지속형 집단을 두 개의 집단으로 다시 세분하였다. 첫 집단은 Moffitt이 제안한 것처럼(1993) 신경심리학적 취약성 및 인생 초기의 역기능적 경험이라는 특성을 가지고 있다. 두 번째 집단 또한 성인이 되어서도 평생 범죄를 지속하지만 신경심리학적 취약성은 보이지 않는다. 이처럼 신경심리학적 취약성이 보이지 않는 범죄자는 사이코패스 집단으로 분류된다(Lalumière, Harris, & Rice, 2001). 이렇게 서로 다른 발달경로를 제안한 것은 또 다른 근거에 기초한 것이다(Quinsey, 2002; Quinsey et al., 2004 참조; 부록 4.1 참조).

이러한 발달적 분류를 아동 성범죄자에게 적용한다면 평생 지속형 범죄자들은 아동 성범죄자 중에 아주 적은 수에 해당될 것이다. 또한 사이코패스 범죄자와 신경심리학적인 문제가 없는 범죄자 집단 간에도 차이가 있을 것이다. 사이코패스 범죄자는 비사이코패스 범죄자에 비해 사춘기 이후의 소녀나 사춘기 소녀를 잠재적 피해자로 선택할 가능성이 더 크다. 두 가지 유형의 평생 지속형 범죄자 집단은 청소년기 제한형 성범죄자 집단에 비해 비성적 또는 성범죄 재범을 저지를 가능성이 크다. 청소년기 제한형 성범죄자들은 자신과 비슷한 나이의 동료들과의 사회적 경쟁에 필요한 지위나 자원을 갖고 있지 못할 가능성이 크다. 이들 중 일부는 또래 동료들로부터 인기를 얻기 위해 절도를 하고, 약물사용 및 싸움과 같은 불량행위를 저지른다. 이들 중 일부는 또래 동료들과의 관계를 형성하고 지속하기 위한 수단과 기회를 갖고 있지 않기 때문에 성적 욕구를 표출할 다른 통로를 찾고자 어린 아동에게 관심을 돌린다. 하지만 이러한 이들의 행동은 소아성애자가 아닌 경우에는 일시적이며 상황에 따른 것으로 그 행동에 일관성이 없다.

일부 평생 지속형 범죄자와 청소년기 제한형 범죄자들은 소아성애자이며 잠재적 성범죄 피해자로 사춘기전 아동을 찾을 것이며, 집요하게 아동과의 성적 접촉을 시도할 것이고 여자 아동보다 남자 아동을 범행 대상으로 선택할 가능성이 크다(제2장 참조). 사이코패스 범죄자들은 소아성애 성향이 적을 것이며 나이가 좀 더 많은 소녀를 범행 대상으로 선택한다(Harris, 2004). 상대적인 재범 가능성은 범죄자의 반사회성 정도에 달려 있는 반면, 성범죄의 재범 가능성은 반사회성과 소아성애 성향이라는 두 가지 요인에 달려 있다(Hanson & Bussière, 1998; Hanson & Morton-Bourgon, 2005; 제7장 참조).

이러한 아동 성범죄자에 대한 발달이론은 이 장의 앞부분에서 검토한 이론들과 유사하다. 아동 성범죄는 소아성애 성향 및 반사회성이라는 두 가지 요인을 통해 설명이 가능하기 때문이다. 반사회적 성향은 Finkelhor(1984)의 탈억제 요인, Marshall과 Barbaree(1990)의 자기조절 문제, Hall과 Hirschman(1992)의 성격문제, Ward와 Siegert(2002)의 정서조절 곤란문제에서 설명하고 있다. 그러나 이러한 발달이론들은 반사회성 및 소아성애 성향이라는 두 가지 요인에 초점을 두는지 여부, 발달 궤적 간의 차이를 두는지 여부, 범죄를 설명하는 중요한 변수인 사이코패스 성향을 통합하는지 여부에 따라 차이가 있다(그림 4.1 참조). 그림 4.1에서 볼 수 있듯이 반사회성에는 두 가지 원인이 있다. 하나는 신경발달적 문제와 인생 초기의 역기능적인 환경으로 인해 발생하며(Moffitt의 평생 지속형 경로), 또 다른 유형은 사이코패스로 발현된다. 제5장에서 논의하겠지만 소아성애는 신경발달 문제와 성학대 경험과 관련이 있다. 이 두 가지 원인으로 인해 잠재적으로 취약한 아동에게 접근, 중독 및 성적 불만족(현재의 관계에 대한 불만족 또는 관계를

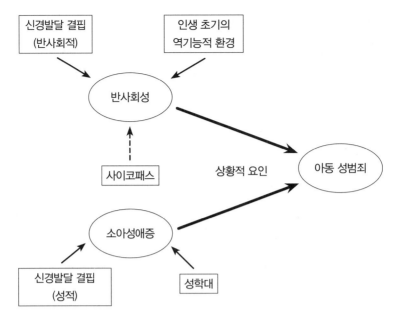

| **그림 4.1.** | 아동에 대한 지속적인 성범죄에 대한 발달이론. 일반적인 반사회적 성향에 대한 두 가지의 대안 경로를 확인할 수 있다. 신경발달 문제 및 인생 초기의 역기능적 환경이라는 특징을 가진 평생 지속형 범죄자 경로와 병인적 문제를 보이지 않는 사이코패스 경로이다.

가지고 있지 않은 것에 대한 불만족)과 같은 상황적 요인이 결합되어 아동 성범죄 가능성을 증가시킨다. Moffitt의 분류법이 여자 청소년 범죄를 타당하게 설명한다면 여성의 성범죄를 설명하는 것에도 도움이 될 것이다.

아동의 취약성

아동 성범죄를 설명하는 포괄적인 이론에서 아동의 취약성을 고려할 필요가 있다. 아동 모두가 성범죄 피해자가 될 수 있는 가능성이 있으며, 일부 아동들은 다른 아동들보다 성범죄에 더 취약하다. 제6장에서 논의했듯이 많은 남성들은 자신이 범행을 저지르는 피해아동과 사회적 혹은 유전적으로 관련되어 있다. 위험을 증가시키는 요인으로는 부모의 별거 또는 이혼이 포함된다. 의붓아버지들은 유전적 친족 아버지보다 아동에게 상대적으로 더 위험할 수 있다(Daly & Wilson, 1998). 또한 신체적 학대 또는 방임을 경험하는 것도 위험 요인에 포함되는데, 이는 아동들이 잘 알지 못하거나 성인 남성의 관심에 더 민감하게 반응하기 때문이다(Frenzel & Lang, 1989). 성학대 및 비성적 학대는 가족 내에서 동시에 일어나는 경향이 있으며, 또 비소아성애 남성에게 아동의 성적 매력을 증가시키는 이른 사춘기도 아동 성범죄 발생 위험을 증가시키는 요인에 포함된다(Smith, 1994). 아동의 취약성 및 소아성애와 비소아성애 남성이 가장 많은 관심을 보이는 아동의 특성에 관한 정보를 제공하는 것은 2차적 예방 차원에서 중요하다.

결론

아동 성범죄는 반사회성으로 일부 설명 가능하다. 많은 아동 성범죄자들은 비성적 범죄 및 비성적 반사회적 행동 전력이 있으며 재범 예측에 있어 반사회성은 중요한 변인이다. 아동 성범죄에 대한 이론도 발달 범죄학을 기초로 형성된 내용을 참고함으로써 많은 도움을 얻을 수 있다. 여기에는 발달경로 간의 중요한 차이점과 경로 간 서로 다른 병인 및 예측이 포함된다.

이론적인 내용과 더불어 아동 성범죄를 설명해 주는 반사회성 변인은 위험성 평가와 재범 억제를 위한 개입방안 수립에 실제적으로 중요하다. 제7~8장에서 논의하겠지만 반사회성 변인은 성범죄자 위험성 평가에 있어 중요한 요인이며, 특정 유형의 치료가 반사회적 성향에 영향을 미칠 수 있고 이로 인해 재범 가능성을 줄일 수 있다는 증거도 있다.

아동 성범죄를 설명하는 데 도움이 될 많은 고유한 요인들이 확인되었다. 사회적 유능감, 일반적이고 정상적인 성경험, 아동기 성학대가 여기에 포함된다. 소아성애자는 아동 성범죄자와 다른 남성들과 분명한 차이를 보인다. 사회적 유능성과 일반적이고 정상적인 성관계 경험에 있어 아동 성범죄자와 다른 범죄자 집단 간의 차이는 소아성애 요인으로 설명 가능하다. 소아성애자들은 다른 성인들과 상호작용하는 데 어려움을 보일 수 있으나 아동들과의 관계에서는 그렇지 않을 수 있다. 이와 유사하게 소아성애자들은 성인에게 성적인 관심이 없고 아동들을 선호하기 때문에 일반적이고 정상적인 성경험이 부족할 수 있다.

사이코패스 및 아동 성범죄

사이코패스는 반사회성, 냉담하고 변화무쌍한 생활양식을 보인다(Cleckley, 1976; Hare, 2003). 사이코패스 고유의 특성에는 뛰어난 입담, 불성실성, 냉담성, 충동성, 자극 추구적 성향, 무책임성, 다양한 반사회적 행동의 지속이 포함된다. 사이코패스는 자연적 계층에 따라 분류 가능하다는 증거가 있다(Harris, Rice, & Quinsey, 1994; Skiling, Quinsey, & Craig, 2001). 따라서 Hare의 사이코패스 체크리스트-개정판(PCL-R)과 같은 사이코패스 평가도구에서 높은 점수를 받는 것은 사이코패스의 정도를 표현해 주기보다 어떤 사람이 사이코패스인지에 대한 확률을 나타낸다. 그러나 최근의 수리분류학적 연구에서는 이러한 초기의 연구결과에 대해 확증해 주지 못하였다(Abarmowitz, 2005; Eden, Marcus, Lilienfeld, & Poythress, 2006).

아동 성범죄자를 이해할 때 사이코패스는 중요하게 고려해야 할 요인이다. 왜냐하면 사이코패스는 재범뿐만 아니라 수용시설 내 문제행동, 가석방의 결정 또는 보호관찰 준수사항 위반 및 치료의 순응도와 같은 실무적인 사항들과 밀접하게 관련되기 때문이다(보다 자세한 사항은 Patrick, 2006 참조). 성인 남성 범죄자의 사이코패스는 많이 알려져 있지만 여성 범죄자, 청소년 범죄자 및 일반 정신질환자 중에서도 사이코패스를 발견할 수 있다.

사이코패스는 성적 행동과 연관되어 있다. 사이코패스 평가에서 높은 점수를 받은 남성들은 새로운 성관계 파트너, 우연히 만난 사람과의 성행위에 강한 흥미를 보이며 짧은 기간 동안 성적 관계를 유지하는 경향이 있다. 사실, PCL-R에 포함된 두 가지 항목은 성적 과거력에 관한 것이다('단기간의 부부관계를 유지한 횟수' 및 '문란한 성행동'). 최근의 연구에서는 사이코패스의 특징이 인생 초기의 강압적 성행동 경험과 관련되어 있다고 제안하였다(Harris, Rice, Hilton, Lalumière, & Quinsey, 2007). 이와 더불어 남성 사이코패스는 사이코패스가 아닌 사람보다 우발적으로 (어린 아동보다는) 나이가 좀 더 많은 소녀와 성적 접촉을 할 가능성이 더 크다. Harris와 동료들(2007)은 사이코패스 성범죄자들이 사이코패스가 아닌 성범죄자들에 비해 매우 어린 아동이나 남자아이와 성적 접촉을 할 가능성이 낮다는 사실을 발견했다.

필자의 동료들과 다른 연구자들은 사이코패스는 다음과 같은 삶의 전략을 구사한다고 주장한다. 즉, 사이코패스(게임이론의 언어로는 이탈자인데 이는 다른 삶의 전략을 비교하기 위해 진화론적 이론가들이 사용함)는 잘 드러나지 않아 탐지가 어렵고, 매우 높은 이동 성향을 보이며(거주의 불안정성), 대다수의 협조적인 사람들을 능숙하게 다룰 수 있다(Harpending & Sobus, 1987; Mealey, 1985). 이러한 관점에서 사이코패스는 유전적으로 다른 범죄자들을 포함해 일반적인 개인과도 구별된다. 사이코패스를 장애로 보는 전통적인 개념과 달리 이러한 사이코패스에 대한 관점에서 사이코패스는 장애가 아니라 사실은 진화적으로 안정화된 삶의 전략일 수 있다고 제안한다. 이러한 관점을 지지하는 증거로 사이코패스는 비사이코패스 범죄자보다 지능이 높고 학습장애를 보일 가능성은 매우 작다(Harris, Rice, & Lalumière, 2001; Lalumière et al., 2001).

뛰어난 입담, 불성실성, 냉담과 같은 사이코패스의 핵심 특징이 반드시 결핍이기보다는 사이코패스가 자신들의 삶에 대한 반사회적인 접근을 수행하기 위한 적응의 일환으로 볼 수 있다는 것이다. 사이코패스에 대한 이러한 재개념화는 급진적이다. 일반적으로 사이코패스는 신경심리학적 결함 및 사회적 결핍의 결과로 다양한 영역, 특히 대인관계에서 문제를 발생시키는 주요 성격장애로 간주하기 때문이다. 사이코패스가 삶의 적응전략이 될 수 있다는 대안적 관점에는 치료에 대한 주요한 함의를 갖게 한다. 대부분의 치료 개입은 결핍을 기반으로 한 접근 방식을 취하기 때문이다(Seto & Quinsey, 2006 참조). 사이코패스가 정신장애가 아니라면 치료에서 어떤 것을 다루어야 하는가?

정신병리와 성범죄

청소년 범죄자 집단에 있어 우울증과 같은 정신건강 문제는 미래의 재범과 부적 상관을 갖는다(Katsiyannis, Zhang, Barrett, & Flaska, 2004; Vermeiren, Schwab-stone, Rucken, De Clippele, & Deboutte, 2002). 이는 정신병리가 범죄를 억제하게 만드는 보호 요인이 될 수 있음을 의미한다. 그러나 예를 들어, 우울증과 같은 정신건강 문제로 인해 정상적인 성관계에 문제가 생기고, 이에 대처하기 위한 부적응적인 행동으로 아동과의 성적 접촉을 갖게 된 경우라면 정신건강 문제가 성범죄 발생에 주요한 역할을 했다고 볼 수 있다(Cortoni & Marshall, 2001).

Leue, Borchard, 그리고 Hoyer(2004)는 성인 범죄자 55명(21명이 아동 성범죄자)을 대상으로 정신장애 발병률을 조사하였다. 조사 대상이 법정신의학적 장면에서 표집되었기 때문에 발병률이 일반 표집에 비해 높을 것이라고 예상할 수 있다. 예를 들어, 표본의 69%는 평생 불안장애에 대한 진단기준을 충족시켰으며, 56%는 기분장애 진단기준을 충족시켰다. 이러한 결과는 거주지 치료시설에 있는 범죄자 113명을 대상으로 한 Dunsieth와 동료들(2004)의 연구에서도 볼 수 있다. 이 연구에서는 표집의 58%가 기분장애 진단기준을 충족시켰으며, 23%는 불안장애 진단기준을 충족시켰다. 84명의 성도착증 범죄자의 절반은 소아성애자이며, 26명의 비성도착증 범죄자(3명의 남성은 성도착증 범죄자 또는 비성도착증 범죄자로 분류되지 않음)에 비해 기분장애, 불안장애 또는 충동조절장애가 있을 가능성이 더 컸다. Långström, Sjöstedet, 그리고 Grann(2004)은 병원의 허가를 받아 1993년에서 1997년 사이에 스웨덴의 교도소에서 석방된 모든 성인 남성 성범죄자들의 정신질환 발병률에 대해 보고했다(1,215명의 성범죄자 중 522명은 아동 성범죄자임). 아동 성범죄자 중에서 비교적 적은 수의 범죄자들이(4.8%) 정신장애를 가지고 있었으며 두 집단의 성범죄자들의 가장 일반적인 진단명은 약물남용 및 약물의존 그리고 성격장애였다. Långström과 동료들의 연구에서 나타난 상대적으로 낮은 유병률은 정신질환 진단이 병원의 허가를 토대로 나왔으며, 모든 범죄자를 진단한 것이 아니라 입원 환자에 초점을 두었다는 것으로 설명된다. 마지막으로 Raymond, Coleman, Ohlerking, Christenson 그리고 Miner(1999)는 45명의 소아성애증 성범죄자의 정신질환 진단에 대해 보고했다. 대부분은 일생의 어느 시점에서 기분장애(67%) 또는 불안장애(64%)을 겪었으며, 그 절반은(53%) 다른 성도착증 진단기준을 충족시켰다.

이러한 모든 연구에서 아동 성범죄자의 정신질환 발병률이 상당히 높다는 것을 시사한다. 이들 연구에서 제시하고 있지 않은 것은 아동 성범죄자들이 다른 범죄자들과 차이가 있는지에 관한 것이다. 동일한 진단평가와 표집방법을 사용해 직접적으로 성인 성범죄자와 다른 범죄자들을 비교하는 연구를 통해서만 정신질환이 성범죄를 설명하는 고유한 요인인지를 밝힐 수 있다. 이와 더불어 정신질환과 아동 성범죄의 동시 발병을 설명해 주고 정신질환이 아동 성범죄를 시작하기 전에 존재하였음을 밝힐 수 있는 후속 연구가 필요하다(예 : 이전의 정신건강 기록 검토).

CHAPTER 5

소아성애증의 원인

제4장에서 논의한 모든 아동 성범죄 이론은 소아성애증이 아동 성범죄를 발생시키는 주요한 요인이라고 보고 있다. 치료자와 연구자들은 소아성애증 그 자체를 설명할 수 있는 이론적 근거를 마련하기 위해 노력하고 있다. 이 장에서는 실증적으로 증명된 세 가지 원인이라 할 수 있는 조건화, 아동기 성학대 경험, 신경발달상의 문제에 대해 논의할 것이다. 제4장에서 각각의 이론들의 평가기준으로 삼은 이론의 통합력, 내적 일관성, 예언 타당도, 휴리스틱 가치, 왜곡 가능성, 간명성 등을 다시 한 번 상기할 필요가 있다. 아동기 성학대 경험에 관한 논의는 앞서 제4장에 기술된 내용을 확장한 것이다. 소아성애증이 신경발달상 문제의 결과로 발현된다는 증거는 소아성애증 남성과 소아성애가 없는 남성 간의 차이를 밝힌 신경심리학적 연구에 기초하고 있다. 먼저 필자는 조건화가 소아성애증 발현에 미치는 영향에 대한 논의를 시작할 것이다.

조건화

많은 연구자들은 자위 조건화가 소아성애증 발현에 특정한 역할을 한다고 주장한다(Laws & Marshall, 1990; McGuire, Carlisle, & Young, 1965). 대부분의 사람들은 아동기부터 다른 아동들과 성적인 경험을 갖기 시작한다. 일부 사람들은 뚜렷한 목적 없이 자기도 모르는 사이에 작고 중성적인 신체, 음모의 부재, 이차성징이 시작되지 않은 어린 신체적 특징 등을 자신의 성적 만족과 연합시킨다. 이 같은 조건화 과정을 거치면서, 어린 아동의 신체적 특성들과 오르가슴이라는 강력한 강화가 연합된다. 한편, 보통의 사람들은 아동기에 위와 같은 성적인 경험을 하게 되지만, 자신과 나이가 비슷한 사람들과의 성적인 경험을 지속적으로 유지할 뿐, 사춘기전 아동에 대한 조건화는 발전시키지 않는다. 명확한 이유는 알 수 없지만, 소아성애자들은 사춘기전 아동에 대한 조건화를 정상적인 형태로 수정하지 못해 소아성애증을 갖게 된다. 조건화 이론은 아동기 성학대 경험이나 부모와의 애착문제 등의 다른 원인으로 인해 이미 소아성애증을 가진 사람에게는 적용될 수 있겠지만, 소아성애증의 근본적인 원인을 충분하게 설명하지 못하고 있다.

Dandescu와 Wolfe(2003)는 57명의 아동 성범죄자들을 대상으로 한 연구에서, 첫 성범죄 이전에 비정상적인 성적 공상이 선행한다는 사실을 발견하였다. 그리고 이러한 성적 공상의 빈도는 첫 성범죄 이후에 더욱 증가하였다. 연구자들은 범죄자들의 약 2/3가 아동과의 첫 성적 접촉 이전부터 몇 가지 '비정상적인 성적 공상'을 갖고 있었으며, 범죄자의 81%는 성적 접촉 이후에도 이러한 공상이 계속되었다고 보고하였다. 남아와 여아 모두를 대상으로 성범죄를 저질렀던 범죄자들은 소아성애자일 확률이 더욱 높았으며(제2장 참조), 아동과의 성적 접촉 이전과 이후 모두의 경우에서 비정상적인 성적 공상을 더 많이 보고하는 경향이 있었다. 이러한 결과는 첫 성범죄 동안 경험했던 성적 흥분과 만족이 이전부터 성적 공상이 있었던 아동 성범죄자의 성적 공상의 빈도를 증가시킨다는 것을 의미한다(한편, 이전부터 성적 공상을 했다는 사실을 시인하지 않았던 일부 아동 성범죄자들은 아동에 대한 비정상적인 성적 공상 이전에 아동에 대한 성적 흥분과 만족이 선행했을 수 있다).

결과 해석에 모호한 측면이 있지만 중성 자극과 성적 만족을 연합하여 인간의 성적 흥분을 증가시킬 수 있다는 증거가 존재한다. Rachman(1966), Rachman과 Hodgson(1968)은 일반인 연구 참가자를 대상으로 조건화 실험을 실시하였다. 실험결과 연구 참가자들이 중성 자극인 장화 그림에 대해 성적 흥분이 증가된 것을 보고하였다. 이 연구들은 실험 설계에 통제집단을 두지 않았다. Lalumière와 Quinsey(1998)는 10명의 비범죄자 남성에게 보통 수준으로 매력적이고, 부분적으로 노출된 성인 여성 사진 슬라이드 11장과 매우 관능적으로 이성과 성관계를 하는 비디오를 함께 제시하였다. 그리고 다른 10명의 집단에게는 11장의 슬라이드만을 노출시켰다. 첫 번째 집단의 남성들은 슬라이드에 대해 10%의 성적 흥분을 나타낸 반면, 두 번째 집단의 남성들은 성적 흥분이 11% 감소하였다. 연구자들은 성적 흥분의 감소를 조건화의 영향으로 해석하였다. Plaud와 Martini(1999)는 9명의 일반인을 대상으로 한 조건화 연구에서 일관되지 않은 결과를 보고한 반면, Hoffmann, Janssen과 Turner(2004)의 비범죄자 남성을 대상으로 한 연구에서는 성적 흥분이 유의하게 조건 형성되었다는 결과를 보고하였다.

변태성욕자와 성범죄자들의 치료에 조건화 기법을 사용한 연구 문헌이 존재한다. 그러나 조건화가 성적 흥분에 영향을 미칠 수는 있지만, 소아성애증이 조건화의 결과로 발현되는지는 불명확하다. 아동에 대한 성적 흥분을 감소시키기 위해 혐오 조건화(aversive conditioning procedure)가 사용되기도 하며, 이와 동시에 성인에 대한 적절한 성적 흥분을 증가시키기 위해 자위 재조건화(masturbatory reconditioning procedure)를 치료에 적용하기도 한다. 혐오 조건화에서는 약한 전기 자극이나 암모니아와 같은 불쾌한 냄새의 혐오 자극을 아동과의 성행동 자극과 짝을 지어 반복적으로 제시하게 된다. 혐오 조건화의 변형된 형태인 내재적 민감화(covert sensitization)에서는 아동과의 성행위 장면을 상상하게 하고 혐오 자극으로 자신의 부적절한 성행위가 가족이나 친구에게 발각되는 장면을 상상하게 한다. 자위 재조건화는 성적 흥분을 내담자의 나이에 맞는 적절한 성인과의 성관계와 연합시키는 것이다. 구체적으로 이 기법의 절차는 내담자에게 아동을 상상하면서 성적 오르가슴을 유도시키고, 오르가슴에 도달하기 바로 직전에 자신에게 적절한 성관계 파트너와의 성관계를 상상하도록 하는 주제변환 기법을 사용한다.

또 다른 연구자들도 조건화 기법이 성적 흥분의 수정에 미치는 영향을 언급하였다(예 : Barbaree, Bogart, & Seto, 1995 ; Barbaree & Seto, 1997). 이상의 연구문헌들을 종합해 볼 때, 조건화 기법이 소아성애자의 일탈적 성적 흥분을 상당 부분 감소시킴을 알 수 있다. 그러나 이러한 일탈적 성적 흥분의 수정이 얼마나 오랫동안 유지되고, 그리고 정말 이 기법이 소아성애증이라는 일탈적 성적 흥분을 실질적으로 변화시킨 것인지, 아니면 내담자의 자발적인 통제 노력에 의한 것인지는 아직까지 명확하지 않다(Lalumière, & Earls, 1992; Mahoney & Strassberg, 1991).

이상의 연구들을 볼 때 조건화가 소아성애증 발현을 완전하게 설명하지 못한다는 것을 알 수 있다. 성도착증 환자를 대상으로 자신이 선호하지 않는 자극에 대해 정상적인 성적 흥분을 높이기 위한 실험적인 치료에서 만족스러운 치료 효과를 얻을 수 없었다. 그뿐만 아니라 얼마나 오랫동안 조건화된 성적 흥분 반응(예 : 혐오 조건화를 통한 아동 자극에 대한 성적 흥분의 억제)이 유지될 수 있는지도 여전히 불명확하다. 소아성애증에 대한 조건화 이론의 또 다른 문제가 존재한다. 비록 조건 형성은 논리적으로 확실하게 검증된 이론이지만, 왜 조건화의 효과가 일부 소수의 사람들에게만 나타나는지에 대해서는 설명하지 못한다. 실증적 자료에 근거할 때, 소아성애자들이 어린 시절에 다른 아동들과 성적 경험을 하였다는 뚜렷한 증거가 없다. 또 일부 소수의 소아성애자들은 어린 시절 아동들과의 성적 접촉이 있기 전부터 아동에 대한 성적 관심이 있었음을 회고하였다(Dandescu & Wolfe, 2003; Freund & Kuban, 1993b). Dandescu와 Wolfe(2003)가 제시한 바와 같이, 만약 조건화가 일부 사람들에서만 소아성애증 발현에 영향을 미친다면 조건화는 다른 요소들과 상호작용한다는 것을 의미한다. 따라서 필자는 뒤이어 소아성애증 발현의 또 다른 요인이라 할 수 있는 아동기 성학대 경험과 신경발달상의 문제에 대해 논의할 것이다.

아동기 성학대 경험

필자는 아동기 성학대 경험과 아동 성범죄 간의 관련성을 제4장에서 검토하였다. 아동기 성학대 경험이 소아성애증을 더욱 강화시킬 수 있다는 연구들이 있다. 아동기 성학대 경험을 보고했던 성범죄자 중 일부는 성인보다 아동에게 더 많은 성적 흥분을 느낀다는 것을 시인하는 경향이 있다(Fedroff & Pinkus, 1996; Freund, Watson, & Diceky, 1991). 또한 성학대를 경험한 청소년 성범죄자들은 그렇지 않은 이들에 비해 음경체적변동 검사에서 아동 자극에 대해 상대적으로 더 큰 성적 흥분을 보였다(Becker, Hunter, Stein, & Kaplan, 1989; Becker, Kaplan, & Tenke, 1992; Hunter & Becker, 1994). 또, 남자 아동을 대상으로 성범죄를 저지른 청소년과 성인 성범죄자 모두가 과거 성학대 경험과 상관을 보였다(Becker et al., 1992; Hanson & Slater, 1988; Hilliker, 1997; Kaufman, Hilliker, & Daleidin, 1996; Worling, 1995; 상반된 결과는 Aylwin, Studer, Reddon, & Clelland, 2003 참조). 아동기 성학대 경험은 다수의 아동 성범죄(Becker & Stein, 1991; Hilliker, 1997; Renshaw, 1994), 매우 어린 아동을 대상으로 한 성범죄(Kaufman et al., 1996), 성범죄의 조기 발현(earlier onset of sexual offending)과 상관이 있다(Friedrich & Luecke, 1988; Hilliker, 1997; Knight & Prentky, 1993). 제2장에서 논의한 것처럼, 이러한 성범죄자의 성과 관련된 과거력 변인은 소아성애증과 상당히 유의미한 상관을 갖고 있다.

Lee, Jackson, Pattison과 Ward(2002)는 아동기 성학대 경험과 소아성애증 간의 관련성을 보다 심도 있게 연구하였다. 이 연구에서는 64명의 성인 성범죄자와 33명의 비폭력 범죄자들을 비교하였다. 성범죄자들은 세부적으로 성도착증 하위 진단기준에 따라 소아성애증, 강간/가학증(biastophilia), 관음증, 노출증, 기타 성도착증 집단으로 분류하였다. 성도착증의 하위 집단 모두가 아동기 정서적 학대와 품행문제를 공통적으로 갖고 있었다. 이러한 아동기의 정서적 학대와 품행문제는 성도착증 집단이 비폭력 범죄자 집단보다 유의미하게 많았으며, 특히 다른 변인과 달리 아동기 성학대 경험은 소아성애증 발현에 선별적으로 영향을 미치는 위험 요인으로 밝혀졌다.

교정시설에 수용된 재소자 이외의 집단에서는 아동기 성학대 경험과 소아성애증 간의 관련성이 상당히 낮아진다. 그러나 범죄로 유죄 판결이나 기소된 전력이 있는 성범죄자를 대상으로 한 연구결과와는 대조적으로, Fromuth, Burkhart와 Jones(1991)의 연구에서는 아동과의 성적 접촉 경험이 있다고 시인한 남학생과 이러한 경험을 부인한 남학생 집단 간 성학대 경험의 차이가 없었다. 성학대를 경험한 3~7세의 남녀 아동 99명을 대상으로 한 연구(Hall, Mathews, & Pearce, 1998)에서는 성학대를 당하는 동안 성적인 흥분을 경험한 아동(62명)이 그렇지 않은 아동

(37명)에 비해 성적인 문제행동(예 : 타인이 원하지 않는 신체접촉)을 보일 가능성이 더 높은 것으로 나타났다. 이 연구에서 성학대 당시 아동의 성적인 흥분이 있었는지 여부는 면담 중 성학대 당시 성적 흥분에 의한 신체적 변화(예 : "제 고추가 이렇게 딱딱해졌어요.")를 보고했거나, 치료 중 성학대 경험을 이야기할 때 성적인 흥분(예 : 발기)을 보이는 것(또는 치료자에게 성학대 의사를 밝히거나 행동적으로 표현)을 기준으로 하였다.

성학대를 경험한 대부분의 아동들이 이후 범죄를 저지르지 않는 것을 볼 때, 성학대의 취약성에 개인차가 존재하는 것이 틀림없다. 성학대와 관련하여 한 가지 명확한 것은 그 영향이 남성에게 두드러진다는 것이다. 즉, 성범죄 피해아동의 성별은 대부분 여성이지만 아동 성범죄자 대부분은 남성이다. Salter와 동료들(2003)은 성학대 경험이 있는 224명의 소년 중 26명(12%)이 이후 성범죄를 저질렀으며, 그들이 저지른 성범죄의 대부분이 아동과 연루되었다는 것을 발견하였다. 이들 소년들을 7~19년 동안 추적연구를 하였는데, 그들이 저지른 성범죄의 대부분은 추적연구를 시작한 직후 몇 년 사이에 발생하였다. 성학대를 경험할 당시 소년들의 평균 연령은 11세였으며, 이후 소년들이 성범죄를 저지를 당시의 평균 연령은 14세였다. 성학대 경험 후 성범죄를 저지른 소년들은 부모의 관리감독의 부재와 심각한 가정 내 성폭력을 경험한 비율이 상당히 높았다. 또 이 소년들은 여성 가해자로부터 성학대를 경험한 비율이 상당히 높았다. Marshall과 Marshall(2000)은 성범죄의 또 다른 취약성 요인으로 불완전한 부모-자녀 애착문제를 제시하였다.

아동기 성학대 경험과 소아성애증 발현 간의 관련성을 밝힐 수 있는 또 다른 요인은 성학대의 유형이다. 많은 연구자들은 피해아동과 가해자 관계, 성학대 유형, 성적 문제행동과 성학대 경험 기간 등의 관련성을 제시하였다(Burton, 2003; Finkelhor, 1979; Hunter, Figueredo, Malamuth, & Becker, 2003; Knight & Prentky, 1993). Burton, Miller와 Tai Shill(2002)은 성학대 피해아동이 남녀 가해자 모두에게 성학대를 경험하고, 알고 지내던 가해자로부터 수년간 성학대를 경험하고, 성기삽입이 포함된 성학대를 경험한 경우, 이후 성범죄를 저지를 가능성이 유의미하게 높아지는 것을 발견하였다.

아동기 성학대 경험이 소아성애증 발현에 특정한 영향을 미친다는 것을 지지하는 연구들이 있다. 그렇다면 아동기 성학대가 소아성애증을 발현시키는 메커니즘은 무엇인가? 이제부터 이 주제에 대해 논의할 것이다.

학습

Burton(2003)은 아동기 성학대 경험과 이후의 아동 성범죄 간의 관련성을 설명하는 데 학습이론이 도움이 된다고 하였다. 학습이론에서는 성학대와 성학대로 유발된 성적 흥분이 조건화되고, 또 성인-아동 간의 성관계를 용인하는 태도와 믿음은 조건화를 강화시키는 매개체 역할을 하는 것으로 아동 성범죄를 설명하고 있다. 이러한 학습이론의 설명처럼, Burton은 성학대를 경험한 청소년 성범죄자는 자신이 경험한 성학대와 유사한 성범죄를 저지르는 경향이 있다는 것을 발견하였다. 다만, 학습이론이 설명하고 있지 않은 한 가지 물음은, 왜 학습의 결과로 성인이 아닌 아동과의 성행동이 유발되는가 하는 것이다.

성적 발달

아동기 성학대 경험은 소아성애증과 같은 비전형적인 성적 기호의 발현 가능성을 증가시키고, 이후 성적 발달에 전반적인 영향을 미칠 수 있다. 비록 그 기제는 불명확하지만 아동기 성학대와 비전형적인 성적 기호의 발현에 대한 몇 가지 연구가 있다. 두 연구에서 아동기 성학대를 경험한 성인 성범죄자는 다른 성인 범죄자에 비해 자위행위를 더 일찍 시작하는 것을 발견하였다(Cortoni & Marshall, 2001; Smallbone & McCabe, 2003). Brown, Cohen, Chen, Smailes, 그리고 Johnson(2004)은 일반 남녀 집단을 대상으로, 2회 이상의 아동기 성학대 경험과 사춘기 시작 연령 간의 상관을 발견하였다. 아동기 성학대를 2회 이상 경험한 집단의 평균 사춘기 시작 연령이 11세였으며(턱수염, 변성기 등으로 측정), 아동기 성학대 경험이 없는 비교집단의 평균 사춘기 시작 연령은 13세였다(이 연구결과의 또 다른 설명은 다른 아동에 비해 조숙한 아동은 소아성애증이 없는 남성에 의해 성범죄 피해자가 될 가능성이 더 높다는 것이다). 아동기 성학대는 이후의 성적 지향 형성에도 영향을 미치는 것으로 보인다. 그 예로 동성애 남성들은 자신의 이성애 형제에 비해 남성 가해자로부터 더 많은 성학대 경험을 보고하는 경향이 있다(Balsam, Rothblum, & Beauchine, 2005).

유전적 소인

아동 성학대의 상당수는 부모나 가족에 의해 발생되기 때문에, 성학대와 성범죄가 유전적 요인에 의해 나타날 가능성이 존재한다. 유전적 요인에 대한 지금까지의 연구는 소수의 사례를 대상으로 성도착증의 가족력을 조사한 것(Gaffney, Lurie, & Berlin, 1984)과 아버지의 복장도착증(transvestism)이 아들에게도 그대로 이어진 사례연구들이다(Buhrich, 1977; Krueger, 1978). Liakos(1967)는 소녀들과 성적 접촉을 했으며, 아내의 옷과 속옷을 수집하고 옷에 소변을 보고, 클로로포름으로 아내를 마취시키고 강간한 아버지와 복장도착증을 가진 청소년이 있는 한 가족의 사례를 보고하였다. 그 청소년의 형제 중 한 명은 의붓딸을 성폭행하고 이웃의 속옷(브래지어와 스타킹)을 훔친 혐의로 징역형을 살았다(그 청소년에게는 성적인 문제행동을 보이지 않은 두 명의 다른 남자 형제와 여자 형제가 있었음).

현재까지 소아성애증에 대한 행동유전학 연구가 없었지만, 성적 기호(Bailey & Pillard, 1995. 참조), 첫 성관계의 연령(Dunne et al., 1997), 어쩌다 만난 사람과의 성관계(Bailey, Kirk, Zhu, Dunne, & Martin, 2000), 지나친 자위나 아동이 있는 공공장소에서의 자위행위(Långström, Grann, & Lichtenstein, 2002) 등은 성적 행동의 유전 가능성을 시사하는 상당히 의미 있는 증거들이다. 이러한 연구들은 소아성애증과 사춘기전 아동과의 성행동에 유전적 요인이 존재함을 보여준다. 성인에게 성적인 관심이 없고, 아동에 국한된 성적 기호를 가진 폐쇄형 소아성애자는 파트너와의 성관계를 기피하기 때문에 자녀를 출산할 가능성이 낮다. 따라서 다른 성도착증과 달리 폐쇄형 소아성애증은 유전적 요인이 제한적일 수 있다. 그 대신 일반적인 남성들이 젊음을 선호하는 현상은 유전성이 있을 수 있다. 소아성애증은 젊음에 대해 극단적인 매력을 느끼거나, 젊음에 대한 끌림을 조절하는 심리적 메커니즘의 결함일 수 있다(Quinsey, 2003; Quinsey & Lalumière, 1995). 이 책의 제1장을 상기해 보면, 소아성애가 없는 일반 남성들도 여성의 젊은 신체 특징에 매력을 느낀다는 증거가 있다. 이러한 관점에서 볼 때, 소아성애자들은 매끈한 피부, 털이 없고, 동안인 얼굴 특징에 성적 매력을 느끼지만, 0.7 비율의 허리-엉덩이와 풍만한 가슴과 같은 성인의 성숙한 신체 특징에 매력을 느끼지 않는다.

한편, 아동기 성학대 경험과 성적 발달에는 유전과 환경의 상호작용이 존재할 수 있다. 이와는 대조적으로 신체적 학대는 유전과 환경의 상호작용으로 설명되지 않는다. 즉, 신체적 학대가 이후 반사회적 행동에 영향을 미칠 수 있겠지만, 유전적 취약성과 신체적 학대 간 상호작용을 의미하는 것은 아니다(Jaffee, Caspi, Moffitt, & Taylor, 2004; Jaffee et al., 2006).

신경발달적인 요인

현재 아동기 학대와 대뇌발달 간의 연관성을 밝히는 연구가 증가하는 추세이며, 이 분야의 한 연구에서는 좌우 뇌를 연결하는 뇌량에 초점을 두고 있다(예 : Teicher et al., 2004). 동물을 대상으로 한 연구에서도 인생 초기 부정적 경험이 뇌 발달에 미치는 영향을 증명하였다(예 : Sancehez, Hearn, Do, Rilling, & Herndon, 1998). 또한 대뇌발달상의 문제를 가진 아동이 신체적·성학대에 취약할 가능성이 있는 것도 사실이다. 예컨대 대뇌발달상의 문제로 인해 충동적이고 미성숙하게 행동함으로써 잠재적 가해자의 주의를 끌 가능성이 높아질 수 있다(아동의 취약성은 이 책의 제8장에서 더욱 자세히 논의됨). 심리적 외상이 될 정도의 성학대를 경험한 아동은 이후 발달과정에서 외상 경험이 없는 아동들과 다른 발달을 보일 것으로 예상된다. 신경발달상의 문제는 산모의 영양결핍, 질병, 독성물질의 노출, 유전적 기형, 출산 합병증, 아동의 질병 및 두부손상 등에 의해 발생될 수 있다.

소아성애증의 원인으로 대뇌 기형이 오랜 기간 주목 받았다. 그 예로, Krafft-Ebing(1906, 1999)은 살인을 한 소아성애자들의 뇌를 부검한 결과, "전두엽, 첫 번째와 두 번째 측두엽 주름(gyrus), 후두엽 주름 부분의 병변으로 인한 변화가 있다."라는 것을 발견했다(p.86; 이것은 4세 소녀를 성학대하고 살해한 사람의 사례임). 다른 사례연구에서는 가성 소아성애적(pseudo pedophilic) 성행동과 뇌손상의 관련성을 제시하였다(예 : Burns & Swerdlow, 2003; Casanova, Mannheim, & Kruesi, 2002). Burns와 Swerdlow(2003)에 의해 기술된 사례는 특히 흥미롭다. 이 사례에 제시된 40대의 남성은 발병 이전에는 아동에 대한 성적 관심을 가졌다는 증거가 전혀 없었으나 뇌에 종양이 생긴 후 소아성애증이 나타났다. 이 사례의 남성은 우측 안와전두엽(orbitofrontal) 영역의 종양 제거 수술을 받은 후 아동에 대한 성적 관심이 사라졌다. 안와전두엽은 행동의 억제와 관련된 영역이다. 따라서 이 사례의 남성은 아동에 대한 성적 기호를 이전부터 갖고 있었으나 행동적으로 억제하고 성공적으로 은폐하여 왔는데, 뇌종양이 생기게 되자 소아성애적 행동이 외현화된 행동으로 나타났다는 해석이 가능하다.

직간접적인 연구방법을 통해 대뇌 기능에 관한 정보를 얻을 수 있다. 간접적인 방법을 사용한 대표적인 연구들은 아동 성범죄자와 비교집단 간의 지능 및 인지 기능의 차이를 비교한 것이다. 이러한 방법론을 사용한 일부 연구에서 아동 성범죄자들이 다른 범죄자들에 비해 지능이 낮다는 것을 발견했다(A. Ellis & Brancale, 1956; Hucker et al., 1986; Langevin, Wortzman, Wright, & Handy, 1989). 반면, 신경심리검사를 사용한 다른 연구에서는 이러한 집단 간 차이를 발견하지 못하였다(예 : Hucker et al., 1986).

Ray Blanchard와 James Cantor의 연구팀과 중독 및 정신건강센터(CAMH)에 소속된 필자의 동료 연구자들은 이러한 연구 중 상당수가 표본의 크기가 작고 성범죄자와 비교집단을 잘 통제하지 않았다는 문제점을 지적하였다(Cantor, Blanchard, Robichaud, & Christensen, 2005). 이러한 문제점을 해결하기 위해 Cantor 등(2005)은 236개의 연구를 메타분석하였다. 분석결과 성인 성범죄자는 다른 남성들과 유의미한 차이를 보였는데, 특히 아동 성범죄자의 지능은 다른 유형의 범죄자보다 더 낮은 것으로 나타났다. 다른 유형의 범죄자들 역시 비(非)범죄자 비교집단에 비해 낮았지만, 아동 성범죄자의 지능이 다른 유형의 범죄자보다 더 낮은 것은 단지 범죄자라는 변인의 효과만으로는 잘 설명되지 않는다.

성범죄를 저지른 청소년들도 다른 유형의 범죄자들에 비해 상당히 낮은 지능을 보였다. Cantor와 동료들(2005)은 소아성애증과 지능 간의 상관을 발견하였다.

아동 성범죄자는 다른 성범죄자보다 지능이 더 낮았다. 또, 성범죄 피해아동의 연령과 성범죄자의 지능 간에 정적 상관이 있다는 것을 발견하였다. 다시 말해, 보다 더 어린 아동을 대상으로 성범죄를 저지른 아동 성범죄자는 좀 더 나이가 많은 아동을 대상으로 한 아동 성범죄자보다 지능이 더 낮은 경향이 있다.

CAMH의 연구팀은 지난 10년간 신경발달적 측면에서의 소아성애증 연구 프로젝트에 참여해 왔다. CAMH의 연구는 대규모 표본과 순수한 소아성애자 집단을 중심으로 진행되어 방법론적인 장점을 갖고 있다. CAMH의 연구팀은 성범죄 전력과 음경체적변동 검사의 반응을 준거로 소아성애증으로 진단받은 범죄자 집단의 지능이 비교집단보다 더 낮다는 것을 증명하였다(Cantor et al., 2004). 특히 아동 성범죄자의 지능은 12세 이하의 어린 아동의 피해자 수와 유의미한 부적 상관을 보였으며, 이와는 대조적으로 12세 이상 연령의 아동 피해자 수와는 유의한 상관을 보이지 않았다(낮은 부적 상관이 있었으나 유의하지 않았음). 이 연구결과와는 대조적으로 성관계 파트너 수는 지능과 유의미한 정적 상관을 보였다. 이 연구결과를 놓고 볼 때 성범죄자의 피해자 수와 지능 간의 관계가 단순히 전반적인 성적 행위와 지능 간의 관계로 설명되는 것이 아님을 알 수 있다. Cantor와 동료들(2004)은 지능이 아닌 언어 및 시각기억검사에서도 위와 유사한 패턴의 결과를 발견하였다. 이상의 결과들을 종합해 볼 때, CAMH의 연구결과는 소아성애자들의 지능 및 인지기능이 다른 사람들과 차이가 있다는 것을 말해 준다.

또 다른 연구로 CAMH의 연구팀은 소아성애증 성범죄자들이 13세 이후보다 13세 이전의 두부손상(뇌손상의 가능한 원인) 경험을 더 많이 보고한다는 것을 발견하였다(Blanchard et al., 2002, 2003). 13세 이후의 두부손상 보고에 차이가 없다는 것은 소아성애자들이 과거 자신의 두부손상 사건을 상기하여 보고하는 데 편향이 개입될 가능성이 낮다는 것을 의미한다. 왜냐하면 13세 이전의 두부손상 경험이든 13세 이후의 두부손상 경험이든 간에, 그 어떤 경우도 사회적으로 더 유리한 결과를 가져오는 변명이 될 수 없기 때문이다. 13세 이후의 두부손상 보고에 차이가 없다는 사실은 신경발달적 측면에서 성적 선호를 결정짓는 결정적 연령대가 있음을 암시한다. 이는 사춘기 이전과 사춘기 기간이 성적 지향의 형성에 결정적 시기라는 다른 연구결과와 그 맥을 같이한다.

소아성애증 발현에 신경발달적 요인이 영향을 미친다는 것을 증명하기 위해 지능 및 인지기능 측정이라는 간접적인 방법을 사용하였다. 그러나 여기서 한 가지 흥미로운 질문은 인지기능의 차이가 대뇌 안에서 어떻게 나타나는가이다. 연구자들은 보다 직접적인 방법으로 대뇌기능과 구조의 평가를 시도해 왔다. 특히 직접적인 대뇌 평가는 관리기능(executive function)과 관련된 전두엽과 정서처리 및 성행동 억제와 관련된 측두엽 영역에 집중되었다. 초기의 두 연구는 소아성애증을 가진 성범죄자와 비범죄자 통제집단을 대상으로 전두엽과 측두엽 부위의 뇌파를 비교한 것이다(Flor-Henry, Lang, Koles, & Frenzel, 1991; Yeudall & Fromm-Auch, 1979). Hucker와 동료들(1986)은 전산화 단층촬영(CT)을 통해 29명의 소아성애증 성범죄자와 12명의 통제집단을 비교하였다. 연구결과 소아성애증 성범죄자 집단에서 유의미한 측두엽 기형을 발견하였다. 그러나 보다 많은 표본을 사용한 다른 후속 연구에서는 동일한 결과가 나타나지 않았다(Langevin, Wortzman, Dickey, Wright, & Handy, 1988; Langevin et al., 1989). Wright, Nobrega, 그리고 Wortzman(1990)은 아동 성범죄자 30명과 성인을 대상으로 한 성범죄자 34명(총 64명)이 비성폭력 범죄자들(12명)에 비해 좌측 전두엽과 측두엽의 크기가 더 작다는 것을 발견하였다. 성범죄자의 인지기능을 측정한 다른 연구들처럼 이 연구들도 표본의 크기가 작고 연구집단을 일관되지 않게 구성하는 등의 방법론적인 문제를 갖고 있다.

대뇌 구조

CAMH의 연구팀은 자기공명이미지(MRI)와 신경심리검사를 통해 소아성애자와 다른 성범죄자 간의 대뇌 차이를 밝히는 연구를 완료하였다. 연구문헌의 검토를 통해, CAMH의 연구팀은 소아성애증 발현에 관한 세 가지 설득력 있는 가설을 세웠다. 첫 번째 가설은 아동 성범죄는 전두엽의 성행동 억제 통제의 결함으로 발생된다는 것이다(Flor-Henry et al., 1991; Graber, Hartmann, Coffman, Huey, & Golden, 1982; Stone & Thompson, 2001). 이 책의 제2장에서 범죄를 저지르지 않은 일반 남성들 역시 사춘기전 연령의 소녀에게 어느 정도 성적 흥분을 보인다는 연구결과를 제시하였다. 아마 보통의 남성들도 어린 소녀들과 성적 접촉을 할 수 있지만 대부분 금기시하는 성적 행동을 스스로 억제할 것이다. 두 번째 가설은 성행동을 조절하는 변연계와 같은 내측 측두엽의 뇌 구조물과 관련된다 (Hucker et al., 1986; Kolarsky, Freund, Machek, & Polak, 1967; Langevin et al., 1989; Langevin, Wortzman, et al., 1988). 세 번째 가설은 남성의 대뇌발달에서 남성화에 영향을 받는 성-동종이형구조(sex-dimorphic structures)와 관련된 것이다. CAMH의 연구팀은 성적으로 소아성애증은 동종이형의 뇌 구조와 높은 상관을 가지고 있으며, 성적으로 전두엽과 측두엽 영역의 차이는 동형이형의 뇌 구조에 국한될 것으로 예상하였다.

그러나 연구결과는 위 세 가지 가설 모두를 지지하지 못하였다(Cantor et al., 2006). 예상과 달리 소아성애증 범죄자들은 비소아성애 범죄자들에 비해 대뇌피질과 다른 영역의 뇌 구조물을 연결하는 신경다발(백질)이 상당히 적었으며, 이러한 특징은 상측후두 전두다발(superior occipitofrontal fasciculus)과 우측 궁상얼개(arcuate fasciculus) 두 영역에서 두드러지게 나타났다. 이 두 가지 신경로는 성적 자극을 처리하는 피질 영역과 연결되어 있는데, 소아성애자는 일반 남성과 달리 성적 단서를 정교하게 처리하지 못하는 것으로 추측된다.

신경화학

소아성애증과 신경화학물 간의 관련성에 대한 연구는 상대적으로 적은 편이다. Maes와 동료들은 8명의 소아성애자 집단과 11명의 통제집단을 비교하는 연구를 수행하였다. 이들 연구에서 소아성애자들은 통제집단에 비해 코르티솔과 프로락틴의 기저선이 낮고, 에피네프린의 기저선이 높다는 것을 발견하였다. 또 코르티솔과 에피네프린은 중앙 세로토닌계 수용체에 선택적으로 영향을 미치는 화학적 탐침(chemical probe)의 저항이 크다는 것을 확인하였다(Maes, De Vos, et al., 2001; Maes, van West, et al., 2001).

Kafka(1997, 2003)는 세로토닌이 소아성애증을 포함하는 성도착증에 일정 부분 영향을 미친다고 주장하였다. Kafka는 자신의 이러한 견해를 뒷받침하는 여러 가지 증거를 제시하였다. 첫째, 인간과 동물을 대상으로 한 연구들에서 세로토닌은 성행동 억제에 중요한 역할을 하고, 세로토닌 수준은 성행동과 상관을 갖는다

(Meston & Gorzalka, 1992 참조). 둘째, 기분장애와 성도착증이 높은 공병률을 보이는 것은 이 두 장애의 병인이 중첩됨을 의미한다. 셋째, 세로토닌 수준을 증가시키는 항우울제(예 : Prozac)와 선택적으로 세로토닌 재흡수를 차단하는 플록세틴 약물은 성욕 저하, 발기기능장애, 사정과 오르가슴의 억제 등과 같은 부작용을 유발한다. 마지막으로, Kafka는 세로토닌 수준을 증가시키는 약물을 복용한 후 성도착증적 환상, 생각, 욕구, 행동이 줄어든 사례와 소수의 표본을 대상으로 한 연구들을 제시하였다(자세한 내용의 검토를 원한다면 Gijs & Gooren, 1996, 제8장 참조). 그러나 왜 세로토닌 이상이 일반적인 성행동(또는 다수의 성인과 문란한 성관계를 갖거나 성관계 파트너와 잦은 성관계)을 증가시키는 대신 성도착증적 성행동을 유발시키는지는 명확하지 않다. 또 왜 세로토닌 이상이 다른 대상(또는 활동)이 아닌 아동을 대상으로 한 성행동을 유발하는지에 대해서도 명확한 설명이 불가능하다.

발달적 측면에서의 소아성애증

우리가 알고 있는 정상적인 성발달이론과 소아성애증 원인론을 통합할 필요가 있다. 보다 구체적으로 이성애나 동성애의 성적 지향은 사춘기가 시작되기 전에 발현된다(McClintock & Herdt, 1996). 발달상 한 개인이 이성 혹은 동성에게 성적인 관심을 가진 것을 의식적으로 인식하는 것은 이성애자나 동성애자로서의 자기정체성을 갖기 이전에 나타난다. 또 이러한 성적 관심에 대한 인식은 성행동의 경험과 성적 지향이 확립되기 전에 발달된다(Remafedi, Resnick, Blum, & Harris, 1992; Savin-Williams & Diamond, 2000). 성적 선호에 대한 대규모 설문조사를 통해, 연구자들은 나이가 좀 더 많은 청소년들과 성인의 성적 선호(예 : 첫 성관계 연령, 성관계 파트너의 수 등)에 대한 규준 자료를 축적해 왔다(예 : ACSF Investigators, 1992; Laumann, Gagnon, Michael, & Michaels, 1994). 또 연구자들은 아동과 나이가 다소 어린 청소년들의 성행동에 관한 규준 자료도 축적하고 있다(Berner et al., 2002; Friedrich, Grambsch, Broughton, Kuiper, & Beilke, 1991). 이에 비해 소아성애자의 성발달에 관한 연구는 상대적으로 부족하다. 소아성애증의 발현에 관한 연구는 아동에게 성범죄를 저지른 범죄자를 대상으로 한 후속 연구와 스스로를 소아성애자라고 인정한 사람들을 대상으로 한 사례연구가 거의 대부분이다(부록 1.3 참조).

본인이 소아성애자라는 사실을 부인하거나 아동에게 성적 관심이 있다는 것을 숨겼을 가능성을 고려할 때, 소아성애자의 성발달도 유사한 과정을 거칠 것으로 보인다. 즉, 성적 관심의 대상이 일반인과 다르지만 소아성애자도 인생 초기에 자신이 사춘기전 아동에게 성적 관심이 있다는 것을 의식적으로 인식하는 발달단계를 거친다는 것이다. Able과 동료들(1987)의 연구에서는, 가족이 아닌 남자 아동을 대상으로 성범죄를 저지른 범죄자들의 50%, 가족 외의 여자 아동을 대상으로 성범죄를 저지른 범죄자들의 40%, 근친상간범의 25%가 18세가 되기 이전에 아동에 대한 성적 기호가 있었다는 사실을 시인했다. 아동을 대상으로 성범죄를 저지른 129명의 성범죄자를 대상으로 한 연구(Marshall, Barbaree & Eccles, 1991)에서도 유사한 연구결과를 보였는데, 이 연구에서는 가족이 아닌 남자 아동을 대상으로 성범죄를 저지른 범죄자의 41%, 가족 외의 여자 아동을 대상으로 성범죄를 저지른 범죄자의 35%, 그리고 근친상간범의 10%가 20세가 되기 이전에 일탈적 성적 공상들을 갖게 되었다고 보고하였다. 음경체적변동 검사에서 보다 비정상적인 반응을 보인 피검자의 경우 공상이 시작된 연령, 첫 범죄를 저지른 연령, 행동과 연관된 공상의 시간적 우선성(temporal precedence) 등에 있어서 그렇지 않은 집단 간 차이가 없었다. 그러나 비교집단보다 자위행위의 빈도와 피해자 수가 더 많았고, 성도착증 행동에 연루될 가능성이 더 높았다. 약 25%의 성범죄자들이 첫 성범죄 발생 이전에 성적 공상이 시작되었다고 시인하였다. 한편, 이 연구에서 일부 범죄자들은 자신의 소아성애적 성적 공상의 발현 사실을 숨겼을 수 있다. 이 장의 앞부분에서 언급하였듯이, Dandescu와 Wolfe(2003)의 연구에서는 아동 성범죄자 집단의 2/3가 첫 범죄를 저지르기 전에 비정상적인 성적 공상을 했다는 사실을 보고했다. 제3장에서 언급한 Bernard(1985)의 연구에서는 성범죄자의 1/4이 15세 이전에 본인 스스로가 소아성애증이라는 것을 인식했고, Li(1991)의 표본에서는 27명의 소아성애자가 자신의 소아성애증은 선천적으로 타고난 것으로 여기고 있었다. 마지막으로, Freund와 Kuban(1993b)은 소아성애증을 시인한 76명의 아동 성범죄자들이 소아성애증인 것을 인식하게 된 첫 번째 계기는 청소년 초기 때 자신이 아동 누드에 관심이 있다는 것을 알았을 때라고 보고했다.

Freund와 Kuban(1993b)은 78명의 남학생을 대상으로 설문조사를 실시한 결과, 아동 성범죄자들과 마찬가지로 연구에 참여한 학생의 상당수가 본인이 아동일 때 다른 아동의 누드에 호기심을 느꼈던 기억이 있음을 발견했다. 그러나 대부분의 학생들은 사춘기에 접어들 즈음에 그러한 호기심이 사라져 버렸다고 보고했다. 이러한 연구결과를 볼 때 어린 아동일 때에는 소아성애자와 비소아성애자 모두가 다른 아동의 나체를 보고 싶어 하는 호기심을 공통적으로 가지고 있지만, 소아성애자들은 이 단계에 고착되어 사춘기에 접어들어도 사춘기 이후 연령의 사람에 대한 성적 관심을 발전시키지 않을 가능성이 있다. 그러나 이러한 발달적 측면의 변화를 설명할 수 있는 기제는 아직 알려지지 않았다. 대부분의 성인 남성에게서 성인 여성에 대한 선호 표현이 사춘기 전까지는 잠재되어 있기 때문인지, 또는 다른 범죄의 대상에 대한 흥미를 억제하는 기제의 발달 때문인지, 사회학습의 과정 때문인지 잘 알려져 있지 않다. 여기에 관련된 기제가 무엇이든지 간에, 부신피질기능항진(생식선의 사춘기적 변화 이전에 아드레날린 분비샘 활동이 증가되는 기간, 이후 어린 소년은 안드로겐이 증가되고 보다 남성다워짐)과 사춘기는 성적 관심을 갖게 만드는 매우 중요한 발달적 사건으로 볼 수 있다(Herdt & McClintock, 2000; on the timing of an awareness of foot or shoe fetishism, Weinbberg, Williams, & Calhan, 1995 참조).

후속 연구 방향

이 장에서 밝힌 것처럼 소아성애증의 원인에 대해 아직 밝혀지지 않은 의문이 많다. 그럼에도 불구하고 소아성애증의 잠재적 원인에 대한 연구가 상당히 진전된 상태이다. 특히 아동기 성학대와 아동 성범죄 간의 관련성, 그리고 아동기 성학대와 소아성애증 간의 관련성에 관한 연구는 후속 연구 방향을 제시하고 있다. 아동을 대상으로 성범죄를 저지른 청소년 및 성인 성범죄자들 사이에 명확한 연관성이 확인되었으나, 그 관련성을 명확하게 설명할 수 있는 근본적인 기제는 아직까지 밝혀지지 않았다(Lalumière, Seto, & Jespersen, 2006; Seto & Lalumière, 2005). 아동 성범죄를 예방하기 위한 노력 중 하나로 아동기 성학대 경험의 영향을 인과론적으로 설명할 수 있는 더 많은 연구가 필요하다.[1] 그러한 관련성이 학습, 성발달의 효과, 또는 신경발달적 측면에서 설명되든 그렇지 않든 간에, 만약 연구에서 도출된 증거들이 유효하다면, 아동기 성학대 예방을 위한 현재의 노력은 즉각적인 효과(예방 프로그램에 참여한 아동에 대한 성범죄 예방과 가능성의 차단)와 미래적 효과(잠재적 위험군에 속한 아동들이 성장하였을 때 나타날 수 있는 미래 성범죄의 예방) 모두를 얻을 수 있게 할 것이다.

신경발달적 측면에서 소아성애증을 연구하는 것은 비전형적인 성적 발달의 경로를 이해하는 데도 도움을 줄 수 있는 유망한 연구 분야이다. 소아성애증과 관련된 대뇌 구조를 밝히는 연구는 일반인의 성적 선호를 이해하는 데도 많은 도움을 줄 것이다. 이후에 논의하겠지만 소아성애증 외의 다른 성적 선호에 관한 신경발달적 연구는 소아성애증의 원인을 보다 명확하게 규명하는 데 기여할 것이다.

성도착증의 공병

성도착증 환자는 다른 변태성욕적인 행동을 동시에 보일 가능성이 크다. 따라서 성도착증의 하위 유형인 소아성애자는 일반 남성보다 또 다른 유형의 성도착증 행동을 나타낼 가능성이 크다. 이에 대한 예로 일부 소아성애자들은 노출증(12~13%) 또는 관음증(11~36%)을 함께 보인다(Abel, Becker, Cunningham-Rathner, Mittelman, & Rouleaum, 1988; Bradford, Boulet, & Pawlak, 1992; Freund, Seto, & Kuban, 1997; Långström & Seto, 2006; Marshall et al., 1991; Smallbone & Wortley, 2004 참조). 특히 위험한 집단은 소아성애증과 가학증을 동시에 보이는 사람들이다. 이들은 아동 성범죄를 저지르면서 피해아동에게 신체적인 상해를 입힐 가능성이 크다(Chaplin, Rice, & Harris, 1995).

소아성애증과 함께 나타나는 공병질환은 소아성애증의 원인을 이해하는 데 도

---

1 그러한 증거는 성학대를 경험한 아동들이 이후 아동 성범죄를 하게 만드는 다른 요인들(예 : 성학대가 일어나기 전 품행문제 개인력)을 통제한 후 다변량분석을 사용한 연구들로부터 도출되어야 할 것이다. 아동들을 성학대 조건 또는 통제 조건에 무작위로 할당하는 실험연구는 성학대의 인과론적 영향을 가장 강력하게 설명할 수 있겠지만 윤리적이지 못하다.

움이 될 수 있다. 왜냐하면 하나의 성도착증 발현 가능성을 높이는 요인은 또 다른 유형의 성도착증 발현에도 영향을 미칠 수 있기 때문이다. 예컨대 소아성애증이 아닌 다른 유형의 성도착증을 가진 남성 역시 신경발달적 측면에서 일반 남성과 다를 수 있다. 신경발달상 문제의 발생 시점, 구체적인 대뇌 영역, 신경발달상의 문제를 야기한 원인들은 특정 유형의 성도착증 발현에 영향을 미칠 수 있다. 만약 이러한 추론이 맞는다면 성도착증에 관한 신경발달적 연구는 소아성애증의 발현뿐만 아니라 일반적인 남성의 성적 선호에 대한 전반적인 발달경로를 이해하는 데도 많은 도움을 줄 것이다.

동성애에 관한 연구

동성애의 생물학적 연관성에 대한 연구는 소아성애증 연구와 관련하여 몇 가지 방향을 제시해 준다. 한 개인이 성적으로 선호하는 성별(이성/동성)에 영향을 미치는 요인은 선호하는 연령(아동/성인)에도 영향을 줄 수 있다(Quinsey, 2003 참조). 동성애에 대한 연구문헌의 검토를 통해 지금까지 확인된 잠재적 요인들은 호르몬, 태아기 스트레스 및 발달상의 문제, 유전적 영향 등이다(Mustanski, Chivers, & Bailey, 2002 참조). 동성애자의 손잡이 비율에 대한 연구는 동성애의 생물학적 관련성을 지지하는 연구의 한 예다. 최근 20편의 연구를 메타분석한 연구에서 동성애자들은 이성애자에 비해 왼손잡이(양손잡이 포함)의 비율이 높은 것으로 나타났다(39%). 이러한 결과는 성적 선호에 인과적 기제로 손잡이가 영향을 미칠 수 있음을 시사한다(Lalumière, Blanchard, & Zucker, 2000). 이 같은 손잡이 비율의 차이는 다운증후군(Vlachos & Karapetsas, 1999), 뇌전증(Lewin, Kohen, & Mathew, 1993), 난독증(Eglinton & Annett, 1994) 등의 다양한 장애에서 일반적으로 나타난다. 일반적으로 사람들은 오른손을 우세손으로 사용한다. 따라서 왼손잡이는 출생 전 신경발달상의 문제를 간접적으로 알 수 있게 하는 유용한 지표가 된다.

CAMH의 연구팀이 제안한 것처럼, 만약 소아성애증이 신경발달상의 장애라면 소아성애자들은 일반인에 비해 왼손잡이 비율이 높을 것이라는 예상이 가능하다. 킨제이 성연구소의 자료분석 결과는 이러한 가설을 지지한다. 자료분석 결과, 아동 성범죄자 집단은 비범죄 통제집단에 비해 왼손잡이 비율이 더 많은 것으로 나타났다(Bogaert, 2001). 이 가설을 지지하는 보다 직접적인 증거가 Cantor와 동료들(2004)의 연구를 통해 제시되었다. Cantor와 동료들(2004)은 왼손잡이는 사춘기전 아동에 대한 성적 흥분과 상관을 갖는 반면, 사춘기 청소년이나 성인에 대한 성적 흥분과는 상관이 없음을 발견하였다. 또 왼손잡이는 성범죄자의 범죄력에서 아동 피해자 수와 유의미한 상관이 있었으나 청소년 및 성인 피해자 수, 성인 성관계 파트너 수와는 상관이 없었다(Cantor et al., 2005).

CAMH의 형제 출생순위 효과 연구와 동성애 관련 연구들은 소아성애증의 근원을 이해하는 데 기여하고 있다(형제 출생순위 효과에 대한 보다 자세한 내용은 Blanchard, 1997, 2004 참조). Blanchard 등의 연구자들은 남성 동성애자는 남성 이성애자에 비해 형의 수가 더 많으나 형을 제외한 다른 형제자매(남동생, 여동생, 누나) 수는 차이가 없음을 발견하였다. 여성의 경우에는 형제 출생순위 효과가 없었다. 또, 동성애 여성과 이성애 여성 간 형제자매의 수, 형제자매의 연령, 형제자매의 성별 등에서 유의미한 차이를 보이지 않았다.

형제 출생순위 효과의 기제에 대한 한 가지 설명은 성적 발달에 남아 태아의 항원에 대한 모체의 면역반응이다. 이러한 모체의 면역반응은 대뇌발달에 영향을 미치므로 궁극적으로 태아의 성적 발달에 영향을 미칠 수 있다는 것이다. 여성인 모체의 면역체계는 남아 태아를 외부체로 인식하여 반응하지만, 여아 태아에 대해서는 이러한 면역반응을 보이지 않는다. 이러한 면역체계와 관련이 있을 것으로 추정되는 것은 H-Y항원이다. 이 항원은 여아 태아에서는 반응하지 않고 남아 태아에서만 반응을 보인다(Blanchard & Klassen, 1997). 형 한 명당 동성애 가능성을 약 33% 증가시키며, Cantor, Blanchard, Paterson, 그리고 Bogaert(2002)는 형제 출생순위 효과가 게이 남성의 성적 지향성을 약 15% 설명한다고 보았다. 한편, 보다 최근의 연구에서는 게이 남성의 성적 지향성을 형제 출생순위 효과가 약 30% 설명한다는 결과가 보고되었다(Blanchard & Bogaert, 2004).

그러나 아직까지 형제 출생순위 효과가 소아성애증의 설명에 실질적으로 도움이 되는지는 명확하지 않다. Blanchard와 동료들(2002)은 아동 성범죄자 집단을 대상으로 한 연구에서 형의 수와 남자 아동에 대한 성적 선호 간 유의미한 상관을 발견하였다. 이는 형제 출생순위 효과가 성인에 대한 성적 선호를 가진 일반 남성에게만 국한되지 않다는 것을 의미한다(Bogaert, Bezeau, Kuban, & Blanchard, 1997 참조). 이전에 행해진 연구로 약 절반 정도가 아동 성범죄자로 구성된 성범죄자 집단을 대상으로 한 연구에서 형제 출생순위 효과를 확인하였다(Lalumière, Harris, Quinsey, & Rice, 1998). 그러나 아동 성범죄자를 대상으로 한 Blanchard 와 Bogaert(1998)의 연구에서는 유의미한 형제 출생순위 효과를 발견하지 못하였으며, 또 음경체적변동 검사를 통해 아동에 대한 성적 흥분을 평가한 Côté, Earls 와 Lalumière(2002)의 연구에서도 유의미한 형제 출생순위 효과를 찾을 수 없었다. 한편, MacCulloch, Gray, Phillips, Taylor, 그리고 MacCulloch(2004)는 다양한 유형의 성범죄자를 대상으로 성범죄 유죄 판결의 횟수와 형제 출생순위 간 유의한 상관을 발견하였다.

선호하는 성별과 연령

소아성애자를 대상으로 한 연구에서 성별과 연령 변인 간 흥미로운 상호작용이 존재하는 것으로 나타났다. 음경체적변동 검사에서 소아성애자는 소년과 소녀 자극 간 성적 흥분의 상대적 반응차는 일반 남성(성적으로 성숙한 사람들을 선호하는 사람)이 성인 남성과 여성 자극 간의 성적 흥분의 상대적 반응차보다 더 작다(Freund & Kuban, 1993a; Freund, Watson, Dickey, & Rienzo, 1991). 이는 성적으로 성숙한 성인 남녀에 비해 이차성징이 나타나지 않은 소년과 소녀는 신체 크기, 몸매, 가슴 크기 등이 서로 비슷하기 때문에 나타난 결과일 수도 있다.

한편, 소아성애자들은 일반 성인 남성에 비해 남자를 선호하는 경향이 더욱 뚜렷하다. Blanchard와 동료들(2000)은 아동 성범죄자의 약 25%가 여아보다 남아를 선호한다고 하였으며, 이 수치는 일반 성인 남성의 2~4%가 여자보다 남자를 선호하는 것과 비교할 때 상당히 높은 비율이다(Laumann et al., 1994). 다시 말해서 소아성애자들은 일반 성인 남성에 비해 동성에게 매력을 느낄 확률이 약 10배 더 많다.[2] 이 결과를 설명하기 위해 Blanchard와 동료들(2000)은 발생세분화

---

2 Blanchard와 동료들(2000)이 주목했듯이, 소아성애자들에게 훨씬 더 빈번한 동성애 선호는 이성애인 일반 남성들이 여자 아동을 대상으로 성범죄를 저지르는 것보다 성인을 선호하는 게이 남성들이 남자

(canalization hypothesis)[3]를 제안하였다. 이 가설은 소아성애증이 있는 남성들(연령 변인 : 아동/성인)과 남자 아동에 성적 매력을 느끼는 남성들(성별 변인 : 남성/여성)은 신경발달상의 문제에 보다 더 취약하다는 것이다. Blanchard와 동료들(1999)은 남자 아동에게 성적 매력을 느끼는 것과 소아성애증의 발현에 영향을 미치는 것으로 추정되는 잠재적 유발인자(predisposing factor)를 모(母)의 연령으로 생각하였다. 모의 연령을 유발인자로 추측한 이유는, 여아보다 남아를 선호하는 소아성애자는 남녀 아동 모두를 성적으로 선호하는 소아성애자와 성인 여성을 대상으로 성범죄를 저지른 비소아성애 남성보다 나이가 더 많은 모(母)에서 태어났기 때문이다.

Blanchard와 동료들(1999, 2000)의 연구결과와 발생세분화는 남성의 성적 기호가 모듈 형태(modular fashion)로 조직되어 있다고 주장한 Quinsey와 Lalumière(1995)의 모델과도 일치한다. 이 가설에 따르면 일부 남성들은 성적 선호 성별과 관련된 모듈의 이상(동성애)을 나타내는 반면, 또 다른 남성들은 성적 선호 연령과 관련된 모듈의 이상(소아성애, 노인성애)을 보여준다. 아마 다른 성도착증(예 : 성적 가학증)의 발현도 성적 선호 모듈의 이상을 반영한 결과로 볼 수 있다. 신경발달상의 문제는 한 가지 이상의 모듈에 영향을 미칠 수 있다. 따라서 소아성애자가 남자 아동에게 성적인 관심을 갖게 되고, 다른 유형의 성도착증 행동을 동시에 나타낼 가능성을 증가시킨다. 한편, 특정 유형의 성도착증과 다른 유형의 성도착증(예 : 관음증, 노출증)이 동시에 나타날 가능성이 높은 것은 성적 선호가 어떤 규칙적인 형태로 조직되어 있음을 의미한다(부록 5.1; Freund et al., 1997; Feund & Seto, 1997 참조). 특정한 천성, 신경발달상 문제의 발생 시점, 신경발달상의 대뇌 이상 부위는 특정 유형의 성도착증 발현에 영향을 줄 수 있다.

아동을 대상으로 더 많은 성범죄를 저지른다는 것을 의미하지는 않는다. 게이와 이성애 남성들이 아동을 대상으로 성범죄를 저지를 위험성에 관해서는 밝혀진 바가 없다.

3 역자 주 : 개체가 일반적인 발달경로를 경미하게 이탈했을 때 피드백 회로를 통하여 본래의 경로로 회복시키는 과정을 '발생세분화'라고 한다.

남성만의 선별적 고통

소아성애증의 원인론적인 측면에서 소아성애증 발현에 왜 성차가 크게 나타나는 지에 대해 설명할 필요가 있다. 남성은 여성에 비해 아동 포르노나 아동 성범죄에 연루될 가능성이 훨씬 크다. 또한 범죄에 연루될 확률과 반사회적 행동, 그리고 지금까지 연구된 다른 성도착증에서도 상당한 성차가 존재한다. 이러한 남녀 간의 성차를 어떻게 설명할 수 있을까?

이 책의 제1장과 제4장에서 언급한 바와 같이, 남성이 범죄 또는 다른 위험 감수와 관련된 행동에 연루될 가능성이 높다는 것만으로 소아성애증 발현의 성차를 설명하는 것은 비합리적이다. 남성에게 성도착증이 훨씬 빈번하게 나타나는 것은 여성에 비해 남성이 신경발달상의 부정적 영향에 더 취약하다는 것을 반영한다. Gualtieri와 Hicks(1985)가 남성만의 선별적 고통(selective male afflictions)이라고 기술했을 정도로 남성은 여성에 비해 지적장애, 자폐증, 학습장애와 같은 질병이 발생할 확률이 더 높다. 가장 타당한 설명은 남성의 발달이 여성의 발달에 비해 방향성이 덜 고정되어 있는데, 이는 태아의 모체가 테스토스테론의 조직화 영향을 받지 않는 여성이기 때문이다. 이러한 낮은 발생세분화는 남성 형질의 광범위한 다양성에 더 큰 변산성을 부여하여 장애 발생 가능성을 높인다.

많은 연구에서 소아성애자들이 다른 남성들에 비해 아동기 성학대 경험과 신경발달적 측면에서 차이를 보인다는 사실을 제시하였다. 이러한 두 요소는 대뇌발달에 외상 효과라는 측면에서 관련성을 가질 수 있다. 발전된 대뇌 측정법을 사용한 연구를 통해 신경발달상의 문제를 보다 깊이 있게 이해할 수 있겠다.

결론 및 논의

소아성애증에 대해 아직까지 밝혀지지 않은 부분이 상당히 많다. 제5장은 제4장에 비해 아동 성범죄의 원인을 보다 사변적으로 논의하였다. 중요한 물음은 소아성애증을 진화론적 측면에서 어떻게 설명하느냐는 것이다. 소아성애자는 임신이 가능한 성관계 파트너와 성적 접촉을 거의 하지 않고 임신 가능성이 없는 아동을 성적으로 선호한다. 다윈의 자연선택 측면에서 어떻게 부적응적인 행동을 하는 소아성애자가 계속에서 유지되는지 의문이다. 일반적으로 적응에 불리한 개체는 환경에 효과적으로 대처하지 못해 몇 세대를 거치면서 사라져 버리게 된다. 진화론적 관점에서 소아성애가 계속 유지될 수 있는 여러 가지 가능성이 존재하지만, 이들 가능성은 경험적으로 증명되지 않았다.

소아성애증은 인간이 일반적으로 젊음(youthfulness)에 대해 성적인 매력을 느끼는 것에 대한 극단적 형태의 부적응으로 볼 수 있다(Quinsey & Lalumière, 1995). 이 견해는 소아성애증은 털이 없는 부드러운 피부와 같은 젊음의 단서에 과도하게 주의를 기울이는 경향성 장애라는 것이다. 만약 이 설명이 맞는다면 젊음의 지각과 관련된 생물학적 기제에 대한 연구(예 : 얼굴과 신체 부위에 선택적으로 반응하는 대뇌 영역에 관한 연구)와 젊음에 대한 반응에 관한 연구를 통해 이를 입증할 수 있겠다.

비용과 이익의 관점에서 소아성애증을 선택함으로써 들어가는 비용이 명확하게 밝혀지진 않았지만 이익이 존재할 수 있다. 소아성애증은 자식을 출산할 가능성을 낮추지만(비용), 소아성애증이 없는 집단에게 이익을 가져다주어, 결과적으로 비용이 이익에 의해 상쇄되므로 소아성애증은 계속 유지될 수 있다.[4] 동성애의 형제 출생순위 효과와 모체의 면역반응에 관한 연구결과에 근거할 때, 동성애는 자녀 출산 가능성을 낮추지만(비용), 모체의 면역체계를 더욱 강하게 하여 모의 생존과 생식에 도움이 되는 이익을 발생시켜 비용을 상쇄시킨다. 만약 이 가설이 사실이라면 우리는 게이 남성의 모는 감염이나 면역체계와 관련된 질병에 덜 취약할 것이라는 예상이 가능하다. 만약 소아성애자들에게 형제 출생순위 효과가 있다면, 그들의 모(母)는 감염이나 면역체계 관련 질병에 덜 취약할 가능성이 있다. 그러나 이를 입증한 연구는 아직 이루어지지 않았다.

마지막으로 소아성애증이 병원균 노출과 관련되어 있다는 사실이 밝혀질 가능

---

4 이것은 유전학 연구에서 과우성(overdominance) 또는 이형접합 우세(heterozygote advantage)로 설명된다. 이와 관련해 잘 알려진 예시는 겸상 적혈구 빈혈증이다. 이 유전자를 두 카피(copies) 이상 가진 사람은 비정상적인 적혈구를 생산하게 되며 이로 인해 빈혈이 심해진다. 하지만 이 유전자의 카피를 하나만 가진 사람은 말라리아에 대한 저항성이 매우 크며, 따라서 말라리아 질병을 가진 사람보다 생존 및 번식 확률이 더욱 높다. 이러한 선택압은 겸상 적혈구 빈혈증과 관련된 유전자가 아프리카에서 말라리아에 취약한 지역에 더욱 팽배하다는 사실을 보여준다.

성이 있다. Ewald(1996, 2002) 등의 연구자들은 많은 주요 정신장애가 서서히 활동하는 병원균에 의해 발병된다고 주장하였다. 질병의 적응도 비용으로 인해 정신장애의 취약성과 관련된 유전자는 시간을 두고 선택된다. 예컨대 조현병은 전체 인구에서 약 1%의 사람에게 발병하며(전체 인구 중 소아성애자 비율이 명확하게 보고되지 않았지만, 제1장에서 언급한 것처럼 5% 미만으로 추정), 이 정신장애는 후대의 자녀 출산 감소에 상당한 영향을 미친다. Ewald와 다른 연구자들은 인류와 함께 스스로 진화를 거듭하는 병원균이 인간의 적응력을 저하시키는 질병과 관련되어 있다고 주장한다. 현재 이 병원균 이론을 지지하는 연구로 조현병 환자 모의 **톡소플라스마원충**(*Toxoplasma gondii*, 집고양이에 의해 옮겨지고 고양이의 배설물에 의해 전파되는 기생충)이라는 병원균 노출과 조현병 발생 간의 관련성을 찾는 연구가 진행되는 추세이다. 병원균은 모체의 건강을 약화시켜 태아발달에 지장을 주거나, 심지어 신경발달에 보다 직접적인 영향을 미칠 수도 있다. 향후 연구에서 소아성애자의 모가 임신기간 중 특정 병원균에 노출된 비율이 높았다는 연구결과가 발표될 수도 있을 것이다. 병원균 노출과 모체의 면역반응성(maternal immune response) 가설은 소아성애자 모의 건강 상태를 조사함으로써 조금씩 가설의 타당성을 입증해 갈 것으로 보인다. 만약 Ewald의 추측이 사실이라면, 임신기간 중 병원균 노출에 대한 증거를 찾을 것으로 예상되고, 그리고 Blanchard와 Klassen(1997)의 생각이 옳다면, 모는 면역체계와 관련된 질병에 더 적게 걸린다는 증거를 찾게 될 것이다.

이 두 가설 모두는 사변적이지만 다윈의 관점에서 소아성애증의 원인을 새롭게 검증할 수 있는 아이디어를 제공해 주는 것만은 분명하다. 한편, 다원론의 관점에서 아동 성범죄를 이해할 때, 근친상간(유전적으로 관련 있는 아동을 대상으로 성범죄를 저지르는 것)은 우리를 아주 혼란스럽게 만든다. 종족 번식에 불리하게 작용하는 근친상간이 오늘날까지 여전히 왜 나타나는지 의문이다. 이 근친상간의 수수께끼는 제6장에서 논의할 것이다.

구애장애의 이론

Kurt Freund는 관음증(낯선 타인의 옷 벗는 모습, 목욕, 성관계 등 사적인 행위를 훔쳐보는 것에 대한 성적 선호), 노출증(낯선 타인에게 개인의 성기를 노출하는 것에 대한 성적 선호), 접촉도착증(동의하지 않은 타인의 성기를 만지는 것에 대한 성적 선호), 강간기호증(biastophilia : 강제적 성행위에 대한 선호로 '강간 선호'라고도 명명됨)은 남성의 일반적인 구애 과정의 문제라고 주장했다(Freund, 1990). 구애(courtship)라는 단어는 동물행동학 문헌에 등장하는 용어로 성관계를 시작하기 전에 서로 간 상호작용하는 일련의 행동을 의미한다. Freund는 이러한 구애 과정의 문제는 네 단계로 구성된 남성의 교제 시스템의 역기능을 반영한 결과로 생각했다. 여기서 네 단계는 (1) 잠재적인 성적 파트너에게 접근하고 파트너를 평가하는 탐색단계, (2) 잠재적 파트너 바라보기, 파트너를 향해 미소 짓기, 또는 말 걸기와 같은 언어적·비언어적 몸짓으로 구성된 친화단계, (3) 파트너와 신체 접촉이 이루어지는 단계인 접촉단계, (4) 파트너와의 성관계가 이루어지는 성교단계로 이루어진다. 이것은 여성이 남성의 노력에 대한 수혜자이지만 그저 수동적인 관찰자라는 의미는 절대 아니다. 인간의 구애관계에서 여성은 적극적인 참여자이다(예 : Givens, 1978; Greer & Buss, 1994; Perper, 1989). 관음증은 탐색단계에서의 문제로 간주될 수 있고, 노출증은 친화단계, 접촉도착증은 접촉단계, 강간기호증은 성교단계에서의 문제로 각각 볼 수 있다. 다시 말해서 이 네 가지 성도착증은 같은 구애장애 기저에서 서로 다른 증상의 발현으로 볼 수 있다.

만약 위의 네 가지 성도착증이 공통된 기저를 가지고 있다면, 우리는 그 증상이 종종 동시에 표출될 것을 예상할 수 있다(Able et al., 1988; Bradford et al., 1992). 하나의 특정 성도착증 행위가 존재할 때, 다른 성도착 행위가 동시에 존재하는 확률을 연구한 결과, 필자와 동료들은 관음증, 노출증, 접촉도착증에 있어 구애장애 이론을 지지하는 증거를 발견했다(Freund & Seto, 1998; Freund et al., 1997). 위의 세 가지 성도착증은 성적 가학증(sadism)이나 피학증(masochism)과 같은 다른 성도착증보다 동시에 나타날 확률이 더욱 높았다. 그러나 강간과 이 세 가지 성도착증의 발현 확률은 세 가지 각각이 가지는 조건적 확률에 비해 낮았다. Freund의 구애장애 이론에는 다른 많은 문제점이 있는 것 또한 사실이다. 비록 이것이 명쾌해 보이지만 조절문제의 기제가 구체화되지 않았으며, 이들 성도착증이 다른 특정 성도착증보다 동시 출현율이 높다는 것을 경험적으로 증명하는 것이 어렵다.

발달상의 문제에 대한 연구

소아성애증에 근본적인 기제를 설명하기 위해서는 신경발달 및 생물학적 요인과의 관련성을 밝히는 연구가 필요하다. 발달생물학자와 신경발달상의 문제를 연구하는 학자들은 그들의 연구를 위해 발달과정상의 문제를 객관적으로 측정할 수 있는 도구들을 사용한다. 다른 연구들과 달리 이 분야에서 사용되는 측정도구는 자기보고에 의존하지 않아도 되는 장점이 있다.

향후 소아성애증 연구에 특히 주목을 받게 될 두 연구 분야는 비대칭성의 차이 (fluctuating asymmetry)와 신체미세기형(minor physical anomalies)이다. 좌우대칭성의 경우, 일반적으로 신체는 양측이 대칭을 이루는 형태이다. 따라서 검지손가락의 길이와 같은 신체적 형태 특질은 왼손과 오른손이 유사하다. 하지만 발달상의 문제[유전적 돌연변이, 전사 오류(transcription errors), 독성물질 노출 등]는 양측 특성의 비대칭을 야기할 수 있다. 이러한 비대칭에는 기복이 있을 수 있는데, 왜냐하면 이것이 일정한 규칙성이 없기 때문이다. 따라서 때에 따라 왼쪽이 더 클 수도 있고 오른쪽이 더 클 수도 있다(이는 인간 대뇌 반구의 편재화 또는 일반적으로 왼쪽 신체에 심장이 위치하는 것과 같은 고정된 비대칭성과는 대조적임). 그러므로 양측 간 특질의 비대칭 변동성을 초과하는 차이가 나타난다면, 이는 개체가 경험한 발달상의 문제가 반영된 것이 된다.

다양한 종에 있어 좌우대칭성의 차이는 신체적 성장, 생식의 성공률, 수명과 부적 상관을 갖는 것으로 밝혀져 있다(이에 대한 더 많은 정보는 Møller & Swaddle, 1997 참조). 좌우대칭성의 차이가 큰 남성의 경우 그렇지 않은 사람에 비해 덜 매력적이고 성적으로도 덜 성공적인 것으로 평가된다. 그러나 여기서 한 가지 중요한 것은 일반적으로 좌우대칭성의 차이는 타인에 의해 쉽게 지각될 수 없을 정도로 작다. 따라서 대칭성에 대한 여성의 의식적인 자각만으로 이 효과를 설명할 수 없다.

신체미세기형은 발달상의 문제로 발생되는 작은 구조적 변형이다. 가장 일반적으로 연구된 신체미세기형은 사람의 머리, 손, 발을 대상으로 한 것이다. 이에 대한 예로 양쪽 눈 사이 간격, 낮게 위치한 귀, 구부러진 다섯 번째 손가락 등이 있다(신경발달적 측면에서 조현병과 자폐장애를 연구하는 데 사용되는 Waldrop 척도에는 18개의 신체미세기형을 명시하고 있다; Waldrop & Halverson, 1971). 이러한 신체미세기형 연구에서 특히 흥미로운 것은, 동일한 태아조직(fetal tissue, 외배엽 : ectoderm)에서 구조와 대뇌가 분화된다는 점이다. 따라서 신체미세기형의 수는 임신 제1삼분기와 임신 중기에 발생하는 발달문제의 지표가 될 수 있다. 대부분의 사람들은 극소수의 미세신체기형을 갖고 있지만 조현병, 분열형 인격장애, 자폐증, 지적장애, 주의력결핍과잉행동장애(ADHD) 등과 같은 정신장애를 가진 사람들은 그렇지 않은 통제집단에 비해 미세신체형기형을 더 많이 갖고 있다(예 : Ismail, Cantor-Graee, & McNeil, 1998; Waldrop & Halverson, 1971; Weinstein, Diforio, schiffman, Walker, & Bonsall, 1999).

제5장에서는 신경발달적 측면에서 소아성애증 발현에 대한 검증 가능한 가설들을 제시하였다. 소아성애증이 발달상의 문제로 발현된다는 가설에 근거할 때, 소아성애자는 비소아성애자에 비해 좌우대칭성이 더 크고, 미세신체기형의 수가 많을 것이라는 예상이 가능하다. 필자는 동료인 James Cantor, Ray Blanchard와 함께 미세신체기형에 관한 가설을 검증하기 위한 연구 프로젝트를 시작하려 한다.

CHAPTER 6

근친상간

생물학적으로 근친상간은 유전적으로 관계된 친족과 성관계를 한다는 것을 의미한다(Bixler, 1983 참조). 이 장에서 필자는 아동-성인 친족 간의 성적 접촉에 초점을 두었다. 근친상간 성범죄자 집단은 앞서 제4장에서 설명한 요인들로 충분하게 잘 설명되지 않기 때문에 이론적으로 복잡한 특수성을 갖는다. 필자는 아동 대상 성범죄가 반사회성과 소아성애 요인으로 설명될 수 있다고 주장하였다. 그러나 친족 성범죄자의 경우 반사회성이 다른 아동 성범죄자에 비해 낮으며(Rice & Harris, 2002; Seto & Barbaree, 1999), 음경체적변동 검사(PPG)에서도 아동 자극에 대한 성적 각성 수준이 낮은 것이 일반적이다(Frenzel & Lang, 1989; Freund, Watson, & Dickey, 1991; Lang, Black, Frenzel, & Checkley, 1988; W. L. Marshall, Barbaree, & Christophe, 1986; Quinsey, Chaplin, & Carrigan, 1979; Rice & Harris, 2002). 다른 연구에서는 친족 성범죄자와 아동 성범죄자 집단 간 음경체적변동 검사에서 유의미한 차이를 발견하지 못하였으며, 아직까지 친족 성범죄자가 아동 자극에 대해 보다 더 큰 성적 각성 반응을 보인다는 연구 결과는 없다(Abel, Becker, Murphy, & Flanagan, 1981; Barsetti, Earls, Lalumière, & Belanger, 1998; Chaplin, Rice, & Harris, 1995; Langevin & Watson, 1991; Malcolm, Andrew, & Quninsey, 1993; Murphy, Haynes, Stalgaitis, & Flanagan,

1986). 이상의 연구결과들을 종합하면 근친상간 성범죄자 집단은 다른 아동 성범죄자 집단보다 소아성애 성향이 적음을 의미한다.

두 집단에서 반사회성과 소아성애 성향의 차이는 친족 성범죄자가 다른 아동 성범죄자보다 재범률(성범죄와 비성범죄 모두)이 낮음을 시사해 준다(부록 6.1 참조). 일부 근친상간 범죄자는 매우 반사회적이고, 또 일부는 소아성애 성향이 있다. 그러나 이러한 요인으로 특히 친족 아동에게만 국한된 근친상간 성범죄자 집단을 충분히 설명하는 데 어려움이 있다. 한편, 친족뿐만 아니라 친족이 아닌 아동을 대상으로 성범죄를 저지른 근친상간 성범죄자의 경우 반사회성과 소아성애 평가에서 높은 점수를 나타낸다(Porter et al., 2000; Rice & Harris, 2002; Seto, Lalumière, & Kuban, 1999).

근친상간은 다윈의 진화론 측면에서 잘 설명되지 않는 수수께끼 중 하나다. 근친상간은 친족 아동에게 심리적 혹은 신체적으로 해를 끼치기 때문에 결과적으로 개체의 적응 포괄도(inclusive fitness)[1]를 저하시킨다. 그 예로 근친상간을 경험한 아동은 성관계를 회피하게 되거나 신체적 손상 혹은 전염성 성병에 노출되어 출산능력이 손상될 수 있다. 동물을 대상으로 한 실험연구를 통해 근친번식(inbreeding)이 신체적 기형이나 후손에게 심각한 선천적 장애를 유발시킬 수 있는 위험성이 밝혀졌다(Bixler, 1992)[2]. 동물뿐만 아니라 인간에서도 근친상간이 태아 사망률을 증가시키는 원인이 된다는 증거가 있다(Adams & Neel, 1967; Seemanova, 1971; 상반된 연구 Bittles, Mason, Greene, & Appaji Rao, 1991). Silverman과 Bevc(2004), 그리고 Thornhill(1993)은 동물이 근친번식을 회피한다는 증거들을 개관하였다.

이번 장에서 필자는 다양한 문화권과 여러 시대에 걸쳐 근친상간이 금지되었다는 증거를 먼저 제시할 것이다. 그다음으로 Westermarck(1891, 1921)의 제안을 바탕으로 근친상간의 회피를 설명하고, '왜 아직도 근친상간이 나타나는가?'에

---

1 역자 주 : 적응 포괄도는 근친 개체 간에 적응도상의 상호작용을 하게 하는 유전형질이 자연선택에 관하여 유리한지 불리한지를 판정하는 지표로 사용되는 개념으로 W. D. Hamilton(1964)이 제안하였다.

2 근친번식의 위험성이 모든 종(species)에 해당되는 것은 아니다. 그러나 Bixler(1992)는 실험에 사용된 동물이 먹이경쟁을 하지 않고 잘 통제된 환경에 있었기 때문에 약육강식에 따른 포식이나 질병 등에서 비교적 안전한 상황임에도 불구하고 부정적인 영향이 있음을 지적하였다.

대해 고찰할 것이다. 이 장의 주된 목적은 진화심리학(evolutionary psychology)과 인류학에 기초한 연구결과를 이론적으로 근친상간 범죄자의 특성과 접목하는 데 있다.

근친상간의 금기

명확하게 금지된 관계는 시대와 장소, 민족에 따라 서로 다르다. 역사적 자료를 바탕으로 할 때 근친상간의 금기는 어디에나 있는 아주 일반적인 것이다(Maisch, 1972; Van & den Berghe, 1979). 특히 부모와 자녀 관계와 같이 가까운 친족일 경우 더욱 금기시된다. 드물고 특수한 환경이지만 고대 이집트에서는 왕족의 형제자매 간의 근친결혼이 왕족을 유지하기 위해 제한적으로 이루어졌다(Bixler, 1982). 근친상간의 금기는 페르시아, 이집트, 그리스, 로마 신화에서도 볼 수 있으며, 근친관계는 종교적으로도 금하였다. 근친상간과 관련한 역사적 기록이 있다(Gordon & O'Keefe, 1984).

구약성경 레위기 18장 6절(많은 성경학자는 기원전 400~500년경에 집필된 것으로 봄)은 일반적으로 금해야 할 친족 성교에 대한 것으로 시작되며, 가족 간의 성관계에서부터 근친 간 성관계를 아주 구체적으로 기술하고 있다(엄마, 계모, 누이, 이복누이, 고모/이모, 사촌, 조카와의 성관계를 금하고 있다. 다만, 만약 아내가 사망하였다면 아내의 여동생은 예외). 하지만 이상하게도 친딸과의 성관계에 대해 명확히 금하고 있지 않다. 비유전적 관계(예 : 이웃 여성)를 포함한 것은 가족 갈등과 사회적 불안정성을 막기 위함으로 보인다. 이슬람 경전인 코란 또한 근친상간을 명확하게 금하고 있다.

너에게 너의 어머니, 너의 딸, 너의 자매, 너의 아버지의 자매(고모), 너의 어머니의 자매(이모), 너의 형제의 딸(조카), 너의 자매의 딸(조카), 너의 수양어머니, 너의 아내의 엄마(장모), 결혼 후 너와 성관계를 가진 너의 아내의 딸과 결혼하는 것을 금한다. 결혼 후 아내와 부부관계를 하지 않았다면, 너는 아내의 딸과 결혼할 수도 있다. 또한 너의 친족 자손과 결혼한 여성과의 결혼을 금한다. 또 너는 동시에 두 여성과 결혼할 수 없다(Khalifa, 2005, p. 81).

또 힌두교와 불교서적에서도 종교적 전통으로 근친상간을 금기하고 있다. 근친상간을 법적으로 금지한 고대의 기록 중 하나는 함무라비 법전으로 지금까지 알려진 기록 중 가장 오래된 것이다. 282개의 법률로 구성된 함무라비 법은 바빌로니아 왕에 의해 선포되었다. 이들 법률은 돌기둥에 새겨졌고 누구나 쉽게 볼 수 있게 공공장소에 세워졌다. 오늘날 프랑스 파리의 루브르 박물관에서 법률이 새겨진 8피트 높이의 돌기둥을 볼 수 있다. 함무라비 법전에서 2개의 법률로 근친상간에 대해 규정하고 있다. 법률 154조는 "만약 남성이 자신의 딸에게 근친상간의 죄를 지었을 경우 그 지역에서 추방될 것이다." 법률 157조에는 "만약 자신의 아버지 다음으로 어머니와의 근친상간 죄를 저지를 경우 두 사람 모두 불에 태워질 것이다."라는 내용이 있다. 이러한 근친상간의 법적 금지는 현대에도 캐나다와 미국 등의 법률에 반영되었다(Criminal Code of Canada, 1985, American Prosecutors Research Institute, 2003 참조).

문화적 · 종교적 금기, 그리고 법적 금기에도 불구하고 근친상간이 일어나고 있다. 미국 사법당국의 통계에서 청소년 성폭력 피해자의 34%가 가해자와 사회적 · 유전적 관계가 있는 것으로 나타났다(Snyder, 2000). 그러나 이러한 전체 범죄 데이터를 통해 가해자와의 구체적인 친인척 관계를 정확하게 파악할 수는 없다. 사실 비친족 범죄자가 아동을 대상으로 성범죄를 저지르는 경우 남자 아동보다도 여자 아동이 범죄 피해자가 되는 경우가 많으며, 근친상간 성범죄자의 대부분은 주로 남성이다. Finkelhor, Hotaling, Lewis, 그리고 Smith(1990)는 416명의 여성을 대상으로 역추적 연구(retrospective survey)를 수행한 결과 아버지, 할아버지 혹은 오빠(남동생)로부터 2%, 그리고 삼촌에게서는 14%가 성학대를 경험한 것을 발견하였다. 그리고 연구표집의 단지 1%만(4명)이 여성 친족으로부터 성학대를 당하였다고 보고하였다. 다음 절에서 필자는 근친상간의 발생 이유에 대해 설명할 것이다.

생의 초기 근친관계와 근친상간의 회피

Westermarck(1891, 1921)는 아동기 때 함께 성장한 개인들은 이후 서로에게 성적인 매력을 잘 느끼지 않는다고 주장하였다.[3] 그는 근친상간은 성적 욕구가 생겼을 때 친족관계로 오랜 기간 함께 살아온 친족과 성관계를 갖는 생각 자체에 대한 혐오감의 부족으로 보았고, 일시적인 현상임으로 당연히 논의할 가치가 없다고 보았다(p. 196). 이 견해는 함께 성장한 가까운 친족은 서로에게 성적인 매력을 잘 느끼지 않는다는 것으로 프로이트의 학설(Freud, 1905, 2000)과 차이가 있고, 만약 사회적으로 근친상간의 금기가 없었다면 형제자매들 간 성적 매력을 느낄 것이라고 가정하는 사회학적 견해와도 상충된다(Levi-Strauss, 1969).

원시사회에서는 형제자매들 대부분이 항상 함께 생활하며 성장하기 때문에 근친 메커니즘(propinquity-based mechanism, 여기서의 메커니즘은 가까이에서 함께 생활)은 근친상간을 방지하는 효과적인 기제였다. 원시사회 환경에서 부모는 그들의 자녀를 출생 초기부터 돌보기 때문에 Westermarck의 이론(1891, 1921)은 부모 자녀 간의 근친상간에도 적용될 수 있다. 만약 Westermarck의 이론이 맞는다면, 출생 초기 자녀와 함께 성장하지 않는 경우와 같이 근친관계에 문제가 생길 경우 근친상간이 더 많이 발생할 것이다. 함께 성장하지 않은 두 명의 친족 아동은 이후 서로에게 성적인 관심을 보일 것이고 아주 어릴 때부터 함께 성장한 두 명의 비친족 아동은 다른 형제자매들처럼 서로에 대해 성적으로 무관심할 것이다.

근친상간의 회피(incest avoidance)에 대한 Westermarck의 이론(1891, 1921)을 지지하는 좋은 증거가 있다. 첫 번째 증거는, 아동의 양육에 관한 인류학적 연구로 초기 양육자 선택 효과에 대한 유사 실험을 수행한 것이다. Shepher(1983)는 이스라엘의 한 작은 농장 공동체에서 함께 성장한 아동들을 연구하였다. 아동들의 나이는 모두 1세에서 2세였으며 그들의 일상 활동은 식사, 목욕, 놀이, 그리고 함께 잠을 자는 것이었다. 연구자는 아동의 부모들은 공동체 내에서 서로 간의 결혼을 권장하였음에도 불구하고, 211개의 공동체 집단의 2,769건의 결혼 기록을 검토한

---

3 프로이트가 제안한 대안적 견해(1913, 1952)는 근친상간이 인류보편적으로 금기되지 않았다는 것이다. 대신 아들과 딸은 자신의 반대 성을 가진 부모에게 성적인 관심을 갖게 되고 이들의 심리적 적응은 부모에 대한 성적 갈등을 어떻게 해결하느냐에 달려 있다(오이디푸스·엘렉트라 콤플렉스). 이 견해에 따르면 아마도 엄격한 사회적 규범이 없다면 근친상간이 발생한다는 것이다. 필자는 이 견해에 대해 더 이상 논의하지 않을 것이다. 왜냐하면 이 견해가 과학적 검증을 통해 개념화된 것이 아니고 이에 대한 실증적 연구문헌이 없기 때문이다.

결과, 동일한 양육 공동체 집단에서 성장하여 결혼한 사례는 14건에 불과한 것을 발견하였다. 더욱이 함께 성장한 14쌍 중 9쌍은 출생 후 6년 동안 함께 생활하지 않았고, 나머지 5쌍은 출생 후 6년 중 2년 미만 함께 생활한 것으로 나타났다. 이러한 결과는 근친상간의 회피에 있어 6세 이전의 근친관계가 결정적인 역할을 한다는 것을 보여준다.

Wolf(1995)는 북부 대만의 중매결혼 방식을 연구하였다. 북부 대만의 일반적인 중매결혼 방식은 결혼 후 신부가 남편의 집에서 함께 사는 것이다. 흔치는 않지만 또 다른 중매결혼 방식은 어린 나이의 신부가 한 가정으로 입양되고, 이후 그녀가 성장하여 그 가정의 아들 중 한 명과 결혼하는 것이다. Wolf는 이러한 두 가지 중매결혼 중 어린 나이의 신부를 입양하는 방식이 일반적 형태의 결혼보다 외도와 이혼율이 높고, 출산율이 낮음을 발견하였다. 흥미롭게도 어린 신부를 양녀로 데려오는 연령을 3세 이상으로 하였을 때, 결혼 방식에 따른 이혼 및 출산율 등의 차이가 없었다. 이러한 연구결과는 어렸을 때 가깝게 지내는 사이는 서로에게 성적으로 무관심해진다는 가설을 지지하고 있다. 이 연구에서는 결정적 연령을 6세보다 이른 3세로 보고 있다.

McCabe(1983)는 남부 레바논 마을의 사촌 간의 결혼 방식을 조사한 결과, 위의 연구와 유사하게 결혼 후 부정적인 결과가 초래되는 것을 발견하였다. 이 마을에서는 형제들이 가까운 곳에서 함께 생활하며, 그들의 자녀들은 식사를 같이 하고, 함께 잠을 자고, 학교에 같이 가는 등 형제자매처럼 함께 성장한다. 이 마을에서는 사촌 간의 결혼이 비교적 흔하다. 여기서도 흥미로운 것은 형제자매처럼 함께 성장한 사촌끼리 결혼한 부부가 어린 시절에 함께 성장하지 않은 사촌이나 비친족과 결혼한 부부에 비해 이혼율이 높고 자녀의 수가 유의미하게 적다는 것이다.

Beve와 Silverman(1993)은 인생 초기 근친의 영향을 알아보기 위해 익명성을 보장한 상태에서 대학생들을 조사하였다. 연구결과 자신의 형제자매와 성관계를 갖거나 시도한 경험이 있는 대학생은 그렇지 않은 대학생에 비해 출생 후 6세까지 자신의 형제자매와 1년 이상 떨어져 지낸 경험이 더 많았다. 한편, 형제자매와 쓰다듬기, 키스나 껴안기와 같은 임신과 무관한 성적 행동을 한 경우, 출생 후 6세까지 떨어져 지낸 경험에 집단 간 차이가 없었다. Beve와 Silverman(2000)은 자신의 이전 연구들 좀 더 확장시켜 학생과 지역사회 일반인을 대상으로 재조사하였다. 그러나 예상과 상반되는 결과를 발견하였다. 형제자매와 성적 접촉 경험이 있었던 참가자는 어릴 때 형제자매의 알몸을 보거나 신체적 접촉을 하는 경우가 더 많았다. 이러한 결과는 단순히 아동기 근친보다는 형제자매끼리 근친상간을 피하기 위해 어떤 행동(예 : 서로의 알몸을 보거나 상당한 수준의 신체적 접촉)을 했는가가 중요하다는 것을 의미한다. 근친상간의 회피 기제는 삽입 성관계에 가장 강력하게 작동하지만 키스나 쓰다듬기와 같은 임신을 초래하지 않는 성적 접촉에는 그 기제의 영향력이 적어 보인다.

단순히 근친보다 개인의 유전적 관련성 혹은 외모의 유사성에 대한 인식이 근친상간 회피기제 발달에 결정적 요인임을 지지하는 증거가 있다. Lieberman, Tooby, 그리고 Cosmides(2003)는 연구 참가자에게 근친상간에 대한 도덕적 부당성을 판단하게 하여 근친상간의 회피 변인을 측정하였다. 이 연구에 적용된 도덕적 부당성에 대한 판단은 참가자에게 직접적으로 형제자매와의 성적 접촉이나 성적 매력을 질문하는 방법으로 사회적 바람직성에 영향을 많이 받기 때문에 결과 해석에 논란이 있을 수 있다. 연구자들은 형제자매에 대한 근친상간의 도덕적 부당성 판단이 아동기 때 반대 성을 가진 형제자매와 함께 생활한 것과 정적 상관을 가지는 것을 발견하였다. 도덕적 부당성 판단은 동일한 성을 가진 형제자매와 함께 생활한 경우와는 유의미한 상관을 보이지 않았다. 동일 집단을 대상으로 한 또 다른 연구에서, 남성 응답자 중 출생 후 11세 이전에 누나(여동생)와 함께 생활한 기간은 누나(여동생)와의 다양한 성행위 장면을 떠올릴 때 느끼는 혐오감과 정적 상관을 보였다(Lieberman, Tooby, & Cosmides, 출간 중). 또 출생 후 10세까지 누나(여동생)와 함께 생활하지 않은 남성 응답자는 같은 기간을 함께 생활한 남성 응답자보다 누나(여동생)와의 성관계를 떠올릴 때 느끼는 혐오감이 적은 것으로 나타났다.

Lieberman, Tooby, 그리고 Cosmides(2007)는 인간이 친족임을 알아차리는 것에 두 가지 중요한 단서가 있다고 주장하였다. 어린 형제자매가 엄마의 보살핌을 받고 있는 것을 목격하는 것[위의 저자들은 모성 주산기(周産期) 유대(maternal perinatal association)라고 명함]과 자녀로서 동거 지속 기간을 들 수 있다. 앞에서 언급한 저자들은 자기보고 이타행동, 근친상간 사고에 관한 개인적인 혐오감 및 형제자매에 대한 도덕적으로 부당한 행동의 판단에 있어 자녀로서 동거 지속 기간보다 모성 주산기 유대가 더 강력한 결정요인이라는 사실을 발견했다. 반대로 자기보다 나이가 많은 형제자매가 출산 전후(주산기)의 돌봄을 관찰할 수 없는 어린 형제자매 및 모성 주산기 단서가 없는 나이가 많은 형제자매에 대해서는 동거 지속 기간이 우세 단서가 된다.

마지막으로, Westermarck의 아버지-딸 간의 근친상간의 증거와 관련하여 Parker와 Parker(1986)는 근친상간을 저지른 아버지는 비교집단의 남성에 비해 어린 자녀의 양육에 덜 관여한다고 보고하였다. Williams와 Finkelhor(1995)는 해군 아버지를 대상으로 위 연구를 다시 수행하였다. 자녀가 어릴 때 해군 아버지는 자발적으로 집을 비우는 것이 아니라 군대의 훈련이나 명령에 의해 집을 비우게 된다. 따라서 이 연구는 남자들이 근친상간을 범하고 집을 비우게 된다는 대인적 설명을 반박하게 된다.

유전적 관련성

왜 근친상간이 발생하는지에 대해 논의하기에 앞서, 근친상간을 생각할 때 한 가지 중요하게 고려해야 할 사항은 유전적 관련성과 사회적 관련성이다. 생물학적인 측면에서 사회적으로 관계된 아동과 성적 접촉을 갖는 것은 근친상간이 아니지만, 이러한 성적 접촉은 사회적·법적 문제가 된다. 적응 포괄도 이론에 따르면 두 가지 이유로 인간은 유전적으로 관련된 것과 유전적으로 관련이 없는 근친상간 차이를 예견할 수 있다. 그 첫 번째 이유는 적응 포괄도 이론에 따르면 인간은 우선적으로 유전적 친족을 애정, 관심, 투자의 측면에서 대해야 하고, 이들 친족들의 안녕을 파괴하는 행동을 피해야 한다는 심리기제의 압력을 받아 왔다(선별적 배려; Daly & Wilson, 1998; Hamilton, 1964). 달리 말해, 자신과 유전적 관계에 있는 친족을 타인과 별반 다르지 않게 배려하는 개인은 후대에게 자신의 유전자를 물려줄 가능성이 적어지게 된다.

친족에 대한 선별적 배려와 일맥상통하는 것으로 인간이 어떤 범죄 사건의 심각성을 지각할 때, 그 범죄 피해자의 먼 친족이나 비친족이 아닌 가까운 친족일수록 그 범죄의 심각성을 더 크게 지각한다(Quinsey, Lalumière, Querée, & McNaughton, 1999). Wilson과 Daly(1987)는 유전적 친족인 자녀가 의붓자식에 비해 신체적인 학대를 경험할 가능성이 적다고 보고하였다. 캐나다인의 공식 자살 통계를 보면, 아주 잔인한 학대를 볼 수 있다. Daly와 Wilson(1994)은 의붓자식이 친족 아동에 비해 살해될 가능성이 60배 높은 것을 발견하였다. 이와 유사하게 딸은 의붓아버지가 있을 때 성학대를 당할 가능성이 매우 높게 증가한다(Finkelhor et al., 1990; Gordon & O'keefe, 1984).

대부분의 의붓아버지는 신체적으로 또는 성적으로 자신의 의붓자식을 학대하지 않는다. 사실 대부분의 의붓아버지는 자신에게 생긴 자녀에 대해 상당한 수준의 배려를 보인다. 그러나 의붓아버지는 유전적으로 관련된 아버지보다 위험성이 더 크다. 인간 또는 많은 다른 종들에서 차별적 배려는 유전적 관련성의 기능 역할을 한다. 이는 친족을 식별하기 위한 직접적인 메커니즘을 필요로 하지 않는다. 하지만 Rendall(2004)은 비인간 영장류의 증거를 검토한 결과를 근거로, 익숙함을 친족 식별을 위한 주된 메커니즘의 요인으로 보았는데, 이는 Westermarck의 생각과 일맥상통한다. 또한 Liberman과 동료들(2003)은 통계적으로 형제자매의 유전적 관련성의 정도(완전한 형제자매, 이복 형제자매 또는 의붓 형제자매)를 통제한 뒤에도 동거 지속 기간이 잘못된 행동(성학대)을 예측하는 반면, 동거 지속 기간을 통제한 후 유전적 관련성의 정도는 잘못된 행동을 예측하지 못한다는 사실을 발견했다.

적응 포괄도 이론(inclusive fitness theory)을 볼 때 사회적으로 관련된 친족(예 : 의붓부모, 양부모 또는 의붓 형제자매)이 범한 아동 성범죄와 비교해서 유전적으로 관련된 친족이 범한 근친상간을 설명하기 위해서는 별도의 설명이 필요하다. 사회적으로 관련된 친족은 동일한 인생 초기 근친관계를 가지고 있지 않으며(대부분의 재혼은 아동이 유아일 때 이루어지지 않기 때문), 그들은 유전적으로 그 아동과 관련이 없음을 안다. 이와는 반대로 유전적으로 관련된 친족은 일반적으로 인생 초기 근친관계를 서로 공유하고 있으며 유전적으로 해당 아동과 관련이 있다고 생각한다(이번 장의 후반부에서 논의한 것처럼 자신들이 잘못하고 있음에도 불구하고). 근친상간 범죄자에 대한 대부분의 연구에서는 이러한 차이를 보여주지 않는다. 예를 들어, 사회적 친족관계의 범죄자는 유전적 친족보다 유의미하게 반사회적이며 소아성애 성향을 더 많이 보일 가능성이 있다. 사회적 친족관계의 범죄자는 제5장에서 기술한 이론으로 설명 가능한 반면, 근친상간에 대한 수수께끼는 유전적 친족관계의 범죄자만 해당된다.

일부 연구에서는 유전적 관련성에 따른 근친상간 범죄자를 별도로 구별하고 있으며, 이들을 반사회성 척도를 통해 비교했다. Rice와 Harris(2002)는 52명의 유전적 아버지와 30명의 사회적 아버지(의붓아버지 또는 양아버지)를 비교했다. 사회적 아버지는 성범죄 및 기타 범죄력 측면에서 유전적 아버지와 다르지 않으나 사회적 아버지가 더 높은 사이코패스 점수(PCL-R)를 보였다. Greenberg, Firestone, Nunes, Bradford, 그리고 Curry(2005)는 각각 딸 또는 의붓딸에 대해 근친상간을 범한 84명의 유전적 아버지와 59명의 양아버지를 비교했다. 유전적 아버지와 사회적 아버지는 범죄 경력이나 사이코패스 점수에서 유의미한 차이를 보이지 않았다. Rice와 Harris와는 달리 Greenberg 등은 비친족 아동을 대상으로 한 성범죄자를 제외했다. 그렇게 함으로써 높은 반사회성 및 높은 소아성애 성향을 보일 가능성이 있는 성범죄자를 연구에서 제외하였다. 사회적으로 관련된 남성이 저지른 성범죄에서 반사회성의 역할을 보다 확실히 하기 위해서는 이러한 종류의 비교연구가 더 필요하다.

기타 연구에서는 유전적 관련성에 따라 구별된 범죄자의 음경체적변동 검사 반응을 비교했다. Quinsey와 동료들(1979)은 자신의 딸 또는 의붓딸에게만 성범죄를 범한 남성들은(해당 두 남성 집단은 각각 따로 분석하지 않음) 비친족 아동에게 성범죄를 범한 남성들보다 아동에 대한 성적 각성이 덜하다는 것을 발견하였다. 또한 다른 여성 친족에게 성범죄를 범한 남성들은 일정한 형태의 반응을 보였는데 그 반응은 딸 또는 의붓딸에게만 성범죄를 범한 남성들의 반응과 비친족 아동에게 성범죄를 범한 남성들 반응의 중간 정도를 나타냈다. Langevin과 Watson(1991)은 근친상간을 범한 유전적 아버지와 의붓아버지 간 아동에 대한 성적 각성 정도에 차이가 없음을 발견했다.

여성 피해자에 대한 근친상간 범죄자 연구에서 필자와 동료들(1999)은 유전적 아버지, 기타 가족 친족(예 : 할아버지, 삼촌 및 형제) 및 의붓아버지 간에 차이를 두었다. 이는 소아성애증이 근친상간 회피 메커니즘을 압도할 수 있다는 가설을 검증하기 위해서다. 필자와 동료 연구자들은 유전적 아버지와 기타 가족 친족 간에 구별을 두었다. 유전적 아버지가 유전적 관련성이 더 크기 때문이다. 필자와 동료 연구자들의 예상과는 반대로 70명의 유전적 아버지는 73명의 기타 가족 친족보다 아동에 대해 덜 반응했으며, 87명의 의붓아버지와는 유의미한 차이를 보이지 않았다. 기타 가족 친족과 의붓아버지는 비친족 아동에게 성범죄를 범한 254명의 남성들과는 차이를 보이지 않았다.

필자와 동료들(1999)의 연구결과는 Rice와 Harris(2002), Greenberg와 동료들(2005)에 의해 재연구되었으며, 연구 영역이 보다 확장되었다. 즉, 이들 연구에서는 의붓아버지가 유전적 아버지보다 아동에 대한 성적 각성을 더 많이 보이는 것으로 나타났다. 하지만 유전적 아버지는 비교집단의 남성들과 차이를 보였다. Blanchard와 동료들(2006)은 이러한 연구결과를 재검증하기 위해 필자 등(1999)이 사용한 표본과 동일한 실험실에서 측정한 다른 근친상간 성범죄자 표본집단을 대상으로 재실험했다. Blanchard 등은 12세 미만의 아동에게 어떠한 성적 관심을 보이지 않고 미혼 여성에 대해서만 성범죄를 범한 근친상간 범죄자를 선별했으며, 이들 성범죄자들은 주로 성인 여성에게 성적 매력을 느낀다고 보고했다. 단지 성인 여성에 대해서만 성범죄를 범한 남성, 유전적 아버지, 기타 친족 순으로 아동에 대한 성적 각성 수준이 선형적으로 증가되었다. 유전적 아버지와 의붓아버지 간에는 유의미한 차이가 나타나지 않았으며, 비친족 아동을 대상으로 성범죄를 저지른 남성과 기타 친족 범죄자 집단 간에도 유의미한 차이가 없었다. 또 Rice와 Harris는 성범죄 아동 피해자 수가 단지 한 명뿐인 아동 성범죄자의 자료를 분석한 결과, 친족 아동에게 성범죄를 범한 집단과 비친족 아동 성범죄자 집단 간 아동에 대한 성적 각성 수준에서 유의미한 차이가 없었다.

이러한 연구결과들은 반사회성 측면에서 유전적 아버지와 사회적 아버지 간 유의미한 차이가 없음을 시사해 준다. 소아성애증에 대한 증거는 일관되지 못하다. 일부 연구에서는 유전적 아버지와 사회적 아버지 간에는 유의미한 차이가 없다고 보고하는 반면, 일부 연구에서는 사회적 아버지가 유전적 아버지보다 아동에 대한 성적 각성이 더 크다고 보고했다(Blanchard et al., 2006; Greenberg et al., 2005; Rice & Harris, 2002; Seto et al., 1999). 기타 가족 친족(자신의 딸 또는 의붓딸이 아닌)을 대상으로 범죄를 저지른 남성들은 소아성애자일 가능성이 있으며, 반사회적 성향이 더 많을 수 있다. 확실히 이러한 유전적 친족집단은 소아성애적 성적 기호나 반사회적 성향이 근친상간 회피 메커니즘을 무력화시킨다.

아동 성범죄자 집단비교 연구에서 유전적 아버지 가해자 집단에 의붓아버지와 기타 친족 범죄자가 포함되어 비친족 아동 범죄자 집단과 비교되는 경우가 흔하다. 근친상간 집단에서 유전적 아버지가 차지하는 비율이 높기 때문에 근친상간 범죄자와 비친족 아동 성범죄자 집단 간에 유의미한 차이를 보일 가능성이 커진다. 이전 연구에서 일관되지 못한 연구결과의 상당 부분은 표본 구성의 차이에서 비롯되었다는 설명이 가능하다.

아버지-딸 그리고 형제-자매 근친상간에 대한 설명

유전적 아버지 또는 형제가 범한 근친상간에 대해 어떻게 설명할 것인가? 아버지-딸 또는 형제-자매 근친상간을 만족스럽게 설명하기 위해 고려해야 할 몇 가지 사항이 있다. 첫째 일반적으로 가해자는 남성이며 피해자는 여성이다. 둘째, 근친상간의 피해자는 비친족 가해자의 피해자보다 평균 연령이 더 어리다(Greenberg et al., 2005; Seto et al., 1999; Maisch, 1972 참조). 마지막으로 근친상간 범죄자는 비친족 아동 성범죄자보다 피해자 한 명에 대한 성적 접촉 횟수가 더 많다[4]. 반사회성, 소아성애증, 인생 초기의 근친관계, 가해자와 피해아동 간의 실제 유전적 관계, 연령 및 아버지 또는 형제의 매력 정도, 가족기능 장애와 같은

---

4 이러한 내용은 소아성애증 조건 형성 이론과 일맥상통하지 않는다. 근친상간 범죄자가 비친족 아동 성범죄자와 비교했을 때 더 많은 성적 접촉 횟수로 인해 더 많은 성적 각성이 있을 것이라고 가정하기 때문이다. W. L. Marshall과 동료들(1986)은 조건 형성이 친족 아동 성범죄자에게만 특수하게 적용되며, 친족이 아닌 다른 아동을 묘사하는 자극은 근친상간 범죄자에게 성적 각성을 주지 않는다고 제안했다. 그러나 이는 비친족인 특정 아동을 대상으로 성범죄를 저지른 남성들이 왜 다른 아동들에게까지 일반화되는지를 설명하지 못한다.

요인에 따라 근친상간에 대한 설명은 다양하다.

근친관계

Westermarck(1891, 1921)의 이론에 근거할 때 아버지 또는 의붓아버지가 딸의 연령이 3세에서 6세 사이의 기간 중 상당 기간을 떨어져서 지낸 경우 근친상간을 범할 가능성을 예측하는 것이 가능하다(예 : 업무로 인해 집에서 멀리 떨어져 있는 남성, 징역형으로 교도소 수감생활, 해당 아동이 일시적으로 다른 친족과 살거나 정부보육시설에서 생활)(Parker & Parker, 1986; Williams & Finkelhor, 1995). 같은 맥락에서 의붓아버지가 딸이 6살이 되기 전까지 함께 거주하지 않는다면 근친상간을 범할 가능성이 있다고 볼 수 있다. 유전적 아버지가 소아성애자가 아닌 경우가 많기 때문에 성범죄가 발생되기 이전에 피해아동은 이미 사춘기에 접어들었음을 예상할 수 있다(Langevin, Handy, Hook, Day, & Russon 1985; Maisch, 1972). 예를 들어, Maisch(1972)는 70건의 근친상간 자료를 검토하여 피해아동의 사춘기 시작 연령과 성적 접촉 발생 시점 간 높은 상관이 있는 것을 발견하였다.

접촉기회와 범행

아버지-딸, 형제-자매 간 근친상간에 대한 가장 간명한 설명은 성적 접촉의 기회이다. 필자와 동료들(1999)은 성적으로 성숙한 여성을 선호하는 일부 남성들은 자신이 선호하는 성적 파트너에게 만족할 만큼의 접촉기회를 갖지 못하기 때문에 자신의 딸이나 의붓딸과 성적인 접촉을 한다고 보았다. 근친상간의 이유로는 현재 성관계 파트너에 대한 불만족, 낮은 사회경제적 지위로 여성 파트너에게 호감을 줄 수 없는 처지, 신체적으로 볼품없는 외모, 과도한 성욕 등이 포함될 수 있다. 남성들은 잠재적으로 성관계가 가능한 대상에게 접근하기 위해 성적 행동을 조절한다(예 : Landolt, Lalumière, & Quinsey, 1995). 비록 사춘기전 혹은 사춘기 소녀가 대부분의 이성애자 남성이 성적으로 선호하는 스타일이 아닐지라도 이들에게 어느 정도의 성적 각성이 가능하다(Freud, Mcknight, Langevin & Cibiri, 1972). 가장 선호하는 파트너에게 접근하지 못한 남성들은 자신의 성적 선호도에 따라 자신에게 여전히 성적으로 매력적인 다른 파트너를 찾게 된다. 달리 말하자면, 성인 여성에게 접근기회가 없는 이성애자 남성들은 동성애자 파트너를 찾기 전에 사춘기전 또는 사춘기 소녀들을 찾는다. 이와 유사한 방법으로 여성에게 접근기회가 전혀 없는 일부 이성애자 남성들은 기숙학교 또는 교도소와 같이 남성만 있는 환경에서 동성애자와 접촉하게 될 것이다.

근친상간의 경우 성적 선호가 성인 여성에서 사춘기 소녀, 그리고 사춘기전 여아로 변화되었다고 볼 수 있다. Williams와 Finkelhor(1995)의 설문연구에서 근친상간 범죄를 하지 않은 아버지 중 11%가 자신의 딸에게 성적인 각성 경험을 인정했다고 보고했다. 자신의 딸에 대한 성적 각성 경험은 민감한 질문이라는 것을 고려할 때, 아버지와 의붓아버지가 자신의 딸에게 느낀 성적 각성 경험은 실제보다 낮게 추정되었을 수 있다. 비소아성애자 남성도 소녀들에게 성적 반응을 보일 수 있으며, 일부 남성들은 또래 친구들과의 접촉기회가 충분하지만 성적 접촉의 성공 확률이 낮으면 소녀들과의 성적 접촉을 시도할 것이다. 딸과 같은 공간에 거주하고 있는 아버지 또는 형제들(유전적 또는 사회적)은 어린 소녀들과 함께 살고 있지 않는 남성들보다 더 많은 접촉기회를 갖게 된다.

이러한 성적 접촉기회의 설명은 근친상간 범죄자의 기존 성적 이력을 조사함으로써 검증해 볼 수 있다. 일부 남성들이 성적 접촉기회가 부족하기 때문에 근친상간을 범한다는 가정이 맞는다면 근친상간을 범하는 아버지(또는 형제) 집단의 소아성애적 성적 관심(소아성애자들은 성적 파트너로 성인을 선택하는 경우가 드물기 때문에)과 반사회성(반사회성은 성적 파트너의 수와 밀접한 상관관계가 있으나 성경험을 시작한 나이와는 밀접한 상관관계가 없기 때문에) 요인을 통계적으로 통제할 경우 근친상간 집단은 다른 친족집단보다 성경험 시작 시점이 늦고 성적 파트너로 성인을 만날 기회가 더 적을 것이라는 예상이 가능하다. 근친상간을 범한 아버지(또는 형제)는 다른 유형의 범죄자보다 사회적 지위가 낮고, 자원이 부족하며 신체적인 매력이 낮다고 예측할 수 있다. 접촉기회 측면의 설명은 성적 접촉기회를 찾고 있으나 성인 여성들의 마음을 끄는 데 성공할 정도의 사회적 지위, 자원 또는 신체 매력을 가지고 있지 않은 남성들에게 적용된다.

접촉기회 측면에서의 설명은 특히 의붓아버지와 의붓형제들과 관련된다. Belsky, Steinberg, Draper(1991)와 Ellis(2004)는 부부갈등이 있거나 아버지가 없는 가정에서 성장한 소녀들은 부모가 화목하거나 아버지가 있는 가정에서 성장한 소녀들보다 더 이른 시기에 초경을 경험하며 성적으로 조숙하고 활동적이라는 증거 자료를 재검토했다. 한 가정에서 친아버지가 집을 나간 후 그 가정에 의붓아버지(또는 의붓형제)가 들어오는 경우, 대개 성적으로 성숙하고, 성생활을 일찍 시작하는 소녀들이 있을 때가 많다.

또 근친상간의 설명으로 가족기능 장애에 초점을 맞춘 이론에서도 접촉기회를 다루고 있다(예 : Maddock & Larson, 1995). 이러한 이론에서는 부모 간의 관계가 깨지고 어머니가 성적으로나 정서적으로 문제가 있을 때 근친상간이 발생한다고 본다. 예컨대 아버지는 자신의 성적 · 정서적 욕구를 충족하기 위해 큰딸에게 관심을 돌린다. 이는 자신의 배우자가 우울 상태이며 자신과의 성관계에 관심이 없기 때문이다. 요컨대 자신의 딸이 배우자의 역할을 하게 된다. 이러한 관점을 지지하는 몇몇 증거들이 있다. Lang, Langevin, Santen, Billingsley 그리고 Wright(1990)는 92명의 근친상간 범죄자(86%는 유전적 아버지 또는 의붓아버지로 구성)를 42명의 비범죄자 집단과 비교한 결과, 근친상간 범죄자들은 자신의 파트너와 의사소통이 적고 외로움을 더 많이 느끼며 자신의 파트너에 대해 만족스럽지 않다고 보고했다. 근친상간 범죄자와 비범죄자 집단 간 결혼 기간이나 이전의 결혼 횟수에 있어서는 차이가 없었다. 하지만 Lang과 동료들은 연구집단에 근친상간범이 아닌 일반 범죄자를 비교집단으로 사용하지 않았고 유전적 아버지와 사회적으로 관계된 아버지를 구분하지 않았다. 근친상간이 발생하는 가정 내에서 배우자와의 관계 및 아버지-딸 간의 관계에 대한 후속 연구가 필요하다.

가족기능 장애이론은 근친상간 범죄자와 아동 피해자가 있는 가정을 비교적 잘 설명해 주고 있다(Faller, 1991). Faller 연구에서 가장 놀라운 연구결과는 여성 가해자의 관여이며 여성 가해자 모두 남성을 대상으로 범죄를 저질렀다. 여성 근친상간 범죄자에 대한 내용은 잘 알려지지 않았다(Lawson, 1993; McCartry, 1986).

친부 불확실성

Haig(1999)는 근친상간으로 치러야 하는 대가는 남성보다 여성이 더 크다고 했는

데, 그 이유는 최소 부모 투자에 있어서 성별 차이 때문이다. 딸과 성관계를 한 아버지는 생식을 위한 성관계를 할 수 있는 기회를 잃지 않는 반면, 딸은 친족이 아닌 남성과의 성관계를 통해 건강한 아이를 출산할 기회를 잃을 수 있다. 형제는 자신의 자매에 대해 이와 유사한 대칭적 위치에 있게 된다. 이러한 진화론적 분석을 더 복잡하게 하는 것은 친부의 불확실성이다. 친부의 불확실성은 어머니의 경우 임신 과정을 거치기 때문에 자신이 낳은 자녀와 유전적으로 관계되어 있음을 확신한다. 반면, 아버지는 어머니가 다른 남성과 성관계를 가져서 지금의 자녀를 낳았을 수도 있다고 추정할 수 있기 때문에 자녀와의 유전적 관계에 불확실성을 갖는다(부록 6.2 참조).

　Haig(1999)의 근친상간에 관한 진화론적 설명은 검증 가능한 다양한 가설을 세우게 한다. 지금부터 진화론적 가설에 대한 연구를 하나씩 논의하려 한다. 우선, 최소 부모 투자 이론에 근거할 때 성별에 따른 차이로 인해 근친상간의 영향은 남성보다 여성이 더 크다. 그래서 소녀들은 근친상간의 가능성에 대해 혐오감을 드러내고 소년들보다 더 강하게 저항하며, 근친상간 발생 후에 더 강한 거부반응을 보이는 경향이 있다. 남성(아버지, 형제, 삼촌, 할아버지)들은 여성보다 근친상간을 범할 가능성이 더 크다. 사실 자기보고와 공식 범죄 자료로 볼 때, 근친상간 범죄자는 남성인 경우가 더 많으며, 여성들은 남성들보다 친족들로부터의 아동기 성학대에 대해 더 많은 거부반응을 보인다(Rind, Tromovitch, & Bauserman, 1998; Snyder, 2000). 잠재적으로 임신이 가능한 사춘기에 접어든 소녀들은 사춘기전 소녀에 비해 근친상간 사건에 더 강한 부정적 반응을 보인다. 또 근친상간 시 질내 삽입 및 사정이 있을 때 그렇지 않은 경우보다 부정적 반응을 더 많이 보인다. 한편, Rind와 동료들(1998)은 아동 성학대 피해자에 대한 메타분석 연구에서 근친상간 시 성기 삽입 여부는 이후 결과에 유의미한 요인이 아님을 발견하였다. 그러나 이 메타분석에서는 근친상간 피해자를 여성과 남성으로 구별한 연구 자료가 거의 없었다. Rice와 Harris(2002)는 근친상간 범죄자가 유전적 아버지(35%)일 때 비친족 아동 성범죄자(47%)보다 성범죄 당시 질내 삽입을 할 가능성이 유의미하게 더 적다라는 사실을 발견하였다.

　둘째, 적응 포괄도 이론에 따르면 근친상간의 발생 가능성은 가해자-피해자 간의 유전적 관련성과 역상관을 갖는다. 그러므로 아동과 유전적 관련성이 없는 남성들은(의붓아버지, 기타 의붓친족) 유전적 관련이 있는 남성들(아버지 및 형제)보다 근친상간을 범할 가능성이 더 많다. 아동과 중간 정도의 유전적 관련성을 가진 기타 가족 구성원들(사촌, 삼촌, 할아버지)은 유전적 관련성이 있는 집단과 관련성이 없는 집단 중간에 해당되는 근친상간 가능성이 있다. 앞에서 언급한 것처럼 의붓아버지는 유전적 아버지보다 근친상간을 범할 가능성이 상대적으로 높다(Finkelhor et al., 1990). 필자는 피해자와 유전적 관련성 정도에 따라 유전적 친족들의 근친상간 범행 가능성을 추가적으로 구별한 연구에 대해서는 알고 있는 바가 없다.

셋째, 친부 불확실성은 근친상간 발생 가능성과 관련되어 있다. 즉, 친부 불확실성을 가지고 있는 아버지는 딸과 성적 접촉을 할 가능성이 더 많다(Haig, 1999). 생물학적 측면에서 친부 불확실성이 높은 아버지는 근친상간 가능성이 의붓아버지의 수준과 비슷하다. 이러한 예상은 이전 연구를 바탕으로 검증 가능하다. Blanchard와 동료들(2006)처럼 소아성애증을 통제한 후(연구 대상을 성인 여성 한 명만을 대상으로 성범죄를 저지른 범죄자나 음경체적변동 검사에서 아동에 비해 성인에게 뚜렷한 성적 각성을 보인 남성으로 제한) 딸을 대상으로 범행을 저지른 범죄자와 딸이 있었지만 비친족 소녀를 대상으로 성범죄를 저지른 비근친상간 범죄자를 비교할 수 있다. 이러한 비교연구에서 주안점을 둘 사항들은 딸의 친부라는 사실에 대한 의심 여부, 배우자가 해당 소녀를 임신했을 당시에 집을 비운 여부, 배우자의 과거 불륜, 그리고 다른 남성과 같은 거주 공간을 공유하는 것과 같은 친부 불확실성에 영향을 미칠 수 있는 기타 잠재 요인들이다. Anderson, Hillard 그리고 Lancaster(2006)는 미혼 상태와 계획되지 않은 임신은 낮은 친부 확신과 상관이 있음을 발견하였다. 친부에 대한 불확실성에 영향을 미칠 수 있는 부가적인 요인에는 결혼 불만족, 성적 질투, 다른 남성이 평가하는 배우자의 매력도, 신체외모가 자녀와 닮음, 성격 특성, 관심거리 및 기타 심리적인 특성들이 있다.

끝으로 친부 불확실성은 친부와 관련된 가족 구성원과 친모와 관련된 가족 구성원과 관계되는 근친상간의 대가에 있어서 불균형이 있다고 가정할 수 있다. 근친상간은 친모와 관련된 가족 구성원보다 친부와 관련된 가족 구성원에 의해 발생할 가능성이 더 높다고 가정할 수 있다. 구체적인 예를 들면, 형제는 친모와 관련된 이복자매보다 친부와 관련된 이복자매에게 근친상간을 범할 가능성이 더 높다. 그 이유는 친모와 관련된 이복소녀와 자신이 유전적으로 100% 관련되어 있다고 확신하지만 친부와 관련된 이복자매와는 100% 유전적으로 관련되어 있다고 확신하지 않기 때문이다.

마지막 결론

과거 법률과 관습을 볼 때 오래전부터 문화권과 상관없이 근친상간이 금기시되었다는 것을 알 수 있다. Westermarck(1891, 1921)가 제안한 근친관계 메커니즘은 근친상간 회피를 잘 설명해 주고, 동물 연구와 인간을 대상으로 한 준실험 연구로부터 얻은 타당한 경험적 증거들로 지지되고 있다. 그러나 지금까지 소녀를 대상으로 한 근친상간 원인에 대한 경험적 지식은 일반 아동 성범죄에 보다 많이 부족하다.

인류학 및 진화심리학적 접근의 이론 중심 연구와 근친상간 범죄자를 연구하는 응용 연구 간 불일치가 존재한다. 이러한 불일치는 유감스러운 일인데, 왜냐하면 근친상간의 발생 원인뿐만 아니라 어떤 아동이 근친상간 범죄에 취약한지를 검증해 볼 수 있는 새로운 가설이 많기 때문이다. 다양한 가설 중에서 일부는 다음의 사항들을 고려할 필요가 있다. 즉, 포괄 적응도, 부모 투자, 친부 불확실성이다. 이 분야의 연구는 위험 상황에 있는 가족과 아동을 찾아낼 수 있게 하고 예방 프로그램 개발에도 긍정적인 영향을 미칠 수 있다.

이 장에서 제시한 문헌에 근거하여, 아래의 요인들은 근친상간을 이해하는 데 도움이 된다.

- 유전적 관련성의 정도, 즉 근친상간은 관계가 더욱 밀접한 개인 간에는 발생할 가능성이 적다.
- 가해자와 피해자의 성별, 즉 가해자는 남성일 확률이 높고 피해자는 여성일

확률이 높다.

- 피해자의 연령, 즉 대다수의 근친상간 범죄자는 소아성애증이 원인이 되어 범행하는 것이 아니기 때문에 사춘기전 연령보다 사춘기후 연령의 피해자가 더 많다.
- 성적 행동의 유형, 근친상간 당시 비생식적인 성행위보다 질내 삽입이 포함된 성행위가 더 큰 영향을 미친다.
- 현재의 관계 및 성적 욕구에 대한 불만족, 다른 성적 접촉기회에 대한 관심
- 남성의 매력 정도, 이는 사회경제적 수준과 신체적 특성에 영향을 받으며, 친족이 아닌 다른 비친족 파트너에게 성적으로 접근할 수 있는 기회에 영향을 미친다.
- 아버지, 어머니, 피해자 특성 및 행동에 영향을 받는 친부 불확실성

위의 요소 중 첫 번째와 두 번째 요소를 지지하는 경험적 자료가 있다. 즉, 사회적 아버지는 유전적 아버지보다 근친상간을 범할 위험성이 상대적으로 더 크고, 여성에 비해 남성이 여성 친족에게 근친상간 범죄를 저지를 가능성이 더 크다.

제7, 8장에서는 아동 성범죄, 소아성애증 및 근친상간에 대한 이론적인 이해에 초점을 두기보다는 성범죄자의 재범 위험성 평가와 성범죄 재범을 줄이는 데 도움이 될 수 있는 치료 및 개입방안 등을 소개할 것이다. 이 장에서 다룬 내용들은 제4, 5장에서 검토한 이론들과 밀접한 관련이 있다. 아동을 대상으로 한 성범죄의 시작과 지속성에 관한 경험적 이해를 바탕으로 재범 위험 요인을 찾을 수 있으며, 또 개입은 지금까지 검증된 이론을 바탕으로 할 때 더욱 효과적일 것이다.

근친상간범의 위험성과 개입방안

많은 근친상간 성범죄자들은 재범할 가능성이 적기 때문에 재범 위험성을 줄이기 위한 치료적 개입이 불필요한 경우도 있다. 또 근친상간범은 이미 재범 위험성이 낮기 때문에 치료를 통해 개선될 부분이 작을 뿐만 아니라 종종 부주의한 치료는 이들에게 악영향을 미칠 수도 있다(제7, 8장 참조). 그러나 근친상간의 피해자를 돕고 가족 구성원이 원하는 경우 가족의 재결합을 도와주기 위해 치료적 개입이 필요할 수 있다. 비친족 아동을 대상으로 한 성범죄자들은 일반적으로 피해자들과 다시 접촉할 기회가 거의 없다. 하지만 이들과 달리 일부 근친상간 범죄자들은 피해자들과 다시 만날 수 있다. 가족 거주지에서 아버지나 의붓아버지를 영원히 오지 못하게 하는 것은 나머지 가족 구성원에게 커다란 영향을 줄 수 있는데 즉, 범죄를 저지르지 않은 부모나 아동들에게 정서적 어려움과 경제적 부담을 가중시킬 수 있다. 이와 더불어 친족에 의한 성학대 경험을 폭로한 아동들은 성학대가 지속되는 것을 막기 위해 다시 폭로할 수도 있겠지만 가족과 떨어지거나(아동복지기관 위탁) 가족이 해체되는 것을 원하지 않아 침묵할 수도 있다.

결과적으로 치료자는 가족의 재결합에 초점을 맞추게 된다. 이는 일반적인 가족치료, 근친상간 피해자의 심리적 외상 등을 다루는 심리치료나 지원, 재범 위험성을 높이는 행동과 상황에서 범죄자를 감독하는 것과 관련된 일련의 과정을 의미한다(예 : 범죄자가 술에 취한 다음 근친상간 범죄를 저지르는 경우에 알코올 섭취를 관리감독). 치료 요소에는 범죄자가 책임을 인정하는 것, 아동을 지원하고 범죄자를 감독하기 위해 범죄를 저지르지 않은 부모의 역량 강화, 가족관계 회복을 위한 개입이 포함된다. 핵가족 내에서 발생하는 근친상간은 부부갈등, 근친상간범이 저지르는 배우자에 대한 신체적 폭력, 아동에 대한 신체적 학대 및 방임 등의 문제를 다룬다. 어떤 경우에는 가족갈등의 원인이 자녀에게 있다고 책임을 전가하는 근친상간범으로 인해 가족의 재결합이 좀 더 복잡한 과정을 거치기도 한다(Deblinger, Hathaway, Lippmann, & Steer, 1993; Paveza, 1988). 유감스럽게도 근친상간 범죄가 발생한 가정의 가족 재결합을 위해 기울인 노력을 체계적으로 평가한 결과는 보고되지 않았다. 근친상간 범죄 발생 후 가족 재결합을 시도한 가족의 수, 재결합을 위한 노력이 아동과 가족 또는 범죄자에게 미치는 영향에 대해서도 알려진 바가 거의 없다.

친부 불확실성의 범위

Haig(1999)의 근친상간에 대한 진화론적 가설에서는 친부 불확실성이 근친상간을 설명하는 데 중요한 역할을 한다고 제안한다. 이러한 진화론적 가설이 맞는다면 선조가 살던 과거에는 친부 불확실성이 상당히 높았을 것이 분명하고 이는 다윈의 적응도에도 영향을 주었을 것이다. 만약 이성애자 커플이 전적으로 일부일처제를 따르며 어머니가 항상 본인이 친모라는 사실을 확신하는 것처럼 아버지도 자신이 친부라는 사실에 대해 확신을 한다면 근친상간을 설명하기 위해 이를 논의할 가치가 있다. 현실에서는 이성애자 커플이 전적으로 일처일부주의자가 아니기 때문에 아버지들은 자녀와의 유전적 관계에 대해 확신할 수 없다. 한 설문조사 자료에서 기혼 남성의 20~25%가 배우자가 아닌 다른 사람과 성관계를 맺었고, 기혼 여성의 경우 10~15%가 자신의 남편 이외의 다른 사람과 성관계를 맺는 것으로 나타났다(Laumann, Gagnon, Michael, & Michaels, 1994; Wiederman, 1997).

틀린 친부(false paternity)의 범위는 어떻게 되는가? 즉, 자신이 자녀의 유전적 아버지라고 믿는 남성들 중에 틀린 경우는 몇 퍼센트를 차지할까? 비친부 추정치(estimates of nonpaternity)는 표집된 샘플과 유전자 검사에 따라 달라질 수 있다. 예를 들어, 배우자의 부정을 의심하거나 자녀 양육권 등의 법적 문제 상황에서 비친부의 비율이 일반적인 가족 연구 때보다 더 높을 것으로 기대된다. 반면에 유전자 검사를 시행하기 전 사전면담을 통해 어머니에게 유전자 검사가 친부 여부를 밝힐 수 있다는 사전 정보를 제공하기 때문에, 이러한 표본에서 얻은 비친부의 추정치는 편향될 수 있다. Lisker, Carnevale, Villa, Amendare 그리고 Wertz(1998)의 설문조사 결과에 따르면, 유전자 검사 시행 전 88%에 해당되는 대상자가 검사 관련 사전정보를 제공받은 것으로 나타났다. 유전자 검사 실시 전 사전정보를 제공하는 것은 틀린 친부를 실제보다 적게 만드는 편향으로 작용할 수 있다.

최근 Anderson(2006)은 비친부에 대한 유전적 증거에 관한 문헌을 검토하였다.

그는 일반 의학적 유전자 검사 과정에서 얻은 표본을 분석한 연구에서 비친부 비율이 22%였으며, 양육권 등의 법적 분쟁이 있는 표본들에서 평균 비친부 비율이 30%라는 것을 확인하였다. 일반 사람들보다 반사회성이 높은 근친상간 범죄자 집단이 비친부 비율이 더 높을 것이라는 예측이 가능하다. 그 이유는 부부 간의 관계가 덜 안정적이기 때문이다(Lalumière, Harris, Quinsey, & Rice 2005). 비친부 비율이 30% 이상이 나왔다는 것은 확실히 친부 불확실성이 유전적 근친상간 사건의 상당한 부분을 차지한다는 것을 의미한다.

또는 잠재적인 다른 형태의 문제는 불륜 및 비친부의 과거 리스크와 관련된다고 여겨졌다. 성적으로 시기하지 않는 남성들은 유전적 친족이 아닌 자녀에게 투자할 위험이 있다. 이러한 남성들은 배우자의 불륜 리스크에 대해 방심하지 않는 남성들보다 자신의 유전자를 전수할 가능성이 낮다(Buss, 1994, 1999). 진화론적 이론가들은 아동이 어머니보다 아버지를 더 닮았다고 말하는 경향이 아버지가 친부라는 사실을 더 강조하기 위한 시도라고 제안했다(Christenfeld & Hill, 1995; Daly & Wilson, 1982; Regalski & Gaulin, 1993, 상반된 견해 : Brédart & French 참조, 1999). Bressan과 Dal Martello(2002)는 사람들이 부모와 아이를 매칭할 기회보다 더 나은 행동을 하지 않는다(people do little better than chance at matching parent and child)는 사실을 보여주는 일련의 연구에 대해 검토했다. 닮았다는 평가에 대해 가장 크게 영향을 주는 요소는 부모와 아동 간의 전반적인 관계에 대한 응답자의 믿음이다. Pagel(1997)은 일반적으로 보이는 아기에 대한 선별이 가능하다고 제안한다. 이러한 아기들은 친부에 대한 의심을 유발하지 않을 것이다. 아기와 그 또는 그녀의 추정되는 아버지 간에 분명히 닮은 부분이 부족하기 때문이다.

또한 일부 연구에서는 남성이 아동과 닮았다고 지각하는 경우, 아동에게 돈 또는 시간을 쓰거나 자녀 지원비 지출, 심지어 입양 같은 중요한 문제에 대해 남성들의 가설적 결정에 유의미한 영향을 주지만(Platek, Burch, Panyavin, Wasserman & Gallup, 2002; Plateck et al., 2003), 이러한 문제에 대한 여성들의 결정에는 유의미한 영향을 주지 않는다고 밝혔다(Plateck et al., 2003). 이와 더불어 다른 연구에서는 아동과 닮았다고 지각한 경우 자기보고된 아동과의 관계의 질과 유의미하고 밀접한 관련성을 보이지만 신체적으로 학대하는 남성 표본의 경우 해당 어머니가 겪는 상해의 심각도와는 역상관을 보였다(Burch & Gallup, 2000). Burch와 Gallup(2000)의 연구결과에서는 근친상간 범죄자에 대한 차후 연구를 위해 친부 불확실성의 또 다른 가능 요인으로 피해자의 어머니에게 발생한 폭력, 특히 성적 시기 또는 불륜에 대한 의심의 결과로 발생하는 폭력을 제안하고 있다.

CHAPTER 7

위험성 평가

아동 성범죄자 관련 일에 종사하는 임상가와 의사결정권자(예 : 사법 분야에 종사하는 심리학자, 보호관찰관)의 중요 업무 중 하나는 아동 성범죄자들 중 미래에 다시 재범을 저지를 성범죄자를 찾아내는 것이다(부록 7.1 참조. 재범의 정의, 재범 예측의 통계적 정확도, 기타 성범죄 위험성 평가 연구 및 실무에 관한 개념). 요컨대 어떠한 요인이 성범죄 재범자와 비재범자를 변별해 주는가? 평가자는 범죄자가 얼마나 빨리 새로운 범죄를 저지르는지, 그리고 재범의 범죄가 얼마나 심각할지에 대해 관심을 갖는다. 재범 위험성은 범죄의 지속성(maintenance)에 관한 것으로, 이미 아동 성범죄를 저질러 그 범행이 밝혀진 범죄자가 미래에 다시 성범죄를 저지를 가능성에 관한 물음이며, 어떤 한 개인이 아동을 대상으로 처음으로 성범죄를 저지르는 '성범죄의 시작'과는 다른 개념이다. 재범에 관계된 변인은 범죄의 지속성에 관한 것으로 최초 성범죄의 시작은 설명할 수 없다.

재범 위험성 평가는 다각적이고, 서로 중첩되는 질문을 담고 있다. 위험성 평가에 다음과 같은 영역들이 포함된다. (a) 범죄자의 위험이 법적 기준에 부합하는지에 대한 결정(예 : 캐나다의 법정 공판에서는 위험한 범죄자의 경우 부정기형의 선고가 가능하며, 미국의 민사적 감금제도[1]는 성범죄자에게 선고된 징역형을 종

---

1 역자 주 : 우리나라의 치료감호제도와 유사하다. 예를 들어 성범죄자가 법정에서 징역 5년에 치료감호

료한 후에도 계속해서 더 수용할 수 있게 함), (b) 범죄자를 재범 위험성 정도에 따라 적절한 보안 수준의 구금시설, 보호관찰의 관리 감독, 치료집단 등에 배치하는 것, (c) 지역사회 내 보호관찰을 통해 범죄자가 안전하게 관리되고 있을 때 관리감독 조건의 수정에 대한 결정, (d) 치료적 개입 시 새로운 범죄를 저지를 가능성을 줄이고, 이를 최소화하기 위해 개입의 영역을 명확히 하는 것이 포함된다. 재범 위험성 평가와 관련하여 첫 번째와 두 번째 영역(a, b)은 나머지 두 개의 영역(c, d)에 비해 더 많이 알려져 있다.

이 장에서 필자는 성범죄 재범을 예측하는 평가도구들의 예측력과 타당도를 중심으로 성범죄 위험성 평가 관련 문헌을 개관할 것이다. 또 실제 임상현장에서의 위험성 평가와 관련된 쟁점, 위험성 평가에서의 임상적 수정, 다면적 위험성 척도를 포함시켰을 때의 예측력의 변화, 그리고 소아성애증을 가진 남성(아동 포르노 소지 범죄자) 혹은 비접촉 성범죄(예 : 성기 노출)의 시작에 관한 위험성 평가에 대해 논의할 것이다. 그리고 끝부분에서는 성범죄자 위험성 평가에 관한 후속 연구 방향과 임상적 활용을 제안할 것이다.

성범죄 재범

아동을 대상으로 한 성범죄자에 대한 사회적 견해와 정책들은 "아동 성범죄자들에게 다시 한 번의 기회가 주어져도 그들 대부분은 다시 성범죄를 저지른다."는 시각에 의해 만들어진 것으로 보인다. 이러한 영향으로 인해, 아동 성범죄자들에게 장기간의 중형이 선고되고, 강력한 통제 수단으로 신상정보 공개제도, 경찰서 등록, 주거 제한(아동에게 접근이 용이한 장소, 이를테면 공원이나 학교 등이 있는 장소에서 일정한 거리만큼 떨어진 곳에서 주거) 등의 제재를 받는다. 그러나 우리가 알고 있는 일반의 대중적 견해와는 달리, 실제 아동 성범죄자들의 상당수는 재범을 하지 않는다. Hanson과 Bussière는 61편 논문을 바탕으로, 약 24,000명에 대한 성범죄 재범률을 검토하였다. 그 결과 전체 아동 성범죄자 9,603명을 평

를 선고받게 되면, 치료감호소에 수용되어 5년간 복역하였더라도 법무부 치료감호심의위원회심사를 통과하지 못할 경우 최장 15년간 계속 수용이 가능하다.

균 5~6년 동안 추적하였을 때, 평균 재범률이 13%로 나타났다. Langan, Schmitt, 그리고 Durose(2003)의 연구에서는 4,295명의 아동 성범죄자 중 출소 후 3년 내 5% 정도만이 성범죄로 다시 구속된 것으로 나타났다.

Hanson, Steffy, 그리고 Gauthier(1993)는 197명의 아동 성범죄자를 석방 시점부터 평균 21년 동안 장기간 추적하였다. 그 결과 21년 동안 범죄자의 42%가 폭력 또는 성범죄 재범을 범하였고, 10년 혹은 그 이상의 기간 동안에는 23%가 재범한 것으로 나타났다. Prentky, Knight, 그리고 Lee(1997)는 비친족 아동을 대상으로 성범죄를 저지르고 치료기관에서 1959년~1984년 사이에 석방된 남성 범죄자 111명을 추적 조사하였다. 24년 내에 이들 중 40명(36%)이 성범죄 재범을 저질렀으며, 일부는 석방 후 오랜 기간 동안 재범을 하지 않았다.

여기에는 확인된 재범률(일반적으로 다시 체포 혹은 새로운 범죄로 기소)과 실제 낮게 추정된 재범률이 존재한다. 피해자가 경찰에 범죄를 신고할 가능성, 경찰이 범죄자를 체포할 가능성, 그리고 기소의 성공 가능성 등이 복잡하게 얽혀 있기 때문에 성범죄 재범이 얼마나 낮게 과소 추정되었는지 정확하게 알 수 없다(부록 7.1 참조). Hanson, Morton, 그리고 Harris(2003)는 실제 재범률은 10~15% 정도로 공식적으로 밝혀진 재범률보다 높다고 주장하였다. 이상의 연구결과들은 아동 성범죄자들 중 일부는 재범을 하지 않는다는 것을 보여준다. 임상가과 정책 입안자의 도전은 성범죄 재범을 저지를 사람과 재범을 하지 않을 사람을 구분하는 것이다.

재범의 위험 요인

지난 몇십 년간 성범죄자를 추적 조사한 연구를 검토한 결과, 반사회성 (antisociality)과 비전형적 성적 기호(atypical sexual interests)가 성범죄의 주요한 위험 요인으로 확인되었다(Doren, 2004c; Hanson & Bussière, 1998; Hanson & Morton -Bourgon, 2004; Quinsey, Harris, Rice, & Cormier, 1998; Quinsey, Lalumière, Rice, & Harris, 1995; Seto & Lalumière, 2000). 제4장에서 논의한 것처럼, 반사회성 지표들은 이전 범죄력, 아동기 품행문제, 청소년기 비행, 반사회적 성격 특

성, 비행을 저지르는 또래집단과의 교류, 반사회적 태도와 신념, 그리고 물질남용이다. 반사회성 영역은 아동 성범죄자뿐만 아니라 아동과 성인 모두를 대상으로 성범죄를 저지른 집단(Gendreau, Little, & Goggin, 1996), 그리고 성인 대상 성범죄자 집단, 여성 범죄자, 청소년 범죄자, 정신장애를 가진 범죄자 집단 등 다른 유형의 범죄자 집단에서의 재범 평가에서도 공통적으로 포함된 변인이다 (Bonta, Law, & Hanson, 1998; Lalumière, Harris, Quinsey, & Rice, 2005; Lipsey & Derzon, 1998). 비전형적 성적 기호와 관련된 지표는 이전 성범죄력, 음경체적 변동 검사에서 아동 및 강압적인 성관계 자극에 대한 성적 반응, 그리고 성범죄 피해자의 특성이다(제2장 참조). 반사회성과 비전형적 성적 기호에 관한 또 다른 예를 표 7.1에 정리하였다.

성범죄자들의 반사회성과 비전형적 성적 기호 모두가 성범죄 재범을 예측하고, 반사회성 변인은 성범죄뿐만 아니라 다른 일반 범죄 재범을 예측한다(Hanson & Bussière, 1998; Hanson & Morton-Bourgon, 2004, 2005). 따라서 높은 반사회

표 7.1. 성범죄 재범의 주요 지표(각 영역별 효과의 크기순으로 제시)

변인	평균 효과의 크기(d)	사례수	연구 건수
반사회성			
• 이전 범죄력	.32	14,800	31
• 아동기 행동문제	.30	1,996	8
• 사이코패스(PCL-R)[*]	.29	2,783	13
• 아동기 범행	.24	2,849	16
• 성범죄에 허용적인 태도	.22	1,617	9
• 반사회성 성격장애	.21	3,267	12
비전형적 성적 기호			
• 성적 몰두	.39	1,119	6
• 아동 자극에 대한 음경체적변동 검사 반응[**]	.32	1,278	10
• 비접촉 성범죄	.31	10,238	22
• 일탈적 성적 기호	.24	2,180	13

주 : Hanson & Morton-Bourgon(2004, pp. 29~31)에서 발췌
* PCL-R : Psychopathy Checklist-Revised Score
** Phallometrically assessed arousal to children

성을 보이는 성범죄자의 경우 다른 종류의 범죄를 저지를 가능성이 높으며, 비전형적 성적 기호가 높은 경우에는 좀 더 성적으로 동기화된 범죄를 저지를 가능성이 있다. 제2장에서 논의한 소아성애증 진단 지표(음경체적변동 검사에서 아동 자극에 대한 각성, 남자 아동 피해자, 비친족 피해자)들은 성범죄 재범을 예측한다. 사실 지금까지의 성범죄 재범에 관한 연구들을 놓고 볼 때, 비전형적 성적 기호 변인은 단일 요인으로 가장 강력한 성범죄 재범 예측 변인이다(Hanson & Bussière, 1998; Hanson & Morton-Bourgon, 2004). 반사회성과 비전형적 성적 기호 모두가 높은 청소년과 성인의 경우 성범죄 재범을 저지를 가능성이 가장 크다(Gretton, McBride, Hare, O'Shaughnessy, & Kumka, 2001; Rice & Harris, 1997; Seto, Harris, Rice, & Barbaree, 2004). 그러므로 아동에 대한 성적 기호와 반사회성은 성범죄 재범 예측과 관련하여 가장 주목받는 요인이다.

아동 대상 성범죄자들 사이에 주요한 위험 요인인 반사회성과 비전형적 성적 기호는 실질적이면서도 이론적인 의미를 갖는데, 이는 기존에 개발된 대부분의 위험성 평가도구에 이 두 가지 영역이 포함된 것을 볼 때, 그 의미가 보다 명확해진다(Seto & Lalumière, 2000, 참조). 더욱이 제4장에서 논의한 바와 같이, 성범죄 발생을 설명하기 위해서는 반사회성과 비전형적 성적 기호 모두를 고려할 필요가 있다. 마지막으로 필자가 제8장에서 보다 구체적으로 다룰 내용이지만, 일반 범죄자를 대상으로 그 효과성이 입증된 치료 프로그램은 성범죄자를 위한 치료 프로그램 설계에 좋은 모델이 될 수 있다. 그러나 그와 동시에 소아성애증을 가진 성범죄자를 치료하는 장면에서는 비전형적인 성적 기호를 수정하기 위한 명확한 치료 목표의 설정이 필요하겠다.

위험성 평가도구의 개발

형의 선고, 치료집단의 배치, 관리감독 조건 등의 위험성과 관련된 의사결정을 위해 어떻게 위험 요인과 관련된 정보를 조합해야 하는가? 위험성 관련 정보 조합에는 서로 다른 접근법이 존재한다. 비구조적 임상적 판단은 주관적인 평가와 추정된 위험 요인들의 가중법을 사용한다. 비구조적 임상적 판단은 전통적인 임상적 평가방식으로 평가자는 대상자를 면담하고, 공식적인 정보를 검토한 후, 해당 사례의 예후(재범 가능성 등)에 대한 의견을 제시한다. 구조화된 임상적 판단은 위험 요인으로 추정되는 특정 영역을 집중적으로 평가하는 체크리스트 등의 지침을 사용한다. 필자가 비구조적 임상적 판단과 구조화된 임상적 판단을 설명할 때, 추정된 위험 요인을 언급한 이유는 이들 요인이 실증적인 면에서 최종 결과(예 : 재범 여부)와 관련이 없거나 심지어 부적 상관을 보일 수 있으므로 예측이 맞을 가능성이 적기 때문이다.

실증적 지침에 따른 평가는 경험적으로 재범과 실증적으로 검증된 위험 요인들을 포함하고 있다. 그러나 확인된 위험 요인의 조합과 문항의 가중치는 여전히 주관적 성격을 갖는다. 마지막으로 계리적 평가는 객관적으로 수량화할 수 있는 실증적으로 확인된 위험 요인을 포함하고 있으며, 각각의 문항과 결과(재범) 간의 확립된 실증 자료에 기초하여 확률적 추정치를 제공한다. 이 도구는 재범 예측에 기여하는 여러 개의 단일 문항이 조합되어 하나의 계리적 평가도구가 된다. 통계적 추정치는 동일한 점수(혹은 동일한 점수 범위)로 평가된 개인이 특정 기간 내 기대되는 재범률을 의미한다. 계리적 위험성 평가 기법은 보험설계와 암의 진행단계별 환자의 생존율과 같은 다소 생소한 분야에서도 널리 활용되고 있다. 동일한 맥락에서 제2장에서 소개한 소아성애자 선별도구(Screening Scale for Pedophilic Interests, SSPI)는 아동을 대상으로 성범죄를 저지른 전력이 있는 성범죄자가 음경체적변동 검사에서 아동에 대한 성적 기호를 나타낼 가능성을 판단할 때에도 사용될 수 있다.

계리적 위험성 평가

실증적 지침에 따른 평가와 계리적 평가법이 도입되기 전인 1990년대 초반까지 비구조적/구조화된 임상적 판단이 범죄자의 위험성 평가에 일반적으로 활용되었다. 그러나 아쉽게도 일반적으로 전문가 집단이 주로 사용해 온 비구조적/구조화된 임상적 판단은 성범죄뿐만 아니라 폭력범죄에서도 낮은 예측력을 보여, 이러한 임상적 판단에 회의적 견해가 대두되었다(Monahan, 1981). 일찍이

Meehl(1954)은 비구조적 임상적 판단의 수많은 문제점을 지적하였다. 비구조적 임상적 판단에는 대표성 추단법(representativeness heuristic : 평가자가 하나의 요인을 가지고 전형적인 상습 성범죄자로 확대 지각) 혹은 가용성 추단법(availability heuristic : 판단을 내릴 때 하나의 요인이 현저한 것으로 확대 지각)과 같은 인지적 편향이 영향을 미치게 되며, 실증적으로 확인된 위험 요인들에 부적당한 가중치를 부여하게 되므로 위험 요인을 통계적으로 다루지 못하는 결과를 야기한다. 위의 예시와 같이 비구조적 임상적 판단의 첫 번째 문제점은, 실제 임상장면의 많은 전문가들이 성범죄 책임 회피가 성범죄 재범과 실증적으로 관련이 없음에도 불구하고 성범죄자 심리치료에 치료 타깃이 되는 '성범죄의 책임 수용'을 중요한 위험 요인으로 여기고 있다는 것이다(Hanson & Morton-Bourgon, 2004). 또 다른 문제점으로 이전 범죄 횟수와 교정시설의 수용 전력 모두 재범과 유의미하게 관련되어 있고, 이 두 변수는 높은 상관을 보인다. 그러나 다변량 통계분석에서 두 변수 모두를 고려하였을 때, 특이하게도 이전 범죄 횟수만이 재범 예측에 기여하는 것으로 나타났다(Quinsey, Harris, et al., 1998).

지난 15년 동안 성범죄자 위험성 평가에 계리적 위험성 척도가 널리 사용되었다. 계리적 위험성 평가법이 비구조적 임상 판단보다 우수한 예측력을 보여준다는 연구결과가 많이 있다(Ægisdóttir, Spengler, & White, 2006; Grove et al., 2000). 비록 성범죄자 평가에 있어 계리적 위험성 척도의 사용을 반대하는 주장이 있었지만(예 : Litwack, 2001), 현장의 실무자들 사이에서 이 도구가 일반적으로 사용되었다. 성폭력 예방 및 성범죄자 치료 분야에 종사하는 전문가로 구성된 국제적인 조직인 ATSA(Association for the Treatment of Sexual Abusers)는 공식적으로 성인 남성 성범죄자를 평가할 때 계리적 평가척도를 사용할 것을 권고하였다(Hanson, 2000). 성범죄자 위험성 평가에 대한 최근 문헌에서도 계리적 평가척도의 사용을 권고하였으며(Doren, 2002), 2004년 8월 성범죄자 평가자를 설문조사한 연구에서도 민사적 감금제도(civil commitment) 법률을 적용하고 있는 17개 대부분의 주에서 계리적 위험성 척도를 사용하는 것으로 나타났다(D. M. Doren과 개인적 교신, 2004년 10월 6일). 무엇보다 중요한 것은 계리적 위험성 척도의 예측 정확도인데, 연구결과는 계리적 위험성 척도의 예측 정확도가 실증적 지침 및 비구조화된 임상적 판단에 비해 유의미하게 높은 것으로 나타났다(Hanson et al., 2003 참조). 계리적 위험성 척도가 높은 예측 정확도를 보여줌으로써 이 척도는 아동 성범죄 예방, 제한된 치료 시간의 효율적 분배에 도움을 주고, 수많은 성범죄자의 관리감독에 관한 의사결정에 활용될 수 있었다.

계리적 위험성 평가척도

성범죄자 위험성 평가에 사용되는 계리적 위험성 평가척도에는 폭력 위험성 평가(VRAG; Harris, Rice, & Quinesy, 1993), 성범죄자 위험성 평가 가이드(SORAG; Qyinsey, Harris, et al., 1998), 간편 성범죄 재범 위험성 평가(RRASOR; Hanson, 1997), 그리고 Static-99(Hanson & Thornton, 2000)가 있다. 이들 도구들은 예측 타당도가 매우 우수하며, 개발자 외의 다른 연구자들이 새로운 샘플을 대상으로 독립된 연구를 수행하여 교차 타당도가 검증되었다(예 : Barbaree, Seto, Langton, & Peacock, 2001; Langton, Barbaree, Seto, Peacock, & Harkins, 2007; Sjöstedt & Långström, 2001).

이들 계리적 위험성 척도는 실증적으로 개발되었고, 개발자들이 동일한 성범죄자 재범 관련 문헌(Hanson & Bussière, 1998; Hanson & Morton-Bourgon, 2004)을 주로 참고하였기 때문에 각각의 척도들에서 서로 중첩되는 유사 문항이 상당히 많다. 사실 SORAG는 VRAG의 변형판이며, Static-99에는 RRASOR의 모든 문항을 포함하고 있다. 이들 모든 척도는 아동 대상 성범죄자 재범의 예측 정확도에서 높은 수치를 나타냈다(Bartosh, Garby, Lewis, & Gray, 2003; G. T. Harris, Rice, et al., 2003). 현재 VRAG, SORAG, RRASOR, Static-99는 현장에서 널리 사용되고 있기 때문에 아래에서 좀 더 자세하게 다룰 것이다. 이들 척도의 사용 판권에 대한 사항을 참고자료 B(p. 290)에 자세하게 소개하였다.

폭력 위험성 평가

폭력 위험성 평가(VRAG)는 폭력 범죄자에게 적용하기 위해 개발된 것으로 폭력범죄 재범(violent recidivism : 새로운 비성적 폭력범죄로 폭행 혹은 신체 접촉이 포함된 새로운 성범죄로 정의)을 예측하도록 고안되었다. VRAG는 12개 문항으로

구성되어 있다 : ① 16세 이전에 친부모와의 분리, ② 초등학교 부적응, ③ 알코올 문제 과거력, ④ 혼인 경험 없음, ⑤ 비폭력범죄 전력, ⑥ 이전 조건부 석방의 실패, ⑦ 상대적으로 어린 연령에서의 본건 범죄, ⑧ 본건 범죄 피해자의 적은 손상, ⑨ 본건 피해자에 여성 없음, ⑩ 정신질환 진단기준(DSM-IV)에 부합되는 성격장애, ⑪ 조현병 진단기준에 맞지 않음, ⑫ 사이코패스 평가점수(PCL-R; Hare, 1991, 2003). 문항의 가중치는 개발 당시 표집에서 예측 변인과 폭력범죄 재범 간의 실증적 상관에 근거하여 부여되었다. VRAG 개발 당시 표집의 폭력 재범 기저율에 근거하여 점수 1점당 5%의 차이를 낳게 하였다(7년 동안 추적 조사에서 밝혀진 폭력범죄 재범 기저율은 31%). 예컨대 본건 피해자의 성별이 여성일 경우 −1점으로 채점되고, 남성일 경우 +1점이 된다. 이 경우 피해자 성별 외 다른 문항의 점수가 동일하다면 피해자가 여성인 범죄자의 26%가 7년 내 새로운 폭력범죄 재범을 저지르고, 본건 범죄의 피해자가 남성인 범죄자의 경우 36%가 같은 기간 내 새로운 폭력범죄를 저지른다는 의미다. VRAG 총점의 범위는 −26점에서 +38점이다. 피검자는 자신이 VRAG에서 얻은 총점에 따라 9가지 폭력 위험성 범주 중 한 가지로 분류된다.

범죄 행동을 설명할 때 사이코패스가 중요하기 때문에(부록 4.2 참조), PCL-R은 VRAG에서 중요한 평가 영역이며 PCL-R은 VRAG 개별 항목 중 총점에 가장 큰 영향을 미친다. 범죄자의 PCL-R 점수는 공식기록의 검토와 반구조화된 면담을 바탕으로 산출된다. PCL-R은 20문항으로 이루어져 있으며, 충동성, 무책임성, 냉담성과 같은 성격 특성에 관계된 문항은 0점(없음), 1점(다소 의심), 2점(있음) 기준에 따라 채점한다. 20문항을 바탕으로 총점의 최고점은 40점이다.

성범죄자 위험성 평가 가이드

성범죄자 위험성 평가 가이드(SORAG)는 VRAG를 변형한 척도로 SORAG와 유사한 연구방법을 통해 개발되었다. SORAG는 피해자와 직접적인 신체 접촉이 있었던 성범죄자를 대상으로 개발되었고 폭력범죄 재범을 예측하도록 설계되었다. SORAG는 14개 문항으로 구성된다 : ① 16세 이전에 친부모와 함께 생활하지 않음, ② 초등학교 부적응, ③ 알코올 사용 문제, ④ 혼인 경험 없음, ⑤ 비폭력범죄 과거력, ⑥ 폭력범죄 과거력, ⑦ 이전 성범죄 전력, ⑧ 본건 범죄 피해자의 성별과 나이, ⑨ 조건부 석방의 실패, ⑩ 본 범행 당시 어린 연령, ⑪ 정신장애 진단기준에 해당되는 성격장애, ⑫ 조현병 진단기준에 맞지 않음, ⑬ 음경체적변동 검사에서의 일탈적 성적 기호, ⑭ PCL-R 점수(Quinsey, Harris, et al., 1998). VRAG와 마찬가지로 SORAG에서도 PCL-R 점수가 총점에 가장 많은 영향을 미친다. SORAG 총점의 범위는 −27점에서 +51점이다. 피검자는 자신이 SORAG에서 얻은 총점에 따라 9가지 폭력 위험성 범주 중 한 가지로 분류된다.

VRAG와 SORAG는 폭력범죄 재범을 예측하기 위해 개발된 도구로 재범 예측에는 비성적 폭력범죄와 피해자와의 신체 접촉이 있는 성범죄 모두를 포함한다(단, 아동 포르노 소지, 신체적인 접촉이 없는 외설적인 노출 행동, 성인과의 성매매는 폭력범죄 재범 정의에서 제외). 사법당국을 통한 공식 범죄기록을 분석한 결과, 사실 외견상은 비성적 폭력범죄이나 범죄자의 전과기록을 면밀히 검토해 보면 성적으로 동기화된 폭력범죄가 많음을 알 수 있다(Rice, Harris, Lang, & Cormier, 2006). 이러한 이유로 Rice 등(2006)은 성범죄자 재범 위험성 연구에 폭력범죄 재범 지표를 사용하는 것이 바람직하다고 주장하였다.

간편 성범죄 재범 위험성 평가

간편 성범죄 재범 위험성 평가(RRASOR)는 적어도 한 번 이상 성범죄로 기소된 전력이 있는 남성을 대상으로 개발되었고, 성범죄 재범을 구체적으로 예측할 수 있도록 설계되어 있다. 성범죄 재범을 정의하는 방식 때문에 어떤 성범죄 관련 재범은 '비성적' 범죄로 분류되어 기소 혹은 유죄판결을 받는다[예 : 유죄판결을 보장할 만큼 아동을 대상으로 성범죄를 시도했다는 증거가 불충한 상황에서 유죄답변 협상(plea-bargaining)[2]이 이루어지고 마침내 폭력범죄로 유죄가 확정됨]. RRASOR는 4개 문항으로 구성되어 있다: ① 이전 성범죄로 기소 혹은 유죄판결 횟수, ② 출소 당시 연령, ③ 남성 피해자, ④ 비친족 피해자(Hanson, 1997). 각

---

2 역자 주 : 유죄 답변 협상(plea-bargaining)은 양형거래라고도 하며 형사 사건에서 피고인과 검찰이 상호 협상하여 피고인이 다른 중죄에 대한 가벼운 처벌을 바라고 경죄에 대해 유죄를 인정하는 것을 말한다.

문항은 성범죄 재범과의 독립적 부하량에 따라 가중치를 두고 있으며, 총점의 범위는 0점에서 6점이다.

Static-99

Static-99는 적어도 한 번 이상의 성범죄를 저지른 남성을 대상으로 개발되었고, 특히 성범죄 재범에 초점을 두고 있으나 성범죄와 폭력범죄 재범 모두를 예측할 수 있도록 설계되었다. Static-99는 총 10개 문항으로 구성되어 있는데, 이 중 4개 문항은 앞서 소개한 RRASOR와 동일하다(Hanson & Thornton, 2000). 추가적인 문항으로는, ① 이전 유죄판결, ② 비접촉 성범죄 유무, ③ 본건의 비성적 폭력범죄, ④ 이전 비성적 폭력범죄 전력, ⑤ 낯선 피해자, ⑥ 2년 이상의 동거 및 결혼 유무 문항이다. 총점의 범위는 0점에서 12점이다. 피검자는 자신이 Static-99에서 얻은 총점에 따라 7가지 위험성 범주 중 한 가지로 분류된다(총점이 6점 이하인 피검자는 도구개발 당시 사례수가 적은 관계로 하나의 집단으로 분류됨).

기타 위험성 척도

지금까지 소개한 위험성 평가척도 외에 다양한 위험성 척도가 연구문헌에 보고되었다. 그 수가 너무 많아 모두를 소개할 수 없지만, 상대적으로 많이 알려진 도구를 소개한다면, 미네소타 성범죄자 선별 도구-개정판(Minnesota Sex Offender Screening Tool-Revised), 성폭력 범죄의 위험성 프로토콜(Risk for Sexual Violence Protocol), 그리고 성폭력 위험-20(Sexual Violence Risk-20)이다. Doren(2000)과 Langton(2003)이 성범죄자 재범 위험성 평가에 대해 자세하게 소개하고 있기 때문에 여기서 이들 도구를 구체적으로 더 다루지 않을 것이다. Langton을 포함하여 이들 척도의 예측 타당도를 지지하는 몇 편의 연구가 있지만 앞서 소개한 위험성 평가척도와 유사한 수준이다. 비록 청소년 성범죄자를 대상으로 조금의 연구가 수행되었지만 아직까지 계리적 평가방식으로 청소년 성범죄자나 여성 성범죄자를 대상으로 하는 폭력/성범죄 재범 위험성 평가도구는 개발되지 않았다(Epperson, Ralston, Fowers, DeWitt, & Gore, 2005; Parks & Bard, 2006).

어떤 계리적 위험성 평가척도가 가장 좋은가

Hanson 등(2003)은 계리적 위험성 평가도구 중 교차 타당도가 가장 많이 보고된 도구가 Static-99이며, 성범죄 재범 예측에 있어 평균 AUC(Area Under Curve : 성범죄자 위험성 평가도구의 예측 정확도를 제시할 때 흔히 사용되는 지표, 부록 7.1 참조)가 가장 높다고 하였다. 성범죄 재범 예측에서 Static-99의 평균 AUC가 VRAG보다 유의미하게 높았지만 SORAG와 RRASOR와는 유의미한 차이가 없었다. 한편, Hanson과 Morton-Bourgon(2004)은 그들의 교차 타당도 연구를 통해 폭력범죄 재범 예측에서 VRAG와 SORAG의 평균 효과의 크기가 RRASOR나 Static-99보다 크다고 보고하였다. 이러한 연구들은 접근 가능한 모든 연구물을 검토한 후 수량화된 방식으로 결과를 도출한다. 이들 연구에서 흥미로운 사실은 계리적 위험성 평가척도들을 서로 직접적인 방식으로 비교한 연구들에서는 폭력 혹은 성범죄 재범 예측 정확도의 차이가 일관되게 나타나지 않았다는 것이다 (Barbaree et al., 2001; Dempster, 1999; Langton et al., 2007; Nunes, Firestone, Bradford, Greenberg, & Broom, 2002; Sjöstedt & Långström, 2001). 단, 예외적인 경우로 Harris 등(2003)의 연구에서는 VRAG와 SORAG의 폭력범죄 재범 예측도가 Static-99나 RRASOR보다 유의미하게 높은 것으로 나타났다.

이들 계리적 위험성 척도 간의 예측 정확도 차이의 일관성이 부족한 것에 대한 타당한 설명은 자료의 수집 방법과 척도 문항이 서로 유사하다는 것이다. 따라서 Kroner, Mills, Reddon(2005)의 연구에서, 현재 널리 사용되는 재범 위험성 평가도구(PCL-R, Level of Service Inventory-Revised, VRAG, General Statistical Information on Recidivism)로부터 준무선적 방식으로 문항을 추출하여 새로운 4개의 평가척도를 만든 후 기존 평가도구와 예측 정확도를 비교한 결과 유의한 차이가 없었다는 사실은 그리 놀랄 일이 아니다. 준무선적 방식으로 새롭게 만들어진 척도와 4개의 기존 평가도구 간에 서로 유의미한 정적 상관을 보였다.

정적 · 동적 위험성

계리적 위험성 평가척도의 문항 대부분은 개인력(예 : 이전 범죄력, 알코올 남용 이력)과 쉽게 잘 변화되지 않는 개인의 안정적인 성향(예 : 반사회성, 소아성애)과 같은 정적 위험 요인들(static risk factors)이다. 동적 위험 요인(dynamic risk factors)은 변화가 가능하고(예 : 반사회적 태도와 아동과의 성관계에 대한 왜곡된 인지), 일시적인 기복을 보일 수 있는 요인(예 : 알코올 섭취로 인한 급성 중독)으로 이론적 관점에서 치료 개입에서 타깃이 되는 요인이다.

일부 임상가와 연구자들은 정적 위험성 요인에 기초한 평가는 성범죄자들이 변화되지 않는다는 위험성 평가 점수 자체의 딜레마가 있기 때문에 위험성 평가에 동적 위험 요인을 추가하는 것이 필요하다고 주장한다. 일단 한 범죄자가 SORAG나 Static-99와 같은 정적 위험성 평가 점수 때문에 가석방이 취소될 때, 그 범죄자가 부가적으로 할 수 있는 일은 없다. 그러나 그 범죄자가 치료 프로그램에 참여하였고, 석방 후 취업이 예정되어 있고, 가족관계가 개선되었을 경우 위험성 평가 점수도 달라져야 하며, 당연히 위험성에 기초한 처우에 대한 의사결정도 달라져야 한다. 이러한 문제는 범죄자와 임상가 모두에게 딜레마가 된다(범죄자의 경우 자신의 위험성 평가 점수가 변화될 수 없기 때문에 치료나 기타 교육활동 시 동기가 낮을 것이며, 치료자는 가석방이나 관리감독 조건의 완화와 같은 유인책을 사용하여 범죄자의 치료 동기와 참여율을 높이길 원한다). 이러한 딜레마로 인해 일부 임상가들이 계리적 위험성 평가 점수를 수정하여 사용한다. 수정된 계리적 위험성 점수나 확률 추정치는 지정된 치료 프로그램의 이수와 같은 부가적 정보를 바탕으로 한다(예 : 치료 프로그램 참여를 통한 성범죄자의 태도 변화).

동적 위험 요인을 의사결정 과정에 포함시킬지 여부는 실제 위험성 평가에서 어떤 위험 요인이 미래의 재범 예측에 적합한 것인지에 관한 문제이므로 범죄자나 임상가가 가지고 있는 딜레마(대부분의 위험성 평가는 정적 위험 요인으로 재범을 예측)에 전적으로 의존하는 것은 바람직하지 않다. 계리적 위험성 평가 결과를 바탕으로 출소 전 범죄자를 위한 광범위한 대비책을 마련하는 것이 중요하다. 즉, 고위험 범죄자는 저위험 범죄자보다 더 많이 가석방 대상자로 분류하여야 한다. 즉, 위험성 정도에 따라 석방 후 처우를 차별화할 필요가 있다. 고위험군에 속하는 범죄자는 가능한 한 최적의 치료를 받을 수 있게 하고, 고용안정 및 가족의 결속력을 강화시키는 등 재범 방지 목적에 부합하는 다양한 서비스를 제공해야 하는 반면, 저위험군에 속하는 범죄자는 석방 후 직업과 안정된 주거지를 제공하는 것만으로도 상당 부분 재범을 방지하는 효과를 얻을 수 있다. 재범 방지를 위한 광범위한 대비책과 상관없이 주의해야 할 점은 고위험군 범죄자의 관리체계가 반드시 보장되어야 한다는 것이다.

어떻게 정적 위험 요인과 동적 위험 요인의 관련 정보를 통합할 것인지는 개념적으로 어려운 부분이며, 실제로 이 두 요인은 각각 서로 상이한 질문을 다루고 있다. 정적 위험 요인에 기초한 평가는 "누가 특정한 기간 동안 재범을 저지를 가능성이 높은가?"라는 질문에 적합한 평가도구이다. 예를 들어, 알코올 남용의 과거력이 있는 범죄자는 그렇지 않은 범죄자에 비해 재범할 가능성이 크다. 정적 위험 요인 평가와는 대조적으로, 동적 위험 요인에 기초한 평가는 정적 요인을 통한 평가에서 일정 수준의 재범 위험성을 가진 범죄자가 특정 기간 중 "언제 재범을 저지를 가능성이 높은가?"라는 질문에 적합한 평가도구이다. 그러므로 모든 조건이 동일할 경우 술에 취하지 않았을 때보다 만취하였을 때 재범할 가능성이 더 커지게 된다.

시간이 지남에 따라 한 범죄자의 재범 가능성도 달라질 수 있다. 다시 말해 범죄를 범할 가능성이 높아지기도 하고 줄어들기도 한다. 동적 위험 요인은 재범 가능성이 높은 기간, 즉 위급상황에 초점을 두고 있다. 사고실험(thought experiment)[3]의 예를 통해 동적 위험 요인을 설명해 보면, 대부분의 성범죄자들은 일정 시간 수면을 취한다. 이들 범죄자 중 깨어 있는 범죄자는 잠들어 있는 범죄자에 비해 재범 가능성이 높을 것이다. 따라서 깨어 있다는 것이 하나의 동적 위험 요인이 된다(Shapiro, Trajanovic, & Fedoroff, 2003). 동적 요인과 정적 위험 요인 간의 통계적 상호작용이 있을 수 있다. 현재 술에 만취한 두 명의 성범죄자가 있는데, 한 사람은 알코올 남용 과거력이 있고 다른 한 사람은 알코올 남용 과거력이 없다면, 두 범죄자 중 알코올 남용 과거력이 있는 범죄자가 좀 더 재범 위험성이 높은 위급상황에 처했다고 할 수 있다. 한편, 사이코패스 성향이 없는 범죄자의 경우 음주로 인한 만취 상태(급성 중독)가 범죄 위험성을 높이는 것과는 달

---

3 역자 주 : 머릿속에서 생각으로 진행하는 실험. 실험에 필요한 장치와 조건을 단순하게 가정한 후 이론을 바탕으로 일어날 현상을 예측한다. 실제로 만들 수 없는 장치나 조건을 가지고 실험할 수 있다(두산백과사전).

리 사이코패스는 만취 상태에 영향을 받지 않는다(Rice & Harris, 1995).

　동적 위험 요인으로 유망한 요인이 확인되었다. 동적 위험 요인에 대해 우리가 알고 있는 것과 정적 위험 요인 뒤에 숨어 있는 동적 위험 요인 간의 상당한 괴리로 인해 동적 위험 요인에 대한 연구 수행이 어렵다. 특정한 시점에서 변화 가능한 혹은 일시적인 기복을 보이는 요인이 이후 새로운 범죄와 관련이 있는지를 밝히는 것만으로 충분하다고 할 수 없다. 왜냐하면 이러한 동적 요인들은 단지 특정 한 시점에서 평가되기 때문에 시간의 경과를 고려할 경우 이 요인도 정적 요인이 된다. 한 사람이 현재 만취 상태에 있는 것은 잠재적인 동적 위험 요인이다. 누군가 지난주에 술을 마신 것은 잠재적인 정적 위험 요인이 된다. 진정한 동적 위험 요인이 되기 위해서는 그 요인의 변화가 어떤 범죄의 발생 시점과 관련이 있음을 입증해야 한다. 진정한 동적 위험 요인의 한 예로, 반사회적 성향의 친구와의 교제는 잠재적인 동적 위험 요인이다. 이 요인은 한 번 이상 측정이 가능하고, 치료 개입 시 반사회적 친구와의 접촉 빈도를 줄이고 친사회적 친구와의 접촉 빈도를 늘리는 것과 같은 구체적인 치료 목표를 설정할 수 있게 한다. 그러나 실제로는 반사회적인 친구들과 어울린다는 것은 반사회성이 높은 범죄자가 많은 수의 반사회성 친구들과 어울리는 것처럼 반사회성 그 자체를 대신하는 하나의 지표가 된다. 친구집단의 변화가 재범과 관련성이 있음을 입증해 보여도, 명확하게 이 변인을 동적 위험 요인으로 규정하기에 어려움이 있다. 왜냐하면 아마도 반사회성이 높은 범죄자는 친구집단을 잘 바꾸지 않을 것이지만, 반사회성이 낮은 범죄자는 친구집단을 바꿀 것이기 때문이다. 친구집단의 변화가 재범 발생 가능성과 관련이 있음이 입증될 경우 '반사회적인 친구들과의 대인관계'가 동적 위험 요인으로 간주될 수 있다.

　정신장애가 있는 범죄자를 대상으로 한 동적 위험성 평가 연구에서 '치료진의 지시에 응하지 않는 태도', '치료 불순응', '새로운 범죄와 관련된 정서적 문제'를 위험 요인으로 제시하였다(Quinsey, Coleman, Jones, & Altrow, 1997). 앞의 연구와 비슷하게 지역사회에 있는 성범죄자를 대상으로 한 연구에서도 '지도 감독에 순응하는 태도', '성적인 생각과 공상', '충동을 조절하는 능력', '성범죄에 관용적인 태도', '반사회적인 친구와의 만남'이라는 동적 위험 요인을 제시하였다. 이들 요인은 정적 위험 요인을 통제한 후에도 재범과 비재범 범죄자를 유의하게 변별해 주었다(Hanson & Harris, 2000).

Hanson과 Harris(2000), Quinsey와 동료들(1997)이 연구한 한 가지 제한점은 재범과 비재범자의 평가자료가 과거를 역추적하는 소급 방식으로 이루어졌다는 점이다(재범자와 비재범자를 확인한 후 이 연구 수행을 목적으로 설계되지 않은 파일로부터 얻은 변인을 비교하는 방식). 이들 연구들은 어떤 동적 위험 요인으로 추정되는 변인의 변화가 새로운 범죄 발생과 관련이 있는지를 미래에 초점을 두고 범죄자 샘플을 추적하는 연구를 수행하지 않았다. 최근 미래의 범죄 예측 연구에서 어떤 동적 위험 요인의 상승을 새로운 범죄가 발생하기 한 달 전에 발견할 수 있다고 주장하였다(Harris & Hanson, 2002; Quinesy, Jones, Book, & Barr, 2006). 예를 들어, 한 달 전에 '치료와 지도 감독의 불순응' 평가 점수의 상승은 새로운 범죄 발생보다 선행하는 경향이 있다.

계리적으로 추정된 위험성의 임상적 수정

성범죄자 위험성 평가에서 논란이 되는 부분은 재범에 대해 계리적으로 추정된 위험성의 임상적 수정을 항상 신뢰할 수 있느냐는 것이다. 이 논란에는 두 가지 상충되는 의견이 있다. 한 가지 의견은 계리적 위험성 평가척도에 가능한 모든 위험 요인과 보호 요인을 포함시키지 않았기 때문에 경우에 따라서는 임상적 수정이 타당한 방법이다(Doren, 2002; Hanson, 2000). 더욱이 이러한 견해를 지지하는 연구자들은 계리적 위험성 척도들이 흔치 않은 환경이나 상태(예 : 소아성애증 성범죄자가 뇌졸중으로 인지 및 신체장애가 발생한 상황)를 충분하게 고려하지 않았음을 지적하였다. 이 같은 사례의 경우에 계리적 위험성이 실제보다 과대평가되므로 임상가는 계리적으로 추정된 위험성을 수정해야 한다. 앞서 언급한 바와 같이 일부 연구자들은 동적 위험성 요인에 관한 정보에 기초하여 계리적 위험성의 추정치를 수정해야 한다고 주장한다.

실증적인 문헌연구를 바탕으로 위험성에 대한 전문가 의견 제시의 문제점을 지적하였다. 잠재적인 수정 요인(potential adjustment factors)은 계리적 위험성 척도 개발 시 이미 고려되었을 것인데, 즉 이들 요인이 재범과 관련성이 없거나 기존에 선정된 문항에 이들 문항을 추가하더라도 재범 예측력이 증가되지 않았기 때문에 포함하지 않았다. 모든 임상가가 그렇진 않겠지만 계리적 위험성 평가를 주로 사용하는 임상가는 비구조화된 임상적 판단이 기여하는 부분에 대해 세세하게 알지 못하고 단순히 이들 요인을 다변량 통계분석 과정을 거쳐 제거된 요인 정도로 여긴다. 만약 새로운 위험 요인이 밝혀지고 기존 문항에 이 요인을 추가하였을 때 예측력이 증가된다면, 이 새로운 요인은 기존의 계리적 위험성 평가도구를 개정할 때 포함되어야 할 것이다.

추가적인 정보를 위험성 평가에 포함하는 것이 계리적 위험성 척도의 예측 타당도를 높인다는 일부 증거가 있다. 실제 수정된 계리적 위험성 점수가 예측 정확도를 높일 수도 있겠지만, 석방 시점 외에 아직 실증적으로 검증되지 않았다. VRAG의 개발자는 최초 확인된 요인들을 계리적 위험성 평가 점수의 수정으로 생각하였다(Webster, Harris, Rice, Cormier, & Quinsey, 1994). 그러나 수정에 대한 이후의 개정판은 이러한 견해에 대한 실증적인 증거가 부족하였다(Quinsey, Harris, et al., 1998). 일부 연구에서 예측 타당도를 증가시키는 추가적 요인들을 아래에 제시하였다.

치료 행동

Doren(2002)은 계리적 위험성 척도 점수에 치료장면에서의 행동 요인을 추가하였을 때, 예측 타당도가 증가하는 결과를 보인 8건의 연구를 검토하였다. 이들 8건의 연구 중 6건의 연구는 치료 참가 여부가 재범에 미치는 효과에 관한 것이다. McGrath, Cumming, Livingston과 Hoke(2003)는 RRASOR와 Static-99에 성범죄자 심리치료 이수 여부를 추가하였을 때 예측력의 변화를 살펴보았다. 치료장면에서의 행동 요인과 재범에 관한 연구는 부록 8.1에서 더 자세하게 다루고 있다.

범죄자 연령

재범 예측력을 증가시키는 또 다른 요인은 범죄자 연령이다. Barbaree, Blanchard와 Langton(2003)은 성범죄자 468명을 대상(이들 중 293명은 한 번 이상 아동을 대상으로 한 성범죄자)으로 한 연구를 통해 석방 당시 범죄자 연령은 성범죄 재범을 유의하게 예측하는 요인으로 보고하였다. 게다가 석방 당시의 연령이 이미 RRASOR 문항에 반영되어 있었음에도 연령 변인을 추가하였을 때 예측 정확도가 증가되는 것으로 나타났다. 이러한 결과를 놓고, Barbaree 등(2003)은 연령 증가에 따른 범죄 위험성의 감소는 연령 증가에 따른 성욕 및 발기력 저하와 관련이 있다고 언급하였다(Doren, 2006).

Barbaree 등(2003)은 그들의 횡단연구 자료(cross-sectional data)에서 실제 연령 효과보다는 코호트 집단 간 위험성의 차이가 있었을 것이라는 대안적 설명을 강조하였다(예 : 반사회성이 높은 범죄자는 신체적으로 보다 위험한 행동을 하기 때문에 젊은 나이에 사망하고 결과적으로 위험성이 낮은 나이 든 범죄자 집단이 남게 됨). 그러나 Barbaree와 그의 동료들은 SORAG나 Static-99와 같은 계리적 위험성 척도의 구간 점수에 석방 당시 연령이 예측 정확도를 유의미하게 높이는지, 연령집단 간 다른 위험성 척도에서도 차이가 있는지에 대해 보고하지 않았다. 또 Barbaree와 동료들은 본건 범죄 당시 연령이나 첫 범죄 당시 연령을 비교할 때 석방 당시 연령을 어떻게 다루었는지 보고하지 않았다. 첫 범죄 당시 연령, 본건 범죄 당시 연령, 그리고 석방 시점의 연령 모두는 서로 정적 상관을 갖는다. 그리고 사실상 석방 시점의 연령은 첫 범죄 당시 연령이나 본건 범죄 당시 연령에 대한 과거력을 대체하는 역할을 할 것이다(Harris & Rice, 2006).

범행을 하지 않은 기간

Harris, Phenix, Hanson, 그리고 Thornton(2003)은 Static-99의 개정판에서 범죄자가 지역사회에서 생활하면서 어떤 새로운 범죄(새로운 성적 · 비성적 재범 없음, 경미한 범죄 제외)를 저지르지 않은 기간을 바탕으로 실증적으로 재범 확률 추정치를 수정하는 새로운 방식을 소개하였다. Harris와 동료들은 만약 범죄자가 지역사회 내에서 5년에서 10년 동안 중대한 범죄를 저지르지 않았을 경우 재범 확률 추정치를 반으로 낮추는 것이 가능하다고 제안하였다. Harris와 Rice(2006)도 VRAG를 통해 '폭력범죄를 저지르지 않은 기간'이 위험성에 미치는 영향을 연구하였다. 연구결과 위험성에 있어 폭력범죄를 저지르지 않은 기간과 새로운 범죄

가능성이 서로 관련이 있었으며, '매우 높음' 위험성 범주에 속하지 않는 범죄자의 경우 범죄를 저지르지 않은 기간에 대한 정보를 수정된 계리적 위험성 추정치에 적용할 수 있는 것으로 나타났다. 그러나 연구자들이 '이러한 수정 자체가 계리적'이라고 언급한 사실을 주목할 필요가 있다. 특히 Harris와 Rice는 VRAG에서 '매우 높음'으로 분류된 지역사회 범죄자의 경우 1년마다 폭력 재범 확률이 1%씩 감소한다고 보고하였다. 따라서 범죄자는 10년 동안 폭력범죄를 저지르지 않아야 VRAG 위험성 분류 범주에서 낮은 단계로 이동하고, 다시 그다음으로 낮은 단계로의 이동은 15년간 폭력범죄 재범을 저지르지 않아야 가능하다.

임상적 수정의 영향

실제 임상현장에서 임상적 수정을 흔히 볼 수 있지만, 위험성 추정치에 대한 임상적 수정의 영향에 초점을 둔 연구는 거의 없다. 공식적으로 발표된 연구는 아니지만 Peacock과 Barbaree(2000)는 치료 관련 행동 자료(예 : 치료의 참여도)에 기초하여 RRASOR 점수를 수정하여도 예측 정확도가 증가되지 않는 것을 발견하였다. Barbaree와 동료들은(2001)은 실증적 지침에 따른 평가인 MASORR(Multifactorial Assessment of Sex Offender Risk for Recidivism)를 사용하여 치료 관련 행동 변인이 예측력을 높이는지 검증하였다. 치료 전 MASORR 사전 점수는 낮은 AUC를 산출하였고, 사실상 치료 관련 변인이 예측 정확도에 부정적인 영향을 미쳤다. Nicholaichuk와 Yates(2002)는 음경체적변동계 측정치와 RRASOR가 재범과 정적인 상관이 있음에도 불구하고 성범죄자 표집에서 얻은 RRASOR에 음경체적변동 검사로 측정된 비전형적인 성적 각성 변인을 추가하여도 예측 정확도가 높아지지 않음을 발견하였다. Krauss(2004)는 처분판정 기준에 대한 판사의 조정 영향을 살펴보았다. 비록 재범과 조정된 혹은 조정되지 않은 처분판정 모두가 재범과 유의미한 상관이 없지만 조정된 처분판정은 조정되지 않은 처분판정 기준에 비해 재범과 유의하게 낮은 상관을 보였다. 끝으로 Hilton과 Simmons(2001)는 범죄자를 경도 보안시설로의 이감 또는 출소 결정과 관련해서 법원으로부터 의뢰된 범죄자의 정신건강 관련 사안에 대한 임상가의 권고 내용을 검토하였다. 임상가들은 VRAG 점수를 평가에 사용하였으나 최종 권고에는 다른 정보도 함께 고려하였다. 임상가의 최종 권고는 VRAG와 유의미한 상관이 없었지만 법원의 최종 결정과는 매우 높은 상관을 보였다(심지어 VRAG가 폭력범죄의 재범 예측과 유의한 상관을 보이고, 임상가의 권고는 재범과 유의한 상관이 없었음에도). 이상의 연구결과들을 놓고 볼 때 임상가의 수정은 법원의 의사결정 시 VRAG 점수의 객관적인 영향력을 희석시키는 결과를 낳는다. 이상의 연구결과들을 종합하면, 계리적 위험성 추정치의 수정은 예측력에 아무런 영향을 미치지 못하고 심지어는 예측력을 낮춘다. 명백하게 그 책임은 임상적 수정을 지지하는 사람에게 있으며, 임상적 수정의 타당성을 실증적으로 증명해야 할 것이다.

계리적 위험성 척도의 조합

재범 위험성의 계리적 추정치를 수정하는 것과 함께 임상현장에서 흔히 사용되는 또 다른 방법은 다수의 계리적 위험성 척도 점수를 조합하는 것이다. Doren(2002)은 예측 정확도를 높이기 위해 반사회성과 비전형적인 성적 기호를 서로 다른 방식으로 평가하는 다수의 위험성 척도를 조합할 수 있다고 제안하였다. 대부분의 계리적 위험성 척도 문항들은 성인 대상 성범죄자와 아동 대상 성범죄자 간 인구통계학적으로 두드러진 차이를 보이는 세 번째 요인과 함께 2개의 차원 중 한 가지 차원에 해당되는 문항들로 편중되어 있다(Barbaree, Langton, & Peacock, 2006b; Roberts, Doren, & Thornton, 2002; Seto, 2005).

직관적으로 볼 때 다수의 위험성 척도의 조합이 그럴듯해 보인다. 심리측정적 관점에서 척도에 적절한 문항을 추가하는 것은 적어도 어느 정도까지는 내적 신뢰도를 높일 수 있는 방법이다(Anastasi & Urbana, 1996). 더욱이 평가자들이 서로 합의하에 척도 문항을 채점하였을 경우, 폭력 위험성의 평가결과는 가까운 미래에 예상된 결과(폭력 재범)와 보다 높은 상관을 갖는다는 증거가 있다(McNiel, Lam, & Binder, 2000). 반면, 다수의 계리적 척도 점수를 주관적으로 조합하는 것은 경험적으로 확인된 위험 요인을 다시 주관적으로 조합하는 것이므로 과거 전통적 임상적 접근의 문제를 또다시 되풀이하는 결과를 낳는다(Grove et al.,

2000; Kahneman, 2003).

　이러한 문제점을 강조하기 위해 필자는 성범죄자 215명을 대상으로 논리적이고 통계적인 방법을 사용하여 계리적 위험성 척도의 조합이 결과에 어떤 영향을 미치는지 확인하였다(Seto, 2005). 필자는 계리적 위험성 평가척도를 조합시킬 때 직관적으로 흥미로운 세 가지 방법을 따랐다. 세 가지 규칙 중 2개는 임상적 진단검사 결과를 사용하는 의학적 규칙과 유사하다(Gross, 1999; Politser, 1982). 첫 번째 방법은 '음성이라고 믿는 것'으로, 만약 모든 임상적 진단검사에서 양성으로 나왔다면 질병이 생긴 것으로 진단하는 것이다. 이러한 맥락에서 첫 번째 방법에 따라 어떤 한 사람을 재범이 우려되는 위험한 범죄자로 규정하기 위해서는 모든 위험성 척도에서 절단 점수를 초과해야 한다. 두 번째 방법은 '양성이라고 믿는 것'으로, 만약 어떤 한 가지 진단검사에서 양성을 보인다면 그 범죄자를 위험하다고 규정하게 된다. 세 번째 방법은 '평균'을 사용하는 것이다. 즉 서로 다른 위험성 척도 점수들을 동일한 측정치로 변환한 후 평균을 산출하는 것이다.

　위에서 언급한 세 가지 계리적 척도의 조합 방법이 성범죄자 위험성 평가에 대표적으로 사용된다. 예를 들어, Doren(2002)은 위험성 척도들의 결합에서 '양성이라고 믿는' 방법은 반사회성과 비전형적인 성적 기호의 영역에 서로 다른 부하를 준다고 하였다(Doren, 2004c; Roberts et al., 2002 참조). 필자 또한 계리적 척도들이 통계적으로 최적화된 조합을 통해 보다 우수한 예측 정확도를 산출할 수 있는지를 알아보기 위해 다중 로지스틱 회귀와 주성분 분석을 사용하였다.

　척도들을 조합한 결과를 통계 분석한 결과, 척도들의 조합이 통계적으로 유의하지 않거나 한 개의 계리적 위험성 척도를 사용한 것보다 폭력이나 성범죄 재범의 예측력이 뛰어나다는 일관된 결과를 얻을 수 없었다. 특정 척도 점수를 '음성이라고 믿는 것', '평균'이나 '양성이라고 믿는 것' 어떤 방법으로 조합하든지 간에 표본의 백분위 점수(상대적 순위)나 기대 재범률, 최적의 결과를 산출하기 위해 여러 통계 기법의 동시 적용에 의해 편향이 혼입된다. 비록 단일 척도를 사용하는 것보다 더 나은 결과를 얻기 위해 계리적 위험성 척도를 특유한 방식으로 조합하는 것이 가능하겠지만, 최적화된 통계분석 결과들은 이러한 방식이 매우 가능성이 희박하고 현실적이지 않음을 지적하였다. 필자는 아무리 긍정적으로 보더라도 성범죄자의 위험성을 평가할 때 다수의 계리적 위험성 척도들의 조합과 이들의 결과 해석이 효율적이지 못하다는 결론을 내렸다. 왜냐하면 각각의 추가적인 위험성 척도를 실시하기 위해서는 시간과 노력이 더 많이 필요하기 때문이다.[4]

최근 Barbaree 등(2006b)은 네 가지 계리적 위험성 척도 VRAG, SORAG, RRASOR, Static-99를 통해 같은 표본 내에서 '위험성 높음'의 성범죄자 집단이 서로 다름을 확인하였다. 즉 하나의 특정 계리적 위험성 척도에서 백분위 점수에 근거하여 상대적으로 위험성이 '높음'으로 분류된 범죄자가 또 다른 척도에서 동일한 위치(백분위)로 분류되지 않는다(예 : 어떤 범죄자가 VRAG에서 '높음'으로 평가되고 SORAG에서는 '중간' 수준으로 평가된 경우). Barbaree(2006b) 등은 비록 다수의 계리적 위험성 척도를 사용하는 것이 예측력을 향상시키지는 못하지만, 평가자는 다수의 척도들을 채점한 후 척도별로 서로 다른 결과를 보인 것에 대해 척도마다 반사회성과 비전형적인 성적 기호 영역에서 가중점수가 상이하게 반영되었음을 설명하여 이러한 불일치된 위험성 평가결과를 설명해야 한다(Barbaree et al., 2006b; Roberts et al., 2002; Seto, 2005).

Barbaree와 동료들(2006b)이 제시한 해결책은 또다시 주관적 판단이 가지고 있는 평가결과의 불일치를 상기시킨다. 이러한 평과결과의 불일치에 따른 혼란을 줄이는 방법은 평가 목적에 따라 활용 가능한 최적의 척도를 사용하고, 왜 그 척도를 선택하였는지를 설명하는 것이다. 여전히 실제 평가장면에서 어떤 척도가 가장 우수한지 평가자들 사이에서도 의견이 분분하지만, 평가자들은 이들 척도를 준거로 하는 것이 객관적 판단을 가능케 한다고 생각한다. 위험성의 객관적 준거로 계리적 위험성 척도를 선택할 때 평가할 범죄자에게 적용 가능한 규준이 있는지 확인하여야 하며(척도들이 남성 성범죄자를 대상으로 개발되었기 때문에 청소년이나 여성 성범죄자까지 일반화하여 적용할 수 없음), 평가결과의 해석은 성

---

4 아마도 서로 다른 검사결과들을 조합하여 사용하는 것은 다른 영역의 평가에서도 더 좋은 결과를 기대하기 힘들 것이다. 예를 들어, Doyle, Biederman, Seidman, Weber, Faraone(2000)은 7개의 신경심리검사와 웩슬러 아동용 지능검사(WISC)에서 산출된 FDI 점수(Freedom from Distractibility Index)를 가지고 주의력결핍과잉행동장애(ADHD) 진단 정확도를 비교하는 연구를 수행하였다. 그 결과 FDI 점수가 가장 높은 진단 정확도를 제공하는 검사였으며, 다른 검사결과에 대한 정보가 제공되어도 진단 정확도가 유의미하게 증가되지 않았다.

범죄나 폭력범죄와 같은 특정 범죄에 한정되어야 한다. 또 선택된 척도는 예측 정확도에 관한 실증적 자료와 교차 타당도 연구를 통해 기대 재범률과 실제 재범률 간의 상응 정도에 대한 자료를 갖추고 있어야 한다. 또 각 지역사회나 평가 장면의 특성에 따라 평가에 필요한 정보에 접근이 가능한지도 고려되어야 한다 (RRASOR의 경우 과거 성범죄력을 쉽게 요약하고 채점할 수 있지만 SORAG는 음경체적변동 검사와 PCL-R 점수가 필요).

아동 대상 성범죄자에게 특화된 위험성 평가척도

앞서 언급한 계리적 위험성 척도들은 다양한 유형의 성범죄자 표집으로부터 개발되었다. 이론적으로 아동 성범죄자에게 특화된 위험성 척도를 개발하여 재범 예측의 정확도를 향상시키는 것이 가능하다. 어떤 위험성 척도의 경우 반사회성을 반영하는 변인에 지나치게 많은 평가 항목들(사이코패스, 범죄력, 아동 초기 품행문제 등)을 포함하고 있다. 반사회성은 재범 예측에 중요한 변인으로 서로 다른 유형의 성범죄 집단, 다양한 유형의 비범죄자 집단, 여성 범죄자, 청소년 비행, 정신장애 범죄자 집단 등 무수히 많은 범죄자의 재범 예측 변인에 포함되어 있다(Bonta et al., 1998; Coulson, Ilacqua, Nutbrown, Giulekas, & Cudjoe, 1996; Lipsey & Derzon, 1998; L. Simourd & Andrew, 1994). 만약 폭력범죄 재범을 예측할 목적이라면 반사회성 변인이 특히 중요한 것이 사실이다. 그러나 이와 동시에 어떤 한 범죄자의 범행에 중대한 영향을 미치는 특수한 변인이 과소평가될 소지가 있는데, 만약 그 척도가 성적으로 동기화된 범죄를 예측하는 것이라면 그럴 가능성이 더 커진다. 성적으로 동기화된 범행과 관련된 소아성애 변인의 지표로 아동 자극에 대한 음경체적변동 검사(PPG) 반응, 남자 아동 피해자, 다수의 아동 피해자, 매우 어린 아동 피해자 그리고 친족이 아닌 피해자가 해당된다. 이론적으로 이들 성범죄자는 소아성애라는 동질적인 성적 기호를 갖고 있기 때문에 소아성애 성범죄자에게 특화된 계리적 위험성 척도를 개발하는 것이 가능할 수도 있겠지만, 필자는 반사회성 변인이 어떤 척도들에서도 더 많은 가중치를 가질 것으로 예상한다. 이는 사이코패스 성범죄자에게 특화된 위험성 척도를 개발할 경우 비전형적인 성적 기호가 보다 많은 가중치를 갖게 되는 이치와 유사하다.

　실제 VRAG가 서로 상이한 범죄자에 적용되어 강력한 예측력을 보여준 것은 현존하는 계리적 위험성 척도 중 우수성과 예측력이 확보되었음을 의미한다(Quinsey, Harris, Rice, & Cormier, 2006). 그러므로 VRAG는 근친상간 성범죄, 배우자 폭행, 그리고 일반 정신장애 범죄자 집단의 재범에 유의미한 예측력을 가지고 있으며, 피해자의 연령이나 피해자와의 관계에 따라 집단을 구분한 성범죄자들의 재범 예측에 있어 Static-99와 SORAG에 견줄 만한 정확도를 가지고 있다(Bartosh et al., 2003; G. T. Harris, Rice, et al., 2003). 평가와 관련된 정보 누락이 없고 척도 채점에 우수한 신뢰도가 충족될 때 최상의 예측력을 갖게 될 것이며, 아동 성범죄자에게 특화된 척도의 예측 정확도를 더욱 증가시키는 것이 불가능하지만은 않을 것이다.

현재까지 아동 성범죄 전력이 없는 남성의 위험성

제7장에서는 이미 성범죄를 저지른 남성에 초점을 두고 미래의 재범 위험성 관련 연구들을 개관하였다. 즉 미래의 재범 예측을 위해 개발된 계리적 위험성 척도에 관한 것이었다. 아동을 대상으로 성범죄를 저지른 전력이 없는 어떤 한 개인의 성범죄를 예측하는 요인에 대해서는 밝혀진 것이 거의 없다. 임상가나 연구자들은 누가 아동 대상 성범죄를 저질러 초범이 될 위험성을 가지고 있는지 어떻게 알아낼 수 있을까? Rabinowitz, Firestone, Bradford, 그리고 Greenberg(2002)는 노출증 진단기준을 충족하는 범죄자 221명을 추적 조사하였다. 221명의 범죄자를 평가할 당시 접촉 성범죄 전과가 있는 범죄자는 한 명도 없었다. 이 집단은 노출증을 가진 범죄자 집단임에도 불구하고 음경체적변동 검사에서 아동 자극에 대한 성적 반응에서, 이후 접촉 성범죄를 한 집단과 비접촉 성범죄(noncontact sexual offense)를 다시 저지른 집단 간에 차이를 보였다. 평균 7년 동안의 추적 관찰 결과, 14명은 접촉 성범죄를 저질렀고 27명은 또 다른 비접촉 성범죄를 저질렀다. 다른 연구에서도 일부 노출증이 있는 범죄자는 이후 아동을 대상으로 성범죄를 저질렀음을 보고하였다(Gebhard, Gagnon, Pomeroy, & Christenson, 1965; Rooth, 1973).

이처럼 두 가지 이상의 유형에 걸쳐 있는 경우는 흔하지 않다. 다른 연구에서는 노출증 범죄자가 아동을 대상으로 성범죄를 저지른 실제 비율이 조사되었고, 성인을 대상으로 성범죄를 저지른 일부 남성의 경우 아동 성범죄도 함께 저지른 것으로 나타났다(Abel, Becker, Cunningham-Rathner, Mittelman, & Rouleau, 1988; Sugarman, Dumughn, Saad, Hinder, & Bluglass, 1994; Weinrott, & Saylor, 1991). 현재까지 노출증이 있는 범죄자나 성인 대상 범죄자가 이후 아동을 대상으로 성범죄를 저지를 것인지 그렇지 않을 것인지를 구분해 주는 주요 변인에 대해 밝혀진 것이 거의 없는 실정이다.

　필자는 아동 대상 성범죄 위험성이 있다고 볼 수 있는 또 다른 집단으로 아동 포르노 소지 범죄자 집단을 동료들과 함께 추적 연구하였다(Seto & Eke, 2005). 이 집단은 제3장에서 논의한 것처럼 이들은 소아성애자일 개연성이 높다(Seto, Cantor, & Blanchard, 2006). 아동 포르노 소지 범죄자 201명의 샘플에서 이전 범죄력이 미래의 범죄 발생을 예측하였는데, 추적 기간 동안 이전 범죄력이 있는 112명 범죄자의 경우 23%가 새로운 범죄(성범죄를 포함한 모든 범죄)를 저지른 반면 범죄 전력이 전혀 없는 89명의 경우에는 9%가 새로운 범죄를 저지른 것으로 나타났다(Seto & Eke, 2005). 만약 이전 범죄와 현 범죄를 모두 고려한다면, 이전에 범죄를 저지른 전력이 없는 포르노 소지 범죄자는 미래의 재범 가능성이 낮다고 볼 수 있다. 접촉 성범죄 전력을 가진 범죄자는 미래에 다시 접촉 성범죄를 저지를 가능성이 가장 높다(추적 연구 기간 동안 접촉 성범죄 전력이 있는 76명의 범죄자의 9%가 범죄를 저지름).

　제4장에서 논의한 바와 같이, 아동기 성학대는 최초 성범죄 시작의 위험 요인이 될 수 있지만 이 요인만으로 성범죄 발생을 충분히 설명할 수 없다. Salter와 동료들(2003)은 성학대를 받은 224명의 소년을 7년에서 19년 동안 추적 관찰한 결과 이들 중 26명(12%)이 성범죄를 저질렀으며, 대다수의 범죄가 아동과 관련된 것으로 나타났다. 이들의 성범죄는 성학대를 경험한 후 오랜 시간차를 두지 않고 발생하였다. 성학대를 경험한 소년의 평균 연령은 11세이며 성범죄를 저지른 평균 연령은 14세였다. 성범죄를 저지른 26명의 소년 중 19명은 추적 관찰 기간 동안에 단 한 번의 성범죄를 저질렀다. 성범죄 발생은 신체적 학대, 관리감독의 결

핍, 여성 가해자에 의한 성학대 경험과 관련이 있다. 성범죄를 저지른 소년들은 성범죄뿐만 아니라 다른 범죄를 저지를 가능성도 더 높다.

Widom(1995)은 신체적 학대, 성학대, 방임을 경험한 908명과 학대나 방임 경험이 없는 대응집단을 설정하여 두 집단의 범죄 발생 추이를 추적 관찰하였다. 성학대를 경험한 153명의 아동은 아동 대상 성범죄와 공공음란(노출), 훔쳐보기(관음), 성매매 등을 포함하는 성범죄로 체포된 경우가 약 5배 많았다. 신체적 학대를 경험한 아동의 경우 성 관련 범죄로 체포된 경우가 약 4배 많았다. 성학대를 경험한 아동의 단지 0.7%가 강간(남성 강간 포함)으로 체포되었는데, 이 수치는 667명의 비교집단의 비율(0.4%)보다 유의하게 높은 것은 아니다.

Hanson, Scott, 그리고 Steffy(1995)는 137명의 비성범죄자 샘플을 15년 이상 추적 조사한 결과 범죄자의 2%가 성범죄를 저지른 것으로 나타났다. Langan과 동료들(2003)은 같은 교도소에서 출소한 262,420명의 비성범죄자를 3년 동안 추적 조사한 결과, 이들 중 1.3%에 해당되는 범죄자가 성범죄로 체포되었다고 보고하였다. Marshall(1997)의 영국의 자료를 분석한 결과에 따르면 1953년에 출생한 남성 90명당 1명이 40세까지 접촉 성범죄로 기소된 것으로 나타났다(자료분석에 성적 접촉을 시도한 성범죄자를 포함하였지만, 성기노출이나 포르노 소지와 같은 비접촉 성범죄자는 포함하지 않음). 이들 성범죄의 상당수가 미성년자와 연루된 것이었다. 학생을 대상으로 한 연구에서 지역사회의 일부 남성들이 아동에게 성적 흥미를 가진 것으로 나타났다. 만약 이들 남성이 다른 요인이나 어떤 상황에 처하게 된다면 아마 이들은 아동을 대상으로 성적 접촉을 하게 될 것이다(Briere & Runtz, 1989; Smiljanich & Briere, 1996). 연구 목적으로 아동 성범죄의 잠재적 위험성을 가진 대상자를 추적 관찰하는 것이 사실상 어렵기 때문에 위 문제에 명확하게 답하는 데 한계가 있다. 필자는 이들 일반인 중에서 가장 위험한 대상자는 반사회성과 소아성애 성향을 보일 것으로 예상한다. 이와 동시에 소아성애는 없지만 반사회성이 있는 일부 남성은 아동과 관련된 성범죄를 저지를 것이고, 반대로 소아성애가 있지만 반사회성이 두드러지지 않는 일부 남성들도 아동 대상 성범죄를 저지를 것이다. 그러나 그들의 범죄 피해자들은 서로 상이할 것이다. 필자는 반사회성이 있고 소아성애가 없는 사람은 성범죄 대상으로 성적으로 성숙한 외모와 나이가 좀 많은 소녀를 택하는 반면, 두드러진 반사회성은 없으나 소아성애가 있는 사람은 소년과 어린 소녀를 범행 대상으로 택할 가능성이 크다고 본다.

근친상간 성범죄자의 경우에는 위와 같은 설명으로 잘 이해되지 않는 수수께끼이다. 제6장에서 논의한 바와 같이 근친상간 범죄자는 비친족 아동 대상 성범죄자에 비해 반사회성과 소아성애 경향이 덜한 것이 일반적이다. 아동과 유전적 관계보다 사회적 관련성이 근친상간의 위험성을 높인다. 남성이 여자 아동(딸 혹은 여동생, 누나)의 출생 후 몇 년 동안 꾸준하게 함께 생활하지 않았을 때 근친상간의 위험성이 높다. 정말 자신이 자녀의 진짜 아버지인지 스스로 의심하는 남성의 경우 배우자에게 이성적 매력을 느끼지 못하고, 혼인관계에 불만을 보일 수 있는데, 이러한 요인들은 근친상간의 위험성을 더 높일 것으로 추측된다. 일반 남성인구를 대상으로 한 위험성 관련 후속 연구가 아동 대상 성범죄의 최초 시작(초범)에 대한 계리적 위험성 척도 개발을 촉진할 것이다.

결론 및 논의

지난 15년간 성범죄 재범을 예측하는 계리적 위험성 척도 개발과 보급에 상당한 진전이 있었다. 교차 타당도 연구를 통해 이들 척도의 신뢰도와 예측 타당도가 검증되었으며, 또 최근 두 연구는 계리적 위험성 척도들이 제공하는 확률 추정치가 매우 만족스럽다고 보고하였다(Doren, 2004; Harris, Rice, et al., 2003; but see Mossman, 2006). 임상 실무현장에서 계리적 위험성 척도가 빨리 자리를 잡았는데, 특히 캐나다에서 위험한 범죄자의 법정 공판과 미국 내 성범죄자의 민사적 감금 선고 등과 같은 중대한 의사결정 사안의 평가에 표준으로 활용되었다. 계리적 위험성 평가의 혁명은 먼저 지금과는 다른 성범죄자 집단(예 : 청소년이나 여성 성범죄자)을 대상으로 개발되고, 그 후 법정 임상의 다른 영역(예 : 방화 범죄자와 성적 행동문제를 보이는 아동집단), 마지막으로 법정 임상 영역이 아닌 일반임상(예 : 첫 우울증 에피소드를 보인 후 재발 확률의 평가)까지 그 영역을 넓혀갈 것이다.

임상에서 예측력을 높이고자 임의로 위험성 척도들을 재조합하고 수정하는 방식은 실증적 연구에서 지지되지 못하였다. 설령 위험성 척도들을 조합하고 수정하는 방식이 타당하더라도 더 많은 연구가 필요해 보인다. 동적 위험성 평가척도와 아동을 대상으로 한 성범죄 전력이 없는 개인의 위험성을 평가하는 도구 개발에도 더 많은 연구가 필요하다(예 : 성기노출과 같은 비접촉 성범죄자와 아동 접촉 성범죄 전력이 없는 아동 포르노 소지 범죄자). 성범죄자 위험성 평가 분야에서 앞으로 개선해야 할 부분은 위험성에 관한 정보를 효율적인 방식으로 의사소통할 수 있도록 계리적 위험성 척도의 문항을 재개정하는 것(예 : Hilton, Harris, Rawson, & Beach, 2005)과 범죄자를 완화된 구금시설로 이전 배치하거나 지역사회로 석방하는 것과 같은 위험성 관련 의사결정을 내릴 때 최선의 결정이 내려지도록 하는 것이다(Hilton & Simmons, 2001). 그러나 만약 형의 선고, 보호관찰, 그리고 치료적 개입에 관한 의사결정이 계리적 위험성 추정치와 직접적으로 연계되지 않을 경우, 성범죄자 위험성 평가는 공공의 안전이나 범죄자의 예후에 미칠 수 있는 영향이 거의 없다.

앞으로 성범죄자 위험성 평가에서 주요한 발전 분야는 무엇일까? Harris와 Rice(2003)는 완벽한 정보를 바탕으로 채점되고 신뢰도가 높은 계리적 위험성 척도는 이미 그 예측력이 천정 효과를 보인다고 지적하였다. 한편, 위험성 평가는 새로운 내용을 반영하는 변인을 추가하고 새로운 방법론을 적용함으로써 정확도를 보다 더 높일 수 있다. 특히 소아성애의 병인론에 대한 연구는 미래의 위험성 평가도구 개발을 촉진할 수 있다(예 : 신경심리학적 혹은 신경학적 측정치 사용).

위험성 평가에서 한 개인이 고위험 범죄자로 밝혀졌다면, 아동 성범죄 가능성을 줄이기 위해 무엇을 할 수 있는가? 이 문제에 대해서는 제8장 '치료적 개입과 대처방안'에서 논의할 것이다.

성범죄자 위험성 평가 연구에서의 주요 개념

재범의 조작적 정의

대부분의 위험성 평가 연구들에서 재범을 새로운 범죄로 인한 체포나 기소, 범죄에 대한 유죄 선고로 정의하며, 객관적이고 정확한 정보를 얻기 위해 공식 범죄기록을 사용한다. Quinsey와 동료들(2006)이 지적하였듯이 공식기록은 범죄 발생률을 과소 추정하게 한다. 많은 피해자들은 자신의 성범죄 피해 사실을 신고하지 않으며, 일부 범죄자는 체포되지 않거나 기소되지 않는다. 경찰의 보고에 따르면 성범죄의 약 1/3(30%)이 미성년자를 대상으로 한 범죄이다(Finkelhor & Ormrod, 1999; Snyder, 2000). 경찰이 공식적으로 가지고 있는 성범죄 발생 건수와 아동복지센터에서 보고한 발생 건수가 상당히 불일치한다는 내용의 연구도 있다(Finkelhor & Ormrod, 2001).

이러한 통계치의 불일치는 재범과 관련된 위험 요인을 파악하는 데 걸림돌이 된다. 예를 들어, 거주지가 자주 바뀌고 타인과 유대관계를 맺지 않으며, 기만적 생활양식을 가진 사이코패스는 가족 및 친지들과 함께 일정한 주거지에서 오랫동안 생활한 사람보다 새로운 범죄에 대한 수사망을 더 쉽게 피할 수 있을 것이다. 모든 요인이 동일할 경우 사이코패스는 비사이코패스보다 재범 위험성이 더 크다. 재범자는 체포될 가능성이 더 크며, 보다 심각하고 빈번하게 범죄를 저지른다고 가정할 수 있다. 비록 이들 범죄의 많은 부분이 공식적인 범죄기록에서 빠져있지만, 논리적으로 재범할 가능성이 높은 사람은 결국에는 체포된다(특정 한 가지 범죄로 체포될 확률이 단지 10%에 불과하지만, 다수의 많은 범죄를 저지르는 사람은 이들 범죄 중 하나의 범죄로 인해 체포될 가능성이 높아짐). Snyder(2000)는 성범죄 피해 아동·청소년의 보고와 범죄자의 체포 가능성 간 상관이 있음을 발견하였다. 중요도 순으로 관련 변인을 살펴보면, 성범죄 피해자 수, 성범죄에 관여한 범죄자 수, 피해자 연령(6세 이하의 아동과 연루되어 혐의가 제기된 범죄자의 경우 단지 19%만이 체포된 것과는 대조적으로 6~11세 아동 관련 사건은 33%, 그 이상의 연령에서는 32%가 체포), 소녀 피해자, 면식범, 주거지에서 발생한 범죄 변인들과 체포 가능성이 정적 상관을 보였고, 피해자의 신체적 상해 정도와는 부적 상관을 보였다. 재범 연구자들은 주로 범죄자의 추적 경과 관찰에 초점을 두며, 재범에 대한 관점이 연구자마다 차이가 있다. 일부 연구자들은 성범죄 재범에 초점을 두고, 보통 성범죄 재범을 '성적으로 동기화되어 피해자와 신체 접촉을 한 범죄'로 정의한다(예 : 아동 성추행, 강간, 성폭행). 필자는 재범 연구에서는 앞서 기술한 유형의 성범죄 재범뿐만 아니라 **폭력범죄 재범**(violent recidivism)에도 초점을 두었다(폭력범죄의 재범 정의 : 새로운 비성적 폭력 혹은 피해자와 신체 접촉이 있는 새로운 성범죄). 이 정의에 따르면 성범죄는 폭력범죄의 하위 유형이 된다. 필자와 동료 연구자들은 이들 범죄가 공공의 안전과 관련된 문제이기 때문에 폭력범죄와 성범죄 재범 모두를 연구한다. 한편, 일부 공식 범죄기록에 비성적 폭력범죄가 실제로는 성적으로 동기화된 범죄라는 것이다(성범죄를 하려다 피해자를 폭행하고 감금하는 경우. 그리고 성범죄 의도를 갖고 피해자를 살해한 범죄자의 경우 범죄 경력에 '성범죄'가 아닌 단지 '살인'만으로 공식 기록됨; Rice, Harris, Lang, & Cormier, 2004). 특히 성범죄의 재범 기준은 보수적이다. 모든 재범 범죄를 성적으로 동기화된 것으로 간주하지만, 성범죄의 재범 기준이 보수적인 이유로 일부 성적으로 동기화된 범죄가 성범죄 재범으로 공식 분류되지 않는 경우가 있다. 필자는 미국 내 성범죄자의 민사적 감금제도가 있기 때문에 성범죄 재범에 관한 논의에 지속적으로 관여하고 있다. 폭력범죄 재범과 성범죄 재범 간에 차이가 있다. 폭력범죄 재범에는 성범죄뿐만 아니라 비성적 폭력범죄가 모두 포함되지만, 성범죄 재범은 단지 성범죄만 해당된다. 이 책을 볼 때 폭력범죄의 상당수가 성적으로 동기화된 범죄라는 것을 유의할 필요가 있다.

장 · 단기 위험성

일부 연구자들은 장기간의 재범 위험성 예측 변인은 가까운 미래의 재범 예측 변인과 다르다고 본다(예 : Doren, 2002; Litwack, 2001). 이 질문에 대한 답을 찾고자 Harris, Rice, 그리고 Cormier(2002)는 연구를 수행하였다. 연구결과 VRAG 점수는 6개월이나 1년이라는 단기간의 법정 환자들의 폭력 재범을 유의미하게 예측하였다. 또한 교차 타당도 연구는 성범죄자를 대상으로 원판 척도 개발자의 기간보다 짧은 기간을 추적하였음에도, 여전히 계리적 위험성 척도는 미래의 재범을 유의미하게 예측하였다(예 : Barbaree et al., 2001).

재범 기간과 재범의 심각도

아동 성범죄자는 일정한 기간 동안 재범을 저지를 가능성이 있다. 일부 평가자들은 아동 성범죄자가 얼마나 빠른 시간 내에 새로운 범죄를 다시 저지르고, 그 새로운 범죄가 얼마나 심각한 수준인지 관심을 갖기도 한다. Quinsey와 동료들(2006)은 343명의 성범죄자 샘플을 대상으로 한 연구에서 VRAG 점수는 새로운 범죄 발생의 잠복 기간과 역상관($\gamma = -.34$)을 갖는다고 보고하였다. 다시 말해 VRAG 점수가 높은 성범죄자는 VRAG 점수가 낮은 범죄자보다 더 폭력적으로 재범을 하였고, 재범을 한 범죄자 중 VRAG 점수가 높은 성범죄자들은 VRAG 점수가 낮은 범죄자보다 더 빠른 시간 내에 재범을 하였다.

Quinsey와 동료들(2006)은 성범죄자들의 VRAG와 SORAG 점수 모두는 어떤 새로운 범죄의 심각도와 정적 상관($\gamma = .35$)을 갖는다고 보고하였다. 달리 말해 점수가 높은 성범죄는 재범할 가능성이 더 크고, 낮은 점수의 범죄자에 비해 피해자에게 심각한 상해를 입히는 재범을 저지를 가능성이 크다. RRASOR의 경우 위와 유사한 방법론을 사용한 연구결과는 보고되지 않았다.

추적 관찰 기간과 위험성

재범의 기저율을 알기 위해 서로 다른 추적 연구 결과들을 비교하는 것만으로는 충분하지 못하다. 장기간의 추적 기간은 재범의 기저율을 더 높게 만든다. 따라서 한 연구에서 성범죄 재범의 기저율을 7%라고 보고하고 다른 연구에서는 47%라고 보고할 것이다. 그러나 위 연구들에서 첫 번째 연구는 2년간 추적한 자료이고 두 번째 연구는 25년간 추적한 자료를 바탕으로 한 연구라는 사실을 알기 전까지 그 연구결과는 무의미하다. 4~5년간의 추적 관찰에서 성범죄 재범률은 상대적으로 낮았다(메타분석 결과 평균 13%; Hanson & Bussière, 1998, Hanson & Morton-Bourgon, 2004). 장기간의 추적 관찰은 위험 요인으로 추정되는 변인과 재범 간 통계적 유의성을 찾게 하고, 치료에 참가한 집단과 치료를 받지 않은 집단 간의 통계적으로 유의미한 차이를 도출하게 한다. Harris와 Rice(2003)의 연구는 샘플 내 범죄자들을 고정된 기간 동안 동일하게 추적하였을 때 보다 명확한 예측 결과를 도출할 수 있음을 지적하였다.

예측의 통계적 정확도

ROC(Receiver Operating Characteristic) 분석은 '재발과 재발하지 않음'과 같은 이분적 의사결정의 정확도 예측에 흔히 사용되는 통계분석법이다(Swets, 1988). ROC 분석 결과에서 가장 중요한 통계치는 ROC 곡선 아래 영역의 면적률(AUC)로 값의 범위는 0에서 1 사이이다. AUC=0.5는 우연 수준의 예측력을 의미하며, AUC=1은 예측이 완벽하다는 것을 의미한다. 재범의 예측에 있어 AUC는 무작위로 재범자를 추출하였을 때 무작위로 추출된 비재범자들에 비해 재범의 위험성 척도 점수가 더 높을 확률을 의미한다.

예측 정확도와 관련하여 AUC는 재범의 기저율과 재범할 것으로 예측되는 범죄자의 비율에 민감하지 않기 때문에 상관계수, 분류 정확 백분율, 특정 절단 점수에서의 민감도와 특이도보다 매력적인 측정치이다. 이러한 AUC의 장점으로 인해 진단과 예측 정확도 분야에서 표준적 측정치로 활용된다(Rice & Harris, 1998; Swets, Dawes, & Monahan, 2000).

AUC는 특정 절단 점수에서 평범한 점수를 받았음에도 높은 AUC 값이 도출될 수 있다는 이유로 정확도의 글로벌 지수인 AUC가 비판을 받았다. 예를 들어 미국 내 성범죄자의 민사적 감금제도에서는 높은 특이도가 권고되며, 성범죄자의 가석방을 결정할 때에는 높은 민감도가 요구된다. 사법관할 지역마다 고유한 재범 기저율이 있기 때문에 사법관할 지역마다 최적의 절단 점수(optimal cutoff score)가 다를 것으로 예상된다. 또한 최적의 절단 점수는 잘못된 양성 오류(false positive error : 비재범자를 재범할 가능성이 있다고 잘못 판단)와 **잘못된 음성 오류** (false negative error : 재범자를 재범하지 않을 것으로 잘못 판단)에 투입되는 상대적 비용에 따라 상이할 것이다.

다행히 AUC는 서로 상이한 재범의 기저율을 가진 샘플에서 개발된 서로 다른 측정치를 비교하는 것이 가능하다. 실무자나 연구자들은 각각의 ROC 곡선을 분석하여 그들의 목적에 따라 최적의 절단 점수를 스스로 정할 수 있다. Rice와 Harris(1995)는 서로 다른 기저율과 잘못된 양성 오류 및 잘못된 음성 오류의 상대적 비용 상황을 고려하여 어떻게 절단 점수를 결정하는지 논의하였다. 이에 대한 보다 구체적인 내용을 Quinsey와 동료들(2006)이 *Violent offenders: Appraising and managing 2nd ed.*에서 다루었다(2006, 제3장).

치료적 개입과 대처방안

이 장에서 필자는 우선 아동 성범죄자에 대한 다양한 심리치료 효과에 관한 메타분석 연구를 개관한 후 성충동억제 약물치료와 외과적 거세의 효과에 대한 문헌들을 검토할 것이다. 또 필자는 치료보다는 가석방 혹은 보호관찰 처분과 범죄자 관리와 관련된 법적 대응, 그리고 초·중등학교에서 실시되는 아동 성학대 예방 프로그램 등의 다양한 대처방안에 대해 논의할 것이다. 마지막으로 필자는 치료적 개입과 대처방안을 마련하고 그 효율성을 평가함에 있어 고려되어야 할 과학적이고 실무적인 문제들을 제시하면서 이 장을 마무리할 것이다. 가능한 한 필자는 아동 성범죄자, 소아성애 성범죄자, 소아성애증을 가진 비범죄자를 구분하여 집단별 치료 효과에 대해 논의할 것이다.

성범죄자 치료 효과

상습적인 성범죄자에 대한 치료 효과에 관한 물음의 중요성을 감안할 때, 이 분야의 연구에 메타분석이 사용된 것이 당연해 보인다.[1] 필자는 최근 영어로 보고

---

1 몇몇 독자들은 많은 메타분석 연구가 치료 효과를 보고한 동일한 연구문헌을 바탕으로 하였다는 사실에 놀랄 수도 있을 것이다.

된 메타분석 연구결과부터 논의하려 한다(43개 연구, 9,454명의 성범죄자). 이 메타분석 연구에서는 치료를 받은 집단과 비교집단의 성범죄자 재범률을 바탕으로 치료집단의 재범률이 12:17의 비율로 낮다고 보고했다(Hanson et al., 2002). 한편, 인과적 추론이 가능한 무선배치 연구법을 적용하여 성범죄 재범률을 조사한 3개의 연구에서 의미 있는 치료 효과를 발견할 수 없었던 반면, 치료집단과 위험성 관련 변인을 일치시킨 비교집단을 설정하는 방법을 사용한 17개의 연구에서는 긍정적인 치료 효과가 나타났다. Hanson과 동료들(2002)은 만약 무선 할당 연구가 불가능한 상황이라면 치료집단과 위험성 관련 변인을 일치시킨 비교집단을 설정하는 방법의 연구 설계를 사용할 것을 고려했다. 예컨대 연구가 이루어지던 당시에, 심리치료를 위한 어떤 장소도 사용할 수 없었거나 범죄자들의 형의 선고 시기가 치료 프로그램이 제공되던 시기와 일치하지 않는 경우, 치료 프로그램이 이행되기 전 범죄자 형기의 종료, 이전의 치료 프로그램 참여 경험, 프로그램의 제공 불가 또는 남은 형기 대비 불충분한 시간 등 행정적 이유로 인해 무선 할당 연구가 어려울 수 있다. Hanson과 동료들(2002)은 성범죄자 치료를 평가하기 위해 무선배치 연구설계가 불가능한 상황이라면, 치료집단과 위험성 관련 변인을 일치시킨 비교집단을 설정하는 연구 설계가 바람직하다고 보았다. Hanson과 동료들(2002)의 이 메타분석 연구결과는 성범죄자 심리치료가 재범률 감소에 효과적이었다는 증거로 인용되고 있다.

그러나 Hanson 등(2002)의 메타분석 연구는 Rice와 Harris(2003)에 의해 질적인 평가와 연구 기준의 측면에서 비판을 받았다. Rice와 Harris(2003)는 치료집단과 위험성 관련 변인을 일치시킨 비교집단을 설정하는 방법을 사용한 12개의 연구 중 3개의 연구를 제외한 연구들이 치료를 거부하거나 중간에 치료를 포기한 대상자를 비교집단에 포함했던 반면, 치료집단에는 이러한 자료를 포함시키지 않았다는 사실을 지적하였다. 치료를 거부하거나 치료를 중도 포기한 범죄자는 재범을 할 가능성이 더 높다는 사실을 감안할 때(Hanson & Morton-Bourgon, 2004), 위와 같은 연구 기준 결정은 실질적인 치료 효과와는 무관하게 치료집단의 재범률을 낮게 만드는 선택 편향을 야기할 수 있다. 또 Rice와 Harris는 나머지 3편의 연구에서도 방법론상의 문제점을 발견하였다. 동시에 그들은 방법론의 질적 측면에서 좋지 않은 평가를 받았던 두 편의 연구가 실제로 더 의미 있는 연구일 수 있다는 점을 지적하였다. 왜냐하면 이 두 편의 연구에서는 치료집단과 비교집단의 대상자를 위험 요인의 수에 따라 일치(matched on a number of risk factors)시켰기 때문이다(Rice, Quinsey, & Harris 1991; Quinsey, Khanna, & Malcolm, 1998). 이 두 편의 연구 모두에서는 유의미한 치료 효과가 나타나지 않았다.

서로 다른 연구 기준의 또 다른 예로, Hanson 등(2002)은 인지행동적 치료 개입이 다른 치료 개입에 비해 치료 효과가 훨씬 더 크다고 보고했다. 전통적 치료와 현대적 치료의 구분은 메타분석 연구 당시에 실시된 치료나 1980년 이후의 치료를 현대적 치료로 간주하였다. Rice와 Harris(2003)는 1974년에서 1983년 사이에 실시된 인지행동치료 자료는 현대적 치료로 분류되지 않았지만, 사실 이 연구에서 대부분의 성범죄자들이 1980년 이후에 치료를 받았다는 사실이 밝혀졌다(Perkins, 1987). 이 연구에서는 치료 효과가 매우 부정적이었다.

Rice와 Harris(2003)는 Hanson 등(2002)의 메타분석에서 치료 효과에 대한 의미 있는 정보를 제공하는 것으로 평가된 6개의 연구(Borduin & Schaeffer, 2001; Lindsay & Smith, 1998; Marques, 1999; Quinsey, Khanna, & Malcolm, 1998; Rice et al., 1991; Romero & Williams, 1983)를 선별하여 재분석하였다. 6편의 연구 중 네 편의 연구는 무선배치 실험 설계 방식이었고, 나머지 두 편의 연구는 대응비교 집단을 사용하였다. 한 편의 연구를 제외한 모든 연구가 성인 성범죄자를 대상으로 한 치료 프로그램의 효과성 평가에 대한 것이었다. Rice와 Harris(2003)의 재분석 연구에서 성범죄자 치료가 성범죄 재범에 유해한 효과를 미치는 경향을 보고하였다. 분석결과에 의하면, 비록 통계적으로 유의하진 않았으나 치료를 받은 성범죄자 집단의 재범률이 비교집단에 비해 더 높았다.

Robertson, Beech와 Freemantle(2005)은 Hanson과 동료들(2002)의 메타분석 연구에 포함된 7편의 연구를 찾아내어 실험 설계의 차이, 치료집단과 비교집단 간의 치료 효과의 정도 등을 비교했다. 연구결과 실험 설계 방식에 의한 유의미한 효과가 있는 것을 발견하였다. 구체적으로 무선 할당 연구방법을 사용한 연구에서는 집단 간 유의미한 차이가 없었던 반면, 대응비교 집단 설계를 사용한 연구에서는 유의미한 효과가 있는 것을 발견하였다. 또 치료회기를 모두 수료한 성범죄자들과 치료 과정에서 중도 탈락한 성범죄자 집단 간에도 상당한 차이가 있다는 것을 발견하였다.

Hanson 등(2002)의 메타분석 연구결과 해석에 많은 논쟁이 있다. 연구의 질적 측면에서도 이 분야의 연구자들에게 수용될 만한 수준인가에 대한 불일치도 존재한다. 따라서 모든 연구자들이 치료 효과의 유의성에 동의하지 않는다면, 인과관계를 확실하게 추론할 수 있는 강력한 연구방법론적인 설계의 중요성이 부각된다. 치료의 효과성에 대한 인과론적 추론이 가능한 무선 할당 임상 연구를 찾는다면, 성범죄 치료에 대한 효과를 평가한 9편의 연구 중 7편의 연구가 재범률이 아닌 치료 요인의 변화를 평가한 코크런 협회(Cochrane Collaboration)의 리뷰일 것이다. 구체적으로 7편의 연구는 성범죄자 치료의 효과를 재범이 아닌 치료 타깃에 대한 심리사회적 중재들의 효과를 평가한 것이다(Kenworthy, Adams, Bilby, Brooks-Gordon, & Fenton, 2004). 나머지 2편의 연구(Marques, Day, Nelson, & West, 1994; Romero & Williams, 1983)는 치료 효과를 재범을 기준으로 평가했으며, 이는 Hanson과 동료들(2002)의 메타분석 연구에도 포함되었다. 이들 연구의 대다수는 성인 남성 성범죄자의 혼합집단을 사용하였다. 단지 소수의 연구들에서만 소아성애 성범죄자들에 대한 연구결과를 선별적으로 보고하였다(예 : Hucker, Langevin, & Bain, 1988). 그러나 Kenworthy와 동료들(2004)의 연구에서는 결합된 표본의 52%가 아동 성범죄를 저질렀던 경력이 있다. 한 예로 Anderson -Varney(1992)는 60명의 아동 성범죄자들에게 인지행동치료를 실시했거나 또는 어떠한 치료도 행하지 않았다. 치료 효과를 확인하기 위해 성에 대한 태도, 지식, 행동에 대한 자기보고 검사, 사회적 회피, 그리고 공감을 측정하였다. Kenworthy 와 동료들은 전반적으로 성범죄자 치료에서 다루어지는 치료 타깃에 대한 유의미한 치료 효과(변화)가 있다는 것을 지지하는 증거를 찾을 수 없었다는 결론을 내렸다.

Lösel과 Schmucker(2005)는 현재까지 발표된 성범죄자 치료에 대해 가장 많은 수의 연구를 리뷰한 연구자다. Lösel과 Schmucker(2005)의 리뷰에는 의학적 치료의 평가, 세 집단 비교의 효과에 대한 보다 포괄적인 정의를 수용했다는 것, 영어로 발표되지 않은 연구들까지 포함했다는 점에서 Hanson 등(2002)의 메타분석과

차별된다. Lösel과 Schmucker는 학술지에 발표된 44편의 연구와 발표되지 않은 25편의 연구 자료로부터 비교에 필요한 총 8개 집단을 추출하였다. 인지행동치료 프로그램에 대한 35개의 비교, 행동치료적 중재에 대한 7개의 비교, 비행동적 중재(통찰 지향, 치료적 커뮤니티, 다른 심리사회적 치료)에 대한 18개의 비교, 약물치료에 대한 6개의 비교, 외과적 거세(surgical castration)에 대한 8개의 비교를 사용하였다. 이들 비교 중 6개의 연구는 무선 할당을 사용했으며, 다른 6개의 연구는 대응표본 집단의 사용 혹은 통계적 처리를 통해 집단 간 동질성을 확보하였다. 이들 두 가지 연구방법에 따른 재범의 유의미한 차이는 나타나지 않았다. 다른 매개 요인들을 검토하면서 Lösel과 Schmucker는 다음과 같은 대응 비교에서 더 큰 효과 크기가 나타난다고 보고했다(심리사회적 치료 대 의료적 치료, 1970년 이후에 실행된 치료 대 그 이전에 실행된 치료, 일반적인 치료 대 성범죄자 집단을 위해 특수하게 고안된 치료, 독립적으로 평가된 치료 프로그램 대 연구자들이 공동으로 평가한 치료 프로그램, 아동 성범죄자 대 강간범 혹은 성기노출범, 치료집단이 큰 경우 대 작은 집단, 공식적인 기록에만 의존한 연구 대 공식적인 기록과 자기보고 모두를 함께 이용한 연구).

위의 내용들을 종합해 볼 때, 다수의 성범죄자 치료에 대한 연구를 양적으로 검토한 결과에서 심리사회적 치료의 효과성이 강하게 지지되지 못하고 있다. 혁신적이고 이론적 기반이 탄탄한 치료적 중재 기법들이 개발되고 그 효과성을 평가할 필요가 있다. 임상가와 연구자들은 체계적으로 조직화된 치료 모형이 지금까지 밝혀진 성범죄의 위험 요인과 아동 성범죄 발생에 어떻게 영향을 미치게 되는지 세밀하게 검토할 필요가 있다. 그리고 이러한 모형에 기반한 치료 프로그램들에 대한 엄격한 평가도 수반되어야 한다. 다음 절에서부터 다양한 유형의 중재들에 대한 이론적 · 임상적 검토들이 제시될 것이다.

심리학적 개입

지금부터 성범죄자 치료에 대한 다양한 접근들의 이론적 근거를 간략하게 소개하고, 각각의 접근에 대한 핵심적인 증거들을 검토할 것이다. 치료와 관련된 부가적인 정보는 참고자료 C(p.293)에 제시되어 있다.

인지행동치료

인지행동치료는 아동 성범죄의 유발 가능성을 증가시킬 것으로 여겨지는 태도, 신념, 행동에 초점을 둔다. 그러므로 인지행동치료는 치료자가 어떤 요인을 가장 중요하게 생각하느냐에 따라 치료 형태가 달라질 수 있다. 제4장에서 다루었듯이 아동과의 성관계를 지지하는 태도, 공감능력 결핍, 탈억제, 사회성 결여 등의 요인들이 임상적으로 많이 연구되어 왔다. 전형적인 인지행동치료 프로그램에서는 주로 아동과의 성관계에 대한 태도를 수정하기 위해 인지재구조화 기법을 사용하며, 공감능력, 행동의 자기조절능력, 사회성 향상을 위해 사회기술훈련을 실시한다.

성인 성범죄자에 대한 인지행동치료 모형 중 가장 널리 사용되는 것은 중독치료 분야에서 개발된 재발방지 접근이다(McGrath, Cumming, & Burchard, 2003). 재발방지는 성범죄자의 치료 분야에서 종사하고 있는 임상전문가와 연구자들의 국제적 협회(ATSA)에서 표준적 지침으로 권장되는 접근법이다(Association for the Treatment of Sexual Abusers, Professional Issues Committee, 2005). Marlatt과 Gordon(1985)은 마약 사용의 재발을 방지하기 위한 치료 프로그램을 이수한 사람들을 추가적으로 돕기 위한 전략적 재발방지 방안을 제시했다. 이 재발방지 접근은 ① 개인이 재발을 야기할 수 있는 고위험 상황에 놓여 있는지에 대한 확인, ② 사전 행동, 즉 마약 사용의 완전한 재발로는 볼 수 없지만, 마약 사용 가능성이 높아진 것으로 보이거나 마약 사용 재발의 선행 행동으로 간주될 수 있는 행동에 대한 확인(예 : 술을 마시는 선행 행동으로 술집에서 시간을 보내는 것), ③ 고위험 상황을 피할 수 있는 책략의 개발, ④ 고위험 상황을 피할 수 없을 때 마약 사용에 대처하기 위해 사용할 수 있는 대처 전략의 개발 등이 포함되어 있다. 이 접근을 아동 성범죄에 적용해 보면, 일탈적 성행위를 할 가능성을 높이는 행동은 아동과의 성행위를 상상하며 자위행위를 하는 것이 될 수 있다. 그리고 고위험 상황에는 아동과 단둘이서 시간을 보내는 것이나 아동이 많을 것으로 예상되는 장소를 배회하는 것 등이 포함된다. 그러나 Janice Marques(개인적 교신, 2006. 3. 23) 본인 스스로도 재발방지 프로그램은 대상자 개인의 특성에 따라 그 형태와 내용이 매우 상이할 수 있음을 지적하였다(McGrath, Cumming, & Burchard, 2003 참조). 아마도 유일한 공통점은 인지행동치료 기법이 개인의 잠재적 위험 상황을 인식하고 그에 대응하는 능력을 향상시키기 위해 사용된다는 것이다.

Hanson과 동료들(2002)은 인지행동치료로 분류될 수 있는 13개의 연구와 시스템적 접근(범죄자 개인과 그 주변 사람들 모두를 겨냥한 접근)으로 분류될 수 있는 2개의 연구(청소년과 그들의 부모 및 양육자 모두에게 관심을 가지는 다중시스템치료와 가족치료)를 찾았다. 평균적으로 위의 연구들은 치료를 받은 성범죄자와 비교집단 간 재범률에 있어 상당히 유의미한 차이를 보였다(그러나 이 결과가 인지행동치료가 성범죄 재범률을 감소시킨다는 것을 의미하는 것은 아니다. 그 이유는 Rice & Harris, 2003 참조).

인지행동적 접근과 재발방지 접근에 대한 좋은 예로 캘리포니아 주의회의 법률에 의해 운영되는 성범죄자 치료평가프로젝트(SOTEP)를 들 수 있다. 이 SOTEP는 아주 세심하게 고안되었으며 치료 범위와 강도에 있어 매우 포괄적이고 인상적이다. 다른 치료 프로그램과 SOTEP는 다음과 같은 차별성이 있다. 프로그램 참여에 자발적으로 참여한 지원자들을 연령, 범죄 경력, 범죄 유형 등을 고려해 치료집단과 비치료집단에 무선 할당 배치한다는 점, 재발방지 원칙에 기초하여 강도 높은 2년의 인지행동치료 프로그램을 실행한다는 점, 지역사회 공동체 내에서 1년간 사후관리 프로그램을 실시한다는 점, 사전과 사후의 치료 효과를 평가한다는 점이다. 치료 목표로는 성범죄에 대한 개인의 책임성을 증진시키는 것, 인지적 왜곡과 범죄를 합리화하는 태도를 수정하는 것, 일탈적 성적 흥분을 감소시키는 것(일탈적 성적 흥분은 음경체적변동 검사로 측정), 재발방지의 개념과 기법을 이해시키는 것, 고위험 상황을 인식하는 능력을 배양하는 것, 고위험 상황을 피하거나 이에 효과적으로 대처할 수 있는 능력을 향상시키는 것 등이다. 치료의 궁극적인 목표는 재범률을 줄이는 것이다.

SOTEP는 재발방지 원칙을 적용한 성범죄자 치료 프로그램으로 최초이자 유일하게 무선 할당 배치라는 연구 설계를 사용하는 아주 특별한 프로그램이다. 치료 참여자들은 개인치료와 더불어 회기당 90분간의 집단치료에 주 3회 참여했다. 치료 참여자들은 성교육, 인간의 성생활, 이완 훈련, 스트레스 및 분노조절, 사회기술 향상에 초점을 맞춘 집단 활동에도 참여했다. 다른 부수적인 치료 서비스도 제공된다. 예를 들어, 치료 대상자의 69%가 심각한 수준의 알코올이나 마약남용 경력이 있어 물질남용에 초점을 둔 재발방지 집단을 구성할 필요가 있었다. 소아성애증과 같은 일탈적 성적 흥분이 있는 범죄자들에게는 부적절한 성적 대상과 행동에 초점을 둔 행동치료가 제공되었다. 집단치료 활동을 표준화하기 위해 치료회기의 형태와 내용을 상세하게 매뉴얼화하였다.

치료 프로그램에 참여한 성범죄자들은 아타스카데로 주 병원에 입원해 있었고, 두 통제집단은 교정시설에 수감되어 있었다. 비록 교정시설에서도 일부 치료 서비스가 제공될 수 있지만(예 : 분노조절, 약물남용 프로그램), 교정시설에 수감된 성범죄자 통제집단에게는 체계적으로 조직된 SOTEP 치료 프로그램이 연구 기간 동안에는 제공되지 않았다. 프로그램 참여에 적격판정을 받은 모든 성범죄자들의 1/3이 SOTEP의 참여에 자원했다(치료 참여의 적격/부적격 기준에 대한 구체적인 정보는 Marques, Wiederanders, Day, Nelson, & Ommeren, 2005 참조). 치료 프로그램 참여에서 적격판정을 받은 성범죄자 중 거의 3/4이 아동을 대상으로 한 성범죄자였다. 아동을 대상으로 성범죄를 저지른 범죄자들은 치료 프로그램에 더욱 참여하려는 경향이 있었으며, 특히 남자 아동만을 대상으로 한 성범죄자들이 여자 아동을 대상으로 한 성범죄자보다 치료에 참여하는 것을 더 원하는 경향을 보였다. 자원하여 치료에 참여한 범죄자 중 소아성애자의 비율은 높았다. 따라서 SOTEP에서 나타난 결과는 소아성애 성범죄자들에 대한 치료 효과와 직접적으로 관련되어 있다고 볼 수 있다.

연구에 참가한 총 259명의 범죄자가 실험 조건에 무선 할당 배치되었다. 259명의 범죄자 중 55명은 치료 프로그램 참여 확정을 통보받은 후 병원으로 이송되기 전에 프로그램 참여 의사를 철회하였다. 치료 프로그램 참여가 승인된 나머지 204명 중 37명은 치료 프로그램을 끝까지 이수하지 않았는데, 그들 중 27명은 자진하여 중도 포기하였고 10명은 병원 내부에서 심각한 관리상의 문제를 야기하여 프로그램에 지속적인 참여가 불가능하였다. 이들 37명 중 14명은 1년의 치료 기간을 채우지 못하였다. SOTEP 참여를 희망한 225명의 다른 자원자들은 비치료 조건에 무선 할당 배치되었고, 비교집단으로 SOTEP의 참여에 자원하지 않은 성범죄자들이 선정되었다. 자원하지 않은 범죄자들 중 다수는 치료를 원하지 않아 자원하지 않았다고 보고했으나 몇몇은 교정시설에서 만족스러운 직무를 하고 있다거나 이미 가족이 교정시설 인근으로 이주하였거나 혹은 병원의 환자가 되기 싫다는 이유로 거부하였다. SOTEP 연구의 세 집단은 범죄자의 나이(40세 이하/이상), 범죄 경력(이전의 중범죄 경력 여부), 성범죄 유형(성인, 남아, 여아, 남녀 아동 모두) 등에 따라 매칭되었다.

출소 후 평균 8년(출소 후 5~14년 범위)이 지난 시점에 최종 자료 수집이 2001년에 완료되었다. 재범에 대한 자료는 미국연방수사국, 캘리포니아 법무부의 기소 및 유죄선고가 포함된 전과기록, 캘리포니아 교정국의 가석방과 재수감에 대한 기록에 기초하였다. SOTEP의 최종 보고서에 의하면 치료받은 성범죄자들, 자원자 통제집단(프로그램 참여를 원하였으나 비치료 통제조건에 무선 할당 배치된 범죄자들), 치료를 거부한 비자원 통제집단 간의 재범률에 유의미한 차이가 없었다(Marques et al., 2005). 비록 통계적 유의 수준에 이르지 못했지만, 아동 성범죄자들이 치료를 받은 이후에 재범할 가능성이 더 높아지는 경향을 보였고(재범률은 치료에 참여한 범죄자 21.9%, 자원자 통제집단 17.2%), 강간범들에게는 이와 반대되는 경향성이 나타났다(재범률은 치료에 참여한 범죄자 20.4%, 자원자 통제집단 29.4%). 치료 초기에 중도 포기했던 14명의 참여자는 치료에 참여하기 이전에 치료 프로그램 참여 의사를 철회한 범죄자, 적어도 1년의 치료 기간을 완수했던 범죄자, 자원자 통제집단과 비자원자 통제집단의 범죄자들보다 높은 재범 경향을 보였다.

심지어 치료가 재범을 감소시킨다는 가설 검정에 보다 완화된 기준을 적용하여, 치료 조건의 초기 중도 탈락자를 제외하더라도 세 집단(자원자 치료집단, 자원자 비치료 통제집단, 비자원자 통제집단) 간 유의미한 차이가 발견되지 않았다. 집단 간 정적 위험 요인인 연령, 범죄 경력 성범죄 유형, 과거 성범죄, 비접촉 성범죄의 유죄선고, 낯선 범죄 피해자, 남성 범죄 피해자, 범죄자 연령, 결혼 유무 등의 차이를 통제한 후에도 결과는 동일하였다.

제5장에서 논의된 성범죄의 이론적 측면에서 볼 때, SOTEP 치료 프로그램은 표명된 치료 타깃(목표)에 유의미한 영향을 미쳤다. 치료집단 참여자들은 자기보

고로 측정된 범행 책임의 축소와 음경체적변동 검사에서 소아성애와 같은 일탈적 성적 흥분이 유의미하게 감소한 결과를 보였다. 또 연구자들은 치료 후 재범방지 기술의 임상적 평가결과를 획득하였다. 남자 아동에 대한 성적 흥분의 사전-사후 측정은 성범죄의 재범과 상당한 상관을 보였고, 자기보고 측정과 임상가의 평가는 새로운 성범죄 재범과 상관을 보이지 않았다. 이러한 결과는 SOTEP 치료 프로그램이 기대했던 치료 효과를 보인 것이 사실이지만, 대부분의 치료 타깃(목표)이 재범과는 관련성이 없다는 것을 암시한다. 이는 성범죄자의 치료에서 치료 타깃이 되는 범죄 책임의 수용, 범죄 피해자에 대한 공감 등이 재범의 유의미한 예측 변인이 아님을 밝힌 메타분석 연구의 결과와도 일맥상통한다(Hanson & Bussière, 1998; Hanson & Morton-Bourgon, 2004). 이 모든 결과를 종합해 볼 때, SOTEP가 표방하고 있는 치료의 타깃이 성범죄자 치료에 효과를 가져다주는 필수요소가 아님을 시사한다(Kirshch & Becker, 2006 참조).

Marques와 동료들(2005)은 SOTEP 프로그램이 재범률에 유의미한 영향을 주지 못한 원인을 논의하고 이후 평가와 관련하여 연구 및 프로그램 구성 시 수정해야 할 사항들을 제시하였다. 이들이 제시한 구체적인 변화는 보다 더 고위험군에 해당되는 성범죄자를 대상으로 할 것, 모든 성범죄자들에게 사전 평가를 실시할 것, 치료 참여자들이 제시된 프로그램의 개념을 이해하고 기술을 습득하였는지 확인하기 위해 주기적으로 치료 과정을 감독할 것 등이다. SOTEP의 연구방법론상의 문제는 치료 프로그램에 참여한 성범죄자 집단은 안정적인 병원에서 생활했던 반면, 자원자 비치료와 비자원 비치료 통제집단은 교정시설에 수감되어 있었다는 것이다. 이러한 생활 환경의 차이가 범죄자의 재범에 영향을 미쳤을 수도 있다(예: 교정시설에 남겨진 통제집단의 범죄자들은 잠재적으로 더 반사회적 성향의 재소자와 교류했을 수 있음). 아마도 몇몇 사람들은 이러한 연구방법론상의 문제를 지적하면서 SOTEP의 연구결과를 경시하거나 무시할지도 모른다. 그러나 그 당시 체계적으로 잘 조직화된 현대적 치료 프로그램(그리고 현재 가장 널리 사용되고 있는 치료 프로그램도 이와 유사)이 종국적으로 재범률에 유의미한 영향을 미치지 못했다는 것은 무시할 수 없는 사실이다.

SOTEP의 연구결과는 "아마도 자금 지원과 무선 할당 배치를 기반으로 한 임상 실험을 실시하기 어려울 수 있으나 이 분야가 더 발전되기 위해서는 이런 시도가 더 많이 필요하다는 강한 믿음을 갖고 있다."(p. 103)고 Marques와 동료들(2005)이 결론으로 제시한 바와 같이, 성범죄자 치료 프로그램 진행자, 연구자, 정책 입안자들에게 상당한 함의를 제공하고 있다. 한편, Kenworthy와 동료들(2004)은 한 걸음 더 나아가 "체계적으로 잘 설계되고 평가된 연구지만 취약하고 잠재적 위험을 가진 사람들을 대상으로 무선 할당 연구 설계로 치료를 제공한 것은 윤리적 문제의 소지가 있다."(p. 1)는 지적을 하였다. 또 다른 관점에서 Marshall(2006a)과 같은 성범죄자 치료 옹호자는 무선 할당 배치 설계에 사용한 임상 실험연구는 외적 타당도와 프로그램의 일반화 가능성 측면에서 제한점이 있음을 주장하며, 연구 설계가 다소 취약하였더라도 치료 프로그램에서 나타난 긍정적인 결과에 주목해야 한다고 주장한다. 성범죄자 치료 프로그램을 평가하기 위한 임상 실험을 더 많이 실시해야 하는 필요성에 대해 과학적·윤리적 근거들을 이 장의 후반부에서 제시할 것이다.

행동치료

Laws와 Marshall(2003), Marshall과 Laws(2003)는 소아성애자의 행동치료 역사를 소개하였다. 앞서 인지행동치료가 아동 성범죄자의 재범률 감소에 미치는 영향에 대해 논의한 것과 달리 지금 논의될 행동치료는 아동에 대한 일탈적 성적 흥분을 직접적으로 겨냥하는 치료 목표를 갖고 있다.

물품음란증(fetishism)과 복장도착적 물품음란증(transvestic fetishism) 같은 변태성욕을 치료하기 위해 1950년도에 혐오 조건 형성 기법이 사용되었다(Marks & Gelder, 1967; M. Raymond, 1956). 서구 사회에서 동성애가 정신장애가 아니고, 또 동성애가 범죄 행위가 아닌 것으로 인식되기 이전 시대의 행동치료 문헌들은 동성애에 대한 성적 흥분에도 관심을 두고 있다.

소아성애의 행동치료에 있어 혐오 기법은 아동에 대한 성적 흥분을 억제할 목적으로 사용되었고, 자위 재조건화 기법은 아동에 대한 일탈적 성적 흥분을 줄이고 대신 성인에 대한 정상적인 성적 흥분을 증가시키기 위해 사용되었다. 혐오 자극으로 약한 전기충격 혹은 암모니아수 등과 같은 불쾌한 자극을 아동 관련 성적 자극과 반복적으로 연합시킨다. 내재적 민감화라 불리는 기법은 혐오 자극(예 : 아동과 성관계하는 상황을 친구나 가족이 목격하는 장면)을 상상케 한다.

포만 기법(satiation)은 혐오 자극을 사용하지 않고도 아동에 대한 성적 흥분을 감소시키는 행동치료 기법이다. 포만 기법의 절차는 치료 참여자들이 그의 소아성애적 환상을 크게 말하면서 사정할 때까지 자위행위를 하는 것이다. 사정 이후 그리고 발기 불능기 동안 치료자는 동일한 상상을 하면서 자위행위를 계속하도록 지시한다. 이 과정은 여러 번 반복된다. 이후 자위 재조건 과정에서 치료 참여자들은 성인에 대한 성적 흥분과 연결시킬 것을 지시받는다. 주제 변화라는 기법도 있는데, 이는 참여자에게 소아성애적 상상을 통해 자위를 하게 하여 오르가슴에 도달할 때가 되면 성적인 상상의 내용을 재빨리 성인에 대한 상상으로 바꾸게 하는 것이다.

성적 흥분 패턴을 변화시키기 위한 행동치료적 접근의 효과는 Barbaree, Bogaert, 그리고 Seto(1995), Barbaree와 Seto(1997)에 의해서 논의되었다. 행동치료 기법은 성적 흥분 패턴을 변화시키는 데 효과가 있지만, 그 변화가 얼마나 오랫동안 유지되는지와 비록 개인의 자율적 통제가 증가했을지라도 실질적으로 소아성애적 성적 흥분에서 다른 것으로 성적인 관심의 변화가 나타났는지에 대해서는 불명확하다(Lalumière & Earls, 1992).

비행동주의적 치료

비행동주의적 치료는 인본주의, 정신역동, 그리고 통찰 지향적 치료이다. 프로이트(1905, 2000)는 아동이나 청소년만을 대상으로 성적인 선호를 갖게 되는 경우가 드물다고 생각한 것 외에 소아성애에 대한 특별한 언급이 없었다. 그 대신 프로이트는 아동과의 성적 접촉의 대부분은 개인의 무능이나 성인 성관계 파트너와의 접촉기회 결핍에 의해 발생된다고 주장하였다. 정신역동적 관점에서 아동 성범죄는 성범죄 가해자에 대한 동일시와 아동기 성학대의 외상적 경험의 재현으로 설명한다. Socarides(1991)는 남자 아동을 선호하는 소아성애는 깊은 심리적 갈등을 해결하기 위한 하나의 수단이라고 보았고, Groth(1979)는 "범죄자가 성인이 되어 저지르는 범죄는 그가 어렸을 때 당한 성범죄의 반복적 표출이며, 해결되지 않은 인생 초기의 성적인 외상을 해결하려는 부적응적인 시도로 볼 수 있다."(p. 15)고 하였다. Groth와 Birnbaum(1978)은 DSM에서 소아성애증을 폐쇄적 소아성애증과 비폐쇄적 소아성애증으로 하위 유형을 둔 것처럼 아동 성범죄자의 유형을 퇴행형과 고착형 유형으로 구분하였다.

전반적으로 비행동주의적 치료는 인지행동치료와 행동치료보다는 덜 구조화되어 있다. 비행동주의적 치료는 종종 성범죄의 이유에 대한 통찰, 범죄 책임에 대한 수용, 후회의 표현, 범죄 피해자에 대한 감정이입 등에 초점을 두고 있다. 이러한 비행동주의적 치료의 경우 매우 작은 수의 치료 효과성 평가만이 보고되었다. Hanson과 동료들(2002)의 치료 효과성 평가에는 정신치료요법으로 분류(행동치료 혹은 인지행동치료가 아닌 치료)된 연구가 다섯 편 있으며, 그중 4개의 연구는 치료집단이 더 높은 성범죄 재범률을 보여 치료 효과가 유의하지 않은 것으로 나타났다.

비행동주의적 치료 기법에 해당되는 연구 중 가장 잘 통제된 연구는 Romero와 Williams(1983)가 보고한 연구이다. 이 연구에서는 범죄자들(주로 강간범들과 아동 성범죄자들이 함께 포함되어 있는 혼합집단)을 두 집단으로 나누어 한 집단에는 집중 보호관찰 감독만을 받게 하고, 다른 한 집단에는 보호관찰과 함께 정신역동 집단치료를 실시한 후 두 집단의 재범률을 비교하였다. 보호관찰과 함께 정신역동 치료를 받은 성범죄자 집단은 보호관찰만 받은 집단에 비해 재구속률이 높은 경향을 보였다. 특히 이러한 재범률 경향은 40주 이상의 치료를 이수한 성범죄자만을 대상으로 분석했을 때 통계적으로 상당히 유의미하였다. 이 연구결과는 성범죄 외의 일반 범죄자 집단을 대상으로 인본주의, 정신역동, 그리고 다른 통찰 지향적 치료를 실시하여 부정적 결과를 얻었다는 다른 연구결과와도 비교될 수 있다(보다 자세한 사항은 Andrews et al., 1990 참조). 위 내용들을 종합할 때, 비행동주의적 치료를 성범죄자(혹은 소아성애적 성범죄자)의 치료에 적용하는 것은 바람직하지 않다는 것을 시사해 준다.

의학적 중재

의학적 중재는 아동에 대한 일탈적 성적 흥분을 감소시켜 실제 아동을 대상으로 한 성적 행동을 감소시킨다고 가정하기 때문에 행동치료와 유사한 측면이 있다. 의학적 치료는 성적 욕구나 흥분 그리고 성행동(이후부터 필자는 이를 '성적 반응'이라는 용어로 언급)의 기저로 작용하는 호르몬과 신경전달물질을 조절하는 것이다. 현재까지는 심리치료보다 의학적 치료에 대한 경험적 연구가 부족한 실정이지만 필자는 이 장에서 심리치료보다 의학적 치료와 관련된 연구들을 소개하는 데 더 많은 지면을 할애하고자 하는데, 그 이유는 다른 연구자들에 의해 심리치료와 관련된 사항들이 많이 논의되었기 때문이다(예 : Hanson et al., 2002; Lösel & Schmucker, 2005). 의학적 치료에 관한 연구문헌은 치료 거부, 중도 탈락, 치료에 비순응, 치료집단과 비교집단의 동질성 문제 등 실질적으로 치료 효과 연구가 당면하고 있는 연구방법상의 문제들을 강조하고 있다.

약물치료

소아성애증 치료에서 약물치료 임상가들의 공통된 목표는 아동에 대한 성적 흥분을 감소시키는 것이다. 성적 반응을 억제하기 위한 최초의 관심은 주로 항안드로겐에 맞추어져 있었으나 임상의와 연구자들은 최근 세로토닌계 약물에 더 많은 관심을 두고 있다. 아래 절에서 이 약물들을 소아성애증과 변태성욕 치료에 사용한 연구들을 요약해서 제시할 것이다.

항안드로겐

소아성애적 성적 반응에 항안드로겐이 효과가 있을 것이라는 가정은 논리적이다. 왜냐하면 테스토스테론은 수컷 포유류의 성행동에 결정적인 역할을 하기 때문이다(Davidson, smith, & Damassa, 1977). Lascher와 Lascher(1971)에 의해 독일에서 실시된 최초의 임상 연구는 100명 이상의 성도착증 남성을 대상으로 하였는데, 그들 중 대부분은 소아성애자 혹은 노출증자들이었다. 오늘날 가장 공통적으로 처방되는 약물은 시프로테론 아세테이트(CPA) 또는 아세트산 메드록시프로게스테론(MPA)이다. 이 두 약물은 테스토스테론의 활동을 방해한다. 구체적으로 CPA는 세포내 테스토스테론의 흡수를 차단하여 플라스마 테스토스테론을 감소시킨다. 한편, MPA는 성샘자극호르몬의 분비를 감소시키고 테스토스테론을 촉진시킨다. 명확하게 입증된 것은 아니지만 의학 저널의 논문 심사자들의 설명에 따르면, CPA는 캐나다와 유럽에서 더 많이 사용되고, 미국에서는 적게 사용되는 경향이 있는데, 이는 미국 식품의약국(FDA)에서는 CPA의 사용을 승인하지 않고 있기 때문이다. MPA는 미국에서 사용이 승인된 약물이지만 소아성애증 치료를 목적으로는 사용되지 않고 있다. 소아성애증과 다른 성도착증 환자들의 치료에 사용되는 CPA와 MPA는 오프라벨(off-label), 즉 약물사용규제기관으로부터 구체적인 치료 목적으로 승인된 것이 아니다. 항안드로겐의 부작용은 두통, 어지러움, 메스꺼움, 여성형 유방(남성에게는 비정상적으로 가슴이 커지는 것), 우울, 골다공증 등으로 알려져 있다.

성적 욕구와 성적 흥분의 강도 또는 빈도의 감소에 있어 항안드로겐의 효과는 어느 정도 지지를 받고 있지만, 아직까지 이와 관련된 잘 통제된 조건에서 시행된 대규모 연구가 많지 않다. Gijs와 Gooren(1996)은 이중 은폐법(double blind), 위약 조건, 무선 할당 배치 등 엄격한 연구방법론을 적용한 연구들을 중심으로 CPA와 MPA의 효과를 평가한 연구문헌을 검토했다. Gijs와 Gooren은 CPA에 대한 4개의 연구와 MPA에 관한 6개의 연구를 확인했다. CPA에 대한 4개의 연구 모두에서는 치료받은 남성의 성적 반응이 상당히 감소하였다고 보고한 반면, 6개의 MPA 연구에서는 단 하나만이 효과를 보였다. Hucker와 동료들(1988)은 무선 할당 배치에 적용하여 MPA 치료의 효과를 평가한 임상 실험연구 하나를 검토했다. 이 연구자들은 평가가 의뢰된 남성과 아동 성범죄 혐의로 기소되어 치료가 의뢰된 100명의 남성을 대상으로 연구를 시작했다. 의뢰된 남성 중 52명이 혐의를 부인하는 등의 문제로 평가를 끝까지 완료할 수 없었다. 48명의 남성은 끝까지 평가를 받았으며, 18명의 남성이 약물치료를 받는 것에 동의했다. 아동 성범죄로 기소된 이들은 약물치료를 받는 것에 대한 어떠한 외부 압박도 받지 않았고, 연구자는 연구윤리 지침을 지켰으며, 약물 투여를 원하지 않은 대상자들을 위한 대안적 치료도 존재했다. 성범죄자들의 약물치료 연구에서 중도 탈락과 치료 비순응의 문제를 지적한다면, 단지 11명의 참여자만이 12주에 걸친 실험을 완수하였다는 것이다. 이 중 5명에게 MPA가 투여되고 6명에게는 위약이 투여되었다. 또 한 명의 참여자는 연구 중 부갑상샘 종양이 발견되어 연구에서 제외되었는데, 이 참가자에게는 위약이 투여되고 있었다. 또 다른 참여자도 호르몬 검사에서 약물을 투여하지 않고 있다는 사실이 밝혀져 연구에서 제외되었다. 게다가 다른 5명의 참여자(3명은 MPA 투여집단, 2명은 위약 투여집단)도 연구에 끝까지 참여하지 못하였다. 중도 탈락한 참여자들이 아동에 대한 더 빈번한 성적 환상을 보고했다는 점에서 약물치료 완수자와 위약 투여 완수자와는 차이를 보였다(저자들은 이것이 연구결과에 영향을 미칠 수 있는 선택편향의 결과일 수도 있다는 점을 인식하고 있었음). MPA와 위약 조건집단의 모든 참여자들은 성적 환상의 감소를 보고했는데, 위약이 투여된 집단의 참여자들은 실험 마지막까지 여전히 더 많은 성적 환상을 보고했다(위약집단이 한 달에 평균 성적 상상을 28회 하였고, MPA 집단은 12번 함). 이는 주목할 만한 결과인데, 왜냐하면 MPA가 성호르몬과 관련하여 기대했던 효과가 나타났을 뿐만 아니라 실험을 완수했던 참여자들의 경우 테스토스테론 수준이 크게 감소한 반면 위약 조건의 실험을 완수한 참여자들에게서는 아무런 변화가 없었기 때문이다. 한편, Hucker와 동료들(1988)은 약물이 재범에 미치는 영향에 대해서는 보고하지 않았다.

소아성애자를 대상으로 한 또 다른 연구로 Cooper, Sandu, Losztyn과 Cernovsky (1992)는 소아성애자 28명에게 약물 실험에 참여 의사를 물었는데, 이 중 18명이 참여를 거부했다. 이 연구는 이중 은폐 연구법(double-blind study)을 사용하였다. 10명의 실험 참가자 중 3명은 위약 조건 단계에서 중도 포기하여 최종 7명의 소아성애자로부터 얻은 자료만을 보고하였다. Cooper와 동료들은 MPA와 CPA를 28주 동안 평가하였다. 두 약물은 모두 성적 생각, 성적 상상과 행동을 감소시키는 것으로 나타났으며(자위 빈도, 기상 후 발기 빈도), 음경체적변동 검사에서도 유의미한 효과를 보였다. Bradford와 Pawlak(1993)은 소아성애자 20명에게 CPA와 위약을 교대로 투여했다. 연구자들은 최종 17명의 참가자에 대한 기저선과 2~3개월 후의 음경체적변동 검사와 호르몬 측정치를 보고했다. 한 명의 참가자는 연구에 비순응적인 문제로 연구에서 제외되었고, 다른 2명의 참가자는 아동 자극에 대해 소아성애 양상을 보이지 않아 연구에서 배제되었다. CPA는 아동에 대한 성적 흥분에 대해 상당한 효과를 보였으나 성인에 대한 성적 흥분에는 유의미한 효과를 보이지 않았다.

세로토닌계열의 약물

인간 성행동 억제와 관련하여 세로토닌계열의 항우울제는 남성의 성욕을 감소시키고 사정 시간을 지연시키는 것으로 알려져 있다(Meston & Gorzalka, 1992 참조). 이에 더하여 몇몇 임상 연구자들은 다소 부족한 근거를 토대로 플루옥세틴 혹은 부스피론과 같은 세로토닌 재흡수 억제제(SSRIs)가 성인에 대한 성적 흥분에는 영향을 끼치지 않으면서 아동에 대한 일탈적 성적 흥분에만 선택적으로 영향을 미친다고 보았다(Fedoroff, 1993; Greenberg & Bradford, 1997; Kafka, 1991). 예컨대 Bradford(2000)는 20명의 소아성애자를 대상으로 선택적 세로토닌 재흡수 억제제인 서트랄린(sertraline) 약물 실험 결과를 바탕으로 이 약물이 성관계 시 성인 여성 파트너에 대한 성적 흥분을 감소시키지 않으면서도 소아성애적 성적 반응을 줄여준다고 보고했다. 하지만 이 연구결과는 공식적으로 발표되지 않았다.

소아성애자 치료에 있어 세로토닌계열의 약물 사용을 지지하는 근거는 주로 실험적으로 통제되지 않은 사례연구와 이중 은폐 등의 정교한 방법론을 적용하지 않은 연구결과에 의지하고 있다(Gijs & Gooren, 1996 참조). 세로토닌계열의 약물들은 단순 은폐의 위약 조건 후 이중 은폐 조건을 교차로 적용하는 방식으로 실험을 설계하여, 데시프라민과 클로리프라민을 비교한 한 연구에서만 평가되었을 뿐이다(Kruesi, Fine, Valladares, Phillips, & Rapoport, 1992). Kruise와 동료들(1992)은 두 집단 모두 자기보고 평가에서 성도착 행동(대부분 노출증, 복장도착증, 음란전화 사용, 여성물건애 등)이 유의미하게 감소하였다고 보고했다. 하지만 이 결과는 그대로 해석하기가 어려운데, 왜냐하면 연구에 참여한 소아성애자 15명 중 8명만이 실험을 완수했기 때문이다. 4명의 참여자는 위약에 반응을 보였고, 3명은 약물 실험을 끝까지 완수하지 않고 중도에 탈락하였다. 위약에 반응하여 증상이 완화되거나 혹은 증상이 없어진 참여자들을 연구에 포함할 경우 약물이 성도착 행동 감소에 미치는 긍정적 영향이 희석되어 약물의 효과가 모호해진다.

　　Greenberg, Bradford, Curry와 O'Rourke(1996)는 SSRIs 약물치료를 받은 소아성애 남성 58명(74%가 소아성애자)에 대한 회고적 분석 연구결과를 보고했다. 이 연구에서는 이전에 치료받은 경력이 있는 참가자를 제외한 후 3개월 동안 투약을 받은 환자들의 경과를 관찰하였다. Greenberg와 동료들은 3개월 동안 환자들의 소아성애적 환상이 상당히 감소하였고, 약물 종류(플루옥세틴, 서트랄린 혹은 플루복사민)에 따른 유의미한 차이는 없었다고 보고했다. 그 이전의 연구에서 연구결과를 해석하기에는 어려움이 있었는데, 왜냐하면 17명이 연구 중 중도 탈락했기 때문이다. 이들 17명 중 9명은 약물 투여를 지속하지 않았고(9명 중 4명은 의학적 지시를 불이행, 3명은 약물 부작용, 2명은 스스로 상태가 호전되었다며 치료 거부), 1명은 투여 약물이 변경되었으며, 3명은 SSRIs가 소아성애적 환상을 줄이는 데 도움이 되지 않는다고 판단하고 CPA 약물을 투여했기 때문에 연구에서 배제되었다. 따라서 이 연구에서 중도 탈락 없이 끝까지 연구에 참여한 피검자는 당연히 약물치료에 긍정적 효과가 있었을 것이라고 예상할 수 있다. Greenberg와 동료들은 실험 참가자의 선택편향 효과를 무시하더라도 약물에 대한 환자의 복약 순응도가 우수하다는 결론을 내렸다. 왜냐하면 치료 기간 동안 극소수의 참가자들이 약물투약 시점을 놓쳤기 때문이다. 치료 중도 탈락자에 대한 추가적인 분석결과는 보고되지 않았지만, 실험 표본의 약 1/4이 약물치료에 비순응적이었다.

　　Fedoroff(1995)는 항안드로겐에 비해 SSRIs의 장점은 소아성애자들이 세로토닌 계열의 약물에 거부감이 더 적다는 것이다. Fedoroff는 전체 100명의 환자 표본에서 스스로 변태성욕 증상이 있다는 것을 시인한 59명의 환자 중 7명은 단지 심리치료만을 택했고, 41명은 심리치료와 SSRIs 약물치료의 병행을 선택한 반면, 단 1명만이 항안드로겐 치료를 택하였다. Fedoroff는 환자들은 약물 부작용과 사회적 낙인이 상대적으로 적은 SSRIs를 선호한다고 보고하였다.

중추 호르몬계 약물

류프로라이드 아세테이트(leuprolide acetate, Lupron)와 같은 성샘자극호르몬 방출호르몬(GnRH)의 분비를 촉진하는 약물은 뇌하수체의 호르몬 조절기능을 통제시켜 남성 호르몬인 테스토스테론의 생산을 억제시킨다. Briken, Hill과 Berner(2003)는 GnRH 작용 약물이 성도착증에 미치는 효과에 관한 연구를 리뷰하였다. 연구자들은 개방집단과 체계적으로 통제되지 않은 연구방법을 사용한 13개의 연구(총 118명의 다양한 유형의 성도착증 환자)를 검토하였다. 118명의 성도착증자 중 43명이 소아성애자로 진단되었다. 성범죄자의 두 혼합집단에 포함된 다른 59명의 남성에 대한 성적 기호는 구체적으로 보고되지 않았지만, 이들 중 다수가 아동 성범죄를 저질렀다고 기술되어 있었다.

GnRH 작용 약물 연구 중 가장 대규모 소아성애자 표집 연구는 Rösler와 Witztum (1998)에 의해 수행되었다. 이 연구는 개방형 집단과 체계적으로 통제되지 않은 연구방법을 사용하여 성도착증 남성 30명(이 중 25명은 소아성애자로 진단)에게 트립토렐린 파모아테(triptorelin pamoate)를 투여하였다. 이 연구에서 24명은 최소한 12개월의 치료를 끝까지 완료하였다. 치료를 끝까지 완료하지 못한 참가자 중 2명은 이민을 갔다. 3명은 심각한 부작용으로 치료를 중도 포기했으며, 1명은 자녀 출산을 원한다는 이유로 치료를 포기했다. 치료를 끝까지 받은 남성들은 치료 전에 비해 소아성애적 성적 환상과 자위행위 빈도의 감소와 함께 비정상적인 성행동이 줄어들었다고 보고했다(비정상적인 성행동의 월 평균 빈도가 5회에서 0회로 감소). 치료 기간 동안 아동을 대상으로 한 성범죄(또는 성적 노출 행위, 관음증, 접촉도착증 등)에 연루되지 않았고, 연구 참가자의 친인척이나 담당 보호관찰관으로부터 단 한 건의 성범죄 사실도 보고되지 않았다.

Briken과 동료들(2003)은 자신들이 리뷰한 거의 대부분의 연구가 자기보고 자료에 의존하고 있다는 사실에 주목하였다. 자기보고법을 사용하지 않은 예외적인 연구로는 Cooper와 Cernowsky(1994)가 수행한 교차설계 연구였다. 이 연구는 여자 아동을 대상으로 성범죄를 저지른 소아성애자를 대상으로 하였다. 이 연구에서는 자기보고와 음경체적변동 검사 모두에서 류프로라이드 아세테이트가 시프로테론 아세테이트(cyproterone acetate)나 위약에 비해 성적 흥분을 억제하는 데 더 효과적이라고 밝혀졌다. 류프로라이드 아세테이트는 환자의 테스토스테론의 수준을 거의 거세수준으로 낮추었다. Briken과 동료들은 이에 대해 성도착증 치료에 GnRH 작용 약물의 효과에 대한 예비적 증거를 보여준 것이라는 결론을 내렸고, 성도착증 치료에 있어 항안드로겐과 GnRH의 알고리즘에 대해 기술했다. Bradford(2000)와 Maletzky와 Field(2003)도 약물치료의 알고리즘을 제시하였지만 그들이 주장하는 의사결정을 뒷받침하는 경험적 증거는 제시하지 않았다. 항안드로겐 혹은 GnRH 작용 약물의 장기적 치료 효과에 대해서는 아직까지 보고된 바 없다.

기타 약물

SSRIs나 항안드로겐을 제외한 다른 약물로 치료를 실시한 몇몇 사례 보고가 있다. 한 예로 Varela와 Black(2002)은 소아성애자들을 대상으로 한 치료사례를 제시하였다. 그들은 카르바마제핀(carbamazepine)과 클로나제팜(clonazepam) 투여 1개월 후 성적 생각과 행동이 감소됨을 보고했다.

외과적 거세

외과적 거세는 항안드로겐을 사용하여 성적 반응을 감소시키는 것과 같은 원리지만, 항안드로겐과는 다르게 이것은 영구적인 치료이다. 고환의 제거는 안드로겐의 생산 능력을 거의 완벽하게 파괴하여 항안드로겐과 같은 성욕 감소 효과를 낼 수 있다. 비록 이러한 외과적 거세는 거의 실시되진 않지만, 과거에 네덜란드와 독일에서는 외과적 거세가 유죄선고를 받은 수백 명의 성범죄자들에게 실행되었다(Wille & Beier, 1989). 현재까지도 이러한 외과적 거세는 독일, 체코공화국, 스위스 등에서 간헐적으로 실시되고 있다. 외과적 거세는 현재 미국에서도 몇몇 성범죄자들에 대해서는 처벌의 하나로 고려될 수 있는 사항인데, 1996년 이후 9개의 주에서 법안이 통과되어, 화학적 혹은 외과적 거세는 가석방과 지역사회로의 석방을 요구하는 성범죄자들에게 제한적으로 적용될 수 있다. 물리적 거세는 4개의 주에서 항안드로겐 투여에 대한 대안으로 허용되고 있으며, 텍사스의 경우 물리적 거세가 유일한 대안이다. 5개의 주에서는 13세 혹은 14세 미만의 아동을 대상으로 성범죄를 저지른 범죄자에 대해서만 거세를 허용하고 있다.

Wille와 Beier(1989)는 1970년대에서 1980년대 사이에 시행된 거세 관련 문헌을 리뷰하여 거세가 효과적이라는 결론을 내렸다. 효과성에 대한 근거로 재범률을 제시하였는데, 평균 11년의 추적 기간 동안 거세를 당한 99명의 남성(이들 중 70%는 소아성애자) 중 단지 3%만이 재범한 것과는 대조적으로 같은 기간 동안 거세를 신청하였으나 이를 시행하지 않은 35명의 비교집단 남성의 경우 46%가 재범을 하였다(최초 비교집단은 53명의 남성이었다. 이들 중 17명은 심의위원회로부터 수술이 허가되지 않았고, 30명은 허가심의신청단계에서 거절당했으며, 6명은 위원회로부터 승인을 받은 이후 수술명령이 취소됨). 거세된 남성 중 3/4이 수술 6개월 후 성적 관심, 성욕, 발기, 사정에 있어 상당한 수준의 감소를 보고했다. 그 외 1/4의 남성 중 15%는 여전히 오르가슴을 경험하긴 했지만 사정에 이르기까지 훨씬 강도 높은 자극을 필요로 하였고, 10%는 단지 약간의 성적 욕구의 감소만을 보고했을 뿐 여전히 높은 성욕을 유지하였다. 마지막으로 Wille와 Beier는 1959년에서 1980년 사이에 거세를 당한 성범죄자들을 대상으로 한 10개의 연구를 검토하여 이들 집단의 재범률이 0~11%라고 보고했다. 성범죄를 제외한 다른 유형의 범죄 재범률도 거세된 성범죄자들의 경우 25%로 비교집단의 재범률 43%보다 유의미하게 낮았다.

Wille와 Beier(1989)의 리뷰는 거세가 재범률 감소에 상당한 효과를 보인다는 것을 지지하는 증거로 보인다. 하지만 이들 연구의 대부분은 무선 할당이라는 엄격한 기준의 연구방법을 사용하지 않았기 때문에 신중한 결과 해석이 필요하다. 성범죄자 스스로 충분하게 동기부여가 된 상태에서 거세를 당한 집단과 그 반대 경우의 집단 간에는 매우 중요한 차이가 있을 수 있다(p. 260, '무선 할당의 중요성' 참조). 게다가 연구자가 비교집단에 포함된 상당수의 성범죄자들을 면담 거부 등의 이유로 추적 조사하는 것이 사실상 불가능했다.

Wille와 Beier(1989)의 리뷰 연구 후 Hansen과 Lykke-Olsen(1997)은 1935년에서 1970년 사이에 거세 시술을 받은 21명의 강력 성범죄자 집단과 이를 거부한 21명의 강력 성범죄자 집단을 비교하였다. 1988년까지 21명의 거세된 성범죄자 중 2명이 성범죄 재범을 하였다(두 명 모두 범죄에 연루되지 않고 상당히 오랜 기간 생활하였으나 의사에게 테스토스테론을 투여받은 직후 범죄를 저지름). 반면에 거세를 거부한 24명 중 10명이 성범죄 재범을 저질렀다.

사회적 개입

심리적 중재의 낮은 효과성을 설명하는 하나의 가정은 개인의 성적 행동을 변화시키겠다는 동기부여가 되지 않은 소아성애자도 자신의 성적 행동을 조절할 수 있다는 것이다. 전형적인 치료 모형은 개인이 아동과 관련된 성적 환상, 성적 생각, 성적 욕구, 성적 행동을 억제하기 위해 동기부여되어 있으며, 따라서 그들은 자신의 성적 반응을 자발적으로 점검하며, 위험한 상황(아동과 단둘이 있는 것)을 회피하려 할 것이라고 가정한다(Laws, Hudson, & Ward, 2000). 하지만 몇몇 소아성애자들은 미래에 그들이 저지를 성범죄를 억제하는 것에 동기부여가 되어 있지 않다. 오히려 그들은 자신의 범죄가 발각되지 않도록 하는 것에 동기부여가 되어 있을 뿐이다. 그러한 사람들은 아동과의 성적 접촉이 성학대라기보다는 낭만적 관계라고 생각할 가능성이 크다. 또한 그들은 아동들이 그들과의 성경험을 통해서 이익을 얻는다고 생각할 뿐 아니라 성적 접촉 자체가 문제가 된다기보다는 아동이 경험한 부정적인 영향의 원인을 사회적 반응이라고 생각할 개연성이 높다. Hudson, Ward, 그리고 McCormack(1999)과 다른 연구자들은 아동과의 성적 접촉을 적극적으로 추구하는 성범죄자들과 아동과의 성적 접촉을 회피하려 노력함에도 불구하고 자신의 행동을 억제하지 못해서 성범죄를 저지르는 개인 간에 상당한 차이가 있음에 주목했다. Hudson과 동료들은 이 집단 간 차이를 성범죄에 대한 접근 경로와 회피 경로로 설명하였다.

자신의 성범죄를 억제하지 않으려는 소아성애 성범죄자들에게는 외부적 통제가 더 중요하다. 이러한 외부적 통제에는 형벌의 선고, 지역사회 내 성범죄자에 대한 관리감독, 경찰에 의한 성범죄자 신상정보 등록 등이 포함된다. 외부적 통제의 강도는 성범죄자의 위험성에 따라 달라진다. 가장 위험한 성범죄자들의 경우 장기간의 징역형이나 부정기형과 같은 형벌이 내려지고, 위험성이 낮은 범죄자들에게는 상대적으로 비용이 적게 소요되고 덜 침습적인 치료적 중재가 시행된다.

형벌과 관리감독

교정 연구는 형사처분이 재범을 줄이지 못한다는 사실을 보여주고 있다. 형사처분에는 형의 선고, 배상 프로그램, 경찰 경고, 보호관찰 등이 포함된다. 실제로는 형사처분이 오히려 새로운 범죄의 유발 가능성을 높인다는 사실을 뒷받침하는 몇 몇 연구도 존재한다(Andrews et al., 1990; Lipsey, 1998). 부록 7.1에 제시되었듯 이 형사처분에 관한 또 다른 문제점은 사법당국에 특정 성범죄가 인지되는 비율 이 낮다는 것이다. 왜냐하면 많은 범죄 피해자들은 자신의 범죄 피해를 경찰에 신 고하지 않을 뿐 아니라 일부 죄를 지은 사람들이 정식 기소되지 않기 때문이다.[2] 중요한 것은 행위에 대한 효과적인 처벌의 두 가지 필수요소인 신속성과 확실성 이 형사처분을 통해서는 잘 이루어지지 못한다.

징역형이 범죄자 재범에 미치는 부정적인 효과에도 불구하고 다수의 아동을 대 상으로 재범할 가능성이 높은 범죄자를 사회에서 격리시킴으로써 아동 성범죄 를 줄일 수 있다. 범죄자 구금에는 많은 비용이 수반되기 때문에 장기간의 징역 형은 위험성이 높은 범죄자들에게 선고되는 것이 가장 바람직하다. 캐나다의 경 우 범죄자 관리에 연간 대략 50,000~60,000달러의 예산을 지출하며, 미국의 경 우 20,000~25,000달러의 예산을 사용한다. 필자는 제7장에서 성범죄자들의 재 범 위험성을 평가할 수 있는 신뢰도와 타당도가 높은 도구들을 소개하였다.

Spelman(2000)은 1980년대부터 범죄자의 구금이 증가되었기 때문에 1990년대 에 와서는 범죄가 1/4 정도 줄었다고 하였고, 범죄자를 구금하지 않았다면 이들 은 사회 내에서 재범을 저질렀을 것이라고 주장하였다. 그러나 또 다른 나라의 분 석에서는 미국처럼 구금률이 높지 않고 경찰과 교정 예산을 증가시키지 않았음 에도 미국과 유사한 수준으로 범죄가 줄어든 것으로 나타났다(Lalumière, Harris, Quinsey, & Rice, 2005). 물론, 범죄 감소의 원인이 한 국가에서는 구금률 증가에 있고, 또 다른 국가에서는 그 원인이 다른 곳에 있다는 가능성을 부정하는 것은 아니다.

또 다른 유형의 형사처분은 보호관찰이나 가석방을 조건으로 사회 내에서 범 죄자를 관리감독하는 것이다. 아마도 단순히 정기적인 관리감독은 재범에 영향

---

2 비록 형사처분이 재범을 감소시키는 것은 아니지만, 현재 진행 중인 성범죄의 중단(예 : 근친상간의 피 해자가 범죄 사실을 폭로할 때, 근친상간을 시도했던 어른이 체포되어 그 이전 생활 공간으로부터 쫓겨 나는 것)과 범죄 피해자, 그 가족, 지각된 사회정의에 영향을 미치는 등 다른 목적에는 기여할 수 있다.

을 미치지 못할 수 있다. 왜냐하면 관리감독관의 많은 업무로 인해 대상자를 자주 만나지 못하고 단순 자기보고와 서면계약에 의존하면, 관리감독 대상자의 동적 위험 요인의 변화를 인지할 수 없기 때문이다. 집중 관리감독은 전형적인 보호관찰이나 가석방 관리감독과는 차별된다. 집중적 관리감독에는 비공식적인 불시 가정방문, 대상자와의 더 잦은 접촉, 소변검사, 가택연금, 인터넷 사용 모니터링, 정기적인 폴리그래프 검사 등이 포함된다(Gendreau, Cullen, & Bonta, 1994 참조). 집중 관리감독과 치료를 병행하는 것을 재범 봉쇄 모형 또는 멀티에이전시 모형이라고 한다. 이 모형에 포함된 성범죄자들은 보호관찰관, 가석방 담당관, 치료 제공자, 폴리그래프 검시관 등으로 구성된 팀으로부터 관리감독을 받게 된다(English, 1998; Scott, Grange, & Robson, 2006). 이 모형은 다양한 분야의 전문가와 담당자들이 한 개인(또 그의 가족)의 관리에 참여하고, 이러한 다각적 협력은 다양한 분야의 자원과 역량을 효과적으로 사용할 수 있게 한다고 가정한다. 심지어 지역사회에서 재범 봉쇄에 관여하는 보호관찰관, 가석방 담당관, 치료자들에게 권장되는 수준보다 적은 업무를 부여하고, 정기적인 폴리그래프 검사까지 관리 대상자에게 실시하더라도 구금에 비해 더욱 경제적이다. 그러나 아직까지 명확한 결론을 내릴 수 없는 부분은 재범 봉쇄 접근이 재범률 감소에 긍정적 영향을 미치는가? 또 재범률을 높이지 않으면서 정말 구금보다 경제적인가? 하는 것이다.

지원과 책임을 위한 모임으로 알려져 있는 또 다른 형태의 관리감독 전략에서는 형기를 마친 범죄자를 지원하기 위해 봉사자들을 참여시키고 출소한 범죄자의 행동을 관찰하고 사회 내에 적응할 수 있도록 지원한다(Wilson, Huculak, & McWhinnie, 2002; Wilson, Picheca, & Prinzo, 2005). 이 모형은 캐나다에서 가석방자가 아니라 전체 형기를 모두 복역 후 어떠한 법적 제지를 받지 않고 사회 내에서 생활하는 사람들을 위해 개발되었다. 이 지원과 책임을 위한 모임에서는 4~6명의 봉사자 지원집단이 범죄자를 매일 방문하여 주거와 취업을 돕고, 필요할 경우 경찰과 대중매체, 그리고 범죄자를 우려하는 시민을 중재한다. 봉사자들은 성범죄의 패턴에 관한 훈련을 받고(예 : 잠재적으로 성범죄 발생 위험성이 높은 상황들), 성범죄 관련 법률을 숙지하고, 경찰, 심리학자, 기타 위원회 구성원에게 자문할 수 있는 권한을 갖고 있다. Wilson과 동료들(2005)은 형기를 마치고 출소한 성범죄자들 중 지원과 책임을 위한 모임에 참여한 60명의 성범죄자를 추적하고, 이러한 모임에 참여하지 않은 60명의 성범죄자 대조집단과 비교하였다. 두 집단의 범죄자들은 위험성, 석방되어 사회 내에서 생활한 기간, 이전의 성범죄자 치료 프로그램 참여 경력 등을 일치시켰다. 석방되어 평균 4년 6개월 후, 지원과 책임을 위한 모임에 참여했던 성범죄자들의 재범률이 5%인 데 비해, 모임에 참여하지 않았던 성범죄자들의 경우 17%가 재범을 저질렀다. 나아가 모임에 참여했던 범죄자들의 15%가 성범죄를 포함한 다른 유형의 강력 범죄를 저지른 반면, 모임에 참여하지 않았던 비교집단의 범죄자들의 경우 그 비율이 35%에 달했다. 이러한 관리감독 체계에 관한 다른 예비 프로젝트들도 캐나다, 미국의 여러 주, 영국에서 시작되고 있다.

신상공개 및 성범죄자 등록제도

아동 성범죄자에게는 다른 범죄자(예 : 아동에게 폭력을 행사하였지만 성학대는 하지 않은 범죄자)에 비해 상당히 무거운 법적 조치가 내려진다. 이러한 법적 조치에는 아동 성범죄자들이 다른 지역으로 거주를 옮길 때 그 지역 주민들에게 범죄자의 신상정보를 공개하는 것(메간 법률)과 수용시설에서 석방될 때 관리당국에 성범죄자의 신상정보를 등록하는 것이다(제이콥 웨터링 법률). 비록 신상정보 공개제도와 성범죄자 등록제도 모두가 미국 전역에서 시행되고 있지만(구체적 법률 적용 방식에 있어 주마다 약간의 차이가 있음), 워싱턴 주에서 실시했던 한 연구를 제외하고는 이 정책의 효과성이 경험적으로 평가된 바 없다. 워싱턴 주에서 이루어진 연구는 가장 높은 수준의 신상공개 명령을 받은 90명의 성인 성범죄자와 신상공개 명령이 시행되기 44개월 이전에 출소된 90명의 성인 성범죄자를 사전-사후 평가하는 방식으로 비교하였다(Schram & Milloy, 1995). 이 연구의 연구자들은 신상공개제도가 성범죄자가 재범을 저질렀을 때 좀 더 빨리 체포하는 데에는 도움이 되지만 재범률에는 아무런 영향을 미치지 못했다는 결론을 내렸다. 실제로 신상공개 명령자의 전체 재범률은 19%였으며, 신상공개 명령을 받지 않은 사람의 재범률은 22%였다. 신상공개 명령 범죄자들은 신상공개가 이루어진 지역 안에서 2/3에 달하는 새로운 범죄를 저질렀다. 이러한 결과는 신상공개 명령을 받은 범죄자들이 재범을 하고자 할 때, 굳이 신상공개가 이루어진 지역을 떠나 다른 지역에서 범죄를 하지 않는다는 것을 암시해 준다.

비록 신상공개제도와 성범죄자 등록제도가 재범 방지에 효과적이라는 경험적 증거는 없지만 일반 대중으로부터 큰 호응을 얻는 것처럼 보인다(Beck & Travis, 2004; Phillips, 1998). 또 다른 측면에서 신상공개와 성범죄자 등록제도는 성범죄자 개인에게 지역주민의 따돌림과 괴롭힘, 고용과 거주의 어려움, 재산의 피해 등의 부정적 영향을 줄 수 있다(Levenson & Cotter, 2005; Phillips, 1998). 이러한 이유로 일부 성범죄자는 등록을 회피할 수도 있다. 분노한 시민들의 자경활동단에 의해 성범죄자들이 피해를 당할 수 있다는 우려가 있지만 실제로 신상이 공개된 이후 신체적 폭행 경험을 보고한 성범죄자는 거의 없다(Matson & Lieb, 1996; Zevitz & Farkas, 2000).

보호수용

캐나다의 위험한 범죄자 등록제도와 미국의 성범죄자 민간기관 수용법(민사적 감금제도)은 고위험군 범죄자에 대해 부정기 수용(형이 만료되어 출소한 후에도 성범죄자에 대해 수용 기간을 정해 놓지 않고 민간기관에 계속 수용하는 것)을 허용하고 있다. 캐나다에서 위험한 범죄자로 지정된 범죄자들의 절반은 아동 성범죄로 유죄선고를 받았다(Bonta, Harris, Zinger, & Carriere, 1996; Trevethan, Crutcher, & Moore, 2002). 민간기관 수용과 관련된 통계를 보면, 민간기관에 수용된 성범죄자들의 대략 절반(49%)이 소아성애자로 진단받았다(Fitch, 2003). 소아성애 성범죄자들은 그렇지 않은 성범죄자에 비해 민간기관의 부정기 수용 처분이 더 많이 내려지고 있다(Levenson, 2004b).

이러한 특수한 법적 처분은 일반 구금에 비해 비용이 훨씬 많이 든다. Fitch(2003)는 민간기관 수용의 실태에 대한 각 주의 2002년 통계를 검토하여, 1명당 민간기관 수용비용이 대략 10만 달러에 달하는 것으로 추정하였다. 이 금액은 일반 구금에 소요되는 평균비용의 3배에 육박하는 것이다(성범죄자의 민간기관 수용비용에 관련된 보다 최근의 정보를 원한다면 Lieb & Gookin, 2005 참조). 이 법이 시행되어 비자발적으로 민간기관에 수용된 성범죄자들 중 대략 10%만이 민간기관으로부터 퇴원하였다(Lieb & Gookin, 2005). 부정기 수용에 사용되는 개인적 그리고 사회적 고비용을 고려할 때(만일 그러한 평가가 이루어진다면), 어떤 개인을 부정기 수용의 대상자로 지정하기 위해서는 정확한 위험성 평가가 중요하겠다.

예방

지금까지 다룬 대부분의 중재방안들은 성범죄가 일어나고 난 이후에 이루어지는 것들이다. 이 장에서 필자는 아동 성범죄 방지를 위한 예방적 활동에 대해 논의할 것이다.

1차적 예방

치료적 개입 혹은 법적 중재와는 별도로, 1차 혹은 2차적 예방 프로그램에 예산을 투자함으로써 아동 성학대 관련 범죄를 줄일 수 있다(Wortley & Smallbone, 2006). 1차적 예방은 성학대에 대한 교육 캠페인이나 성학대자를 회피하는 방법, 만약 성학대를 당했다면 이를 적절하게 알리는 방법 등과 같이 아동에게 제공할 수 있는 프로그램을 말한다. 이러한 종류의 1차적 예방 프로그램은 일반적으로 학교에서 이루어진다. 다른 1차적 예방 프로그램은 부모 교육에 초점이 맞추어진다(예 : Wurtele, Currier, Gillispie, & Franklin, 1991).

Rispens, Aleman, 그리고 Goudena(1997)는 메타분석 연구를 통해 학교장면에서 시행된 프로그램들이 성학대와 대처전략에 대한 지식을 증가시킨다고 결론지었다. 게다가 한 연구는 학교에서 시행하는 예방 프로그램 참여가 이후의 삶에서 성학대를 더 적게 당하는 것과 상관이 있음을 보고하였다. Gibson과 Leitenberg(2002)는 대학생 연령대의 여성을 표본으로 설문조사를 실시했으며, 이를 통해 학교에서 성학대 예방 프로그램에 참여한 경험이 있는 참여자들은 그렇지 않은 참여자들에 비해 이후의 삶에서 성적으로 학대를 당할 확률이 더욱 적다는 것을 발견했다. 예방 프로그램 참여 경험자와 참여 경험이 없는 자를 연구 조건에 무선 할당한 것은 아니지만, 학교 전체 기반을 통해 예방 프로그램이 실행되었을 뿐 아니라 몇몇 학교의 아동들이 다른 학교의 아동들에 비해 성학대 위험성

| 그림 8.1 | 스톱 잇 나우의 캠페인 이미지(미네소타)

이 더 크다고 볼 수 있는 합리적인 이유도 없다. 나아가 예방 프로그램을 실시하는 행정조치가 특정 학교의 아동들의 위험성에 대한 정보와 연관될 수 있다고 볼 수 있는 근거가 없기 때문에, 연구에서 무선 할당이 사용되지 않은 점은 큰 문제가 된다고 볼 수 없다.[3]

2차적 예방

2차적 예방 프로그램은 소아성애자로 발전 가능한 사람들, 아직 아동과 성적 접촉을 하지 않은 소아성애자, 생활 환경이나 성격 특성으로 인해 성인과의 성적 접촉 가능성이 있는 아동 등 잠재적 위험이 있는 사람에게 초점을 둔다. 2차적 예방의 한 예로 미국의 비영리기관인 '스톱 잇 나우(Stop It Now)'에 의해 실시된 교육 캠페인이 있다. 이 기관은 아동 성범죄를 저지를 위험성이 있는 사람들에게는 치료를 받도록 설득하고, 일반 성인들이 아동 성학대가 일어나거나 잠재적 위험 상황에 적극적으로 개입하도록 독려하는 사회적 홍보 활동을 한다. 그림 8.1과 8.2는 미네소타와 버지니아에서 각각 실행된 최근의 캠페인 광고이다.

2차적 예방에 관한 또 다른 혁신적인 예시는 베를린 예방 프로젝트이다. 이 프로젝트는 소아성애증 남성을 선별하여(이들 중 절반은 아동 성범죄를 저질렀으나 공식적으로 입건되지 않은 것으로 추정) 이들을 아동 성범죄 예방을 위해 고

---

3 학교 기반적 비교는 Hanson과 동료들(2002)이 검토했던 위험성 관련 변인을 일치시킨 비교집단을 설정하는 연구방법과는 대조되는데, 왜냐하면 Hanson과 동료들의 연구는 개개의 범죄자가 치료 권고와 치료 유용성에 영향을 끼칠 수 있으며 또한 재범의 위험성과 관련 있는 치료 거부와 중도 탈락의 문제가 있기 때문이다. 그럼에도 불구하고 예방 프로그램을 제공하는 학교와 통제집단을 무선 할당하여 진행한 연구는 예방 프로그램의 효과성에 대한 더욱 강한 추론을 가능하게 해준다.

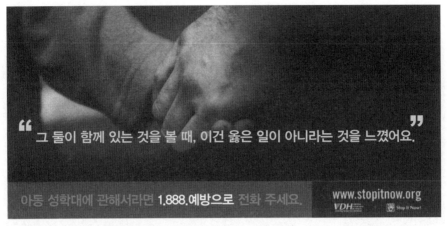

“ 그 둘이 함께 있는 것을 볼 때, 이건 옳은 일이 아니라는 것을 느꼈어요. ”

아동 성학대에 관해서라면 1.888.예방으로 전화 주세요.   www.stopitnow.org

| 그림 8.2 | 스톱 잇 나우의 캠페인 이미지(버지니아)

안된 치료 프로그램에 참여시키는 것이다(그림 8.3, 8.4 참조). 베를린 예방 프로젝트는 1년간의 인지행동치료 프로그램과 함께 몇몇 치료 프로그램 참여자에게는 성적 욕구를 감소시키는 약물도 제공한다. 아동 성범죄를 저지른 적이 있다고 보고했던 남성 중 절반이 조금 넘는 수의 사람이 5명 혹은 그 이상의 아동들과 성적 접촉을 가진 경험이 있었다. 베를린 예방 프로젝트는 현재의 대응방안이 개입하지 못하는 아동 성범죄에 대한 두 영역을 다룬다. 첫 번째로 이 프로그램은 성범죄를 저질렀으나 경찰 혹은 아동복지단체로부터 조사받지 않은 사람들에게 접근하려고 노력한다. 이 프로그램은 캐나다나 미국과 같은 의무신고법이 시행되는 국가에서는 실시가 불가능하며, 성범죄로 인해 형사사법 절차에 있는 사람은 이 프로그램 대상에서 제외된다. 두 번째로 스톱 잇 나우와 같이 베를린 예방 프로젝트는 더 이상 아동 성범죄를 저지르지 않기 위해 노력하는 소아성애자들을 찾아내려 한다. 물론 이러한 이들 중 일부는 지금까지 공식적인 도움을 받지 않고 혼자서도 잘 해왔기 때문에 스스로 자기문제를 해결하려 할 수 있지만, 몇몇 다른 사람들은 지금까지는 잘 해왔을지라도 앞으로는 실패할 수도 있다. 현재 베를린 예방 프로그램이 여러 소집단에 적용되고 있으며, 자기보고 자료와 그 성과에 대한 데이터가 축적되고 있다.

이러한 1차 및 2차적 예방 활동의 효과성에 대한 평가가 필요하다. 1차 및 2차적 예방 프로그램 모두는 성범죄자들이 아동에게 최초 성적인 접촉을 어떻게 시

| **그림 8.3** | 베를린 예방 프로젝트의 미디어 캠페인의 이미지. "당신은 당신 혹은 아동들이 좋아하는 것 이상으로 아동들을 더 사랑하십니까? 우리가 도움을 드릴 수 있습니다. 기소나 고발은 이루어지지 않으며 비밀보장도 확실합니다! Charité Institute of Sexology and Sexual Medicine."

작하게 되었는지를 탐색함으로써 많은 유용한 정보를 얻을 수 있다. 또한 2차적 예방 프로그램은 어떤 아동들이 성적인 접촉에 더 취약한가에 관한 연구물로부터 많은 시사점을 얻을 수 있다.

Conte, Wolf와 Smith(1989)는 자신이 성적 접촉에 취약한 아동을 알아챌 수 있으며, 취약한 아동을 성범죄의 목표물로 삼는다고 보고한 20명의 성인 남성을 인터뷰했다. 그들이 발견한 취약성에는 친근하여 말 걸기가 쉬운 아동, 결손가정의 아동, 이전에 성적 접촉 경험이 있는 아동, 열악한 생활 환경에 있는 아동, 불행하고 우울한 아동이다. 성범죄자들 중 대다수는 이러한 아동과 성적 접촉을 시작하기 전에 먼저 관계 형성을 했다고 보고했다. Budin과 Johnson(1989)은 72명의 남성 성범죄자와 어떤 예방법이 효과적일 것인가에 관한 주제로 인터뷰를 실시하였다. 성적 접촉의 대상으로 어떤 아동들을 선호하느냐는 질문에 응답한 33명 중 약 절반에 해당되는 성범죄자들이 "결손가정 환경에 있는 소극적이고, 조용하며, 불안해하는, 외로운 아동"을 선호한다고 답하였다. 성범죄자들이 효과적이라고

| 그림 8.4 | 베를린 예방 프로젝트의 공공 광고탑. "당신은 당신 혹은 아동들이 좋아하는 것 이상으로 아동들을 더 사랑하십니까? 우리가 도움을 드릴 수 있습니다. 기소나 고발은 이루어지지 않으며 비밀보장도 확실합니다! Charite Institute of Sexology and Sexual Medicine."

말한 아동 성범죄 예방법을 순서대로 열거하면, 첫째, 성학대를 당했을 때 어떻게 이를 알려야 하는지를 아동들에게 가르치는 것, 둘째, 어른들에게 "싫어요."라고 이야기하는 법을 가르치는 것, 셋째, 다른 사람이 자신의 성기를 만지는 것이 용납되지 않는 행동이라는 것을 가르치는 것, 넷째, 낯선 사람을 회피하는 것, 만약 낯선 사람이 접근한다면 도망가는 것 등이 있다. Lang과 Frenzel(1988)은 14세 이하의 소녀들을 대상으로 성범죄를 저지른 범죄자들을 연구한 결과, 근친상간범과 인척관계가 없는 아동들을 대상으로 성범죄를 저지른 범죄자들은 전반적으로 유사한 전략을 사용했으나, 특정 전략의 경우 사용 빈도에 있어서는 차이가 있음을 발견하였다. 근친상간 범죄자는 인척관계가 없는 아동을 대상으로 성범죄를 저지른 범죄자들보다 놀이나 게임으로 위장하거나 포옹을 하거나 그 아동의 침대로 몰래 숨어들어가는 방법들을 범행 시 더 많이 사용하는 경향이 있었다.

모두스 오퍼랜디 척도(Modus Operandi Questionnaire)는 아동 성범죄자들이 아동에게 접근하는 전략을 평가할 목적으로 개발되었다(Kaufman et al., 1998; Kaufman, Hilliker, & Daleiden, 1996; Kaufman, Hiliker, & Lantrop, 1994; Kaufman, Hilliker, Lathrop, Daleiden, & Rudy, 1996). Kaufman과 동료들(1998)은 114명의 청소년 성범죄자와 114명의 성인 성범죄자를 비교집단으로 하여 친족관계가 아닌 아동을 대상으로 성범죄를 저지른 성범죄자들과 비교했다. 전반적으로 성범죄자들은 위협이나 물리력을 사용하기보다는 술 또는 마약 권하기, 선물 주기, 성적인 접촉으로 이어지는 신체적 놀이를 함께하기 등과 같은 비폭력적인 전략을 사용하는 경향이 있었다. 청소년 성범죄자들은 성인 성범죄자들에 비해서 성범죄 과정에 포르노를 사용하거나 위협이나 물리력을 사용하는 경향이 있었다. 친인척관계에 있는 아동들을 대상으로 성범죄를 저지른 성범죄자들의 경우 그렇지 않은 경우보다 포르노를 사용하거나 선물을 주는 경향이 더욱 많은 반면, 친인척관계가 아닌 아동들을 대상으로 성범죄를 저지른 성범죄자들의 경우 성적 접촉 이전이나 성적 접촉 도중 술이나 마약을 권하는 경향이 더 높게 나타났다.

상황적 예방

상황적 예방은 성범죄 발생 전후, 발생 상황에서 아동의 능동적 대처를 의미한다.

상황적 범죄 예방책의 사용을 뒷받침하는 근거는 잠재적인 범죄자들은 범행을 통한 지각된 이익(성욕 해소)과 위험성(구속)에 영향을 받는다는 것이다. Cornish와 Clark(2003)이 제시한 범죄 예방책은 성적 접촉을 위해 투입되는 노력을 증가시키고, 잠재적 범죄 행위에 대한 위험성의 지각을 증가시키고, 상황적 도발이나 계기를 줄이고, 자기합리화 혹은 변명을 줄여서 범죄의 이익과 위험성 지각에 영향을 미치게 하는 것이다. 예컨대 학교의 성학대 예방 프로그램에서 아동들에게 무엇이 허용 가능한 접촉이고 무엇이 그렇지 않은지, 자신이 신뢰하는 어른에 대해 그들의 불편한 경험을 어떻게 표현해야 하는지에 대해 교육하는 것은 성범죄자가 성적 접촉을 위해 투입되는 노력을 증가시키고 성범죄를 저질렀을 때 다가오는 잠재적인 위험의 지각을 높여준다. 또 다른 예로 성범죄가 일어날 것으로 의심되는 상황을 인지한 어른이 아동들에게 어떤 걱정이 있는지에 대해 더욱 개방해서 말할 수 있는 방향으로 사회적 분위기를 변화시키는 것은 그러한 경험에 대한 폭로와 조기 개입 가능성을 높일 수 있다.

요약

성범죄 재범을 줄이기 위한 심리치료의 효과성은 아직까지 확실하게 증명되지는 않았다. 행동치료 기법의 경우 소아성애적 성적 흥분을 감소시키는 데 효과가 있다는 것을 뒷받침하는 증거는 있지만, 장기간의 치료 효과에 대해 아직 명확하게 밝혀진 바 없다. 성범죄자들이 자신의 부적절한 성적 흥분을 통제하는 방법을 배울 수 있다는 것은 사실이지만, 내적으로 사춘기전 아동에 대한 성적 선호(그리고 아동과 성관계를 하려는 동기)가 변하지 않고 잔존할 수 있다. 비행동주의적 치료의 경우, 사실상 성범죄 재범 가능성을 줄이기보다는 오히려 증가시키는 결과를 보여(치료가 병을 더 악화시키는 결과), 소아성애자와 아동 성범죄자를 대상으로 이 치료를 적용하는 것을 금하고 있다.

대부분의 심리치료는 자기조절 기술에 초점을 맞추고 있는데, 이는 성범죄자가 향후 아동에 대한 성적 접촉을 억제하는 것을 원하지 않는 경우에는 아무런 소용이 없다. 외부적 통제와 예방을 위한 노력은 아동 성학대 문제에 대한 포괄적인 대응의 중요한 요소들이다. 형의 선고와 가석방 결정을 위해 정확도가 높은 위험성 평가를 지속적으로 시행하는 것은 성범죄 재범을 줄일 수 있는 방법이다. 이러한 재범 위험성 평가가 중요한 이유는 시설 내 구금은 고위험 범죄자가 아동에게 접근할 수 있는 기회를 원천적으로 차단하기 때문이다. 시설 내 구금이 지원과 책임을 위한 모임에 소속되는 등 지역사회로 출소한 범죄자들을 위한 충분한 관리감독은 재범 방지에 긍정적인 영향을 끼칠 수 있지만, 그 효과성에 대한 더 많은 평가가 필요하다. 마지막으로 학교장면에서 이루어지는 성범죄 예방 프로그램에 대해 현재까지 이루어진 평가 결과를 볼 때, 성범죄 예방 프로그램은 유망해 보이지만 이 책에서 논의된 다른 중재방안과 마찬가지로 그 효과성에 대해 더 많은 그리고 정교한 평가 연구가 필요하다.

직관적으로 생각해 볼 때 약물이나 외과적 중재가 성욕을 줄여주기 때문에 소아성애 성범죄자들의 아동 성범죄를 감소시킬 것처럼 보인다. 그러나 약물이나 의학적 중재가 성범죄자의 재범률을 감소시킬 수 있다는 의견에 대한 경험적 증거가 아직까지 부족하다. 항안드로겐 치료에 있어서 치료 순응은 중요한 문제이다. 항안드로겐 약물치료는 치료 거부율과 복약 비순응률이 높으며, 이 문제를 어떻게 다루어야 하는지에 대한 연구가 부족하다. 외과적 거세를 받은 일부 사람들은 여전히 발기 및 성관계를 할 수 있는 능력이 유지되며, 많은 성범죄가 남성 성기의 직접적인 접촉 없이 이루어지기도 한다. 성범죄의 대다수는 애무, 자위, 구강성교로 이루어진다. 성욕구의 감소는 (비록 그것이 항안드로겐 치료든 외과적 거세든지) 아동들에게 로맨틱한 애정의 감정을 느끼고 (성적으로만 끌릴 뿐 아니라), 아동들과 관계를 맺으며 아동에게서 친밀감의 욕구를 충족시키는 사람들에게는 영향을 끼치지 못할 수 있다. 더욱이 비록 외과적 중재는 되돌릴 수 없는 영구적인 치료이지만, 원한다면 테스토스테론 약물을 구할 수 있어 거세의 생리적 효과를 상쇄시킬 수도 있다(성충동 억제치료 약물의 효과를 상쇄시키는 약물 복용). 마지막으로 약물이나 외과적 중재에는 의도하지 않은 부정적인 효과라는 위험성이 있을 수 있는데, 왜냐하면 성범죄자의 욕구는 감소되었기 때문에 성범죄를 저지를 위험성도 감소될 것이라는 잘못된 확신을 심어줌으로써 고위험 성범죄자에 대한 장기간의 징역 선고 혹은 지원과 책임을 위한 모임과 같은 혁신적인 관리감독 프로그램에 대한 투자, 성학대 예방 프로그램에 대한 투자 등 다른 중개 활동이 위축될 수도 있다. 유사하게 성범죄자 치료가 효과적이라는 믿음은 아동 성범죄를 증가시키는 의도하지 않은 결과를 야기할 수도 있다. 왜냐하면 비록 치료가 성범죄자들의 이후 행동에 아무런 영향을 끼치지 못한다 하더라도, 치료 프로그램을 완수하자마자 고위험 범죄자들이 지역사회로 석방될 가능성이 있기 때문이다.

향후 연구 방향

지금부터 필자는 성범죄자에 대한 실천적 부분과 연구에 대한 미래적 방향성에 대해 논의할 것이다.

일반적인 범죄자 연구

성범죄자 치료의 향후 발전은 교정 중재에 대한 연구문헌으로부터 도움을 얻을 수 있다(Andrews et al., 1990; Farrington & Welsh, 2005). 몇몇 심리치료는 일반적으로 범죄자의 재범을 감소시키는 데 효과적이다. 몇몇 치료 옹호자들은 성범죄자들을 위해 특별히 고안된 치료가 필요하다고 주장한다(Association for the Treatment of Sexual Abusers, Professional Issues Committee, 2005; Marshall, 2006a). 그러나 Hanson과 동료들(2002)에 의해 검토된 4개의 무선 할당을 사용한 임상 실험연구에 있어, 긍정적인 효과를 보여주었던 치료에 대한 두 연구는 성범죄자에게 국한된 것이 아니라 모든 유형의 범죄자를 대상으로 고안된 치료 프로그램을 평가한 것이었다. Borduin, Henggeler, Blaske와 Stein(1990)은 작은 표본의 청소년 성범죄자들을 대상으로 아주 강한 치료 효과를 보였고, Robinson(1995)은 일반적인 범죄자 치료 프로그램에 참여한 성인 성범죄자들을 대상으로 치료의 긍정적 효과를 확인하였다(하지만 연구에서 보고된 재범은 성범죄의 재범이 아닌 일반 범죄의 재범에 관한 결과였음). Borduin과 Schaeffer(2001)는 Borduin과 동료들(1990)의 연구를 다시 되풀이하였는데, 비록 다체계적 접근의 치료 프로그램이 청소년 성범죄자 집단을 위해 특별히 고안된 프로그램이 아님에도 불구하고, 청소년 성범죄자 표본(48명)의 성범죄 재범 감소에 큰 효과를 보여주었다(다체계적 접근의 치료 프로그램은 심각한 청소년 범죄자들을 대상으로 하는 치료 접근으로 추상적이고 지식적인 도덕 원칙보다는 범죄를 야기하는 위험 요소, 문제해결 및 다른 기술에 초점을 맞추고, 복합적인 체계를 다루며, 프로그램에 충실한 참여를 강조함). 청소년 성범죄자를 대상으로 한 다체계적 접근의 치료 프로그램과는 대조적으로, 성범죄자의 심리치료의 효과성을 검증하기 위해 특별히 설계된 한 무선 할당 임상 실험(재발방지 프로그램의 SOTEP 평가)은 치료의 유의미한 효과를 보여주지 못했다. 이러한 연구결과들은 범죄 행동과 연관된 일반적인 동적 위험 요인을 다루는 심리치료가 성범죄와 일반 범죄의 재범 모두에 긍정적인 효과를 보인다는 사실을 시사한다. 이러한 동적 위험 요인은 종종 범죄학 혹은 교정학 문헌에서 **범죄유발 욕구**(criminogenic needs)로 기술되는데, 여기에는 반사회적 태도 및 신념, 반사회적 동료와의 교제, 약물남용 등이 포함된다(이에 대한 보다 자세한 논의는 Andrews & Bonta, 2006; Lalumière et al., 2005; Quinsey, Skilling, Lalumière, & Craig, 2004 참조). 제4장에서 논의된 것처럼 아동 성범죄에 있어 동적 위험 요인의 중요한 역할을 고려할 때, 효과적인 성범죄자 치료 프로그램은 일반 범죄자를 대상으로 그 효과성이 입증된 기법과 기술들을 기반으로 하는 것이 타당할 것이다.

위험성, 필요성, 반응성 원칙

교정 분야의 연구에서 치료 시 범죄자에 대한 치료 강도가 범죄자의 위험성, 범죄 유발 욕구를 치료에서 치료 타깃(목표)으로 잘 설정했는지 여부, 범죄자 개인의 학습 방식과 학습 능력에 비추어 치료가 잘 부합되는지 등이 적절하게 고려되었을 때 치료가 더 효과적이라는 사실이 입증되었다(Andrews & Bonta, 2006). 제7장에서 검토한 바와 같이, 성범죄자 위험 평가는 지난 10년 동안 굉장히 발전했고, 경험적으로 그리고 독립적으로 입증된 수많은 계리통계적 위험성 척도들이 개발되었다(Hanson, Morton, & Harris, 2003; Seto, 2005). 이러한 위험성 척도를 사용하는 것은 치료 강도와 치료 유형의 결정에 대한 정확성과 효율성을 크게 증가시킨다.

위험성 원칙(risk principle)은 중재의 강도가 범죄자의 재범 위험성에 따라 달라져야 한다는 것을 의미한다(Andrews & Bonta, 2006). 고위험 범죄자들에게는 더욱 강도 높은 치료 서비스가 제공되어야 하는 반면, 위험성이 낮은 범죄자들에게는 최소 수준의 치료 서비스가 제공되어야 한다. 저위험 범죄자들의 치료는 비용 측면에서 효율적이지 않다(치료 스태프의 시간, 치료비용, 치료 공간 등과 같은 치료 재원의 한정이라는 측면을 고려해야 함). 왜냐하면 이러한 범죄자들은 치료를 실시하지 않더라도 재범을 저지를 확률이 거의 없기 때문이다. 저위험 범죄자들에게는 현재보다 더 개선해야 할 부분이 거의 없을뿐더러, 오히려 저위험 범죄자들이 집단치료에서 고위험 범죄자들의 반사회적 태도와 신념에 노출되었을 때 혹은 또 다른 접촉이 있었을 때, 의도치 않은 부정적인 영향이 생겨날 가능성도 있다(Dishion, McCord, & Pouling, 1999). 성범죄자 치료의 맥락에서 볼 때, 이것은 근친상간범들과 자신과 친인척관계가 아닌 아동을 성폭행한 범죄자들을 같이 있게 하거나, 아동 대상 성범죄자들을 성인 대상 성범죄자들과 함께 있게 하는 것과 유사하다. 위험성 원칙의 논리를 따르면 몇몇 성범죄자들은 치료를 필요로 하지 않을 수 있는데, 왜냐하면 그들은 재범 위험성이 낮기 때문이다. 치료적 중재는 고위험 범죄자들에게 초점을 맞출 때만이 상당한 효과를 거둘 수 있다. 그러나 전형적인 실무현장에서는 비록 재범의 확률이 거의 없는 범죄자가 있다고 할지라도, 모든 성범죄자에게 치료를 지시한다(Mailloux et al., 2003). 일부 치료 옹호자들은 기꺼이 치료를 받고자 하는 몇몇 성범죄자들에게 치료를 제공하지 않는 것은 윤리적이지 않다고 주장한다(Marshall, 2006a).

위험성 원칙이 성범죄자의 치료현장에 영향을 미친다는 몇몇 증거가 있다. 성범죄자 치료 기준은 2000년에 캐나다 연방교정국에 의해 확립되었으며, 이 기준에 의하면 범죄자의 위험성 수준에 따라 치료 이수 시간을 차등적으로 규정하고 있다. 높은 강도의 프로그램들은 360~540시간 사이의 치료를 제공하고, 보통 강도의 프로그램들은 160~200시간의 치료를, 낮은 강도의 프로그램은 24~60시간의 치료를 제공한다(Marshall & Yates, 2005 참조). 영국의 경우에도 유사한 성범죄자 치료 기준이 확립되어 있다. 이러한 상황에서 Marshall과 Yates는 치료 계획의 수정을 고려할 필요가 있다는 점을 지적했다. 예컨대 계리통계적 위험성 척도에서 중간 점수를 받은 성범죄자들이 소아성애적 성적 흥분을 보이거나 사이코패스 평가에서 높은 점수를 보였다고 해서 높은 강도의 프로그램으로 배정되는 일이 여전히 일어났다. 계리통계적 위험성 평가도구로 측정된 위험성보다 더욱 낮은 강도의 프로그램으로 배정된 성범죄자의 사례는 하나도 없다. Mailloux와 동료들(2003)이 주장했듯이, 치료 기준이 확립되었음에도 불구하고, 여전히 몇몇 성범죄자들은 그들의 재범 위험성에 비해 과도한 치료 명령을 받는 것으로 보인다.

필요성 원칙(needs principle)은 낮은 자존감, 불안 혹은 기분장애, 주관적 괴로움과 같은 비범죄 유발 요인보다 반사회적 태도, 신념, 가치, 약물치료, 자기조절 기술 등 재범과 연관된 변화 가능한 요인들에 초점을 맞출 때 상당한 치료 효과를 보일 가능성이 더 높다는 의미다(Hanson & Bussière, 1998; Hanson & Morton-Bourgon, 2004).

마지막으로 반응성 원칙(the responsivity principle)은 치료가 개인의 학습 방식과 학습 능력 등에 맞추어질 때 더 효과적일 수 있다는 것이다. 이는 종종 친사회적 행동의 모델링, 문제해결 및 다른 기술들에 대한 평가적 예행연습, 역할연기, 강화와 같은 행동 및 사회학습 기법들의 사용을 포함한다. 사실 범죄자의 반응성에 영향을 미치는 요인들보다는 위험성 요인들이나 치료의 필요성 등이 더욱 알려져 있다. 따라서 성범죄자와 관련된 분야에서는 반응성과 따뜻함, 비대립적인 스타일, 치료 진전에 대한 격려와 보상, 치료 동맹, 치료 효과 등을 소개한 일반적인 치료 연구문헌을 참조함으로써 도움을 얻을 수 있을 것이다(Kirsh & Becker, 2006; W. L. Marshall et al., 2005 참조).

유효성 대 효과성

유효성과 효과성의 중요한 개념적 차이가 다시 확립될 필요가 있다. 이는 "치료가 유효한가?"와 "현실 상황에서 치료가 효과적인가?"라는 질문으로 다루어질 수 있다(이 차이에 대한 더욱 많은 논의를 위한 정보를 원한다면, Rice & Harris, 2003 참조). 첫 번째 문제는 치료 조건과 통제 조건에 연구 참여자를 무선적으로 배치하는 것, 위약 조건의 사용, 다양한 효과 측정, 동질성 확보를 위한 다양한 배제기준 설정, 프로그램 이행과 충실도와 같은 엄격한 연구 설계에 해당하는 질문이다. 이것이 한 번 확립되고 나면 치료는 긍정적인 영향을 미칠 수 있으며, 소규모 연구들은 연구 역량을 초과하는 많은 업무량, 치료 자원의 한계, 가변적인 훈련 등 치료진들이 다루어야 하는 현실적인 문제가 복잡하게 뒤섞인 실천현장에서 치료의 효과성을 평가할 수 있다. Rice와 Harris(2003)는 성범죄자 치료 분야에서 첫 번째 질문을 충분하게 다루지 않은 채 두 번째 질문에 초점을 맞추고 있다는 점을 지적해 왔다.

재범에 미치는 중재의 효과를 덧붙여 기술하면, 다른 대안과 비교하여 중재의 재정적 비용을 추정함으로써 그리고 새로운 범죄의 발생으로 소요되는 재정적 비용을 고려함으로써 중재 프로그램의 비용 효율성을 평가할 수 있다(Aos, Lieb, Mayfield, Miller, & Pennucci, 2004; Aos, Phipps, Barnosky, & Lieb, 2001).[4] 몇몇 중재들은 재범을 확실하게 감소시킬 수 있지만 대안적으로 선택할 수 있는 다른 방안에 비해 비용이 훨씬 많이 든다. 한 가지 극단적인 가설 예시를 통해 추산해 보면, 출소한 성범죄자들을 감시하기 위해 24시간 감시팀을 고용할 수도 있다. 이 팀이 8명의 직원으로 구성되며(2명의 직원이 하루 3교대로 일하고, 병가, 휴일 혹은 다른 결근을 고려해 2명의 추가 직원을 고용한다고 가정), 직원 한 명에게 드는 비용을 40,000달러로 추산할 때(이 비용은 미국의 보호관찰관 봉급의 중앙값과 비교하여 추산된 것임), 성범죄자가 아동을 대상으로 다시 성범죄를 저지를 확률이 엄청나게 낮지만, 한 명의 성범죄자를 위해 부담해야 하는 비용은 수백만 달러에 달할 것이다. 이 정도로 아주 강력한 감시감독 체제를 교정시설 수감부터 출소된 모든 성범죄자에게 적용한다면, 형사사법당국에 배정된 모든 예산은 순식간에 소진될 것이다. Langan, Schmitt와 Durose(2003)는 대략 6,400명의 아동 성범죄자가 1994년에 각 주의 교정시설에서 출소하였으며, 감시팀을 구축해 이들을 감시한다면 연간 20억 달러의 비용이 필요할 것이라고 추산했다.

한편, 재범률 감소에 큰 영향을 미치지 못하거나 아무런 효과를 보이지 못하는 프로그램들이 저렴하면서 광범위하게 운영될 수만 있다면 여전히 비용 효율적일 수 있다. 워싱턴 주 공공정책기관의 담당자들의 검토 결과에 따르면, 청소년 혹

---

4 비용-효율성 분석(cost-effectiveness analysis)은 중재와 연관된 비용을 추산하는 것 외에 아동 범죄 피해자와 그 가족들 또는 범죄자와 그 가족들이 겪은 심리적인 비용까지 손쉽게 추산할 수는 없다.

은 성인 일반 범죄자들을 대상으로 범죄 유발 욕구에 초점을 맞춘 치료는 비용 효율적이었던 반면, 강도 높은 보호관찰과 가석방 프로그램은 비용 면에서 효율적이지 않았다(Aos et al., 2001, 2004).

중재 평가의 원칙

이제부터 필자는 현재 진행 중인 중재들에 대한 평가와 향후 중재들을 계획함에 있어 수많은 과학적 그리고 실천적 쟁점들 중 중요 사항을 논의할 것이다. 이러한 쟁점 중 다수가 이미 이 장의 앞부분에서 논의되었다.

무선 할당의 중요성

연구 표본의 대표성, 집단 간 재범 위험성의 비동질성 등 연구에 영향을 미칠 수 있는 잠재적 실제 현장에서 적절한 통제가 어렵지만 무선 할당 설계를 사용한 임상적 실험연구만이 성범죄자 치료 성과를 보다 확실하게 추론하게 한다. 이러한 연구들은 실제로 시행되기가 어렵지만, 범죄를 줄일 수 있는 효과적인 중재에 관한 지식적 토대를 확립하는 데 크게 기여했다(Berk, 2005; Farrington & Welsh, 2005 참조). Westen, Novotny와 Thompson-Brenner(2004)는 무선 할당을 사용한 임상 연구의 시행 및 결과 해석에 관한 방법론적인 그리고 개념적인 문제들을 검토했다(Crits-Christoph, Wilson, & Hollon, 2005; Weisz, Weersing, & Henggeler, 2005 등이 제기한 비판적 견해도 참조). Weste와 동료들은(2004)은 향후 무선 할당을 사용한 임상 실험에 대한 매우 중요한 제안을 했다. 이 제안에는 매뉴얼화된 패키지 대신에 중재 전략에 초점을 맞출 것, 범주화된 진단보다는 임상 문제에 초점을 맞출 것, 현실에서 다양한 임상 표본을 구할 것, 배제기준 설정 시 이를 구체적으로 문서화할 것, 과정 변인에 대해 세심하게 평가할 것 등이 포함된다.

성범죄자 치료를 평가하기 위해 무선 할당을 사용한 임상 실험을 권장하고 이를 시행해야 하는 과학적 근거 외에도, 필자는 여기에 강한 윤리적 근거 역시 존재한다고 믿는다. 히포크라테스 선서와 다른 많은 전문집단의 핵심적인 행동강령 원칙은 '위해를 끼치지 않는 것'이다. 몇몇 치료 옹호자들은 치료에 참여하기 원하는 성범죄자들에게 치료를 제공하지 않는 것은 비윤리적이라고 주장한다. 이에 대한 논리는 치료를 받지 않으면 재범을 저지를 수도 있는 범죄자의 위험성, 잠재적인 범죄 피해자의 희생, 정해진 기간(예 : 형기만료, 보호관찰기간 만료)이 만료된 후에는 치료 혹은 다른 대안적 도움이 제공될 수 없다는 것이다(예 : Marshall, 2006a; Marshall & Anderson, 2000).[5] 또 Marshall(2006a)은 실제 임상현장에서 몇몇 성범죄자들은 치료를 받지 못할 경우 반발할 수도 있다는 우려로 현실적으로 무선 할당 연구를 시행하는 것이 어렵다는 것을 인정했다. 사실 이러한 입장은 몇몇 치료가 부정적인 효과를 야기하여 의도치 않게 재범을 증가시켜 범죄 피해자, 성범죄자 당사자를 비롯해 그들의 가족에게도 해를 끼칠 수 있다는 사실에 대한 가능성을 인식하지 못하고 있다.

최근의 의학적 예시는 이와 밀접한 관련이 있다. 수백만 명의 사람들이 매년 두부손상으로 치료를 받지만, 그중 다수가 죽거나 영구장애가 된다. 항염증 코르티코스테로이드가 뇌손상을 입은 사람들에게 지난 30년간 사용되어 왔지만, 손상 이후의 염증이 뇌손상의 원인이 될 수 있다는 타당한 가정을 고려하면, 이 처방이 오히려 사망 혹은 장애를 야기할 가능성도 있다. 그러나 1997년에 소수의 표본을 대상으로 무선 할당을 실시한 임상 실험 결과 보고는 사망의 위험성 측면에서 볼 때, 치료 조건과 통제 조건 사이에는 아무런 차이가 없다는 것을 시사했다. 20,000명 이상의 두부손상 환자들을 대상으로 무선 할당을 실시한 다국적 임상 연구는 두부손상에 이어 나타나는 사망과 장애에 대한 정맥 내 코르티코스테로이드의 영향력에 대해 조사하기 위해 시작되었다(CRASH Trial Collaborators, 2004). 이 연구는 자료분석 담당자들이 약물치료가 손상 후 처음 2주 동안 사망 위험을 상대적으로 증가시킨다는 사실을 확정지은 후 중단되었다. 다시 말해서 신뢰할 수 있는 좋은 치료 중재가 지난 30년간 의도치 않게 실제 두부손상으로 사망했어야 하는 환자들보다 더욱 많은 죽음을 야기했을 수도 있다. 더욱이 이 시대에 코르티코스테로이드 치료가 표준 치료법으로 사용됨으로써 임상의와 연구자들로 하여금 두부손상에 수반되는 사망과 장애를 성공적으로 감소시킬 수 있는

---

5 필자는 교정 연구자들이 치료 및 비치료 통제 조건으로 범죄자들을 무선 할당하여 연구하는 것을 원한다는 점에 주목하고 있다. 심지어 그들이 자신의 아동이나 다른 성인들을 신체적으로 학대한 상습적이고 폭력적인 범죄자들이라 할지라도 말이다.

다른 치료법을 연구하는 것을 단념시켰을 수도 있다. 의학적 중재가 의도치 않게 악영향을 끼친 또 다른 예도 쉽게 찾을 수 있다(예 : 폐경기 여성에 대한 호르몬 대체치료의 악영향). 생사 문제가 달려 있는 의학 분야에서는 잠재적인 피해 가능성이 아직 증명되지 않은 무선 할당 방식의 임상 연구 수행 금지를 윤리적으로 합리화시키는 합의를 도출해 냈다. 이와 관련한 예시로 백혈병과 같은 소아암을 치료하기 위한 무선 할당적 임상 연구 수행의 금지가 포함된다. 성범죄자 치료를 금지하여 한 아동이 성폭행을 당할 가능성이, 같은 아동이 실험적인 치료의 보류로 인해 암에 걸려 죽을 가능성과 윤리적으로 동일한가? 아동 성범죄는 심각하고도 끔찍한 문제이지만 필자의 사견으로는 그보다는 그 아동의 죽음이 더욱 좋지 않은 결과라고 생각한다.

　의학적 치료만이 피해를 야기할 수 있다고 생각하는 사람들이 있지만, 심리사회적 치료도 의도치 않은 결과를 야기한 예시가 존재한다. 예컨대 Dishion과 동료들(1999)은 상담, 공동체 서비스, 그룹 활동과 관련된 장기간 프로그램인 케임브리지 소머빌 유스 프로그램에 참여한 미성년 범죄자를 수십 년간 추적 관찰하여 프로그램의 역효과를 확인했다고 보고했다. 이 프로그램에 참여했던 남자 청소년들은 비교집단의 청소년에 비해 35세 이전에 사망, 심각한 범죄로 인한 유죄선고, 알코올 남용 또는 조현병 혹은 양극성장애와 같은 주요 정신장애를 더 많이 보이는 등 상당히 부정적인 치료 결과를 보였다. 더욱이 용량-반응 관계(dose-response relationship)도 보였는데, 즉 이 프로그램에 더 오랜 기간 참여했던 남자 청소년들은 부정적인 결과를 보일 가능성이 더 높았다. 청소년을 위한 다른 프로그램의 분석에서 무선 할당을 사용하여 치료 조건에 할당된 10대 청소년들이 비교집단에 할당된 10대 청소년들에 비해 교사들로부터 품행문제와 관련된 보고를 더 많이 받았다. Brooner, Kidorf, King과 Stoller(1998)는 오피오이드를 남용하는 40명의 사람(이들 모두 반사회성 성격장애 진단을 받음)을 일반적인 치료 프로그램과 강도 높은 행동조절 프로그램 집단에 무선 할당하였다. 강도 높은 행동조절 프로그램 조건에 할당된 사람들이 마약을 더 지속적으로 사용하는 경향을 보였다.

　우리는 성범죄자를 위한 현대적 치료가 의도치 않게 악영향을 끼치게 하는 여러 가지 요인을 추정해 볼 수 있을 것이다. 서로 다른 유형의 성범죄자들이 한 자리에 모이는 집단치료회기 시간에 아동 성범죄자들은 일반적으로 반사회적 태도와 신념이 더 강한 일반 성인 범죄자들과 함께 있게 된다(SOTEP 평가에서 아동 성범죄자의 경향과 성인 성범죄자의 경향이 서로 반대로 나타났다는 사실을 상기하라). 책임의 수용과 재발방지 활동에서 범죄자들에게 성범죄 경험에 대한 세부사항까지 말하게 하는 것은 과거 성범죄 전과가 없고 성범죄 습성이 고착화되지 않은 성범죄자들에게는 또 다른 잠재적 피해자에게 접근할 수 있는 새로운 범행 방법을 학습시키는 결과를 초래한다. 범죄 피해자에 대한 공감 활동은 범죄 피해자의 고통과 괴로움에 아픔을 느끼기보다는 이에 흥분을 경험하는 성범죄자들에게 오히려 가학적 환상을 부채질할 수도 있다. 위에서 언급한 가설적인 영향이 실제로 일어나는지 그렇지 않은지는 현재까지 이에 대한 경험적 평가의 부재로 알 수 없다.

성범죄자 치료의 향후 발전에 대해 살펴본다면, SOTEP 결과들은 재발방지 접근이 재범에 아무런 효과가 없다는 것을 시사하지만, 현재까지 재발방지 접근이 성범죄자 치료에서 가장 흔한 방식이며, 또 신뢰도가 높은 대안이 없을 때 많은 임상가가 시행할 가능성이 가장 크다. 이런 상황에서 혁신적이고 이론에 기초한 합리적인 중재에 대한 새로운 평가의 기회를 창출할 수 있다. 물론 이러한 평가가 이루어짐에 있어, 과거 교정 연구에서 성범죄자들에 관한 효과적인 치료라고 밝힌 실험적인 치료와 일반적으로 사용되는 치료(재발방지 치료)에 성범죄자들을 무선 할당하여 실험하는 것 같은 인과관계의 추론이 가능한 연구방법이 사용되어야 할 것이다. 다만 이를 위해서는 치료 옹호자들이 무선 할당 임상 실험을 반대하며 제기했던 윤리적·현실적 문제에 대해 다루어야 할 것이다. 필자는 개인적으로 아동 성범죄자에 대한 치료의 신뢰도는 이런 방식으로 증거에 기반한 실천에 달려 있다고 생각한다.

합리적인 이론과 세심하게 고안된 평가, 즉 방법론적으로 엄격한 기준을 적용한 연구를 통한 학문적 지식의 축적 없이는, 아동 성범죄자들을 대상으로 일하는 임상가들은 새로운 치료 접근이 소개되고 널리 보급될 때마다 치료 전망이 시대적 유행에 따라 쉽게 변할 수밖에 없는 현실에 직면하게 될 것이다. 가정방문과 관련된 아동학대방지 프로그램에 있어 이와 유사한 의견이 제기되었다(Chaffin,

2004). 성범죄자 치료에 대한 재발방지 접근이 1980년대에 소개된 후 이것은 성범죄자 치료 프로그램을 구성하는 지배적인 모형이 되었다(McGrath, Cumming, & Burchard, 2003). 최근 Marques와 동료들(2005)은 SOTEP 재발방지 프로그램이 성범죄자의 재범에 유의미한 감소를 보이지 못한다는 사실을 보고했으며, 몇몇 임상가와 연구자들은 이미 재범에 대한 재발방지 접근의 효과성에 대한 평가가 이루어지기 전부터 다른 치료 접근을 발전시켜 왔다(예 : 좋은 삶 접근과 자기조절 접근; Ward & Marshall, 2004; Ward & Stewart, 2003; Ward, Yates, & Long, 2006). 지금 이들 접근에 대한 평가의 최초 단계부터 세심한 평가가 이루어지지 않는다면, 성범죄 치료 제공자들은 이러한 새로운 접근법에 별다른 의심 없이 적응해 나가는 과정에서 자신도 모르게 비효과적이거나 유해한 치료를 제공할 수도 있다. 마치 "불행하게도, Marlatt와 Gordon(1985)과 Laws(1989)(영향력이 매우 컸던 재발방지 접근에 대한 두 권의 책)의 연구에 대한 무비판적인 수용이 검증되지 않은 치료 접근의 광범위한 시행이라는 결과를 야기했다."라고 자기조절 접근에 대한 소개에서 Laws와 Ward(2006)가 주목했던 것처럼 말이다(pp. 241~242). 물론 자기조절 접근과 좋은 삶 접근에 대해서도 같은 이야기가 나오고 있다. 몇몇 치료자들은 비록 재범에 대한 자기조절 접근과 좋은 삶 접근의 효과가 아직 평가되지 않았음에도 불구하고 이러한 접근을 적용하고 있다.

물론 그러한 평가는 어려울 뿐 아니라 평가를 완료하는 데 매우 긴 시간이 필요하다(Farrington & Welsh, 2005 참조). SOTEP 프로그램은 1985년 최초로 기금을 지원 받았고, 그 최종 보고서는 2005년에 출판되었다. 그 기간 동안 SOTEP가 기대했던 효과를 보여주었다는 초기 증거도 있다(Marques et al., 1994; Miner, Marqus, Day, & Nelson, 1990). 비록 최종 결과가 성범죄자 치료 옹호자들을 실망시켰지만, 필자는 SOTEP 역시 하나의 성공적 사례라 생각한다. 왜냐하면 이를 계기로 성범죄자 분야에서 SOTEP의 평가를 통해 몇몇 가치 있는 교훈을 얻었기 때문이다.

아직 확실한 효과가 밝혀지지 않은 성범죄자 치료의 성과를 기다리는 오랜 시간 동안 연구자들은 동적 위험 요인 혹은 소아성애적 성적 흥분 반응이 상당히 중요한 요인임을 인식하고 이러한 요인을 치료에 포함시킬 필요성을 인식하게 되었다(부록 8.1 참조). 예컨대 책임의 수용, 범죄 피해자에 대한 공감, 인지적 왜곡이 반사회적 성향 혹은 소아성애적 성적 환상, 욕구, 흥분에 영향을 미칠 수 있는가? 이러한 성과에 대한 입증은 치료가 재범 감소에 효과가 있다는 것을 필연적으로 의미하지는 않을지라도 이론을 기반으로 하여 개발된 치료 모형의 발전에는 필수적인 단계이다. 그다음으로 필수적인 단계는 재범과 관련된 인접치료 목표에 대한 변화를 보여주는 것이다. 인접치료 목표에 대한 유의미한 변화 입증에 실패하거나 혹은 인접치료 목표 변화와 성범죄 재범과의 연관성 입증에 실패한다면, 이러한 요소들은 제외되어야 한다(Seto, 2003 참조).

이러한 종류의 치료 성과 연구는 성범죄 원인과 효과적인 성범죄 치료를 가능케 할 것으로 추정되는 요소들에 대한 지식을 발전시킬 수 있다. 예컨대 사회기술의 결핍과 사회기술 훈련의 수행결과(참여 수준, 훈련 요구 조건에 대한 순응 정도, 사회기술의 사실상 변화)가 성범죄자의 재범을 예측한다는 것은 사회기술의 결핍이 성범죄 재범의 원인 중 하나라는 사실을 암시한다. 또한 이것은 성범죄자 치료의 일부분으로 사회기술 훈련을 실시해야 한다는 것을 암시한다. 물론, 그러한 관계를 입증하는 것은 필요조건이지 충분조건은 아니다. 반면에 그러한 관계를 밝혀내는 데 실패하는 것은 사회기술의 결핍이 성범죄 재범과 인과관계로 맞물려 있지 않다는 것을 의미하며, 따라서 다른 목표에 치료 초점을 맞춰야 한다는 것을 의미한다.[6]

이러한 연구를 수행함에 있어 문제의 원인으로 기능하는 요인과 문제의 지속성에 기능하는 요인 간 차이도 연구할 가치가 있다. 최초로 성범죄를 저지르는 데 기여하는 것으로 보이는 요인들은 재범을 예측하는 요인과 상관이 없을 수 있고, 그 반대의 경우도 마찬가지이다. 예컨대 청소년과 성인 표본을 대상으로 조사한 결과, 성범죄자들은 성범죄자가 아닌 다른 범죄자들에 비해서 성학대를 당한 경험이 있을 확률이 높다는 것이 밝혀졌다(Lalumière, Seto, & Jespersen, 2006; Seto & Lalumière, 2007). 그러나 성학대 경험은 성범죄자들의 재범을 예측하지

---

6 이는 치료 목표와 재범 사이의 간단한 인과관계를 가정한다. 다만, 몇몇 치료 목표들은 재범에 간접적인 영향을 줄 수도 있고 혹은 재범과 다른 복잡한 인과관계를 형성할 수도 있다. 치료 목표와 재범에 대한 데이터의 구조적 모형은 이러한 관계를 해명할 수 있다.

않는다(Hanson & Morton-Bourgon, 2004). 이는 성학대가 성범죄의 시발 요인은 될 수 있지만 지속 요인은 아니라는 것을 시사한다. 몇몇 성범죄자 치료 프로그램은 성학대 경험을 다루는 것을 시도하고 있으나, 이는 반사회적 태도 및 신념, 약물 복용, 자기조절 문제와 같은 지속 요인에 초점을 두는 것보다 효과적이지 못할 수 있다(Hanson & Harris, 2000). 성범죄자 치료 프로그램과는 대조적으로 아동 성학대 예방을 위한 프로그램은 아동이 성장하는 동안 성범죄를 당할 가능성을 줄여주는 것 같다.

치료에서의 중도 탈락

중도 포기 또는 치료를 거부한 성범죄자들이 치료를 끝까지 완수한 성범죄자들에 비해 재범을 저지를 확률이 높다는 점에 대해서는 일관된 증거가 존재한다(Hanson et al., 2002; Lösel & Schmucker, 2005; Marques et al., 2005). Hanson과 동료들(2002)의 메타분석에서 치료 중도 탈락자와 치료 완수자 간 재범의 차이는 치료 조건과 비교 조건의 성범죄자들 간의 차이보다도 더 큰 것으로 나타났다. 치료의 완수는 치료 동기, 순응력과 순응하려는 마음자세, 장기 목표에 집중하는 능력과 계획성, 충동성, 적개심 그리고 재범 위험성과 관련된 반사회적 성향 등 개인적 성향들과 관계가 있다(예 : Craissati & Beech, 2001; Hunter & Figueredo, 1999; Moore, Bergman, & Knox, 1999). 치료의 효과성 평가 연구에서 중도 탈락을 고려하지 않은 평가 연구는(예 : 집단 간 비교에서 치료 중도 탈락자를 제외한다든지 치료 완수자를 치료 중도 탈락자 혹은 치료 거부자와 비교하는 등) 치료가 효과를 미치는 것처럼 보이게 하는 편향된 결과를 도출할 것이다. 그러므로 만약 치료 완수자와 중도 탈락자 혹은 치료 거부자를 비교한다면, 영어권 성범죄자에게 중국어를 말하게 한다든가 악기를 연주하게 한다든가 미적분을 마스터하게 하는 등의 가상으로 고안된 성범죄자 치료 프로그램도 긍정적인 치료 효과를 보일 것이다. 이는 새로운 언어를 말하는 것, 악기를 연주하는 것, 또는 미적분을 배우는 것이 성범죄 방지에 도움이 되기 때문이 아니라 치료 종결집단이 중도 탈락 혹은 치료 거부자 집단보다 더욱 동기부여되어 있고, 더 순응적이며, 지적이고, 새로운 기술을 습득할 능력이 있기 때문이다. 비슷한 맥락의 예로, 성적 반응에 대한 항안드로겐의 효과를 조사하기 위해 무선 할당을 사용한 임상 연구에서 중도 탈락했던 성범죄자들은 아동에 대한 성적 환상을 더 자주 보고했다(Hucker et al., 1988). 이러한 성범죄자들을 배제시키는 것은 실제로는 치료집단 및 비교집단 사이에 어떤 차이가 없을 수 있지만, 치료집단의 효과가 더 있는 것처럼 보이게 할 수 있다. 치료 평가와 관련된 문헌의 저자들도 치료 중도 탈락을 고려할 필요가 있다는 사실을 인정한다. 이를 위해서 저자 중 Chambliss와 Hollon(1998)은 단순히 치료를 완수한 참여자와 치료를 받지 않은 참여자를 비교할 것이 아니라 치료목적집단(intent-to-treat groups)과 통제집단을 비교할 것을 제안했다.

SOTEP 프로그램은 치료 중도 탈락의 문제를 여러 방식으로 다루었다. SOTEP의 연구자들은 치료에 진전을 보이지 않거나 치료에 방해가 되지만 심각하지는 않은 참여자들에 대한 치료를 철회하지 않았다. 치료 프로그램 운영에 있어 심각한 문제(예 : 폭력을 행사하거나 치료집단의 다른 범죄자들을 방해하거나 중대한 규율을 위반한 범죄자들)를 일으킨 참여자들만이 치료 과정에서 배제되었을 뿐이다. 치료를 자발적으로 철회하길 희망하는 이들에게는 24시간 동안 자신의 결정을 다시 고려하게끔 하였다. 적어도 1년 이상 치료 프로그램(이는 2년 프로그램의 절반에 해당)에 참여한 이들 가운데 추적 관찰 대상을 누구로 할 것인지에 대한 결정은 SOTEP의 초기에 결정되었다. 마지막으로, 프로그램 참여에 대한 최종 승인 이전에 마음을 바꾼 참여자들에 대한 문제를 해결하기 위해서 프로그램이 시작된 지 4년이 지난 후 프로토콜을 수정하였다. 따라서 치료 참여자들이 병원으로 이송되기까지 통제집단과 매칭되지 않았다.

프로그램 충실도

치료적 중재와 관련된 연구문헌의 또 다른 일반적인 원칙은 프로그램의 보급, 시행, 서비스 전달과 관련된 높은 프로그램 충실도의 중요성이다(Stirman, Crits-Christoph, & DeRubies, 2004). 다시 말해서 전달된 치료는 프로그램 형태, 강도, 전략, 그리고 치료 목표의 측면에서 의도한 치료와 부합하여야 한다. 이 원칙은 청소년 범죄자들을 위한 다체계적 접근치료의 유효성과 효과성을 분석하기 위해 무선 할당의 방법을 사용하여 시행된 임상 연구 결과를 제시하면서 강조한 부분이다. 이때 치료 모형과 기법에 대한 높은 충실도는 더욱 나은 치료성과와 상관을 보였다(Curtis, Ronan, & Borduin, 2004; Henggeler, Schoenwald, Borduin, Rowland, & Cunningham, 1998 참조). 대조적으로 낮은 프로그램 충실도는 원했던 성과에 대한 유의미한 효과가 더 이상 나타나지 않는 수준에 이르기까지 치료 프로그램의 효과를 약화시킬 수 있다(예: Henggeler, Melton, Brondino, Scherer, & Hanley, 1997; Moncher & Prinz, 1991 참조). 낮은 프로그램 충실도는 기존 연구를 단순히 따라하는 복제 연구들에서 효과의 크기가 본 연구보다 작게 나오는 일반적 현상을 설명할 수 있다. 이는 본 연구에 대한 평가는 일반적으로 엄격한 연구 계획, 매뉴얼, 그리고 강도 높은 스태프 훈련 등을 기반으로 하여 학술기관 혹은 연구기관에서 종종 이루어지지만, 현실 속에 이것이 적용될 때는 종종 행정적, 직원, 환자와 관련된 여러 문제를 다루어야 하고, 이는 치료 계획으로부터 벗어나게끔 하는 이유가 된다. 나아가 새로운 직원이 참여하거나, 선임 직원이 치료 계획을 적용함에 있어 자의적으로 변화시키거나(예컨대 다른 기법을 사용하거나 그들의 과거 치료 경험을 가져오는 등), 선임 직원이 팀을 떠나 다른 덜 숙련된 직원으로 대체되는 등 현실 속에서 직원의 훈련 수준은 다양할 수밖에 없다. 독립적으로 평가된 치료 프로그램보다 연구자들이 공동으로 평가한 치료 프로그램이 더 큰 효과를 산출한다는 Lösel과 Schmucker(2005)의 연구결과에 대한 하나의 타당한 설명은 여러 사람이 연구에 참여함으로써 프로그램의 충실도를 유지할 수 있었다는 것이다(대안적으로 타당한 또 다른 설명은 독립적으로 평가를 실시한 연구자들이 공동의 연구자들에 비해서 더 작은 효과를 보고).

최종 논평

이 장에서 필자는 소아성애자와 아동 성범죄자의 효과적인 치료와 관리에 대한 많은 질문들을 논의하였다. 이 질문들은 책임의 수용과 반성의 표현, 범죄 피해자에 대한 공감과 같은 전통적인 치료 목표의 적절성, 행동 조건화의 결과로서 또는 항안드로겐 치료의 결과로서 소아성애적 성적 흥분의 변화가 장기간 동안 아동과 관련된 성적 접촉 행동에 긍정적 영향을 미치는지 혹은 그렇지 않은지의 문제, 그리고 소아성애 범죄에 대한 일반적인 치료 대비 특수치료의 상대적 중요성 등의 질문들을 포함한다. 방법론적으로 엄격한 평가들은 이러한 중요한 질문들에 대답하기 위해 필요하며, 만약 연구자들이 아동 성학대의 사건 혹은 심각성을 줄이기 위해 경험적으로 지지될 수 있는 치료 프로그램의 개발을 원한다면, 일반 범죄자 중재 연구 이론으로부터 고안된 치료 모형과 소아성애자들을 대상으로 한 특수한 연구가 필요하다.

이에 대한 연구결과들이 도출될 때까지 임상가들은 어떻게 치료를 진행해야 하는가? 필자는 이용 가능한 과학적인 지식에 기초한 보수적인 접근이 필요하다고 생각한다. 이 책에서 검토된 연구에 기초하여 추천할 수 있는 증거들을 표 8.1과 8.2에 제시하였다. 계리통계적 위험성 평가는 중재를 위한 구체적 개입방안 수립에 필요한 과정이므로 중재보다 선행되어야 한다. 아동 성범죄자들에 있어 위험성이 가장 낮은 성범죄자들을 위한 최소한의 중재에서부터 위험성이 가장 높은 성범죄자들을 위한 장기간에 걸친 구금에까지 차별적 중재가 필요하다. 형사사법 절차에 연루되지 않은 소아성애자들을 위한 중재방안은 다양하지 못한 실정이다. 환자와 그의 주변 인물(배우자, 가족 구성원, 친한 친구들)은 소아성애증과 소아

표 8.1 소아성애 성범죄자 치료를 위한 권고 사항

1. 대상자의 배치, 보안, 치료와 관리감독의 강도를 결정할 때 타당도가 확립된 계리적 위험성 평가도구 사용하기
2. 위험 상황과 아동 성범죄의 잠재적인 전조에 대해 환자, 환자의 배우자, 가족 구성원, 친한 친구들에게 교육하기(예 : 술을 마신다든지 범죄자가 아동과 단둘이 있는 상황)
3. 소아성애적 성적 흥분의 감소를 치료 목표로 하는 행동치료 실시하기, 그리고 적용 가능할 때 그러한 행동치료적 기반으로 필요할 경우 추후 모임 갖기
4. 아동 포르노, 아동들과 승인되지 않은 만남을 갖는 것, 술이나 마약 등의 약물 사용 여부 점검하기
5. 비록 항안드로겐 치료를 지지하는 증거가 강하지는 않지만, 장기간의 구금이 적합하지 않은 고위험 범죄자들에게 성적 욕구 감소를 목표로 항안드로겐 치료 실시
6. 반사회적 태도 및 신념, 반사회적 성향을 가진 동료들과의 관계, 약물남용과 같은 일반적인 범죄 행위의 동적 위험 요인을 겨냥한 인지행동 및 행동치료 실시
7. 고위험 소아성애 성범죄자들, 특히 아동을 대상으로 많은 성범죄를 저지른 범죄자 혹은 특히 폭력적인 성범죄를 저지른 범죄자들 장기간 구금하기

표 8.2 소아성애자 치료를 위한 권고 사항

1. 아동 성범죄 발생 가능성이 높은 위험 상황에 대해 소아성애 내담자, 배우자, 가족 구성원, 가까운 친구를 대상으로 교육(예 : 아동과 단둘이 있거나 음주 상태)
2. 후원자 모임에 꾸준히 참석하면서 소아성애적 성적 흥분 완화를 위한 행동치료
3. 아동 포르노 사용, 알코올이나 약물 사용, 허락되지 않은 아동과의 접촉 여부에 대한 모니터링
4. 필요한 경우 성욕 완화를 위해 성충동 억제 약물치료. 이 치료의 효과에 대한 증거가 강하지는 않으나 치료의 준수사항을 지키는 것은 긍정적 치료 지표가 되고 다른 중재적 개입의 강도를 조정하는 데 사용될 수 있음
5. 반사회성 평가 점수가 높은 대상자에게는 반사회적 태도와 신념, 반사회적 성향의 동료들과 어울림, 물질남용 등과 같은 범죄와 관련된 일반적인 동적 위험 요인 완화에 초점을 둔 인지행동치료와 행동치료 권고

성애자의 잠재적 위험성에 대해 교육을 받아야 한다. 물론 소아성애자가 직면하는 사회의 부정적 반응을 고려하면, 명확하고 개방된 커뮤니케이션이 어려울 수도 있다(Jenkins, 1998). 하지만 이러한 사람들로부터 제공받는 지지와 관리는 미래의 아동 성범죄를 예방하는 데 도움을 줄 수 있다(지원과 책임을 위한 모임의 경우를 상기). 치료자는 아동이 출연하는 포르노에 대한 접근, 승인되지 않은 아동들과의 접촉, 행동의 탈억제를 야기하는 알코올 혹은 마약의 복용 등과 같은 잠재적으로 우려되는 행동들 역시 감시 감독해야 한다. 임상가들과 다른 전문가들은 가능할 때마다 자기보고에 의존하기보다는 근원적 정보에 의존해야 한다.

소아성애적 성적 흥분에 초점을 맞추는 행동치료를 지지하는 일부 증거들이 있다. 다만 장기적 효과는 아직 알려져 있지 않기에, 후속 연구와 치료 후 추적 관찰이 필요하다. 행동치료 하나만으로는 충분한 치료가 될 수 없겠지만, 자신의 성적 흥분을 통제하는 법을 배우는 것은 성범죄를 억제하고자 동기부여가 되어 있는 범죄자들에게는 도움을 줄 수 있을 것이다. 약물치료의 사용에 대해서는 단지 몇몇의 경험적인 지지적 근거들만 있을 뿐이다. 항안드로겐을 사용하는 것은 장기적 구금이 적합하지 않은 고위험 범죄자들(이들이 아직 성범죄를 저지르지 않았거나 또는 범죄를 저지르더라도 현재 적용 가능한 법으로는 징역이 가능하지 않을 수도 있음)에게 여전히 추천된다. 이 추천에는 두 가지 이유가 있다. 첫째,

자신의 소아성애적 성적 반응을 통제하기 위해 외부적 도움이 필요하다고 생각하는 사람들에게는, 이 약물을 투여하는 것이 적어도 그들의 통제 능력의 향상에 기여하는 위약효과를 줄 수 있다. 둘째, 항안도르겐의 투약은 아동 성범죄를 피하려는 개인의 동기와 약속에 대한 엄격한 행동 테스트로 간주될 수 있는데, 왜냐하면 복약 비순응은 더 좋지 않은 예후와 관련이 있는 것처럼 보이기 때문이다(비록 행동치료에 관한 더 많은 후속 연구의 결과를 기다리고 있을지라도 그 치료의 사용을 임시로라도 추천할 때 위와 같은 논리가 적용된다). 항안드로겐이 성적 욕구를 줄이고 이러한 성욕 감소가 아동 성범죄 가능성의 감소로 이어질 수 있는 가능성이 존재한다. 마지막으로 높은 반사회적 행동의 위험이 있고 아동들에게 자신의 성적 관심을 표출하는 아동 성범죄자들에게는 교정 문헌에서 도출된 인지행동과 행동치료가 반사회적 태도 및 신념(아동들과 성관계를 하는 것에 대한 허용적인 태도 및 신념), 반사회적 동료들과의 교제(아동과 성관계를 하는 것을 지지하거나 강화하는 다른 소아성애자들과 같은 반사회적 동료들), 약물남용(이는 행동의 탈억제를 야기할 수 있음)과 같은 일반 위험 요인에 상당한 영향력을 미칠 수 있다. 그러한 치료는 자기 스스로 의뢰를 요청한 소아성애자들(이러한 이들은 반사회성이 낮은 경향이 있음)에게는 도움이 되지 않을 수도 있는데, 왜냐하면 반사회적 성향이 높은 사람들은 스스로 도움을 요청하려고 하지 않기 때문이다.

성범죄자 치료 효과 해석하기

연구자들은 엄격한 연구방법론을 적용한 치료 평가와 더불어 성범죄자의 치료 수행과 치료 성과 간의 관련성에 기초하여 치료 평가 결과를 도출하기도 한다. 만약 성범죄자 치료가 효과가 있었다면, 좋은 치료 수행은 더욱 나은 치료 성과와 관련이 있을 것이라는 예측이 가능하다. 다시 말해서 만약 치료 프로그램에서 제공되는 지식과 기술이 재범에 영향을 미친다면, 치료 프로그램에서 많은 것을 학습하고 치료를 더 잘 수행한 성범죄자들은 그렇지 않은 성범죄자들보다 재범을 저지를 가능성이 낮을 것이다.

많은 연구들은 인지행동 또는 재발방지 원칙에 초점을 둔 치료 프로그램에 참여한 성범죄자들의 치료 수행과 치료 성과 간의 관계에 대해 조사해 왔다. 이러한 연구들의 대부분이 치료 수행을 정적 위험 요인으로 평가했다. 4개의 연구에서는 어떤 유의미한 관계를 발견하지 못했고, 1개의 연구는 정적 관계를 발견했으며, 3개의 연구는 부적 관계를 발견했다. Jenkins-Hall(1994)은 프로그램 내용에 대한 숙달 정도를 예측하기 위해 치료 프로그램에 참여한 성범죄자를 대상으로 범죄 책임의 수용, 출석, 치료회기의 참여도를 평가했다. 치료 수행 측면에서 이러한 요소들은 합리적 정서치료의 개념과 원칙들의 숙달을 예측했지만, 재발방지 개념과 원칙의 숙달은 예측하지 못했다. Quinsey, Khanna와 Malcolm(1998)은 캐나다의 교도소 기반 프로그램인 지역치료센터의 후속 연구에 대해 보고했다. 치료에 참여한 193명의 성범죄자를 대상으로 한 이 연구에서 연구자들은 비록 치료받은 성범죄자들이 치료 기간 동안의 측정에서는 유의미한 향상을 보여주었지만, 치료를 통해 습득한 기술에 대한 치료자들의 평가는 성범죄 재범과는 관련이 없다는 사실을 발견했다.

정적 상관관계에 대해 살펴보면, 치료를 받은 후 성적 흥분에 대한 음경체적변동 측정과 성범죄에 대한 태도와 신념 평가에서 낮은 치료 후 점수를 획득하고, 재발방지 집단에서도 긍정적 평가를 받은 SOTEP 참여자들은 높은 점수를 얻지 못한 참여자들에 비해 재범할 가능성이 더 낮았다. 이러한 경향성은 재범 위험성을 계리적으로 통제한 후에도 나타났다(Marques et al., 2005). 이러한 결과들은 SOTEP 프로그램에 참여했던 소규모 아동 성범죄자 집단에 대해 보고한 이전의 연구와도 일치한다(Marques et al., 1994).

부적 상관관계에 대해 살펴보면, Sadoff, Roether와 Peters(1971)는 치료가 종결될 때 집단심리치료가 도움이 되었다고 보고했던 성범죄자들이 집단치료의 참여에 대해 불평했던 성범죄자들에 비해 재범률이 오히려 높다는 사실을 발견했다. 필자와 Barbaree(1999)는 그들의 예측과는 대조적으로, 평균 32개월의 추적 조사 기간 동안 좋은 치료 수행은 낮은 재범률과는 관계가 없었다는 사실을 발견했다. 사실 좋은 치료 수행은 높은 재범률과 상관이 있었다. 이러한 경향성은 사이코패스 체크리스트-개정판(PCL-R)에서 높은 점수를 받았던 참여자들에게 특히 두드러졌다[7]. 사이코패스 체크리스트-개정판(Hare, 1991, 2003)에서 높은 점수를 받고, 치료를 잘 수행했던 참여자들이 추적 조사 기간 동안 새로운 폭력적 성범죄(여기서 폭력적 성범죄는 성폭행이 아닌 새로운 폭력 또는 폭력을 사용한 새로운 성범죄를 의미)를 저지를 확률이 거의 4배에 달했다(그림 8A.1 참조). 이는 매우 흥미로운 발견인데, 왜냐하면 다른 연구들은 사이코패스 범죄자들은 치료에 부적 영향을 받는 것처럼 보이는 반면, 비사이코패스 범죄자들은 이를 통해 이익을 얻는다는 결과를 발견했기 때문이다(Hare, Clark, Grann, & Thornton, 2000; Rice, Harris, & Cormier, 1992).

필자와 Barbaree(1999)의 치료 수행 척도는 범죄자의 출석, 치료에 대한 참여도, 치료회기 중 다른 참여자들과의 상호작용과 같은 항목의 일반적인 항목들과 함께 범죄 피해자의 공감 실행과 관련된 과제의 질, 범죄 주기에 대한 이해, 재발방지 계획의 수립을 포함하는 기술 및 지식 습득과 같은 성범죄자에게 특화된 문항들을 포

---

7 이 책의 공동 저자인 Howard Barbaree는 이후 더 광범위한 성과 평가 자료를 분석하였다. 사이코패스와 치료 행동의 상호작용이 통계적으로 유의미하지 않을 때, 재범의 집단 차가 더욱 적어진다는 점을 지적하며, 위 연구결과 해석에 동의하지 않았다(Barbaree, 2005). 통계적 상호작용은 발견해 내기가 극히 어려우며(McClelland & Judd, 1993), 사이코패스와 치료 행동에 의해 구분되는 집단들의 명백한 차이점은 현저하고, 이는 심지어 Barbaree(2005, 그림 3, 패널 B)의 재분석에서도 확인되었다. Barbaree와 필자는 치료 행동이 폭력 재범과 상관이 없다는 사실이 이후의 추적 조사를 통해 드러났다는 점에 대해서는 뜻을 같이한다(Barbaree, 2005; Seto, 2003).

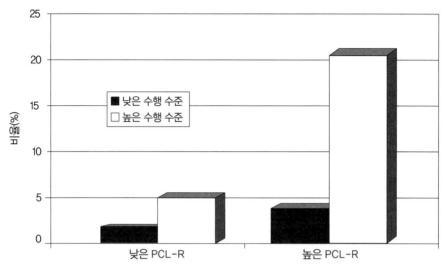

| 그림 8A.1 | 평균 32개월 추적 조사 동안 치료받은 성범죄자들의 폭력적 재범 비율. 이 범죄자들은 1996년 11월까지 연방 에이전시 재범 데이터를 이용해 추적되었다(Seto & Barbaree, 1999). 범죄자들은 PCL-R과 치료 수행 점수의 중앙값에 따라 집단이 나누어졌다. PCL-R = 사이코패스 체크리스트 개정판. [출처 : *Managing Sex Offenders in the Community: Contexts, Challenges, and Responses* (p. 133), A. Matravers (Ed.), 2003. London: Willian. Copyright 2003 by Willan. 저자의 동의를 받아 재인쇄]

함했다. 또 이 척도는 치료에 대한 동기와 전반적인 행동 변화에 대한 치료자의 평가도 포함했다. 두 치료자의 평가를 제외하면, 우리의 측정 항목들은 보조연구원들에 의해 코딩되었다. 이때 코딩은 치료자들이 작성했던 임상노트와 범죄자들에 의해 완수된 과제의 원문에 기반을 두고 이루어졌으며, 그러므로 우리가 평가한 결과는 사이코패스 성범죄자가 치료자를 성공적으로 기만한 것(successful deception)으로 설명될 가능성을 배제시켰다.

Looman, Abracen, Serin과 Marquis(2005)는 최근에 성범죄로 유죄선고를 받은 다른 표본을 대상으로 유사한 결과를 얻었다. 이들은 사이코패스를 분류할 수 있는 25점의 기준점수를 사용하여 교정정신센터(지역치료센터)에서 그 표본들을 치료하였다. 그들은 또한 범죄 피해자 공감, 범죄 주기의 이해, 재발방지 계획의 질, 전체적인 수행의 변화에 대한 평가에서 치료를 잘 수행했던 참여자들과 높은 수준의 사이코패스로 진단된 참여자들이 표집의 다른 범죄자들에 비해 4~5년의 추적 조사 기간 동안 심각한 재범을 저지를 확률이 더욱 높았다는 사실을 발견했다.

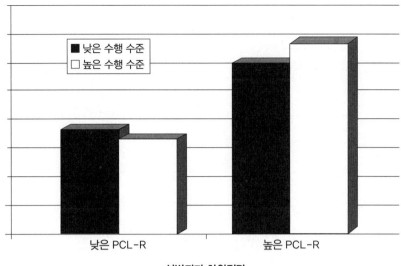

낮은 PCL-R　　　　　　　　높은 PCL-R

성범죄자 하위집단

| **그림 8A.2** | 평균 62개월 추적 조사 동안 치료받은 성범죄자들의 폭력적 재범 비율. 이 범죄자들은 2000년 4월까지 National Recidivism Data를 이용해 추적되었다. 범죄자들은 PCL-R과 치료 수행 점수의 중앙값에 따라 집단이 나누어졌다. PCL-R = 사이코패스 체크리스트 개정판. [출처 : *Managing Sex Offenders in the Community: Contexts, Challenges, and Responses* (p. 132), A. Matravers (Ed.), 2003, London: Willian. Copyright 2003 by Willan. 저자의 동의를 받아 재인쇄]

Barbaree와 필자는 만약 치료 수행과 재범과의 관계가 시간이 지나도 그대로인지 그리고 만약 그 어떤 형태의 가석방 관리감독이 없어도 치료 효과가 여전히 명확히 남아 있는지를 살펴보기 위해, 필자와 Barbaree(1999)에 의해 연구된 성범죄자 표본의 추적 조사 기간을 32개월에서 62개월로 연장하였다(Barbaree, 2005 ; Seto, 2003). 가장 최근의 추적 조사에서 치료 수행은 일반 범죄의 재범이나 폭력범죄 재범과 상관이 없었다(그림 8A.2 참조). 필자와 Barbaree(1999)의 연구에서처럼, PCL-R 평가에서 높은 점수를 얻었던 성범죄자들은 낮은 PCL-R 평가 점수를 얻은 성범죄자들에 비해 폭력적인 재범을 할 가능성이 대략 2배나 높은 것으로 나타났다. 또 동일한 치료기관에서 더욱 많은 표본의 성범죄자들을 대상으로 평가를 실시했던 또 다른 추적 연구 역시 치료 수행이 아닌 사이코패스가 폭력적 재범과 상당히 연관이 있다는 사실을 발견했다(Langton, Barabree, Seto, Harkins, & Peacock, 2002). 이러한 결과들은 재발방지 프로그램의 치료 타깃 중 다수가 효과적인 치료를 위한 필수요소가 아니라는 사실을 암시한다.

::::: 집필 후기 :::::

이 책은 가장 최신의 실증적 이론을 바탕으로 한 학문적 접근을 통해서 소아 성애자와 아동 성범죄에 대한 설명을 시도한다. 필자는 여러 학문에서 이루어진 연구 자료들을 토대로, 다양한 시대와 문화권을 넘나들며 발생하는 아동과의 성적 접촉(제1장), 소아성애자와 아동 성범죄의 원인론과 이론적 배경(제4, 5장), 소아성애증 평가와 재범 위험성 평가(제2, 7장), 그리고 치료적 개입과 대처 방안(제8장)에 관해서 살펴보았다. 이렇게 통합적이고 다양한 분야에 대한 접근을 통해 필자가 목표로 한 것은 평가와 중재, 그리고 원인론에 관한 연구의 진전과 향후 발전 방향성에 관한 요약을 제시하는 것이었다. 특히 근친상간과 소아성애자에 관한 여러 가지 중요하고 인상적인 질문들이 논의되었다(제3, 6장). 또한 필자는 연구자들이 성범죄자에 대한 부분만을 연구하지 않고 다양한 학문을 접목시킬 수 있다면, 아동 성범죄와 소아성애자들에 관한 이해와 평가, 치료에 있어 더욱 빠르고, 일관적인 진전을 만들 수 있을 것이라 확신한다.

연구자들은 소아성애 평가와 아동 성범죄자들의 위험성 평가에 있어 상당한 진척을 보였으며, 또 소아성애증과 아동 성범죄의 중요한 원인론적 질문들에 대해 어느 정도 고무적인 결과를 도출하였다. 지금까지 밝혀진 소아성애자들의 특성들은 다음과 같다. 소아성애자들 거의 대부분이 성인 남성이라는 사실, 이들 중 상당수가 남자 아동을 선호한다는 것, 아동기 성학대 경험을 더 많이 보고한다는 것, 일반 남성과 비교할 때 지능, 아동기 두부손상 경험, 왼손잡이 비율, 대뇌백

질의 부피에서 차이가 있다는 것이다. 지금까지 밝혀진 증거들을 종합하면, 소아성애증이 남성에게 선택적으로 나타나며, 연령에 따라 그들의 성적 선호를 변화시키는 신경발달상의 문제가 있다는 것을 시사한다.

연구자들은 결국 소아성애증은 다양한 원인에 기인하므로 서로 다른 유형의 소아성애자 및 남성 소아성애자와 여성 소아성애자에 관해서는 서로 차별되는 설명이 필요하다는 사실을 알게 될 것이다. 제5장에서 언급한 바와 같이, 동성애는 다양한 원인에 기인하며, 그중 남자 동성애자들의 30% 정도는 형제 출생순서 효과로 설명 가능하고(Blanchard & Bogaert, 2004), 다른 사례들은 유전적 요인으로 설명 가능하다는 사실에 대한 축적된 증거가 있다(hamer, Hu, Magnusson, Hu & Pattatttuci, 1993). 신경과학과 유전적 연구는 앞으로의 소아성애증의 원인에 대한 연구에 있어서 특히 흥미진진한 연구가 될 것이다.

소아성애증은 논리적으로 그리고 경험적으로 누군가가 어린이를 대상으로 한 성범죄를 저지를 가능성과 관련이 있다. 그러나 이 관계가 절대적인 것은 아니다. 아동 성범죄를 한 번도 저지르지 않은 소아성애자들도 일부 있으며, 아동 성범죄를 저지르는 사람 중 소아성애자가 아닌 사람도 다수를 차지한다. 반사회성의 경우도 소아성애가 있는 반사회성과 소아성애가 없는 반사회성으로 구분될 수 있다. 이렇듯 아동 성범죄자와 위에서 언급한 다른 유형의 범죄자들과의 공통성으로 인해, 우리는 반사회성과 범죄 행위의 발달적인 연구를 통해서 아동 성범죄에 대한 이해를 더욱 높일 수 있는 지식을 얻을 수 있다.

아직 연구가 필요한 부분은 많이 남아 있다. 소아성애가 정신적 고통의 문제인가 범죄적 문제인가를 구분하기 위해서는 비임상과 비법의학적 영역에 있는 소아성애자 표본에 대한 더 많은 연구가 필요하다. 스스로 소아성애자라고 생각하는 사람들(예 : 스스로가 소아성애자임을 인정하지만 아동에게 성적 접촉을 한 이력이 없는 학교 교사)은 사회적·법적 영향 때문에 이들 집단의 연구에서 익명성과 비밀보장은 매우 중요하게 고려되어야 할 부분이다. 소아성애자의 일반적인 유병률을 추정하기 위해 행위의 지속성, 강도에 관한 적절한 질문들을 포함하는 역학 연구가 필요하다. 이 책에서 언급하였듯이 소아성애증에 관해 알려진 것 중 많은 부분이 아동 성범죄자 연구를 통해 도출된 것들이다. 이를 넘어서 아동 매춘 이용자와 아동 포르노 범죄자와 같은 다른 집단에 관한 연구를 통해 새로운 지식들을 얻을 수 있을 것이다. 최종적으로 소아성애증의 발현을 이해하기 위해서는 종단 연구가 필요할 것이며, 특히 이때 유전학적으로 유용한 연구 설계가 사용되어야 할 것이다. 향후 연구에서 다루어야 하는 중요한 변수들에는 모성 면역, 태아의 신경발달, 두부손상, 지적 수준, 아동기 성학대 경험, 보통의 일반적인 성적 경험 등이 포함된다.

아동 성범죄의 효과적인 중재방안을 개발하고 평가하기 위해서 더 많은 연구들이 필요하다. 중재는 소아성애자와 아동 성범죄자에 관한 이론이 일관성을 가질 때 성공할 확률이 더욱 높을 것이다. 따라서 반사회적 태도나 신념(예 : 어린 아동과의 성관계에 대한 범죄 친화적인 사고나 가치), 반사회적인 동료와의 교제, 약물과 같은 범죄 유발 욕구를 효과적으로 다루는 치료는 성범죄를 줄일 수 있는데, 그러한 치료는 일반적으로 성범죄의 재범을 방지하는 데 효과적이라는 사실이 입증된 바가 있기 때문이다. 만약 중독 및 정신건강센터 연구자들이 주장한 바와 같이 신경발달상의 문제가 소아성애증의 원인 경로라면, 치료는 이와 연관된 뇌 구조나 기능에 초점을 맞추거나 신경발달상의 문제에 의해 발생하는 요인에 초점을 맞추어 소아성애증의 출현 빈도를 줄일 수 있을 것이다.

필자는 이 책에서 이제껏 논의해 온 사람들에 대해 논평하며 이 책을 마무리하고자 한다. 아동 성범죄자들은 현대사회에서 가장 많이 매도되는 사람들 중 하나이다(Jenkins, 1998 참조). 왜냐하면 소아성애증과 아동 성범죄는 대중적인 시각에서 보면 불가분하게 연결되어 있으며, 소아성애자들은 두려움의 대상이 됨과 동시에 미움을 받으며, 배척당하고, 때때로 공격받는다. 그러나 소아성애자들과 성범죄자들은 가족의 일원으로, 친구로, 이웃으로, 그리고 동료로 우리 근처에서 함께 살아가고 있다. 사회는 당연하게 아동 성범죄자들과 그들이 야기할 수 있는 잠재적인 위험을 규탄하며, 아동 성범죄자들은 자신의 범죄에 대한 책임을 스스로 져야만 한다. 그러나 우리는 사춘기전 아동에 대한 자신의 성적 관심을 억제하기 위해 노력하는 소아성애자들과 자신의 행위에 대해 뉘우치고 다시는 아동을 대상으로 범죄를 저지르지 않으려고 노력하는 성범죄자들에 대해서는 동정심을 가질 수도 있다. 소아성애자들과 아동 성범죄자들을 배척하는 것은 아마도 우리의 가족 구성원, 친구, 친척, 동료들을 배척하는 것과 같은 의미일 수 있다. 혐오와 배척은 아동 성범죄라는 문제를 해결하는 열쇠가 될 수 없다. 혐오와 배척의 사회적 분위기는 자신이 소아성애임을 스스로 밝히고 아동 성범죄를 저지르는 것을 방지하기 위해 전문적 도움을 요청하는 것을 어렵게 만든다. 심지어 '스톱 잇 나우(Stop It Now!)'나 '베를린 예방 프로젝트'와 같은 예방 노력이 이루어지고 있음에도 말이다. 따라서 실제로 치료사들이 주의집중하게 되는 것은 이미 아동을 대상으로 자신의 성적 기호를 행동으로 옮긴 사람들이 대부분이며, 이는 결국 성범죄의 피해를 예방할 수도 있었던 아동이 피해를 당하는 결과를 가져오게 된다. 만약 사회가 아동 성학대의 방지에 정말로 관심을 기울인다면, 소아성애자들과 성범죄자들에게도 학술적으로, 치료적으로, 정치적으로, 대중적으로도 세심하고 한쪽으로 치우치지 않는 논의와 대처가 허용되어야 한다. 필자는 이 책이 이러한 중요한 논의점들에 있어 과학적인 기여를 해낼 수 있기를 소망한다.

| 참고자료 A : 평가에 대한 추가 정보 |

참고자료 A에서는 평가척도의 출처와 소아성애자 선별척도(SSPI)를 포함한 평가 방법에 대한 부가적인 정보를 제공한다. 필자는 여기에서 소개한 평가도구와 관련해 어떠한 경제적 이득에 관심이 없으며, SSPI는 공식적으로 공개되어 있고 무료로 이용할 수 있다.

임상면담 질문지

아래의 질문지는 사춘기전 아동에 대한 개인의 성적 생각, 환상, 욕구, 흥분, 행동에 관한 면담 질문의 예시이다. 이 질문들은 일반적인 개인력, 생활 환경, 관계, 주호소 등의 내용을 포함하고 있다. 추후 면담에서 사용할 수 있는 질문들도 포함되었으나 여기에 제시된 질문들이 엄격하게 검정된 것은 아니다. 면담 기법을 위한 훈련 역시 필요하다. 이 질문들에서 사용된 단어들은 응답자의 연령, 교육 수준 등을 고려하여 적절하게 수정할 필요가 있다. 질문에 대한 진술의 일관성을 확인하기 위해 일련의 면담 과정에서 다른 시간대에 같은 질문을 반복할 수도 있다.

면담 시 개방형 질문과 섣부른 판단을 유보하는 자세가 필요하며, 명확하고 직접적인 질문은 정직한 응답을 얻어낼 가능성을 높인다. 성적 선호는 많은 사람들에게 공개하기에 불편한 주제이다. 이러한 이유로 성관계에 대한 질문들은 당혹감과 수치심을 줄 수 있고, 이로 인해 응답자가 질문에 짧게 답하거나 실제와 다른 사실을 보고할 소지가 있다. 아동 성학대에 대한 의무신고제도 때문에 응답자에게 면담내용이 어떻게 사용되는지, 법적 문제, 비밀유지 등에 관한 사항을 철저히 교육하는 것이 중요하다. 상황에 따라서 필자는 아동 성학대 의무신고 문제가 촉발될 수 있기 때문에 응답자에게 이전에 보고하지 않았던 아동과의 성적 접촉에 대해 구체적인 사항을 공개하지 말 것을 조언하기도 한다.

1. 당신은 몇 살 때 사춘기가 시작되었습니까?(음성 변화, 얼굴의 털, 폭발적인 신체 성장)

2. 당신이 처음으로 성적 생각 혹은 느낌을 느끼기 시작한 것이 몇 살 때였습니까? 당신은 무엇을 생각하였습니까? 그런 생각과 느낌에 대한 당신의 반응은 어떠했습니까?

3. 한 번이라도 자위를 한 적 있습니까? 당신이 처음 자위했을 때가 몇 살 때였습니까? 그 당시에 무엇을 생각했습니까? 자위를 할 때 일반적으로 무엇을 생각합니까? 얼마나 자주 자위를 합니까? 한 주 동안 가장 자위를 많이 했을 때 그 횟수가 몇 번이었습니까? 그때가 몇 살 때였습니까?

4. 한 번이라도 이성과 성적 접촉(그 어떤 성기의 접촉이라도)을 해본 적 있습니까? 그때가 몇 살 때였습니까? (남성 응답자에게) 그녀는 당시에 몇 살이었습니까? 어떻게 그녀를 알게 되었습니까?

5. 한 번이라도 동성과 성적 접촉(그 어떤 성기의 접촉이라도)을 해본 적 있습니까? 그때가 몇 살 때였습니까? (남성 응답자에게) 그는 당시에 몇 살이었습니까? 어떻게 그를 알게 되었습니까?

6. 이제껏 성적 관계를 맺은 여성의 수가 얼마나 됩니까? 그중 가볍게 만나거나 단기간 만난 비율이 어떻게 됩니까?(예 : 원나잇 스탠드, 단기간의 즐김) 가장 길게 성적 관계를 가진 여성과의 관계를 유지한 기간은 얼마입니까? 가장 짧은 기간은 얼마입니까?

7. 이제껏 성적 관계를 맺은 남성의 수가 얼마나 됩니까? 그중 가볍게 만나거나 단기간 만난 비율이 어떻게 됩니까?(예 : 원나잇 스탠드, 단기간의 즐김) 가장 길게 성적 관계를 가진 남성과 관계를 유지한 기간이 얼마나 됩니까? 가장 짧은 기간은 얼마입니까?

8. 한 번이라도 꾸준히 만나던 성적 파트너를 놔두고 바람을 피운 적이 있습니까?(즉, 그 파트너가 알지 못하거나 허락 없는 상황에서 다른 사람과 성관계를 한 적이 있습니까?) 얼마나 많이 그랬습니까? 동시에 여러 명의 사람과 성적인 관계를 맺은 적이 있습니까?

9. 당신은 현재 누군가와 성적 관계를 맺고 있습니까? 그 사람에 대해 말해 주

세요. 얼마나 오랫동안 그 관계를 맺고 있습니까? 당신의 파트너에 대해 어떤 부분에 매력을 느낍니까?

10. 아이가 있습니까? (자신이 낳은 아이와 사회법적인 아이를 구분하여)

11. 당신은 한 번이라도 14세 미만의 소녀와 성적 접촉을 가진 적이 있습니까? 그 당시 당신은 몇 살이었습니까? 그녀는 당시 몇 살이었습니까? 어떤 성적인 행동을 했습니까?

12. 당신은 한 번이라도 14세 미만의 소년과 성적 접촉을 가진 적이 있습니까? 그 당시 당신은 몇 살이었습니까? 그는 당시 몇 살이었습니까? 어떤 성적인 행동을 했습니까?

13. 일상에서 당신은 얼마나 자주 성적 환상을 합니까? 무엇에 대해 성적 환상을 합니까? 당신이 성적 환상을 할 때 당신은 자위를 합니까? 당신이 성적 환상을 하면서 자위를 하는 비율은 어떻게 됩니까?

14. 사춘기 이전의 소녀에 대한 성적 환상을 한 번이라도 해본 적 있습니까? 10대 청소년이었지만 성적으로는 조숙한 소녀였나요? 얼마나 오랫동안 당신은 그러한 환상을 가지고 있었습니까? 얼마나 자주 그러한 환상을 합니까? 그 성적 환상에서 흥분되거나 매력적인 부분은 무엇입니까?

15. 사춘기전 소년에 대한 성적 환상을 한 번이라도 해본 적 있습니까? 합법적인 나이 이하의 10대지만 성적으로는 조숙한 소년이었나요? 얼마나 오랫동안 당신은 그러한 환상을 가지고 있었습니까? 얼마나 자주 그러한 환상을 합니까? 그 성적 환상에서 흥분되거나 매력적인 부분은 무엇입니까?

16. 당신은 한 번이라도 비정상적이거나 흔하지 않은 행위에 대한 성적 환상을 해본 적이 있습니까?(예 : 신체 결박, 엉덩이 때리기, 성적 피학, 성기노출, 훔쳐보기) 그러한 환상을 얼마나 오랫동안 가지고 있었나요? 얼마나 자주 그러한 환상을 했습니까? 그 성적 환상에서 흥분되거나 매력적인 부분은 무엇입니까?

17. 당신은 한 번이라도 흔하지 않은 사람이나 물체(팔다리 절단 수술을 받은 사람, 페티시즘)에 대한 성적 환상을 한 적이 있습니까? 이러한 사람이나 혹은 물체와 연관된 성적 행동에 관여한 적이 있습니까? 처음으로 그렇게 관여했

을 때 당신은 몇 살이었습니까? 얼마나 자주 그렇게 했습니까?

18. 당신은 한 번이라도 매춘을 이용한 적이 있습니까? 스트립 클럽, 마사지 숍에 가거나 음란전화를 사용한 적은 있습니까? 사이버섹스에 대한 경험은 있습니까?(온라인으로 만난 누군가와 성적인 이야기를 나누는 것)

19. 당신은 한 번이라도 아동에 대한 성적 환상, 변태적인 행위, 또는 다른 비정상적인 내용으로 성적 환상을 하는 것을 멈추려고 시도한 적이 있습니까? 그러한 성적 환상을 멈추기 위해서 무엇을 했나요? 그러한 시도는 성공적이었습니까? 얼마 동안 성공적이었습니까?

20. 당신은 얼마나 자주 자위를 하고 싶습니까? 얼마나 자주 실제로 자위를 합니까? 그러한 성적 활동의 수준에 대해 얼마나 만족합니까?

21. 당신은 얼마나 자주 다른 사람과 성관계를 하고 싶습니까? 얼마나 자주 성관계를 맺습니까? 그러한 성적 활동의 수준에 대해 얼마나 만족합니까?

22. 당신은 포르노(성적으로 노출된 사진, 비디오, 혹은 글)를 한 번이라도 이용한 적이 있습니까? 얼마나 자주요? 몇 살부터 이용했습니까? 어떤 종류의 포르노입니까? 그 포르노에 어떤 방식으로 접근합니까? 보통 한 달에 몇 시간 정도를 포르노를 보는 데 사용합니까? 한 번이라도 아동 포르노를 이용한 적이 있습니까?

표 A.1 소아성애자 평가에 유용한 자기보고 질문지

질문지 종류	출처
아동 성범죄 및 강간에 대한 인지적 왜곡	
Abel and Becker Cognition Scale	Able, Gore, Holland, Camp, Becker, and Rathner (1989)
Adolescent Cognitions Scale	Hunter, Becker, Kaplan, and Goodwin(1991)
Bumby MOLEST Scale	Bumby(1996)
반사회적 태도 및 신념	
Criminal Sentiments Scale	D.J.Simourd(1997)
Psychopathy Scale	D.J.Simourd(1997)
Levenson Psychopathy Scale	Mills and Kroner(1999)

(계속)

표 A.1 소아성애자 평가에 유용한 자기보고 질문지(계속)

질문지 종류	출처
반사회적 성격	
Hare Psychopathy Checklists	Forth, Kosson, and Hare(2003);
	Hare(2003); Hart, Cox, and Hare(1995)
Childhood and Adolescent Psychopathy	Lalumière, Chalmers, Quinsey, and Seto(1996)
Scale Levenson Psychopathy Scale	M. R. Levenson, Klehl, and Fitzpatrick(1995)
성적 기호	
Adolescent Sexual Interest Card Sort	Hunter, Becker, Kaplan, and Goodwin(1991)
Clarke Sex History Questionnaire-Revised	Langevin and Paltich(2001)
Multiphasic Sex Inventory	Nichols and Molinder(1984)
Sexual Fantasy Questionnaire	Daleiden, Kaufman, Hilliker, z and, O'Neil(1998)

질문지 척도

Clarke 성적 이력 질문지는 다차원적-건강시스템으로부터 유료로 사용할 수 있는 척도이다(Langevis & Paitich, 2001; http://www.mhs.com 참조). 이 질문지는 성인 남성을 대상으로 사용하도록 제작되었으며, 설문 작성을 완료하는 데까지 대략 60~90분이 소요된다. 이는 2개의 타당도 척도을 포함한 23개의 척도로 구성되어 있다. 이 질문지에는 소아성애적 환상과 행동, 성학대 경험, 성기능장애, 포르노 사용 등에 관한 개인의 성적 이력을 평가하는 문항들이 포함되어 있다. 소아성애자와 아동 성범죄자들의 평가에 유용한 다른 자기보고식 척도들이 표 A.1에 제시되어 있다.

성범죄 특성

최초 소아성애자 선별척도(SSPI)는 아동 성범죄로 한 번 이상 유죄판결을 받은 전력이 있는 1,000명의 남성 표본을 통해 개발되었다(Seto & Lalumière, 2001). SSPI의 준거 타당도는 독립된 2개의 성범죄자 표본을 통해 검증되었고, 두 표본 모두

표 A.2 소아성애자 선별척도(SSPI)

SSPI 항목	점수
남자 아동 성범죄 피해자	아니요, 성범죄 피해 소녀 = 0 예 = 2
두 명 이상의 성범죄 피해 아동	아니요, 한 명에게만 범죄를 저지른 경우 = 0 예 = 1
성범죄자가 11세 혹은 그보다 어린 아동을 대상으로 범죄를 저지른 경우	아니요, 범죄 피해 아동이 12~13세인 경우 = 0 예 = 1
비친족 관계의 아동을 대상으로 성범죄를 저지른 경우	아니요, 친족관계의 성범죄 피해자 = 0 예 = 1

에서 SSPI가 재범과 유의미한 상관이 있는 것으로 나타났다(Seto, Harris, Rice, & Barbaree, 2004). 필자와 Lalumière의 표본은 아동을 대상으로 성범죄를 저지른 40명의 청소년 범죄자들이었다. 이 집단은 Seto, Murphy, Page 그리고 Ennis(2003)의 청소년 성범죄자 두 집단의 연구 자료와 통합되었다. 여성 성범죄자를 대상으로 SSPI의 타당도를 보고한 연구에 대해 필자는 알지 못한다.

SSPI 항목들은 범죄 피해 아동에 대한 정보를 기반으로 해당 사항 유무에 따라 점수화된다. 특수한 경우를 제외하고 범죄자의 자기보고보다 경찰 수사기록, 보호관찰, 가석방 보고서 등과 같은 공식 범죄기록에 기초하여 점수를 부여하는 것이 바람직하다. 그 SSPI에 포함된 항목들이 표 A.2에 제시되어 있다. 캐나다에서 SSPI가 개발될 시점에 성관계 동의의 법적 연령이 14세였기 때문에 성범죄 피해 아동의 연령을 14세 미만으로 하였다. 14세 이상의 청소년을 대상으로 한 성범죄는 아동 성범죄가 아닌 다른 범죄혐의를 받게 된다. 친인척관계가 아닌 피해자의 경우 성범죄 피해 아동이 범죄자의 아들이나 딸, 양자, 친척(조카딸, 조카, 손자 손녀, 사촌)이 아닌 경우로 정의하였다.

음경체적변동 검사

음경체적변동 검사에 대한 지침과 부가적인 정보는 다양한 문헌에 소개되어 있다(Association for the Treatment of Sexual Abusers : ATSA, 1993; Langevin, 1989; Murphy & Barbaree, 1988; Roys & Roys, 2001). ATSA가 제시한 표준시행절차 및 지침은 2005년 판본 부록 A에 있으며(ATSA, Professional Issues Committee, 2005), Lalumière와 Harris(1998)가 소개한 내용도 이용 가능하다. 음경체적변동 검사 장비와 훈련은 행동기술(http://www.btimonarch.com) 혹은 라임스톤 기술 업체(http://www.limestonetech.com)를 통해 유료로 이용할 수 있다.

이 책의 독자들은 음경체적변동 검사의 세부사항에 대해서는 아마 익숙하지 않을 것이다. 따라서 지금부터는 필자가 소속된 기관인 중독과 정신건강센터의 부설 연구소인 Kurt Freund 연구소와 필자의 동료들인 Howard Barbaree, Ray Blanchard, James Cantor, 그리고 Kurt Freund가 사용하는 음경체적변동 검사 절차를 소개할 것이다. Kurt Freund 연구소에서 사용하는 음경체적변동 검사는 다른 전문가들에 의해 검토되었으며, 민감도와 특이도가 우수하다. 검사장비와 시행절차에 대한 아래의 설명은 Blandchard, Klassen, Dickey, Kuban 그리고 Balk(2001, pp. 120~121)에서 참조한 것이다.

검사장비에 적용된 사진과 그림은 Freund, Sedlacek와 Knob(1965)에서 볼 수 있다. 검사도구의 주요 장비는 음경에 착용시키는 유리로 된 실린더와 실린더에 외부 공기가 유입되는 것을 차단시키기 위해 음경 아랫부분을 감싸는 커프스다. 실린더 내부의 압력 변화로 작동되는 고무관이 장착되어 있으며, 이것이 내부 공기의 압력 변화를 전기 출력으로 변환하는 역할을 한다. 성기가 발기하여 음경의 부피가 커지면 실린더 내부의 공기압이 높아지고 이로 인해 변환기로부터 출력 신호가 생성된다. 실린더 내부의 공기압 변화 정도에 비례하여 변환기의 출력 신호의 크기가 결정된다. 이 검사장비는 매우 민감하여 1cc보다 작은 부피 변화도 세밀하게 측정할 수 있다.

피검자는 평가자의 지시에 따라 본인 스스로 자신의 음경에 유리 실린더를 착용한다. 그리고 3개의 프로젝션 스크린을 볼 수 있는 편안한 의자에 앉고 헤드폰을 착용한다. 검사 준비가 완료되면 피검자의 불편감이나 당혹감을 최소화하기 위해 하체를 시트로 덮는다. 검사 동안 눈을 감거나 시선을 다른 곳으로 돌리는 등의 검사에 회피적인 피검자를 감지하기 위해 피검자의 얼굴 부분을 카메라로 모니터링한다.

자극은 헤드폰을 통해 녹음된 이야기 청각 자극과 프로젝션 스크린을 통해 함께 제시되는 시각 자극이다. 자극의 범주는 7가지인데, 각각은 사춘기전 소녀, 사춘기 소녀, 성인 여성, 사춘기전 소년, 사춘기 소년, 성인 남성과의 성적 상호작용을 묘사한 것과 성과는 무관한 내용을 묘사한 중성 자극이다. 모든 이야기는 2인칭, 현재형, 그리고 100단어 정도의 길이로 구성되어 있다. 아래는 사춘기전 소녀와의 성적 상호작용을 묘사한 자극 예시이다.

당신은 저녁에 5살 된 소녀를 돌보고 있습니다. 그녀는 침대로 가기 전 목욕을 하고 있습니다. 열려 있는 침실 문을 통해 그녀는 당신을 불러 등을 씻어달라고 말하고 있습니다. 당신은 옷을 벗고 그녀가 있는 욕조로 들어갔습니다. 당신은 나체로 비누거품이 있는 따뜻한 물에 슬며시 들어갔습니다. 당신은 수건을 몸에 두르고 그녀의 다리 사이를 부드럽게 문지르기 시작합니다. 그녀는 당신에게 수건을 요청하고, 당신은 그녀가 당신의 음경과 고환에 비누칠을 하도록 요청합니다.

이성과의 성적 상호작용을 묘사하는 이야기는 여성의 목소리로 녹음되었고, 동성과의 성적 상호작용은 남성의 목소리로 녹음되었다. 중성 자극은 남성과 여성 목소리 모두를 사용하여 녹음되었다.

각각의 검사시행은 3개의 스크린에 제시되는 사진과 함께 이야기로 구성된다. 스크린에는 이야기 속 주인공의 연령과 성별에 부합하는 누드 모델의 앞모습, 뒷모습, 성기 부분 사진이 동시에 제시된다. 각각의 시행 자극은 3명의 모델 사진으로 구성되어 있고, 각각의 자극은 18초 동안 제시된다. 그러므로 전체 시행에 54초의 시간이 소요되며, 이 시간 동안 피검자는 한 번에 3개, 총 9개의 슬라이드를 보게 된다. 중성 자극은 풍경사진과 사진 풍경을 설명하는 이야기다.

전체 검사는 7개의 시행, 4개의 블록으로 구성된다. 각각의 블록에 포함된 각 시행은 고정 무작위 순서로 제시된다. 비록 검사 자극이 제시되는 시간은 고정되어 있지만 전체 검사시행 시간은 피검자마다 다르다. 왜냐하면 특정 시행에서 발기된 성기가 기저선 크기로 수축한 상태에서 다음 시행으로 넘어가기 때문이다. 대략 검사를 완료하는 데 걸리는 시간은 1시간이다.

이 책에서 소개한 음경체적변동 검사의 시행절차는 Blanchard와 동료들(2001)의 연구 보고서에서 발췌한 것이다. 실증적으로 검증된 음경체적변동 검사 시행

절차에서 벗어날 경우 검사의 신뢰도와 타당도가 크게 훼손될 수 있다. 음경체적 변동 검사는 다른 것으로 대체할 수 없는 중요한 검사이다. 음경체적변동 검사의 사용자들은 최적의 검사법과 자극 세트의 특성에 대한 최근 연구들을 알고 있어야 한다.

응시 시간 측정

다양한 종류의 응시 시간 측정도구를 유료로 이용할 수 있다. 아벨의 성적기호평가(Abel Screening, Inc., 2006)는 사진 자극을 응시하는 시간을 측정하는 도구이며, 범행, 성적 기호와 행동 등에 관한 질문 문항들이 함께 포함된 전산화된 평가도구이다. 또 다른 응시 시간 측정은 어피니티 컴퓨터 프로그램으로 유료로 이용이 가능하다(Pacific Psycho-logical Assessment Corporation, 2006; http://www.pacific-psych.com).

또한 프레프테스트 슈트 컴퓨터 프로그램(Preftest Suite computer program)도 유료로 활용 가능하다(Limestone Technologies, 2006; http://www.limestonetech.com).

| 참고자료 B : 위험성 평가 |

이 참고자료에서 필자는 계리통계적 위험성 척도의 개발자에 대해 알아보고 어떻게 위험성 척도가 만들어지는지 설명할 것이다. 필자는 이 척도들과 관련해서 금전적인 것에 관심이 없다. 여기에 소개된 척도의 상당수는 온라인을 통해 얻을 수 있다. 하지만 웹사이트는 종종 바뀌므로 척도 개발자에게 현재의 정보를 묻는 것이 가장 좋을 것이다. 별다른 언급이 없다면 이 참고자료에 제공된 모든 링크는 2006년 11월 9일에 확인된 것이다. 성범죄자 위험성 평가는 빠르게 변화하는 분야이며, 새로운 연구와 척도의 수정 보완 사유가 자주 등장하는 분야이다. 이러한 위험성 척도의 사용자들은 업데이트된 척도와 채점 방식을 사용해야 한다.

척도의 사용에 관심이 있는 독자들은 자료의 출처를 살펴보아야 한다. 위험성 평가도구 사용에 필요한 훈련은 척도 개발자 또는 전문적인 워크숍을 통해 받을 수 있다. 워크숍 제공자들은 성학대자 치료협회에 문의해 찾아볼 수 있을 것이다 (http://www.atsa.com).

성범죄자 위험성 평가의 복잡한 원리를 이해하고 싶은 사람들에게 유용한 자료가 공개되어 있다. 이 자료들에는 2004년 9월 Dennis Doren이 수락한 참고 서지 목록이 포함되어 있으며[성학대자 치료협회의 웹사이트(Doren, 2004a 참조)], 성범죄자 평가에 관한 Doren(2002)의 책과 Quinsey, Harris, Rice, 그리고 Cormier(2006)의 책인 *Violent Offenders: Appraising and Managing Risk*의 제7장에서 볼 수 있다.

핵심적인 성범죄자 위험성 평가도구가 캐나다 연구자들로부터 개발되었다. Penetanguishene 연구모임(Prolific Penetanguishene research group ; Grant Harris, Zoe Hilton, Vern Quinsey, Marnie Rice, Catherine Cornier, Carol Lang, and Terry Chaplin)의 위험성 평가도구가 그들의 웹사이트에 요약되어 있다(Mental Health Center Penetanguishene Research Department, n.d. 참조). 또한 Karl Hanson과 동료들의 연구에 기여한 내용을 형사 사법관련 기관의 웹사이트에서 볼 수 있다

[캐나다 연방공공안전부의 웹사이트(http://www.publicsafety.gc.ca/res/cor/rep/cprmindex-en.asp)].

폭력 위험성 평가 가이드(VRAG)와 성범죄자 위험성 평가 가이드(SORAG)의 항목, 채점 지침 및 표본 보고서가 Quinsey와 동료들(2006)의 부록에 실려 있다. 비록 VRAG와 SORAG는 별도의 사용료 없이 무료로 사용할 수 있지만, 이 두 척도는 사이코패스 체크리스트-개정판(PCL-R: Hare, 2003)의 점수를 요구한다. PCL-R은 Pearson Assessments(http://www.pearsonassessments.com/tests/hare.htm) 또는 Multi-Health Systems(http://www.mhs.com)를 통해 유료로 이용 가능하다.

간편 성범죄자 재범 위험성 평가(RRASOR)와 Static-99의 채점 매뉴얼은 온라인상에서 이용 가능하다. RRASOR에 대한 정보를 원한다면, Hanson(1997)을 참조하라. 또 Static-99에 대한 정보를 원한다면, Harris, Phenix, Hanson, 그리고 Thornton(2003)을 참조하라. 이 척도의 수정판인 Static-2002는 연구 목적으로는 이용 가능하지만, 개발자들은 아직까지 척도의 임상적 사용은 추천하지 않는다(Hanson & Thornton, 2003).

필자는 VRAG, SORAG, RRASOR, Static-99, 이렇게 4개의 계리통계적 위험성 척도를 검토하고자 하는데, 왜냐하면 이 척도들은 척도 개발자 외의 다른 연구자들에 의해서도 우수한 예측 타당도가 확인되었기 때문이다. 나아가 이 척도들은 캐나다와 미국에서 성범죄자의 위험성 평가에 널리 사용되고 있으며, 무료일 뿐 아니라 상대적으로 평가와 채점이 용이하다. 이 척도 모두는 훈련받은 평가자에 의해 채점 가능하며, 정신건강이나 형사사법 분야의 학위를 요구하지 않는다. PCL-R은 사용자에게 일정 수준의 자격 조건을 요구하지만, 다른 성범죄자 위험성 척도들은 이를 요구하지 않는다. 이 척도 중 2개는 관심 있는 독자를 위해 여기서 언급하겠다. 미네소타 성범죄자 선별 도구-개정판에 대한 정보를 원한다면 Epperson, Kaul 등(2005)을 참조하라. 또한, 성폭행 위험성 평가-20은 심리평가주식회사를 통해 유료로 이용이 가능하다. 이는 Boer, Hart, Kropp, 그리고 Webster(1997)를 참조하라.

Hanson, Morton과 Harris(2003)는 계리통계적 위험성 척도의 타당성에 관한 연구문헌을 검토하였다. 검토결과 RRASOR가 가장 많이 반복 연구되었고(17번),

그다음은 Static-99(15번), SORAG(5번), VRAG(5번)라는 사실을 밝혀냈다. Static -99는 성범죄 재범에 대한 가장 높은 예측 정확도를 보였다(평균 AUC=.76). 그 다음 순서로는 SORAG(평균 AUC=.68), RRASOR(평균 AUC=.66), VRAG(평균 AUC=.64)였다. 네 가지 계리통계적 위험성 척도의 평균 AUC의 신뢰 구간을 볼 때, 척도들 간 성범죄 재범 예측도의 유의미한 차이는 없다.

| 참고자료 C : 성범죄자 치료 관련 자료의 출처 |

성범죄자 치료에 관심이 있는 독자들은 다양한 출처로부터 관련 정보를 얻을 수 있다. 하지만 독자들은 전형적인 성범죄자 치료 프로그램의 효과는 잘해 봐야 모호하다는 사실을 반드시 기억해야 한다. 안전사회언론(http://www.safersociety. org)은 정기적으로 성범죄자 치료자를 대상으로 설문조사를 실시하고 있다. 이 설문은 입원 및 수용시설(교도소, 거주치료센터, 입원 병동) 그리고 지역사회 장면에서의 프로그램, 청소년 및 성인 성범죄자를 위해 제공되는 프로그램의 수, 평가척도, 치료 접근법, 치료의 구성요소 등에 관한 정보를 제공한다. 안전사회언론은 또한 다양한 치료 관련 매뉴얼과 치료자를 위한 안내서를 출판하기도 한다.

성학대자치료협회(ATSA)는 가장 큰 국제적인 성학대 예방 관련 전문가들의 협회이다. 이 협회의 회원은 성범죄자 치료자, 보호관찰 및 가석방 담당관, 법률가, 범죄 피해자 지원자 등으로 구성되어 있다(http://www.atsa.com). 이 협회는 실무현장의 종사자를 위한 기준과 지침을 제시하고 있으며 치료자를 위한 안내서를 제공하고 있다. 협회 구성원 대다수의 국적은 미국이고, 그다음은 캐나다, 영국 순이다. 또 다른 국제적 조직은 성범죄자의 치료를 위한 국제협회(IATSO)이며, 이 협회에서는 성범죄자 관리에 대한 지침을 제시하고 있다(IATSO, 2000). ATSA와 비교하면, IATSO 구성원의 상당수는 북아메리카에 속하지 않은 국적의 사람들이다.

성범죄자의 치료와 평가에 관한 수많은 연구가 캐나다의 교정 서비스(CSC) 및 연방공공안전부(PSC)와 같은 정부기관의 지원을 받아 이루어졌다(그 이유를 밝히는 문제는 사회학 혹은 역사학 논문의 흥미로운 주제가 될 것이다). 1996년, 캐나다 교정국은 연구, 전문가들의 자문, 다양한 이해 당사자들의 권고를 바탕으로 교정을 위한 성범죄자 치료 프로그램에 대한 일련의 국가적 기준을 마련하였다(CSC, 1996 참조). 교정 프로그램에 관한 일반적인 지침을 볼 수 있다(CSC, 2003 참조). 유사한 국가적 기준이 영국에서도 상호협력을 통해 확립되었다. 연구 보고서와 지침서들은 CSC(http://www.csc-scc.gc.ca)와 PSC(http://www.publicsafety.ca) 웹사이트에서 찾아볼 수 있다.

미국에서는 성범죄자 관리센터(http://www.csom.org)가 법무부에 의해 1997년에 설립되었다. 이 센터는 정보, 훈련, 기술적 지원과 관계된 정보기관의 역할을 담당한다. 아동 성학대 보고서, 예방활동, 이용 가능한 참고자료에 대한 정보를 제공해 주는 또 다른 국가기관은 국립 실종 및 아동학대센터(http://www.missingkids.com)가 있다. 예방 활동에 관한 부가적인 정보는 스톱 잇 나우(http://www.stopitnow.com)에서 이용할 수 있다.

::::: 참고문헌 :::::

Abbassi, V. (1998). Growth and normal puberty. *Pediatrics, 102,* 507–511.

Abbey, A. (1982). Sex differences in attributions for friendly behavior: Do males misperceive females' friendliness? *Journal of Personality and Social Psychology, 42,* 830–838.

Abbey, A., Zawacki, T., & McAuslan, P. (2000). Alcohol's effects on sexual perception. *Journal of Studies on Alcohol, 61,* 688–697.

Abel, G. G., Becker, J. V., & Cunningham-Rathner, J. (1984). Complications, consent and cognitions in sex between children and adults. *International Journal of Law and Psychiatry, 7,* 189–203.

Abel, G. G., Becker, J. V., Cunningham-Rathner, J., Mittelman, M., & Rouleau, J. L. (1988). Multiple paraphilic diagnoses among sex offenders. *Bulletin of the American Academy of Psychiatry and the Law, 16,* 153–168.

Abel, G. G., Becker, J. V., Mittelman, M., Cunningham-Rathner, J., Rouleau, J. L., & Murphy, W. D. (1987). Self-reported sex crimes of nonincarcerated paraphiliacs. *Journal of Interpersonal Violence, 2,* 3–25.

Abel, G. G., Becker, J. V., Murphy, W. D., & Flanagan, B. (1981). Identifying dangerous child molesters. In R. Stuart (Ed.), *Violent behavior: Social learning approaches to prediction, management and treatment* (pp. 116–137). New York: Brunner/Mazel.

Abel, G. G., Gore, D. K., Holland, C. L., Camp, N., Becker, J. V., & Rathner, J. (1989). The measurement of the cognitive distortions of child molesters. *Annals of Sex Research, 2,* 135–153.

Abel, G. G., Huffman, J., Warberg, B., & Holland, C. L. (1998). Visual reaction time and plethysmography as measures of sexual interest in child molesters. *Sexual Abuse: A Journal of Research and Treatment, 10,* 81–95.

Abel, G. G., Jordan, A., Hand, C. G., Holland, L. A., & Phipps, A. (2001). Classification models of child molesters utilizing the Abel Assessment for child sexual abuse interest. *Child Abuse & Neglect, 25,* 703–718.

Abel, G. G., Jordan, A., Rouleau, J. L., Emerick, R., Barboza-Whitehead, B., & Osborn, C. (2004). Use of visual reaction time to assess male adolescents who molest children. *Sexual Abuse: A Journal of Research and Treatment, 16,* 255–265.

Abel, G. G., Lawry, S. S., Karlstrom, E., Osborn, C. A., & Gillespie, C. F. (1994). Screening tests for pedophilia. *Criminal Justice and Behavior, 21,* 115–131.

Abel, G. G., Mittelman, M. S., & Becker, J. V. (1985). Sexual offenders: Results of assessment and recommendations for treatment. In M. H. Ben-Aron, S. J. Hucker, & C. D. Webster (Eds.), *Clinical criminology: The assessment and treatment of criminal behavior* (pp. 195–196). Toronto, Ontario, Canada: M & M Graphics.

Abel, G., Osborn, C., & Twigg, D. (1993). Sexual assault through the life span: Adult offenders with juvenile histories. In H. E. Barbaree, W. L. Marshall, &

S. M. Hudson (Eds.), *The juvenile sex offender* (pp. 104–117). New York: Guilford Press.

Abel Screening, Inc. (2006). *The Abel Assessment for Sexual Interest—2 (AASI–2)*. Atlanta, GA: Author.

Abracen, J., Looman, J., & Anderson, D. (2000). Alcohol and drug abuse in sexual and nonsexual violent offenders. *Sexual Abuse: A Journal of Research and Treatment, 12*, 263–274.

Abracen, J., Mailloux, D. L., Serin, R. C., Cousineau, C., Malcolm, P. B., & Looman, J. (2004). A model for the assessment of static and dynamic factors in sexual offenders. *The Journal of Sex Research, 41*, 321–328.

Abramowitz, C. S. (2005). Investigating the latent structure of psychopathy in European and African American male inmates. *Dissertation Abstracts International, 66* (04), 2295B. (UMI No. 3172324)

Ackman, D. (2001, May 25). How big is porn? *Forbes Magazine*. Retrieved November 16, 2006, from http://www.forbes.com/2001/05/25/0524porn.html

ACSF Investigators. (1992, December 3). AIDS and sexual behavior in France. *Nature, 360*, 407–409.

Adams, M. S., & Neel, J. V. (1967). Children of incest. *Pediatrics, 40*, 55–62.

Ægisdóttir, S., Spengler, P. M., & White, M. J. (2006). Should I pack my umbrella? Clinical versus statistical prediction of mental health decisions. *The Counseling Psychologist, 34*, 410–419.

Ahlmeyer, S., Heil, P., McKee, B., & English, K. (2000). The impact of polygraphy on admissions of victims and offenses in adult sexual offenders. *Sexual Abuse: A Journal of Research and Treatment, 12*, 123–138.

Ahlmeyer, S., Kleinsasser, D., Stoner, J., & Retzlaff, P. (2003). Psychopathology of incarcerated sex offenders. *Journal of Personality Disorders, 17*, 306–318.

Albee, G. W., Newcombe, N. S., & McCarty, R. (Eds.). (2002). Interactions among scientists and policymakers: Challenges and opportunities [Special issue]. *American Psychologist, 57*(3).

Alexy, E. M., Burgess, A. N., & Baker, T. (2005). Internet offenders: Traders, travelers, and combination trader–travelers. *Journal of Interpersonal Violence, 20*, 804–812.

Allen, M., D'Alessio, D., & Brezgel, K. (1995). A meta-analysis summarizing the effects of pornography: II. Aggression after exposure. *Human Communications Research, 22*, 258–283.

Allen, M., D'Alessio, D., & Emmers-Sommer, T. M. (1999). Reaction of criminal sexual offenders to pornography: A meta-analytic summary. In M. Roloff (Ed.), *Communication yearbook* (Vol. 22, pp. 139–169). Thousand Oaks, CA: Sage.

Allen, M., Emmers, T. M., Gebhardt, L., & Giery, M. A. (1995). Exposure to pornography and acceptance of rape myths. *Journal of Communication, 45*, 5–26.

American Prosecutors Research Institute. (2003). *State criminal incest statutes*. Retrieved April 27, 2007, from www.ndaa.org/pdf/vaw_state_criminal_incest_statutes.pdf

American Psychiatric Association. (1980). *Diagnostic and statistical manual of mental disorders* (3rd ed.). Washington, DC: Author.

American Psychiatric Association. (2000). *Diagnostic and statistical manual of mental disorders* (4th ed., text revision). Washington, DC: Author.

American Psychological Association. (2007). *APA dictionary of psychology*. Washington, DC: Author.

Anastasi, A., & Urbana, S. (1996). *Psychological testing* (7th ed.). Upper Saddle River, NJ: Prentice Hall.

Anderson, C. A., Berkowitz, L., Donnerstein, E., Huesmann, R. L., Johnson, J., Linz, D., et al. (2003). The influence of media violence on youth. *Psychological Science in the Public Interest, 4*, 81–110.

Anderson, K. G. (2006). How well does paternity confidence match actual paternity? Evidence from worldwide nonpaternity rates. *Current Anthropology, 47*, 513–520.

Anderson, K. G., Hillard, S. K., & Lancaster, J. B. (2006). Demographic correlates of paternity confidence and pregnancy outcomes among Albuquerque men. *American Journal of Physical Anthropology, 131*, 560–571.

Anderson-Varney, T. J. (1992). An evaluation of a treatment program for imprisoned child sex offenders. *Dissertation Abstracts International, 53*(01), 555B. (UMI No. 9216275)

Andrews, D. A., & Bonta, J. (2006). *The psychology of criminal conduct* (4th ed.). Cincinnati, OH: Anderson.

Andrews, D. A., Zinger, I., Hoge, R. D., Bonta, J., Gendreau, P., & Cullen, F. T. (1990). Does correctional treatment work? A clinically relevant and psychologically informed meta-analysis. *Criminology, 28*, 369–404.

Anonymous. (1890). *When a child loves and when one hates: A tale of birch and bed by a gentleman.* (Available at the Kinsey Institute Library, Morison Hall 302, 1165 E. Third St., Bloomington, IN 47405)

Anonymous. (1898). *Private letters from Phyllis to Marie, or the art of child-love, or the adventures and experiences of a little girl.* (Available at the Kinsey Institute Library, Morison Hall 302, 1165 E. Third St., Bloomington, IN 47405)

Aos, S., Lieb, R., Mayfield, J., Miller, M., & Pennucci, A. (2004). *Benefits and costs of prevention and early intervention programs for youth.* Olympia: Washington State Institute for Public Policy.

Aos, S., Phipps, P., Barnoski, R., & Lieb, R. (2001). *The comparative costs and benefits of programs to reduce crime: Version 4.0.* Olympia: Washington State Institute for Public Policy.

Arkowitz, S., & Vess, J. (2003). An evaluation of the Bumby RAPE and MOLEST scales as measures of cognitive distortions with civilly committed sexual offenders. *Sexual Abuse: A Journal of Research and Treatment, 15*, 237–249.

Association for the Treatment of Sexual Abusers. (1993). *The ATSA practitioner's handbook.* Beaverton, OR: Author.

Association for the Treatment of Sexual Abusers, Professional Issues Committee. (2001). *Practice standards and guidelines for members of the Association for the Treatment of Sexual Abusers* (3rd ed.). Beaverton, OR: Association for the Treatment of Sexual Abusers.

Association for the Treatment of Sexual Abusers, Professional Issues Committee. (2005). *Practice standards and guidelines for the evaluation, treatment, and management of adult male sexual abusers*. Beaverton, OR: Association for the Treatment of Sexual Abusers.

Atkinson, J. L. (1995, April). *The assessment of female sex offenders* (Research Rep.). Kingston, Ontario, Canada: Correctional Service of Canada.

Aylwin, A. S., Studer, L. H., Reddon, J. R., & Clelland, S. R. (2003). Abuse prevalence and victim gender among adult and adolescent child molesters. *International Journal of Law and Psychiatry, 26*, 179–190.

Badgley Committee (Committee on Sexual Offences Against Children and Youth). (1984). *Sexual offences against children*. Ottawa, Ontario, Canada: Department of Supply and Services.

Bagley, C. (2003). Diminishing incidence of Internet child pornographic images. *Psychological Reports, 93*, 305–306.

Bailey, J. M., Kirk, K. M., Zhu, G., Dunne, M. P., & Martin, N. G. (2000). Do individual differences in sociosexuality represent genetic or environmentally contingent strategies? Evidence from the Australian twin registry. *Journal of Personality and Social Psychology, 78*, 537–545.

Bailey, J. M., & Pillard, R. C. (1995). Genetics of human sexual orientation. *Annual Review of Sex Research, 6*, 126–150.

Ball, H. (1998). Offending pattern in a gerontophilic perpetrator. *Medicine, Science, and the Law, 38*, 261–262.

Balsam, K. F., Rothblum, E. D., & Beauchaine, T. P. (2005). Victimization over the life span: A comparison of lesbian, gay, bisexual, and heterosexual siblings. *Journal of Consulting and Clinical Psychology, 73*, 477–487.

Barbaree, H. E. (1991). Denial and minimization among sex offenders: Assessment and treatment outcome. *Forum on Corrections Research, 3*, 30–33.

Barbaree, H. E. (1997). Evaluating treatment efficacy with sexual offenders: The insensitivity of recidivism studies in treatment effects. *Sexual Abuse: A Journal of Research and Treatment, 9*, 111–128.

Barbaree, H. E. (2005). Psychopathy, treatment behavior, and recidivism: An extended follow-up of Seto and Barbaree. *Journal of Interpersonal Violence, 20*, 1115–1131.

Barbaree, H. E., Baxter, D. J., & Marshall, W. L. (1989). The reliability of the rape index in a sample of rapists and nonrapists. *Violence and Victims, 4*, 299–306.

Barbaree, H. E., Blanchard, R., & Langton, C. M. (2003). The development of sexual aggression through the life span: The effects of age on sexual arousal and recidivism among sex offenders. In R. A. Prentky, E. S. Janus, & M. C. Seto (Eds.), *Annals of the New York Academy of Sciences: Vol. 989. Sexually coercive behavior:*

Understanding and management (pp. 59–71). New York: New York Academy of Sciences.

Barbaree, H. E., Bogaert, A. F., & Seto, M. C. (1995). Sexual reorientation therapy for pedophiles: Practices and controversies. In L. Diamant & R. D. McAnulty (Eds.), *The psychology of sexual orientation, behavior, and identity: A handbook* (pp. 357–383). Westport, CT: Greenwood Press.

Barbaree, H. E., Hudson, S. M., & Seto, M. C. (1993). Sexual assault in society: The role of the juvenile offender. In H. E. Barbaree, W. L. Marshall, & S. M. Hudson (Eds.), *The juvenile sex offender* (pp. 1–24). New York: Guilford Press.

Barbaree, H. E., Langton, C. M., & Peacock, E. (2006a). Different actuarial risk measures produce different rankings for sexual offenders. *Sexual Abuse: A Journal of Research and Treatment, 18,* 423–440.

Barbaree, H. E., Langton, C. M., & Peacock, E. (2006b). The factor structure of static actuarial items: Its relation to prediction. *Sexual Abuse: A Journal of Research and Treatment, 18,* 207–226.

Barbaree, H. E., & Marshall, W. L. (1989). Erectile responses among heterosexual child molesters, father–daughter incest offenders, and matched non-offenders: Five distinct age preference profiles. *Canadian Journal of Behavioural Science, 21,* 70–82.

Barbaree, H. E., & Seto, M. C. (1997). Pedophilia: Assessment and treatment. In D. R. Laws & W. T. O'Donohue (Eds.), *Sexual deviance: Theory, assessment and treatment* (pp. 175–193). New York: Guilford Press.

Barbaree, H. E., Seto, M. C., Langton, C. M., & Peacock, E. J. (2001). Evaluating the predictive accuracy of six risk assessment instruments for adult sex offenders. *Criminal Justice and Behavior, 28,* 490–521.

Bard, L. A., Carter, D. L., Cerce, D. D., Knight, R. A., Rosenberg, R., & Schneider, B. (1987). A descriptive study of rapists and child molesters: Developmental, clinical, and criminal characteristics. *Behavioural Sciences and the Law, 5,* 203–220.

Barsetti, I., Earls, C. M., Lalumière, M. L., & Bélanger, N. (1998). The differentiation of intrafamilial and extrafamilial heterosexual child molesters. *Journal of Interpersonal Violence, 13,* 275–286.

Bartosh, D. L., Garby, T., Lewis, D., & Gray, S. (2003). Differences in the predictive validity of actuarial risk assessments in relation to sex offender type. *International Journal of Offender Therapy and Comparative Criminology, 47,* 422–438.

Bauserman, R. (1989). Man–boy relationships in a cross-cultural perspective. *Paidika: The Journal of Paedophilia, 2,* 28–40.

Beauregard, E., Lussier, P., & Proulx, J. (2004). An exploration of developmental factors related to deviant sexual preferences among adult rapists. *Sexual Abuse: A Journal of Research and Treatment, 16,* 151–161.

Beck, V. S., & Travis, L. F., III. (2004). Sex offender notification and fear of victimization. *Journal of Criminal Justice, 32,* 455–463.

British Columbia, Canada: Mental Health, Law, & Policy Institute, Simon Fraser University.

Bogaert, A. F. (2001). Handedness, criminality, and sexual offending. *Neuropsychologia, 39,* 465–469.

Bogaert, A. F., Bezeau, S., Kuban, M., & Blanchard, R. (1997). Pedophilia, sexual orientation, and birth order. *Journal of Abnormal Psychology, 106,* 331–335.

Bonta, J., Harris, A., Zinger, I., & Carriere, D. (1996). *The Crown Files Research Project: A study of dangerous offenders* (Research Rep. No. 1996-01). Ottawa, Ontario, Canada: Public Safety Canada. Retrieved May 8, 2007, from http://ww2.ps-sp.gc.ca/publications/corrections/pdf/199601_e.pdf

Bonta, J., Law, M., & Hanson, R. K. (1998). The prediction of criminal and violent recidivism among mentally disordered offenders. *Psychological Bulletin, 123,* 123–142.

Borduin, C. M., Henggeler, S. W., Blaske, D. M., & Stein, R. J. (1990). Multisystemic treatment of adolescent sexual offenders. *International Journal of Offender Therapy and Comparative Criminology, 34,* 105–113.

Borduin, C. M., & Schaeffer, C. M. (2001). Multisystemic treatment of juvenile sexual offenders: A progress report. *Journal of Psychology & Human Sexuality, 13,* 25–42.

Boulware, J. (2000, September 26). *Plain stupid: British vigilantes mistake a pediatrician for a pedophile.* Retrieved December 3, 2004, from http://archive.salon.com/sex/world/2000/09/26/vigilante/

Bourke, M. L., & Hernandez, A. E. (in press). The "Butner Study" redux: A report of the incidence of hands-on child victimization by child pornography offenders. *Journal of Family Violence.*

Bowlby, J. (1969). *Attachment and loss: Vol. 1. Attachment.* New York: Basic Books.

Bradford, J. M. W. (2000). The treatment of sexual deviation using a pharmacological approach. *Journal of Sex Research, 37,* 248–257.

Bradford, J. M. W., Boulet, J., & Pawlak, A. (1992). The paraphilias: A multiplicity of deviant behaviours. *Canadian Journal of Psychiatry, 37,* 104–108.

Bradford, J. M. W., & Pawlak, A. (1993). Effects of cyproterone acetate on sexual arousal patterns in pedophiles. *Archives of Sexual Behavior, 22,* 629–641.

Brédart, S., & French, R. M. (1999). Do babies resemble their fathers more than their mothers? A failure to replicate Christenfeld and Hill (1995). *Evolution and Human Behavior, 20,* 129–135.

Brener, N., Lowry, R., Kann, L., Kolbe, L., Lehnherr, J., Janssen, R., et al. (2002). Trends in sexual risk behaviors among high school students—United States, 1991–2001. *Morbidity and Mortality Weekly Report, 51,* 856–859.

Bressan, P., & Dal Martello, M. F. (2002). *Talis pater, talis filius:* Perceived resemblance and the belief in genetic relatedness. *Psychological Science, 13,* 213–218.

Briere, J., & Runtz, M. (1989). University males' sexual interest in children: Predicting potential indices of "pedophilia" in a non-forensic sample. *Child Abuse & Neglect, 13,* 65–75.

Becker, J. V., Hunter, J., Stein, R., & Kaplan, M. S. (1989). Factors associated with erectile response in adolescent sex offenders. *Journal of Psychopathology and Behavioral Assessment, 11*, 353–362.

Becker, J. V., & Kaplan, M. S. (1988). The assessment of adolescent sexual offenders. *Advances in Behavioral Assessment of Children and Families, 4*, 97–118.

Becker, J. V., Kaplan, M. S., & Tenke, C. E. (1992). The relationship of abuse history, denial and erectile response profiles of adolescent sexual perpetrators. *Behavior Therapy, 23*, 87–97.

Becker, J. V., & Stein, R. M. (1991). Is sexual erotica associated with sexual deviance in adolescent males? *International Journal of Law and Psychiatry, 14*, 85–95.

Beech, A., & Kalmus, E. (2004, October). *Developing a computer-based assessment using rapid serial visual presentation and attentional phenomena: A new means of measuring sexual interest.* Paper presented at the 23rd Annual Conference of the Association for the Treatment of Sexual Abusers, Albuquerque, NM.

Beier, K. M., Alhers, C. J., Schaefer, G. A., & Feelgood, S. (2006, September). *The Berlin primary prevention approach: A treatment program for paedophiles.* Paper presented at the 9th Conference of the International Association for the Treatment of Sexual Offenders, Hamburg, Germany.

Belsky, J., Steinberg, L., & Draper, P. (1991). Childhood experience, interpersonal development, and reproductive strategies: An evolutionary theory of socialization. *Child Development, 62*, 647–670.

Berk, R. A. (2005). Randomized experiments as the bronze standard. *Journal of Experimental Criminology, 1*, 417–433.

Bernard, F. (1985). *Paedophilia: A factual report* (F. Bernard, Trans.). Rotterdam, the Netherlands: Enclave Press. (Original work published 1979)

Bernard, F. (1987). The Dutch paedophile emancipation movement. *Paidika: The Journal of Paedophilia, 1*, 35–45.

Bevc, I., & Silverman, I. (1993). Early proximity and intimacy between siblings and incestuous behavior: A test of the Westermarck theory. *Ethology and Sociobiology, 14*, 171–181.

Bevc, I., & Silverman, I. (2000). Early separation and sibling incest: A test of the revised Westermarck theory. *Evolution and Human Behavior, 21*, 151–161.

Bittle, S. (2002). *Youth involvement in prostitution: A literature review and annotated bibliography* (Research Rep. 2001-13e). Ottawa, Ontario, Canada: Department of Justice Canada, Research and Statistics Division.

Bittles, A. H., Mason, W. M., Greene, J., & Appaji Rao, N. (1991, May 10). Reproductive behavior and health in consanguineous marriages. *Science, 252*, 789–794.

Bixler, R. H. (1982). Comment on the incidence and purpose of royal sibling incest. *American Ethnologist, 9*, 580–582.

Bixler, R. H. (1983). The multiple meanings of "incest." *The Journal of Sex Research, 19*, 197–201.

Bixler, R. H. (1992). Why littermates don't: The avoidance of inbreeding depression. *Annual Review of Sex Research, 3,* 291–328.

Blanchard, R. (1997). Birth order and sibling sex ratio in homosexual versus heterosexual men and women. *Annual Review of Sex Research, 8,* 27–67.

Blanchard, R. (2004). Quantitative and theoretical analyses of the relation between older brothers and homosexuality in men. *Journal of Theoretical Biology, 230,* 173–187.

Blanchard, R., & Barbaree, H. E. (2005). The strength of sexual arousal as a function of the age of the sex offender: Comparisons among pedophiles, hebephiles, and teleiophiles. *Sexual Abuse: A Journal of Research and Treatment, 17,* 441–456.

Blanchard, R., Barbaree, H. E., Bogaert, A. F., Dickey, R., Klassen, P., Kuban, M. E., & Zucker, K. J. (2000). Fraternal birth order and sexual orientation in pedophiles. *Archives of Sexual Behavior, 29,* 463–478.

Blanchard, R., & Bogaert, A. F. (1998). Birth order in homosexual versus heterosexual sex offenders with child victims, pubescents, and adults. *Archives of Sexual Behavior, 27,* 595–603.

Blanchard, R., & Bogaert, A. F. (2004). Proportion of homosexual men who owe their sexual orientation to fraternal birth order: An estimate based on two national probability samples. *American Journal of Human Biology, 16,* 151–157.

Blanchard, R., Christensen, B. K., Strong, S. M., Cantor, J. M., Kuban, M. E., Klassen, P., et al. (2002). Retrospective self-reports of childhood accidents causing unconsciousness in phallometrically diagnosed pedophiles. *Archives of Sexual Behavior, 31,* 511–526.

Blanchard, R., & Klassen, P. E. (1997). H-Y antigen and homosexuality in men. *Journal of Theoretical Biology, 185,* 373–378.

Blanchard, R., Klassen, P., Dickey, R., Kuban, M. E., & Blak, T. (2001). Sensitivity and specificity of the phallometric test for pedophilia in nonadmitting sex offenders. *Psychological Assessment, 13,* 118–126.

Blanchard, R., Kuban, M. E., Blak, T., Cantor, J. M., Klassen, P., & Dickey, R. (2006). Phallometric comparison of pedophilic interest in nonadmitting sexual offenders against stepdaughters, biological daughters, other biologically related girls, and unrelated girls. *Sexual Abuse: A Journal of Research and Treatment, 18,* 1–14.

Blanchard, R., Kuban, M. E., Klassen, P., Dickey, R., Christensen, B. K., Cantor, J. M., & Blak, T. (2003). Self-reported head injuries before and after age 13 in pedophilic and nonpedophilic men referred for clinical assessment. *Archives of Sexual Behavior, 32,* 573–581.

Blanchard, R., Watson, M. S., Choy, A., Dickey, R., Klassen, P., Kuban, M., & Ferren, D. J. (1999). Pedophiles: Mental retardation, maternal age, and sexual orientation. *Archives of Sexual Behavior, 28,* 111–127.

Blumstein, A., & Wallman, J. (Eds.). (2006). *The crime drop in America* (rev. ed.). New York: Cambridge University Press.

Boer, D. R., Hart, S. D., Kropp, P. R., & Webster, C. D. (1997). *Manual for the Sexual Violence Risk—20: Professional guidelines for assessing risk of sexual violence.* Burnaby,

Briken, P., Hill, A., & Berner, W. (2003). Pharmacotherapy of paraphilias with long-acting agonists of luteinizing hormone-releasing hormone: A systematic review. *Journal of Clinical Psychiatry, 64*, 890–897.

Brooner, R. K., Kidorf, M. S., King, V. L., & Stoller, K. (1998). Preliminary evidence of good treatment response in antisocial drug abusers. *Drug and Alcohol Dependence, 49*, 249–260.

Brown, J., Cohen, P., Chen, H., Smailes, E., & Johnson, J. G. (2004). Sexual trajectories of abused and neglected youths. *Journal of Developmental and Behavioral Pediatrics, 25*, 77–82.

Budin, L. E., & Johnson, C. F. (1989). Sex abuse prevention programs: Offenders' attitudes about their efficacy. *Child Abuse & Neglect, 13*, 77–87.

Buhrich, N. (1977). A case of familial heterosexual transvestism. *Acta Psychiatrica Scandinavica, 55*, 199–201.

Bumby, K. M. (1996). Assessing the cognitive distortions of child molesters and rapists: Developments and validation of the MOLEST and RAPE scales. *Sexual Abuse: A Journal of Research and Treatment, 8*, 37–54.

Burch, R. L., & Gallup, G. G., Jr. (2000). Perceptions of paternal resemblance predict family violence. *Evolution and Human Behavior, 21*, 429–435.

Bureau of Justice Statistics. (2007). *National Incident-Based Reporting System (NIBRS) implementation program.* Washington, DC: Bureau of Justice Statistics, U.S. Department of Justice. Retrieved May 22, 2007, from http://www.ojp.usdoj.gov/bjs/nibrs.htm

Burns, J. M., & Swerdlow, R. H. (2003). Right orbitofrontal tumor with pedophilia symptom and constructional apraxia sign. *Archives of Neurology, 60*, 437–440.

Burton, D. L. (2000). Were adolescent sexual offenders children with sexual behavior problems? *Sexual Abuse: A Journal of Research and Treatment, 12*, 37–48.

Burton, D. L. (2003). Male adolescents: Sexual victimization and subsequent sexual abuse. *Child and Adolescent Social Work Journal, 20*, 277–296.

Burton, D. L., Miller, D. L., & Tai Shill, C. (2002). A social learning theory comparison of the sexual victimization of adolescent sexual offenders and nonsexual offending male delinquents. *Child Abuse & Neglect, 26*, 893–907.

Buss, D. M. (1994). *The evolution of desire: Strategies of human mating.* New York: Basic Books.

Buss, D. M. (1999). *Evolutionary psychology: The new science of the mind.* Toronto, Ontario, Canada: Allyn & Bacon.

Buss, D. M., & Schmitt, D. P. (1993). Sexual strategies theory: An evolutionary perspective on human mating. *Psychological Review, 100*, 204–232.

Butler, S. M., & Seto, M. C. (2002). Distinguishing two types of juvenile sex offenders. *Journal of the American Academy of Child and Adolescent Psychiatry, 41*, 83–90.

Caldwell, M. F. (2002). What we do not know about juvenile sexual reoffense risk. *Child Maltreatment, 7*, 291–302.

Canadian Broadcasting Corporation News. (2006, April 17). *Police seek link between Canadian man's suicide, double killing in Maine*. Retrieved November 14, 2006, from http://www.cbc.ca/world/story/2006/04/17/maineshooting20060417.html

Canadian Broadcasting Corporation News. (2007, May 4, 2007). *Group objects to study that will pay sex offenders*. Retrieved May 9, 2007, from http://www.cbc.ca/canada/ottawa/story/2007/05/04/pedophilia-study.html

Cantor, J. M., Blanchard, R., Christensen, B. K., Dickey, R., Klassen, P. E., Beckstead, A. L., et al. (2004). Intelligence, memory, and handedness in pedophilia. *Neuropsychology, 18*, 3–14.

Cantor, J. M., Blanchard, R., Paterson, A. D., & Bogaert, A. F. (2002). How many gay men owe their sexual orientation to fraternal birth order? *Archives of Sexual Behavior, 31*, 63–71.

Cantor, J. M., Blanchard, R., Robichaud, L. K., & Christensen, B. K. (2005). Quantitative reanalysis of aggregate data on IQ in sexual offenders. *Psychological Bulletin, 131*, 555–568.

Cantor, J. M., Kabani, N., Christensen, B. K., Zipursky, R. B., Barbaree, H. E., Dickey, R., et al. (2006). *Cerebral white matter deficiencies in pedophilic men*. Manuscript submitted for publication.

Carpentier, M. Y., Silovsky, J., & Chaffin, M. (2006). Randomized trial of treatment for children with sexual behavior problems: Ten-year follow-up. *Journal of Consulting and Clinical Psychology, 74*, 482–488.

Casanova, M. F., Mannheim, G., & Kruesi, M. (2002). Hippocampal pathology in two mentally ill paraphiliacs. *Psychiatry Research Neuroimaging, 115*, 79–89.

Chaffin, M. (2004). Is it time to rethink Healthy Start/Healthy Families? *Child Abuse & Neglect, 28*, 589–595.

Chambliss, D. L., & Hollon, S. D. (1998). Defining empirically supported therapies. *Journal of Consulting and Clinical Psychology, 66*, 7–18.

Chantry, K., & Craig, R. J. (1994). Psychological screening of sexually violent offenders with the MCMI. *Journal of Clinical Psychology, 50*, 430–435.

Chaplin, T. C., Rice, M. E., & Harris, G. T. (1995). Salient victim suffering and the sexual responses of child molesters. *Journal of Consulting and Clinical Psychology, 63*, 249–255.

Cheit, R. E. (2003). What hysteria? A systematic study of newspaper coverage of accused child molesters. *Child Abuse & Neglect, 27*, 607–623.

Child Pornography Prevention Act, 18 U.S.C. § 2256 (2000).

Chivers, M. L. (2003). A sex difference in the specificity of sexual arousal. *Dissertation Abstracts International, 65* (01), 474. (UMI No. 3118520)

Chivers, M. L., & Bailey, J. M. (2005). A sex difference in features that elicit genital response. *Biological Psychology, 70*, 115–120.

Chivers, M. L., Rieger, G., Latty, E., & Bailey, J. M. (2004). A sex difference in the specificity of sexual arousal. *Psychological Science, 15*, 736–744.

Christenfeld, N., & Hill, E. (1995, December 14). Whose baby are you? *Nature, 378*, 669.

Chow, E. W. C., & Choy, A. L. (2002). Clinical characteristics and treatment response to SSRI in a female pedophile. *Archives of Sexual Behavior, 31*, 211–215.

Cleckley, H. (1976). *The mask of sanity.* St. Louis, MO: Mosby.

The Code of Hammurabi. (n.d.). L. W. King (Trans.). Retrieved January 10, 2004, from http://www.ancienttexts.org/library/mesopotamian/hammurabi.html

Cohen, A. S., Rosen, R. C., & Goldstein, L. (1985). EEG hemispheric asymmetry during sexual arousal: Psychophysiological patterns in responsive, unresponsive, and dysfunctional men. *Journal of Abnormal Psychology, 94*, 580–590.

Connolly, J. M., Slaughter, V., & Mealey, L. (2004). The development of preferences for specific body shapes. *The Journal of Sex Research, 41*, 5–15.

Conte, J. R., Wolf, S., & Smith, T. (1989). What sexual offenders tell us about prevention strategies. *Child Abuse & Neglect, 13*, 293–301.

Cooper, A. J., & Cernowsky, Z. Z. (1994). Comparison of cyproterone acetate (CPA) and leuprolide acetate (LHRH agonist) in a chronic pedophile: A clinical case study. *Biological Psychiatry, 36*, 269–271.

Cooper, A. J., Sandhu, S., Losztyn, S., & Cernovsky, Z. (1992). A double-blind placebo controlled trial of medroxyprogesterone acetate and cyproterone acetate with seven pedophiles. *Canadian Journal of Psychiatry, 37*, 687–693.

Cooper, A. J., Swaminath, S., Baxter, D., & Poulin, C. (1990). A female sex offender with multiple paraphilias: A psychologic, physiologic (laboratory sexual arousal) and endocrine case study. *Canadian Journal of Psychiatry, 35*, 334–337.

Cooper, S. W. (2005). Medical analysis of child pornography. In S. W. Cooper, R. J. Estes, A. P. Giardino, N. D. Kellogg, & V. I. Veith (Eds.), *Medical, legal, and social scientific aspects of child sexual exploitation: A comprehensive review of pornography, prostitution, and Internet crimes* (pp. 213–242). St. Louis, MO: G. W. Medical.

Cornish, D. B., & Clarke, R. (2003). Opportunities, precipitators and criminal decisions: A reply to Wortley's critique of situational crime prevention. In M. Smith & D. B. Cornish (Eds.), *Crime prevention studies: Vol. 16. Theory for situational crime prevention* (pp. 41–96). Monsey, NY: Criminal Justice Press.

Correctional Service of Canada. (1996, March). *Standards and guidelines for the provision of services to sex offenders.* Retrieved April 19, 2007, from http://www.csc-scc.gc.ca/text/pblct/sexoffender/standards/stande_e.shtml

Correctional Service of Canada. (2003, November 19). Standards for correctional programs 726-1. Retrieved April 19, 2007, from http://www.csc-scc.gc.ca/text/prgrm/correctional/documents/standards_726-1_e.pdf

Cortoni, F., & Marshall, W. L. (2001). Sex as a coping strategy and its relationship to juvenile sexual history and intimacy in sexual offenders. *Sexual Abuse: A Journal of Research and Treatment, 13*, 27–43.

Costell, R. M., Lunde, D. T., Kopell, B. S., & Wittner, W. K. (1972, August 25). Contingent negative variation as an indicator of sexual object preference. *Science, 177*, 718–720.

Côté, K., Earls, C. M., & Lalumière, M. L. (2002). Birth order, birth interval, and deviant sexual preferences among sex offenders. *Sexual Abuse: A Journal of Research and Treatment, 14*, 67–81.

Coulson, G., Ilacqua, G., Nutbrown, V., Giulekas, D., & Cudjoe, F. (1996). Predictive utility of the LSI for incarcerated female offenders. *Criminal Justice and Behavior, 23*, 427–439.

Craissati, J., & Beech, A. (2001). Attrition in a community treatment program for child sexual abusers. *Journal of Interpersonal Violence, 16*, 205–221.

CRASH Trial Collaborators. (2004). Effect of intravenous corticosteroids on death within 14 days in 10,008 adults with clinically significant head injury (MRC CRASH trial): Randomized placebo-controlled trial. *The Lancet, 364*, 1321–1328.

Crépault, C., & Couture, M. (1980). Men's erotic fantasies. *Archives of Sexual Behavior, 9*, 565–581.

Criminal Code of Canada, R.S.C. 1985, Chap. C-46.

Crits-Christoph, P., Wilson, G. T., & Hollon, S. D. (2005). Empirically supported psychotherapies: Comment on Westen, Novotny, and Thompson-Brenner (2004). *Psychological Bulletin, 131*, 412–417.

Curnoe, S., & Langevin, R. (2002). Personality and deviant sexual fantasies: An examination of the MMPIs. *Journal of Clinical Psychology, 58*, 803–815.

Curtis, N. M., Ronan, K. R., & Borduin, C. M. (2004). Multisystemic treatment: A meta-analysis of outcome studies. *Journal of Family Psychology, 18*, 411–419.

Cusick, L. (2002). Youth prostitution: A literature review. *Child Abuse Review, 11*, 230–251.

Daleiden, E. L., Kaufman, K. L., Hilliker, D. R., & O'Neil, J. N. (1998). The sexual histories and fantasies of youthful males: A comparison of sexual offending, nonsexual offending, and nonoffending groups. *Sexual Abuse: A Journal of Research and Treatment, 10*, 195–209.

Daly, M., & Wilson, M. (1982). Whom are newborn babies said to resemble? *Ethology and Sociobiology, 3*, 69–78.

Daly, M., & Wilson, M. (1994). Some differential attributes of lethal assaults on small children by stepfathers versus genetic fathers. *Ethology and Sociobiology, 15*, 207–217.

Daly, M., & Wilson, M. (1998). *The truth about Cinderella: A Darwinian view of parental love*. New Haven, CT: Yale University Press.

Daly, M., & Wilson, M. (2001). Risk-taking, intrasexual competition, and homicide. In J. A. French, A. C. Kamil, & D. W. Leger (Eds.), *Nebraska Symposium on Motivation: Vol. 47. Evolutionary psychology and motivation* (pp. 1–36). Lincoln: University of Nebraska Press.

Dandescu, A., & Wolfe, R. (2003). Considerations on fantasy use by child molesters and exhibitionists. *Sexual Abuse: A Journal of Research and Treatment, 15*, 297–305.

Davidson, J. M., Smith, E. R., & Damassa, D. A. (1977). Comparative analysis of the roles of androgen in the feedback mechanisms and sexual behavior. In L. Martini & M. Motta (Eds.), *Androgens and antiandrogens* (pp. 137–149). New York: Raven Press.

Davidson, P. R., & Malcolm, P. B. (1985). The reliability of the Rape Index: A rapist sample. *Behavioral Assessment, 7,* 283–292.

Day, D. M., Miner, M. H., Sturgeon, V. H., & Murphy, J. (1989). Assessment of sexual arousal by means of physiological and self-report measures. In D. R. Laws (Ed.), *Relapse prevention with sex offenders* (pp. 115–123). New York: Guilford Press.

Deblinger, E., Hathaway, C. R., Lippmann, J., & Steer, R. (1993). Psychosocial characteristics and correlates of symptom distress in nonoffending mothers of sexually abused children. *Journal of Interpersonal Violence, 8,* 155–168.

Deblinger, E., Russell, C., Lippmann, J., & Steer, R. (1993). Psychosocial characteristics and correlates of symptom distress in nonoffending mothers of sexually abused children. *Journal of Interpersonal Violence, 8,* 155–168.

Dempster, R. J. (1999). Prediction of sexually violent recidivism: A comparison of risk assessment instruments. *Masters Abstracts International, 37,* 1986. (UMI No. MQ37511)

Denov, M. S. (2003). The myth of innocence: Sexual scripts and the recognition of child sexual abuse by female perpetrators. *The Journal of Sex Research, 40,* 303–314.

Des Sables, L. (1976). Résultats d'une enquête auprès d'un groupe de pedérastes [Results of an investigation of a group of pederasts]. *Arcadie, 276,* 650–657.

Des Sables, L. (1977). Résultats d'une enquête auprès d'un groupe de pedérastes [Results of an investigation of a group of pederasts]. *Arcadie, 277,* 35–45.

De Young, M. (1988). The indignant page: Techniques of neutralization in the publications of pedophile organizations. *Child Abuse & Neglect, 12,* 583–591.

Dishion, T. J., McCord, J., & Poulin, F. (1999). When interventions harm: Peer groups and problem behavior. *American Psychologist, 54,* 755–764.

Doren, D. M. (2002). *Evaluating sex offenders: A manual for civil commitments and beyond.* Thousand Oaks, CA: Sage.

Doren, D. M. (2004a, September 20). *Bibliography of published works relative to risk assessment for sexual offenders.* Retrieved November 9, 2006, from http://www.atsa.com/pdfs/riskAssessmentBiblio.pdf

Doren, D. M. (2004b). Stability of the interpretative risk percentages for the RRASOR and Static-99. *Sexual Abuse: A Journal of Research and Treatment, 16,* 25–36.

Doren, D. M. (2004c). Toward a multidimensional model for sexual recidivism risk. *Journal of Interpersonal Violence, 19,* 835–856.

Doren, D. M. (2006). What do we know about the effect of aging on recidivism risk for sexual offenders? *Sexual Abuse: A Journal of Research and Treatment, 18,* 137–157.

Downing, P., Jiang, Y., Shuman, M., & Kanwisher, N. (2001, September 28) A cortical area selective for visual processing of the human body. *Science, 293,* 2470–2473.

Doyle, A. E., Biederman, J., Seidman, L. J., Weber, W., & Faraone, S. V. (2000). Diagnostic efficiency of neuropsychological test scores for discriminating boys with and without attention deficit-hyperactivity disorder. *Journal of Consulting and Clinical Psychology, 68,* 477–488.

Dreßing, H., Obergriesser, T., Tost, H., Kaumeier, S., Ruf, M., & Braus, D. F. (2001). Homosexuelle Pädophilie und funktionelle Netzwerke—fMRI-Fallstudie [Homosexual pedophilia and functional networks—An fMRI case report and literature review]. *Fortschritte der Neurologie, Psychiatrie, und ihrer Grenzgebiete, 69,* 539–544.

Dreznick, M. T. (2003). Heterosocial competence of rapists and child molesters: A meta-analysis. *The Journal of Sex Research, 40,* 170–178.

Dunne, M. P., Martin, N. G., Statham, D. J., Slutske, W. S., Dinwiddie, S. H., Bucholz, K. K., et al. (1997). Genetic and environmental contributions to variance in age at first sexual intercourse. *Psychological Science, 8,* 211–216.

Dunsieth, N. W., Nelson, E. B., Brusman-Lovins, L. A., Holcomb, J. L., Beckman, D., Welge, J., et al. (2004). Psychiatric and legal features of 113 men convicted of sexual offenses. *Journal of Clinical Psychiatry, 65,* 293–300.

Earls, C. M., Quinsey, V. L., & Castonguay, L. G. (1987). A comparison of three methods of scoring penile circumference changes. *Archives of Sexual Behavior, 16,* 493–500.

Edens, J. F., Marcus, D. K., Lilienfeld, S. O., & Poythress, N. G., Jr. (2006). Psychopathic, not psychopath: Taxometric evidence for the dimensional structure of psychopathy. *Journal of Abnormal Psychology, 115,* 131–144.

Eglinton, E., & Annett, M. (1994). Handedness and dyslexia: A meta-analysis. *Perceptual and Motor Skills, 79,* 1611–1616.

Elliott, M., Browne, K., & Kilcoyne, J. (1995). Child sexual abuse prevention: What offenders tell us. *Child Abuse & Neglect, 19,* 579–594.

Ellis, A., & Brancale, R. (1956). *The psychology of sex offenders.* Springfield, IL: Charles C Thomas.

Ellis, B. J. (2004). Timing of pubertal maturation in girls: An integrated life history approach. *Psychological Bulletin, 130,* 920–958.

Emerick, R. L., & Dutton, W. A. (1993). The effect of polygraphy on the self-report of adolescent sex offenders: Implications for risk assessment. *Annals of Sex Research, 6,* 83–103.

English, K. (1998). The containment approach: An aggressive strategy for the community management of adult sex offenders. *Psychology, Public Policy, and Law, 4,* 218–235.

English, K., Jones, L., Pasini-Hill, D., Patrick, D., & Cooley-Towell, S. (2000). *The value of polygraph testing in sex offender treatment.* Washington, DC: National Institute of Justice.

Epperson, D. L., Kaul, J. D., Huot, S. J., Hesselton, D., Alexander, W., & Goldman, R. (2005). *Minnesota Sex Offender Screening Tool—Revised.* Available at http://www.psychology.iastate.edu/~dle/mnSOST-RManual12-22-2005.pdf

Epperson, D. L., Ralston, C. A., Fowers, D., DeWitt, J., & Gore, K. S. (2005). Actuarial risk assessment with juveniles who offend sexually: Development of the Juvenile Sexual Offense Recidivism Risk Assessment Tool—II (JSORRAT–II). In D. Prescott (Ed.), *Risk assessment of youth who have sexually abused: Theory, controversy, and emerging strategies*. Oklahoma City, OK: Wood 'N' Barnes.

Ernulf, K. E., Innala, S. M., & Whitam, F. L. (1989). Biological explanation, psychological explanation, and tolerance of homosexuals: A cross-national analysis of beliefs and attitudes. *Psychological Reports, 65*, 1003–1010.

Estes, R. J., & Weiner, N. A. (2005). The commercial sexual exploitation of children in the United States. In S. W. Cooper, R. J. Estes, A. P. Giardino, N. D. Kellogg, & V. I. Vieth (Eds.), *Medical, legal, and social science aspects of child sexual exploitation: A comprehensive review of pornography, prostitution, and Internet crimes* (pp. 95–128). St. Louis, MO: G. W. Medical.

Euler, H., & Weitzel, B. (1996). Discriminative grandparental solicitude as reproductive strategy. *Human Nature, 7*, 39–59.

Ewald, P. (1996). *Evolution of infectious disease*. New York: Oxford University Press.

Ewald, P. (2002). *Plague time: The new germ theory of disease*. New York: Anchor Books.

Faller, K. C. (1991). Polyincestuous families: An exploratory study. *Journal of Interpersonal Violence, 6*, 310–322.

Faller, K. C. (1995). A clinical sample of women who have sexually abused children. *Journal of Child Sexual Abuse, 4*, 13–30.

Fanniff, A., & Becker, J. (2005, November). *Causal, concurrent, and predictive factors associated with the selection of child victims among juvenile sex offenders*. Paper presented at the 24th Annual Conference of the Association for the Treatment of Sexual Abusers, Salt Lake City, UT.

Farrington, D. P., & Welsh, B. C. (2005). Randomized experiments in criminology: What have we learned in the last two decades? *Journal of Experimental Criminology, 1*, 9–38.

Fedoroff, J. P. (1993). Serotonergic drug treatment of deviant sexual interests. *Annals of Sex Research, 6*, 105–121.

Fedoroff, J. P. (1995). Antiandrogens vs. serotonergic medications in the treatment of sex offenders: A preliminary compliance study. *Canadian Journal of Human Sexuality, 4*, 111–122.

Fedoroff, J. P., Fishell, A., & Fedoroff, B. (1999). A case series of women evaluated for paraphilic sexual disorders. *Canadian Journal of Human Sexuality, 8*, 127–140.

Fedoroff, J. P., & Pinkus, S. (1996). The genesis of pedophilia: Testing the "abuse to abuser" hypothesis. *Journal of Offender Rehabilitation, 23*, 85–101.

Fedoroff, J. P., Smolewska, K., Selhi, Z., Ng, E., & Bradford, J. M. W. (2001, July). *Victimless pedophiles*. Poster session presented at the Annual Meeting of the International Academy of Sex Research, Montréal, Québec, Canada.

Feierman, J. (Ed.). (1990). *Pedophilia: Biosocial dimensions*. New York: Springer-Verlag.

Fernandez, Y. M. (2002). Phallometric testing with sexual offenders against female victims: An examination of reliability and validity issues. *Dissertation Abstracts International, 62* (12), 6017B. (UMI No. NQ65673)

Festinger, L. (1957). *A theory of cognitive dissonance.* Stanford, CA: Stanford University Press.

Finkelhor, D. (1979). What's wrong with sex between adults and children? Ethics and the problem of sexual abuse. *American Journal of Orthopsychiatry, 49,* 692–697.

Finkelhor, D. (1984). *Child sexual abuse: New theory and research.* New York: Free Press.

Finkelhor, D. (1994). The international epidemiology of child sexual abuse. *Child Abuse & Neglect, 18,* 409–417.

Finkelhor, D., & Araji, S. (1986). Explanations of pedophilia: A four factor model. *Journal of Sex Research, 22,* 145–161.

Finkelhor, D., & Baron, L. (1986). Risk factors for childhood sexual abuse: A review of the evidence. *Journal of Interpersonal Violence, 1,* 26–42.

Finkelhor, D., Hotaling, G., Lewis, I. A., & Smith, C. (1990). Sexual abuse in a national sample of adult men and women: Prevalence, characteristics, and risk factors. *Child Abuse & Neglect, 14,* 19–28.

Finkelhor, D., & Jones, L. M. (2004). *Explanations for the decline in child sexual abuse cases* (Juvenile Justice Bulletin NCJ 199298). Washington, DC: U.S. Department of Justice, Office of Justice Programs, Office of Juvenile Justice and Delinquency Prevention.

Finkelhor, D., & Ormrod, R. (1999). *Reporting crimes against juveniles* (Juvenile Justice Bulletin NCJ 178887). Washington, DC: U.S. Department of Justice, Office of Justice Programs, Office of Juvenile Justice and Delinquency Prevention.

Finkelhor, D., & Ormrod, R. (2001). *Child abuse reported to the police* (Juvenile Justice Bulletin NCJ 187238). Washington, DC: U.S. Department of Justice, Office of Justice Programs, Office of Juvenile Justice and Delinquency Prevention.

Finkelhor, D., & Ormrod, R. (2004). *Child pornography: Patterns from NIBRS* (Juvenile Justice Bulletin NCJ 204911). Washington, DC: U.S. Department of Justice, Office of Justice Programs, Office of Juvenile Justice and Delinquency Prevention.

Finkelhor, D., Ormrod, R., Turner, H., & Hamby, S. L. (2005). The victimization of children and youth: A comprehensive, national survey. *Child Maltreatment, 10,* 5–25.

Finkelhor, D., & Russell, D. (1984). Women as perpetrators: Review of the evidence. In D. Finkelhor (Ed.), *Child sexual abuse: New theory and research* (pp. 171–187). New York: Free Press.

First, M. B. (2004). Desire for amputation of a limb: Paraphilia, psychosis, or a new type of identity disorder. *Psychological Medicine, 34,* 1–10.

Fisher, D., Beech, A. R., & Browne, K. D. (1999). Comparison of sex offenders and nonsex offenders on selected psychological measures. *International Journal of Offender Therapy and Comparative Criminology, 43,* 473–491.

Fitch, W. L. (2003). Sexual offender commitment in the United States: Legislative and policy concerns. In R. A. Prentky, E. S. Janus, & M. C. Seto (Eds.), *Annals of the New York Academy of Sciences: Vol. 989. Sexually coercive behavior: Understanding and management* (pp. 489–501). New York: New York Academy of Sciences.

Flor-Henry, P., Lang, R. A., Koles, Z. J., & Frenzel, R. R. (1991). Quantitative EEG studies of pedophilia. *International Journal of Psychophysiology, 10,* 253–258.

Forth, A., Kosson, D., & Hare, R. D. (2003). *Hare PCL:YV.* Toronto, Ontario, Canada: Multi-Health Systems.

France, K. G., & Hudson, S. M. (1993). The conduct disorders and the juvenile sex offender. In H. E. Barbaree, W. L. Marshall, & S. M. Hudson (Eds.), *The juvenile sex offender* (pp. 225–234). New York: Guilford Press.

Freeman, J. B., & Leonard, H. L. (2000). Sexual obsessions in obsessive–compulsive disorder. *Journal of the American Academy of Child & Adolescent Psychiatry, 39,* 141–142.

Freeman-Longo, R. E. (1996). Feel good legislation: Prevention or calamity. *Child Abuse & Neglect, 20,* 95–101.

Frenzel, R. R., & Lang, R. A. (1989). Identifying sexual preferences in intrafamilial and extrafamilial child sexual abusers. *Annals of Sex Research, 2,* 255–275.

Freud, S. (1952). *Totem and taboo: Some points of agreement between the mental lives of savages and neurotics* (J. Strachey, Trans.). New York: Norton. (Original work published 1913)

Freud, S. (2000). *Three essays on the theory of sexuality* (J. Strachey, Trans.). New York: Basic Books. (Original work published 1905)

Freund, K. (1963). A laboratory method of diagnosing predominance of homo- and hetero-erotic interest in the male. *Behaviour Research and Therapy, 1,* 85–93.

Freund, K. (1967). Erotic preference in pedophilia. *Behaviour Research and Therapy, 5,* 339–348.

Freund, K. (1990). Courtship disorder. In W. L. Marshall, D. R. Laws, & H. E. Barbaree (Eds.), *Handbook of sexual assault: Issues, theories, and treatment of the offender* (pp. 195–207). New York: Plenum Press.

Freund, K., & Blanchard, R. (1989). Phallometric diagnosis of pedophilia. *Journal of Consulting and Clinical Psychology, 57,* 100–105.

Freund, K., Chan, S., & Coulthard, R. (1979). Phallometric diagnosis with "nonadmitters." *Behaviour Research and Therapy, 17,* 451–457.

Freund, K., & Kuban, M. (1993a). Deficient erotic gender differentiation in pedophilia: A follow-up. *Archives of Sexual Behavior, 22,* 619–628.

Freund, K., & Kuban, M. (1993b). Toward a testable developmental model of pedophilia: The development of erotic age preference. *Child Abuse & Neglect, 17,* 315–324.

Freund, K., McKnight, C. K., Langevin, R., & Cibiri, S. (1972). The female child as a surrogate object. *Archives of Sexual Behavior, 2,* 119–133.

Freund, K., Sedlacek, F., & Knob, K. (1965). A simple transducer for mechanical plethysmography of the male genital. *Journal of the Experimental Analysis of Behavior, 8*, 169–170.

Freund, K., & Seto, M. C. (1998). Preferential rape in the theory of courtship disorder. *Archives of Sexual Behavior, 27*, 433–443.

Freund, K., Seto, M. C., & Kuban, M. (1996). Two types of fetishism. *Behaviour Research and Therapy, 34*, 687–694.

Freund, K., Seto, M. C., & Kuban, M. (1997). Frotteurism and the theory of courtship disorder. In D. R. Laws & W. T. O'Donohue (Eds.), *Sexual deviance: Theory, assessment and treatment* (pp. 111–130). New York: Guilford Press.

Freund, K., & Watson, R. (1991). Assessment of the sensitivity and specificity of a phallometric test: An update of phallometric diagnosis of pedophilia. *Psychological Assessment, 3*, 254–260.

Freund, K., Watson, R., & Dickey, R. (1991). Sex offenses against female children perpetrated by men who are not pedophiles. *The Journal of Sex Research, 28*, 409–423.

Freund, K., Watson, R., Dickey, R., & Rienzo, D. (1991). Erotic gender differentiation in pedophilia. *Archives of Sexual Behavior, 20*, 555–566.

Freund, K., Watson, R., & Rienzo, D. (1988). Signs of feigning in the phallometric test. *Behaviour Research and Therapy, 26*, 105–112.

Friedrich, W. N., Fisher, J. L., Dittner, C. A., Acton, R., Berliner, L., Butler, J., et al. (2001). Child Sexual Behavior Inventory: Normative, psychiatric, and sexual abuse comparisons. *Child Maltreatment, 6*, 37–49.

Friedrich, W. N., Grambsch, P., Broughton, D., Kuiper, J., & Beilke, R. L. (1991). Normative sexual behavior in children. *Pediatrics, 88*, 456–464.

Friedrich, W. N., & Luecke, W. J. (1988). Young school-age sexually aggressive children. *Professional Psychology: Research and Practice, 19*, 155–164.

Fromuth, M. E., Burkhart, B. R., & Jones, C. W. (1991). Hidden child molestation: An investigation of adolescent perpetrators in a nonclinical sample. *Journal of Interpersonal Violence, 6*, 376–384.

Fromuth, M. E., & Conn, V. E. (1997). Hidden perpetrators: Sexual molestation in a nonclinical sample of college women. *Journal of Interpersonal Violence, 12*, 456–465.

Fulda, J. S. (2002). Do Internet stings directed at pedophiles capture offenders or create offenders? And allied questions. *Sexuality & Culture, 6*, 73–100.

Gaffney, G. R., Lurie, S. F., & Berlin, F. S. (1984). Is there familial transmission of pedophilia? *Journal of Nervous and Mental Disease, 172*, 546–548.

Gaither, G. K. (2001). The reliability and validity of three new measures of male sexual preferences. *Dissertation Abstracts International, 61*(09), 4981B. (UMI No. 9986530)

Galbreath, N. W., Berlin, F. S., & Sawyer, D. (2002). Paraphilias and the Internet. In A. Cooper (Ed.), *Sex and the Internet: A guidebook for clinicians* (pp. 187–205). Philadelphia: Brunner-Routledge.

Gannon, T. A., & Polaschek, D. L. (2005). Do child molesters deliberately fake good on cognitive distortion questionnaires? An information processing-based investigation. *Sexual Abuse: A Journal of Research and Treatment, 17*, 183–200.

Garber, J., & Hollon, S. D. (1991). What can specificity designs say about causality in psychopathology research? *Psychological Bulletin, 110*, 129–136.

Gaulin, S. J. C., McBurney, D. H., & Brakeman-Wartell, S. L. (1997). Matrilateral biases in the investment of aunts and uncles. *Human Nature, 8*, 139–151.

Geary, D. C. (2000). Evolution and proximate expression of human paternal investment. *Psychological Bulletin, 126*, 55–77.

Gebhard, P., Gagnon, J., Pomeroy, W., & Christenson, C. (1965). *Sex offenders: An analysis of types.* New York: Harper & Row.

Gendreau, P., Cullen, F. T., & Bonta, J. (1994). Intensive rehabilitation supervision: The next generation in community corrections? *Federal Probation, 58*, 72–78.

Gendreau, P., Little, T., & Goggin, C. (1996). A meta-analysis of the predictors of adult offender recidivism: What works! *Criminology, 34*, 575–607.

George, W. H., & Stoner, S. A. (2000). Understanding acute alcohol effects on sexual behavior. *Annual Review of Sex Research, 11*, 92–124.

Gibson, L. E., & Leitenberg, H. (2000). Child sexual abuse prevention programs: Do they decrease the occurrence of child sexual abuse? *Child Abuse & Neglect, 24*, 1115–1125.

Gigerenzer, G., Todd, P. M., & the ABC Research Group. (1999). *Simple heuristics that make us smart.* New York: Oxford University Press.

Gijs, L., & Gooren, L. (1996). Hormonal and psychopharmacological interventions in the treatment of paraphilias: An update. *The Journal of Sex Research, 33*, 273–290.

Givens, D. B. (1978). The nonverbal basis of attraction: Flirtation, courtship, and seduction. *Psychiatry, 41*, 346–359.

Goodale, J. C. (1971). *Tiwi wives: A study of the women of Melville Island, North Australia.* Seattle: University of Washington Press.

Gordon, L., & O'Keefe, P. (1984). Incest as a form of family violence: Evidence from historical case records. *Journal of Marriage and the Family, 46*, 27–34.

Gordon, W. M. (2002). Sexual obsessions and OCD. *Sexual and Relationship Therapy, 17*, 343–354.

Gottfredson, M. R., & Hirschi, T. (1990). *A general theory of crime.* Stanford, CA: Stanford University Press.

Graber, B., Hartmann, K., Coffman, J. A., Huey, C. J., & Golden, C. J. (1982). Brain damage among mentally disordered sex offenders. *Journal of Forensic Sciences, 27*, 125–134.

Graupner, H. (2000). Sexual consent: The criminal law in Europe and overseas. *Archives of Sexual Behavior, 29*, 415–461.

Grayston, A. D., & De Luca, R. V. (1999). Female perpetrators of child sexual abuse: A review of the clinical and empirical literature. *Aggression and Violent Behavior, 4*, 93–106.

Greenberg, D. M., & Bradford, J. M. W. (1997). Treatment of the paraphilic disorders: A review of the role of selective serotonin reuptake inhibitors. *Sexual Abuse: A Journal of Research and Treatment, 9*, 349–361.

Greenberg, D. M., Bradford, J., & Curry, S. (1995). Infantophilia—A new subcategory of pedophilia? A preliminary study. *Bulletin of the American Academy of Psychiatry and Law, 23*, 63–71.

Greenberg, D. M., Bradford, J. M. W., Curry, S., & O'Rourke, A. (1996). A comparison of treatment of paraphilias with three serotonin reuptake inhibitors: A retrospective study. *Bulletin of the American Academy of Psychiatry and the Law, 24*, 525–532.

Greenberg, D. M., Firestone, P., Nunes, K. L., Bradford, J. M., & Curry, S. (2005). Biological fathers and stepfathers who molest their daughters: Psychological, phallometric and criminal features. *Sexual Abuse: A Journal of Research and Treatment, 17*, 39–46.

Greenfeld, L. A. (1996). *Child victimizers: Violent offenders and their victims* (Research Rep. NCJ 153258). Washington, DC: U.S. Department of Justice, Bureau of Justice Statistics. Retrieved April 26, 2007, from http://www.ojp.usdoj.gov/bjs/pub/pdf/cvvoatv.pdf

Greer, A. E., & Buss, D. M. (1994). Tactics for promoting sexual encounters. *Journal of Sex Research, 31*, 185–201.

Gretton, H. M., McBride, M., Hare, R. D., O'Shaughnessy, R., & Kumka, G. (2001). Psychopathy and recidivism in adolescent sex offenders. *Criminal Justice and Behavior, 28*, 427–449.

Grill-Spector, K., Knouf, N., & Kanwisher, N. (2004). The fusiform face area subsumes face perception, not generic within-category identification. *Nature Neuroscience, 7*, 555–562.

Gross, R. (1999). *Making medical decisions: An approach to clinical decision making for practicing physicians*. Philadelphia: American College of Physicians.

Groth, A. N. (1979). *Men who rape*. New York: Plenum Press.

Groth, A. N., & Birnbaum, H. J. (1978). Adult sexual orientation and attraction to underage persons. *Archives of Sexual Behavior, 7*, 175–181.

Groth, A., Longo, R., & McFaddin, J. (1982). Undetected recidivism among rapists and child molesters. *Crime & Delinquency, 28*, 450–458.

Grove, W. M., Zald, D. H., Hallberg, A. M., Lebow, B., Snitz, E., & Nelson, C. (2000). Clinical versus mechanical prediction: A meta-analysis. *Psychological Assessment, 12*, 19–30.

Gualtieri, T., & Hicks, R. E. (1985). An immunoreactive theory of selective male affliction. *Behavioral and Brain Sciences, 8*, 427–441.

Haig, D. (1999). Asymmetric relations: Internal conflicts and the horror of incest. *Evolution and Human Behavior, 20*, 83–98.

Hall, D. K., Mathews, F., & Pearce, J. (1998). Factors associated with sexual behavior problems in young sexually abused children. *Child Abuse & Neglect, 22*, 1045–1063.

Hall, G. C. N., & Hirschman, R. (1992). Sexual aggression against children: A conceptual perspective of etiology. *Criminal Justice and Behavior, 19,* 8–23.

Hall, G. C. N., Hirschman, R., & Oliver, L. L. (1995). Sexual arousal and arousability to pedophilic stimuli in a community sample of normal men. *Behavior Therapy, 26,* 681–694.

Halpern, C. J. T., Udry, J. R., Suchindran, C., & Campbell, B. (2000). Adolescent males' willingness to report masturbation. *The Journal of Sex Research, 37,* 327–332.

Hamer, D. H., Hu, S., Magnuson, V. L., Hu, N., & Pattattuci, A. M. L. (1993, July 16). A linkage between DNA markers on the X chromosome and male sexual orientation. *Science, 261,* 321–327.

Hamilton, W. D. (1964). The genetical evolution of social behaviour I and II. *Journal of Theoretical Biology, 7,* 1–52.

Hansen, C. H., & Hansen, R. D. (1988). Finding the face in the crowd: An anger superiority effect. *Journal of Personality and Social Psychology, 54,* 917–924.

Hansen, H., & Lykke-Olsen, L. (1997). Treatment of dangerous sexual offenders in Denmark. *Journal of Forensic Psychiatry, 8,* 195–199.

Hanson, R. K. (1997). *The development of a brief actuarial risk scale for sexual offense recidivism* (Research Rep. No. 1997-04). Ottawa, Ontario, Canada: Public Safety Canada.

Hanson, R. K. (2000). *Risk assessment.* Beaverton, OR: Association for the Treatment of Sexual Abusers.

Hanson, R. K., & Bussière, M. T. (1998). Predicting relapse: A meta-analysis of sexual offender recidivism studies. *Journal of Consulting and Clinical Psychology, 66,* 348–362.

Hanson, R. K., Gizzarelli, R., & Scott, H. (1994). The attitudes of incest offenders: Sexual entitlement and acceptance of sex with children. *Criminal Justice and Behavior, 21,* 187–202.

Hanson, R. K., Gordon, A., Harris, A. J. R., Marques, J. K., Murphy, W., Quinsey, V. L., & Seto, M. C. (2002). First report of the collaborative outcome data project on the effectiveness of treatment for sex offenders. *Sexual Abuse: A Journal of Research and Treatment, 14,* 169–194.

Hanson, R. K., & Harris, A. J. R. (2000). Where should we intervene? Dynamic predictors of sexual assault recidivism. *Criminal Justice and Behavior, 27,* 6–35.

Hanson, R. K., Morton, K. E., & Harris, A. J. R. (2003). Sexual offender recidivism risk: What we know and what we need to know. In R. A. Prentky, E. S. Janus, & M. C. Seto (Eds.), *Annals of the New York Academy of Sciences: Vol. 989. Sexually coercive behavior: Understanding and management* (pp. 154–166). New York: New York Academy of Sciences.

Hanson, R. K., & Morton-Bourgon, K. (2004). *Predictors of sexual recidivism: An updated meta-analysis* (Catalog No. PS3-1/2004-2E-PDF). Ottawa, Ontario, Canada: Public Safety Canada.

Hanson, R. K., & Morton-Bourgon, K. (2005). The characteristics of persistent sexual offenders: A meta-analysis of recidivism studies. *Journal of Consulting and Clinical Psychology, 73,* 1154–1163.

Hanson, R. K., & Scott, H. (1996). Social networks of sexual offenders. *Psychology, Crime and Law, 2,* 249–258.

Hanson, R. K., Scott, H., & Steffy, R. A. (1995). A comparison of child molesters and non-sexual criminals: Risk predictors and long-term recidivism. *Journal of Research in Crime and Delinquency, 32,* 325–337.

Hanson, R. K., & Slater, S. (1988). Sexual victimization in the history of child molesters: A review. *Annals of Sex Research, 1,* 485–499.

Hanson, R. K., Steffy, R. A., & Gauthier, R. (1993). Long-term recidivism of child molesters. *Journal of Consulting and Clinical Psychology, 61,* 646–652.

Hanson, R. K., & Thornton, D. (2000). Improving risk assessments for sex offenders: A comparison of three actuarial scales. *Law and Human Behavior, 24,* 119–136.

Hanson, R. K., & Thornton, D. (2003). *Notes on the development of Static-2002.* Retrieved April 20, 2007, from http://ww2.ps-sp.gc.ca/publications/corrections/pdf/200301_static_2002_e.pdfHan

Hare, R. D. (1991). *Manual for the revised Psychopathy Checklist.* Toronto, Ontario, Canada: Multi-Health Systems.

Hare, R. D. (2003). *Manual for the Hare Psychopathy Checklist—Revised* (2nd ed.). Toronto, Ontario, Canada: Multi-Health Systems.

Hare, R. D., Clark, D., Grann, M., & Thornton, D. (2000). Psychopathy and the predictive validity of the PCL–R: An international perspective. *Behavioral Sciences and the Law, 18,* 623–645.

Harpending, H. C., & Sobus, J. (1987). Sociopathy as an adaptation. *Ethology and Sociobiology, 8,* 63–72.

Harris, A., & Hanson, R. K. (2002, October). *Improving the standard of probation and parole supervision of community-based sexual offenders: The dynamic supervision project.* Paper presented at the 21st Annual Conference of the Association for the Treatment of Sexual Abusers, Montréal, Québec, Canada.

Harris, A., Phenix, A., Hanson, R. K., & Thornton, D. (2003). *Static-99 coding rules revised— 2003.* Retrieved May 9, 2007, from http://ww2.ps-sp.gc.ca/publications/corrections/pdf/Static-99-coding-Rules_e.pdf

Harris, G. T. (2004, August). *Pedophilia: Research on men who have sex with children.* Workshop presented at the Annual Psychiatric Residents' Symposium, Midland, Ontario, Canada. Retrieved May 9, 2007, from http://www.mhcp-research.com/present.htm

Harris, G. T., & Rice, M . E. (2003). Actuarial assessment of risk among sex offenders. In R. A. Prentky, E. S. Janus, & M. C. Seto (Eds.), *Annals of the New York Academy of Sciences: Vol. 989. Sexually coercive behavior: Understanding and management* (pp. 198–210). New York: New York Academy of Sciences.

Harris, G. T., & Rice, M. E. (2006, March). *Age, passage of time, and risk of recidivism.* Paper presented at the Annual Meeting of the American Psychology–Law Society, St. Petersburg, FL.

Harris, G. T., Rice, M. E., Chaplin, T. C., & Quinsey, V. L. (1999). Dissimulation in phallometric testing of rapists' sexual preferences. *Archives of Sexual Behavior*, 28, 223–232.

Harris, G. T., Rice, M. E., & Cormier, C. A. (2002). Prospective replication of the Violence Risk Appraisal Guide in predicting violent recidivism among forensic patients. *Law and Human Behavior*, 26, 377–394.

Harris, G. T., Rice, M. E., Hilton, N. Z., Lalumière, M. L., & Quinsey, V. L. (2007). Coercive and precocious sexuality as a fundamental aspect of psychopathy. *Journal of Personality Disorders*, 21, 1–27.

Harris, G. T., Rice, M. E., & Lalumière, M. L. (2001). Criminal violence: The roles of psychopathy, neurodevelopmental insults, and antisocial parenting. *Criminal Justice and Behavior*, 28, 402–426.

Harris, G. T., Rice, M. E., & Quinsey, V. L. (1993). Violent recidivism of mentally disordered offenders: The development of a statistical prediction instrument. *Criminal Justice and Behavior*, 20, 315–335.

Harris, G. T., Rice, M. E., & Quinsey, V. L. (1994). Psychopathy as a taxon: Evidence that psychopaths are a discrete class. *Journal of Consulting and Clinical Psychology*, 62, 387–397.

Harris, G. T., Rice, M. E., Quinsey, V. L., & Chaplin, T. C. (1996). Viewing time as a measure of sexual interest among child molesters and normal heterosexual men. *Behaviour Research and Therapy*, 34, 389–394.

Harris, G. T., Rice, M. E., Quinsey, V. L., Chaplin, T. C., & Earls, C. (1992). Maximizing the discriminant validity of phallometric assessment data. *Psychological Assessment*, 4, 502–511.

Harris, G. T., Rice, M. E., Quinsey, V. L., Lalumière, M. L., Boer, D., & Lang, C. (2003). A multisite comparison of actuarial risk instruments for sex offenders. *Psychological Assessment*, 15, 413–425.

Hart, S., Cox, D. N., & Hare, R. D. (1995). *The Hare Psychopathy Checklist: Screening Version (PCL:SV)*. Toronto, Ontario, Canada: Multi-Health Systems.

Heil, P., Ahlmeyer, S., & Simons, D. (2003). Crossover sexual offenses. *Sexual Abuse: A Journal of Research and Treatment*, 15, 221–236.

Henggeler, S. W., Melton, G. B., Brondino, M. J., Scherer, D. G., & Hanley, J. H. (1997). Multisystemic therapy with violent and chronic juvenile offenders and their families: The role of treatment fidelity in successful dissemination. *Journal of Consulting and Clinical Psychology*, 65, 821–833.

Henggeler, S. W., Schoenwald, S. K., Borduin, C. M., Rowland, M. D., & Cunningham, P. B. (1998). *Multisystemic treatment of antisocial behavior in children and adolescents*. New York: Guilford Press.

Henss, R. (2000). Waist-to-hip ratio and female attractiveness: Evidence from photographic stimuli and methodological considerations. *Personality and Individual Differences*, 28, 501–513.

Herdt, G. (1981). *Guardian of the flutes: Idioms of masculinity*. New York: McGraw-Hill.

Herdt, G., & McClintock, M. (2000). The magical age of 10. *Archives of Sexual Behavior, 29*, 587–606.

Herman-Giddens, M. E., Slora, E. J., Wasserman, R. C., Bourdony, C. J., Bhapkar, M. V., Koch, G. G., et al. (1997). Secondary sexual characteristics and menses in young girls seen in office practice: A study from the Pediatric Research in Office Settings Network. *Pediatrics, 99*, 505–512.

Hicks, B. M., Krueger, R. F., Iacono, W. G., McGue, M., & Patrick, C. J. (2004). Family transmission and heritability of externalizing disorders. *Archives of General Psychiatry, 61*, 922–928.

Hilliker, D. R. (1997). The relationship between childhood sexual abuse and juvenile sexual offending: Victim to victimizer? *Dissertation Abstracts International, 58* (05), 2678B. (UMI No. 9731636)

Hilton, N. Z., Harris, G. T., Rawson, K., & Beach, C. A. (2005). Communicating violence risk information to forensic decision makers. *Criminal Justice and Behavior, 32*, 97–116.

Hilton, N. Z., Harris, G. T., & Rice, M. E. (1998). On the validity of self-reported rates of interpersonal violence. *Journal of Interpersonal Violence, 13*, 58–72.

Hilton, N. Z., & Simmons, J. L. (2001). The influence of actuarial risk assessment in clinical judgments and tribunal decisions about mentally disordered offenders in maximum security. *Law and Human Behavior, 25*, 393–408.

Hindman, J., & Peters, J. (2001). Polygraph testing leads to better understanding adult and juvenile sex offenders. *Federal Probation, 65*, 8–15.

Hoffman, D. L., & Novak, T. P. (1995). *A detailed analysis of the conceptual, logical, and methodological flaws in the article, "Marketing pornography on the information superhighway."* Retrieved July 19, 2002, from http://www2000.ogsm. vanderbilt.edu/research/topics/cyberporn/rimm.review.htm

Hoffmann, H., Janssen, E., & Turner, S. L. (2004). Classical conditioning of sexual arousal in women and men: Effects of varying awareness and biological relevance of the conditioned stimulus. *Archives of Sexual Behavior, 33*, 43–53.

Holland, L. A., Zolondek, S. C., Abel, G. G., Jordan, A. D., & Becker, J. V. (2000). Psychometric analysis of the Sexual Interest Cardsort Questionnaire. *Sexual Abuse: A Journal of Research and Treatment, 12*, 107–122.

Hornick, J. P., Bolitho, F. H., & LeClaire, D. (1994, April). *Young offenders and the sexual abuse of children* (Tech. Rep. 1994-1e). Ottawa, Ontario, Canada: Department of Justice Canada.

Howes, R. J. (1995). A survey of plethysmographic assessment in North America. *Sexual Abuse: A Journal of Research and Treatment, 7*, 9–24.

Howitt, D. (1995). Pornography and the paedophile: Is it criminogenic? *British Journal of Medical Psychology, 68*, 15–27.

Hucker, S. J., Langevin, B., & Bain, J. (1988). A double blind trial of sex drive reducing medication in pedophiles. *Annals of Sex Research, 1*, 227–242.

Hucker, S., Langevin, R., Wortzman, G., Bain, J., Handy, L., Chambers, J., et al. (1986). Neuropsychological impairment in pedophiles. *Canadian Journal of Behavioural Science, 18*, 440–448.

Hudson, S. M., Ward, T., & McCormack, J. C. (1999). Offense pathways in sexual offenders. *Journal of Interpersonal Violence, 14*, 779–798.

Hughes, D. M. (2000). "Welcome to the rape camp": Sexual exploitation and the Internet in Cambodia. *Journal of Sexual Aggression, 6*, 29–51.

Hunter, J. A., Jr., & Becker, J. V. (1994). The role of deviant sexual arousal in juvenile sexual offending: Etiology, evaluation, and treatment. *Criminal Justice and Behavior, 21*, 132–149.

Hunter, J. A., Jr., Becker, J. V., Kaplan, M., & Goodwin, D. W. (1991). The reliability and discriminative utility of the adolescent cognition scale for juvenile sexual offenses. *Annals of Sex Research, 4*, 281–286.

Hunter, J. A., Jr., & Figueredo, A. J. (1999). Factors associated with treatment compliance in a population of juvenile sexual offenders. *Sexual Abuse: A Journal of Research and Treatment, 11*, 49–67.

Hunter, J. A., Jr., Figueredo, A. J., Malamuth, N. M., & Becker, J. V. (2003). Juvenile sex offenders: Toward the development of a typology. *Sexual Abuse: A Journal of Research and Treatment, 15*, 27–48.

Inciardi, J. (1984). Little girls and sex: A glimpse at the world of the "baby pro." *Deviant Behaviour, 5*, 77–78.

International Association for the Treatment of Sexual Offenders. (2000). *Standards of care for the treatment of adult sex offenders of the International Association for the Treatment of Sexual Offenders (IATSO).* Retrieved April 20, 2007, from http://www.iatso.org/care/Standards%20of%20Care.pdf

Ismail, B., Cantor-Graee, E., & McNeil, T. F. (1998). Minor physical anomalies in schizophrenic patients and their siblings. *American Journal of Psychiatry, 155*, 1695–1702.

Jacob Wetterling Crimes Against Children and Sexually Violent Offender Registration Act, U.S. Code, Title 42, Chapter 136, Subchapter VI, § 14071 (2001) (enacted). Retrieved April 23, 2007, from http://www4.law.cornell.edu/uscode/html/uscode42/usc_sec_42_00014071----000-.html

Jaffee, S. R., Caspi, A., Moffitt, T. E., Dodge, K. A., Rutter, M., Taylor, A., & Tully, L. A. (2006). Nature × nurture: Genetic vulnerabilities interact with physical maltreatment to promote conduct problems. *Development and Psychopathology, 17*, 67–84.

Jaffee, S. R., Caspi, A., Moffitt, T. E., & Taylor, A. (2004). Physical maltreatment victim to antisocial child: Evidence of an environmentally mediated process. *Journal of Abnormal Psychology, 113*, 44–55.

Jenkins, P. (1998). *Moral panic: Changing concepts of the child molester in modern America.* New Haven, CT: Yale University Press.

Jenkins, P. (2001). *Beyond tolerance: Child pornography on the Internet.* New York: New York University Press.

Jenkins-Hall, K. (1994). Outpatient treatment of child molesters: Motivational factors and outcome. *Journal of Offender Rehabilitation, 21*, 139–150.

Johnson, G. M., & Knight, R. A. (2000). Developmental antecedents of sexual coercion in juvenile sexual offenders. *Sexual Abuse: A Journal of Research and Treatment, 12,* 165–178.

Jones, M. (2004, September 19). Who was abused? *New York Times Magazine.* Retrieved November 3, 2006, from http://www.nytimes.com/2004/09/19/magazine/19KIDSL.html

Kafka, M. P. (1991). Successful antidepressant treatment of nonparaphilic sexual addictions and paraphilias in men. *Journal of Clinical Psychiatry, 52,* 60–65.

Kafka, M. P. (1997). A monoamine hypothesis for the pathophysiology of paraphilic disorders. *Archives of Sexual Behavior, 26,* 343–358.

Kafka, M. P. (2003). The monoamine hypothesis for the pathophysiology of paraphilic disorders: An update. In R. A. Prentky, E. S. Janus, & M. C. Seto (Eds.), *Annals of the New York Academy of Sciences: Vol. 989. Sexually coercive behavior: Understanding and management* (pp. 86–94). New York: New York Academy of Sciences.

Kafka, M. P., & Hennen, J. (2003). Hypersexual desire in males: Are males with paraphilias different from males with paraphilia-related disorders? *Sexual Abuse: A Journal of Research and Treatment, 15,* 307–319.

Kahneman, D. (2003). A perspective on judgment and choice: Mapping bounded rationality. *American Psychologist, 58,* 697–720.

Kalichman, S. C., Henderson, M. C., Shealy, L. S., & Dwyer, S. M. (1992). Psychometric properties of the Multiphasic Sex Inventory in assessing sex offenders. *Criminal Justice and Behavior, 19,* 384–396.

Kalmus, E., & Beech, A. R. (2005). Forensic assessment of sexual interest: A review. *Aggression and Violent Behavior, 10,* 193–218.

Kanwisher, N. (2003). The ventral visual object pathway in humans: Evidence from fMRI. In L. Chalupa & J. Werner (Eds.), *The visual neurosciences* (pp. 1179–1189). Cambridge, MA: MIT Press.

Karama, S., Lecours, A. R., Leroux, J.-M., Bourgouin, P., Beaudoin, G., Joubert, S., et al. (2002). Areas of brain activation in males and females during viewing of erotic film excerpts. *Human Brain Mapping, 16,* 1–13.

Kassin, S. M. (2005). On the psychology of confessions: Does innocence put innocents at risk? *American Psychologist, 60,* 215–228.

Katsiyannis, A., Zhang, D., Barrett, D. E., & Flaska, T. (2004). Background and psychosocial variables associated with recidivism among adolescent males: A 3-year investigation. *Journal of Emotional and Behavioral Disorders, 12,* 23–29.

Kaufman, K. L., Hilliker, D. R., & Daleiden, E. L. (1996). Subgroup differences in the modus operandi of adolescent sexual offenders. *Child Maltreatment, 1,* 17–24.

Kaufman, K. L., Hilliker, D., & Lathrop, P. (1994). Assessing child sexual offenders' modus operandi: Accuracy in self-reported use of threats and coercion. *Annals of Sex Research, 6,* 213–229.

Kaufman, K. L., Hilliker, D., Lathrop, P., Daleiden, E., & Rudy, L. (1996). Sexual offenders' modus operandi: A comparison of structured interview and question-naire approaches. *Journal of Interpersonal Violence, 11*, 19–34.

Kaufman, K. L, Holmberg, J. K, Orts, K. A., McCrady, F. E., Rotzien, A. L., Daleiden, E. L., & Hilliker, D. R. (1998). Factors influencing sexual offenders' modus operandi: An examination of victim–offender relatedness and age. *Child Maltreatment, 3*, 349–361.

Kaul, A., & Duffy, S. (1991). Gerontophilia—A case report. *Medicine, Science, and the Law, 31*, 110–114.

Kelly, L., & Regan, L. (2000). Sexual exploitation of children in Europe: Child pornography. *Journal of Sexual Aggression, 6*, 6–28.

Kelly, R. (1976). Witchcraft and sexual relations among the Etoro. In P. Brown & G. Buchbinder (Eds.), *Man and woman in the New Guinea highlands* (pp. 36–53). Washington, DC: American Anthropological Association.

Kennedy, H. G., & Grubin, D. H. (1992). Patterns of denial in sex offenders. *Psychological Medicine, 22*, 191–196.

Kenrick, D. T., & Keefe, R. C. (1992). Age preferences in mates reflect sex differences in human reproductive strategies. *Behavioral and Brain Sciences, 15*, 75–133.

Kenworthy, T., Adams, C. E., Bilby, C., Brooks-Gordon, B., & Fenton, M. (2004). Psychological interventions for those who have sexually offended or are at risk of offending. *The Cochrane Library.* Available at http://www3. interscience.wiley.com/cgi-bin/mrwhome/106568753/HOME

Khalifa, R. (2005). *Quran: The final testament: Authorized English version with Arabic text* (4th ed.). Capistrano Beach, CA: Islamic Productions.

Killias, M. (1990). The historic origins of penal statutes concerning sexual activities involving children and adolescents. *Journal of Homosexuality, 20*, 41–46.

Kim, C. (2004). *From fantasy to reality: The link between viewing child pornography and molesting children (Child Sexual Exploitation update).* American Prosecutors Research Institute. Retrieved February 21, 2005, from http://www.ndaa-apri.org/ publications/newsletters/child_sexual_exploitation_update_volume_1_ number_3_2004.html

Kirsch, L. G., & Becker, J. V. (2006). Sexual offending: Theory of problem, theory of change, and implications for treatment effectiveness. *Aggression and Violent Behavior, 11*, 208–224.

Knight, R. A., & Prentky, R. A. (1993). Exploring characteristics for classifying juvenile sex offenders. In H. E. Barbaree, W. L. Marshall, & S. M. Hudson (Eds.), *The juvenile sex offender* (pp. 45–83). New York: Guilford Press.

Knight, R. A., & Sims-Knight, J. E. (2003). The developmental antecedents of sexual coercion against women: Testing alternative hypotheses with structural equation modeling. In R. A. Prentky, E. S. Janus, & M. C. Seto (Eds.), *Annals of the New York Academy of Sciences: Vol. 989. Sexually coercive behavior: Understanding and management* (pp. 72–85). New York: New York Academy of Sciences.

Knopp, F. (1986). *Report on nationwide survey of juvenile and adult sex offender treatment programs*. Syracuse, NY: Safer Society Press.

Kobayashi, J., Sales, B. D., Becker, J. V., Figueredo, A. J., & Kaplan, M. S. (1995). Perceived parental deviance, parent–child bonding, child abuse, and child sexual aggression. *Sexual Abuse: A Journal of Research and Treatment, 7,* 25–44.

Kolarsky, A., Freund, K., Machek, J., & Polak, O. (1967). Male sexual deviations: Association with early temporal lobe damage. *Archives of General Psychiatry, 17,* 735–743.

Koss, M. P., & Gidycz, C. A. (1985). Sexual experiences survey: Reliability and validity. *Journal of Consulting and Clinical Psychology, 53,* 422–423.

Krafft-Ebing, R. V. (1999). *Psychopathia sexualis* (12th ed.). Burbank, CA: Bloat. (Original work published 1906)

Krauss, D. (2004). Adjusting risk of recidivism: Do judicial departures worsen or improve recidivism prediction under the Federal Sentencing Guidelines? *Behavioral Sciences and the Law, 6,* 731–750.

Kroner, D. G., Mills, J. F., & Reddon, J. R. (2005). A coffee can, factor analysis, and prediction of antisocial behavior: The structure of criminal risk. *International Journal of Law and Psychiatry, 28,* 360–374.

Krueger, D. W. (1978). Symptom passing in a transvestite father and three sons. *American Journal of Psychiatry, 135,* 739–742.

Kruesi, M. P. J., Fine, S., Valladares, L., Phillips, R. A., Jr., & Rapoport, J. (1992). Paraphilias: A double blind cross-over comparison of clomipramine versus desipramine. *Archives of Sexual Behavior, 21,* 587–593.

Kutchinsky, B. (1991). Pornography and rape: Theory and practice? Evidence from crime data in four countries where pornography is easily available. *International Journal of Law and Psychiatry, 14,* 47–64.

LaFond, J. Q. (2005). *Preventing sexual violence: How society should cope with sex offenders*. Washington, DC: American Psychological Association.

Lalumière, M. L., Blanchard, R., & Zucker, K. J. (2000). Sexual orientation and handedness in men and women: A meta-analysis. *Psychological Bulletin, 126,* 575–592.

Lalumière, M. L., Chalmers, L. J., Quinsey, V. L., & Seto, M. C. (1996). A test of the mate deprivation hypothesis of sexual coercion. *Ethology and Sociobiology, 17,* 299–318.

Lalumière, M. L., & Earls, C. M. (1992). Voluntary control of penile responses as a function of stimulus duration and instructions. *Behavioral Assessment, 14,* 121–132.

Lalumière, M. L., & Harris, G. T. (1998). Common questions regarding the use of phallometric testing with sexual offenders. *Sexual Abuse: A Journal of Research and Treatment, 10,* 227–237.

Lalumière, M. L., Harris, G. T., Quinsey, V. L., & Rice, M. E. (1998). Sexual deviance and number of older brothers among sexual offenders. *Sexual Abuse: A Journal of Research and Treatment, 10,* 5–15.

Lalumière, M. L., Harris, G. T., Quinsey, V. L., & Rice, M. E. (2005). *The causes of rape: Understanding individual differences in male propensity for sexual aggression.* Washington, DC: American Psychological Association.

Lalumière, M. L., Harris, G. T., & Rice, M. E. (2001). Psychopathy and developmental instability. *Evolution and Human Behavior, 22,* 75–92.

Lalumière, M. L., & Quinsey, V. L. (1991). Polygraph testing of child molesters: Are we ready? *Violence Update, 1,* 6–7.

Lalumière, M. L., & Quinsey, V. L. (1994). The discriminability of rapists from non-sex offenders using phallometric measures: A meta-analysis. *Criminal Justice and Behavior, 21,* 150–175.

Lalumière, M. L., & Quinsey, V. L. (1998). Pavlovian conditioning of sexual interests in human males. *Archives of Sexual Behavior, 27,* 241–252.

Lalumière, M. L., Quinsey, V. L., Harris, G. T., Rice, M. E., & Trautrimas, C. (2003). Are rapists differentially aroused by coercive sex in phallometric assessments? In R. A. Prentky, E. S. Janus, & M. C. Seto (Eds.), *Annals of the New York Academy of Sciences: Vol. 989. Sexually coercive behavior: Understanding and management* (pp. 211–224). New York: New York Academy of Sciences.

Lalumière, M. L., Seto, M. C., & Jespersen, A. F. (2006, March). *The link between childhood sexual abuse and sexual offending: A meta-analysis.* Paper presented at the annual meeting of the American Psychology–Law Society, St. Petersburg, FL.

Landolt, M. A., Lalumière, M. L., & Quinsey, V. L. (1995). Sex differences and intra-sex variations in human mating tactics: An evolutionary approach. *Ethology and Sociobiology, 16,* 3–23.

Lane, E. (1977). *Orgasms of light.* San Francisco: Gay Sunshine Press.

Lang, R. A., Black, E. L., Frenzel, R. R., & Checkley, K. L. (1988). Aggression and erotic attraction toward children in incestuous and pedophilic men. *Annals of Sex Research, 1,* 417–441.

Lang, R. A., & Frenzel, R. R. (1988). How sex offenders lure children. *Annals of Sex Research, 1,* 303–317.

Lang, R. A., Langevin, R., van Santen, V., Billingsley, D., & Wright, P. (1990). Marital relations in incest offenders. *Journal of Sex and Marital Therapy, 16,* 214–229.

Lang, R., Rouget, A. C., & Van Santen, V. (1988). The role of victim age and sexual maturity in child sexual abuse. *Annals of Sex Research, 1,* 467–484.

Langan, P. A., Schmitt, E. L., & Durose, M. R. (2003). *Recidivism of sex offenders released from prison in 1994* (Rep. No. NCJ198281). Retrieved January 13, 2007, from http://www.ojp.usdoj.gov/bjs/pub/pdf/rsorp94.pdf

Langevin, R. (1989). *Sexual preference testing: A brief guide.* Etobicoke, Ontario, Canada: Juniper Press.

Langevin, R., & Curnoe, S. (2004). The use of pornography during the commission of sexual offenses. *International Journal of Offender Therapy and Comparative Criminology, 48,* 572–586.

Langevin, R., Handy, L., Hook, H., Day, D., & Russon, A. (1985). Are incestuous fathers pedophilic and aggressive? In R. Langevin (Ed.), *Erotic preferences, gender identity and sexual aggression* (pp. 161–179). Hillsdale, NJ: Erlbaum.

Langevin, R., Lang, R. A., & Curnoe, S. (2000). The prevalence of sex offenders with deviant fantasies. *Journal of Interpersonal Violence, 13,* 315–327.

Langevin, R., & Paitich, D. (2001). *Clarke Sex History Questionnaire for Males—Revised (SHQ-R).* Toronto, Ontario, Canada: Multi-Health Systems.

Langevin, R., & Watson, R. (1991). A comparison of incestuous biological and stepfathers. *Annals of Sex Research, 4,* 141–150.

Langevin, R., Wortzman, G., Dickey, R., Wright, P., & Handy, L. (1988). Neuropsychological impairment in incest offenders. *Annals of Sex Research, 1,* 401–415.

Langevin, R., Wortzman, G., Wright, P., & Handy, L. (1989). Studies of brain damage and dysfunction in sex offenders. *Annals of Sex Research, 2,* 163–179.

Langevin, R., Wright, P., & Handy, L. (1988). Empathy, assertiveness, aggressiveness, and defensiveness among sex offenders. *Annals of Sex Research, 1,* 533–547.

Långström, N., Grann, M., & Lichtenstein, P. (2002). Genetic and environmental influences on problematic masturbatory behavior in children: A study of same-sex twins. *Archives of Sexual Behavior, 31,* 343–350.

Långström, N., & Seto, M. C. (2006). Exhibitionistic and voyeuristic behavior in a Swedish national population survey. *Archives of Sexual Behavior, 35,* 427–435.

Långström, N., Sjöstedt, G., & Grann, M. (2004). Psychiatric disorders and recidivism in sexual offenders. *Sexual Abuse: A Journal of Research and Treatment, 16,* 139–150.

Langton, C. M. (2003). Contrasting approaches to risk assessment with adult male sexual offenders: An evaluation of recidivism prediction schemes and the utility of supplementary clinical information for enhancing predictive accuracy. *Dissertation Abstracts International, 64* (04), 1907B. (UMI No. NQ78052)

Langton, C. M., Barbaree, H. E., Seto, M. C., Harkins, L., & Peacock, E. (2002, October). *How should we interpret behavior in treatment.* Paper presented at the 21st Annual Conference of the Association for the Treatment of Sexual Abusers, Montréal, Québec, Canada.

Langton, C. M., Barbaree, H. E., Seto, M. C., Peacock, E. J., & Harkins, L. (2007). Evaluating the predictive accuracy of five risk assessment instruments for adult sexual offenders: A follow-up to Barbaree, Seto, Langton, and Peacock (2001). *Criminal Justice and Behavior, 34,* 37–59.

Lascaratos, J., & Poulakou-Rebelakou, E. (2000). Child sexual abuse: Historical cases in the Byzantine Empire (324–1453 AD). *Child Abuse & Neglect, 24,* 1085–1090.

Laschet, U., & Laschet, L. (1971). Psychopharmacotherapy of sex offenders with cyproterone acetate. *Pharmakopsychiatrie Neuropsychopharmakologic, 4,* 99–104.

Laub, J. H., & Sampson, R. J. (2003). *Shared beginnings, divergent lives: Delinquent boys to age 70.* Cambridge, MA: Harvard University Press.

Laumann, E., Gagnon, J. H., Michael, R. T., & Michaels, S. (1994). *The social organization of sexuality: Sexual practices in the United States.* Chicago: University of Chicago Press.

Launay, G. (1999). The phallometric assessment of sex offenders: An update. *Criminal Behaviour and Mental Health, 9,* 254–274.

Lautmann, R. (1994). *Die Lust am Kind: Portrait des Pädophilen* [The desire for children: Portrait of pedophiles]. Hamburg, Germany: Klein Verlag.

Law, S. K. (1979). Child molestation—A comparison of Hong Kong and Western findings. *Medicine, Science, and the Law, 19,* 55–60.

Laws, D. R. (Ed.). (1989). *Relapse prevention with sex offenders.* New York: Guilford Press.

Laws, D. R., Hanson, R. K., Osborn, C. A., & Greenbaum, P. A. (2000). Classification of child molesters by plethysmographic assessment of sexual arousal and a self-report measure of sexual preference. *Journal of Interpersonal Violence, 15,* 1297–1312.

Laws, D. R., Hudson, S. M., & Ward, T. (Eds.). (2000). *Remaking relapse prevention with sex offenders: A sourcebook.* Newbury Park, CA: Sage.

Laws, D. R., & Marshall, W. L. (1990). A conditioning theory of the etiology and maintenance of deviant sexual preference and behavior. In W. L. Marshall, D. R. Laws, & H. E. Barbaree (Eds.), *Handbook of sexual assault: Issues, theories, and treatment of the offender* (pp. 209–230). New York: Plenum Press.

Laws, D. R., & Marshall, W. L. (2003). A brief history of behavioral and cognitive behavioral approaches to sexual offenders: Part 1. Early developments. *Sexual Abuse: A Journal of Research and Treatment, 15,* 75–92.

Laws, D. R., & Ward, T. (2006). When one size does not fit all: The reformulation of relapse prevention. In W. L. Marshall, Y. Fernandez, & L. Marshall (Eds.), *Sexual offender treatment: Issues and controversies* (pp. 242–254). Chichester, England: Wiley.

Lawson, C. (1993). Mother–son sexual abuse: Rare or underreported? A critique of the research. *Child Abuse & Neglect, 17,* 261–269.

Lebegue, B. (1991). Paraphilias in U.S. pornography titles: "Pornography made me do it" (Ted Bundy). *Bulletin of the American Academy of Psychiatry & the Law, 19,* 43–48.

Lee, J. K. P., Jackson, H. J., Pattison, P., & Ward, T. (2002). Developmental risk factors for sexual offending. *Child Abuse & Neglect, 26,* 73–92.

Letourneau, E. J. (2002). A comparison of objective measures of sexual arousal and interest: Visual reaction time and penile plethysmography. *Sexual Abuse: A Journal of Research and Treatment, 14,* 207–223.

Leue, A., Borchard, B., & Hoyer, J. (2004). Mental disorders in a forensic sample of sexual offenders. *European Psychiatry, 19,* 123–130.

Levenson, J. (2004a). Reliability of sexually violent predator civil commitment criteria in Florida. *Law and Human Behavior, 28,* 357–368.

Levenson, J. (2004b). Sexual predator civil commitment: A comparison of selected and released offenders. *International Journal of Offender Therapy and Comparative Criminology, 48*, 638–648.

Levenson, J., & Cotter, L. P. (2005). The impact of sex offender residence restrictions: 1,000 feet from danger or one step from absurd? *International Journal of Offender Therapy and Comparative Criminology, 49*, 168–178.

Levenson, M. R., Kiehl, K. A., & Fitzpatrick, C. M. (1995). Assessing psychopathic attributes in a noninstitutionalized population. *Journal of Personality and Social Psychology, 68*, 151–158.

Levi-Strauss, C. (1969). *The elementary structures of kinship.* Boston: Beacon Press.

Lewin, J., Kohen, D., & Mathew, G. (1993). Handedness in mental handicap: Investigation into populations of Down's syndrome, epilepsy, and autism. *British Journal of Psychiatry, 163*, 674–676.

Lewis, C. F., & Stanley, C. R. (2000). Women accused of sexual offenses. *Behavioral Sciences and the Law, 18*, 73–81.

Li, C. K. (1991). "The main thing is being wanted": Some case studies on adult sexual experiences with children. *Journal of Homosexuality, 20*, 129–143.

Liakos, A. (1967). Familial transvestism. *British Journal of Psychiatry, 113*, 49–51.

Lieb, R., & Gookin, K. (2005). *Involuntary commitment of sexually violent predators: Comparing state laws.* Olympia, WA: Washington State Institute for Public Policy. Retrieved July 18, 2005, from http://www.wsipp.wa.gov/rptfiles/05-03-1101.pdf

Lieberman, D., Tooby, J., & Cosmides, L. (2003). Does morality have a biological basis? An empirical test of the factors governing moral sentiments relating to incest. *Proceedings of the Royal Society: Biological Sciences, 270*, 819–826.

Lieberman, D., Tooby, J., & Cosmides, L. (2007, February 15). The architecture of human kin detection. *Nature, 445*, 727–731.

Lieberman, D., Tooby, J., & Cosmides, L. (in press). The evolution of human incest avoidance mechanisms: An evolutionary psychological approach. In A. Wolf & J. P. Takala (Eds.), *Evolution and the moral emotions: Appreciating Edward Westermarck.* Stanford, CA: Stanford University Press.

Lifshitz, K. (1966). Averaged evoked cortical response to complex visual stimuli. *Psychophysiology, 3*, 55–68.

Limestone Technologies. (2006). Preftest suite [Computer software]. Kingston, Ontario, Canada: Author.

Lindsay, W. R., & Smith, A. H. W. (1998). Response to treatment for sex offenders with intellectual disability: A comparison of men with 1- and 2-year probation sentences. *Journal of Intellectual Disability Research, 42*, 346–353.

Lipsey, M. W. (1998). What do we learn from 400 research studies on the effectiveness of treatment with juvenile delinquents? In J. McGuire (Ed.), *What works: Reducing reoffending guidelines from research and practice* (pp. 63–77). London: Wiley.

Lipsey, M. W., & Derzon, J. H. (1998). Predictors of violent or serious delinquency in adolescence and early adulthood: A synthesis of longitudinal research. In

R. Loeber & D. P. Farrington (Eds.), *Serious and violent juvenile offenders: Risk factors and successful interventions* (pp. 86–105). London: Sage.

Lisker, R., Carnevale, A., Villa, J. A., Armendares, S., & Wertz, D. C. (1998). Mexican geneticists' opinions on disclosure issues. *Clinical Genetics, 54*, 321–329.

Litwack, T. R. (2001). Actuarial versus clinical assessments of dangerousness. *Psychology, Public Policy, and the Law, 7*, 409–443.

Lloyd, R. (1976). *For money or love: Boy prostitution in America.* New York: Vanguard Press.

Loeber, R., & Farrington, D. P. (1997). Strategies and yields of longitudinal studies on antisocial behavior. In D. M. Stoff, J. Breiling, & J. D. Maser (Eds.), *Handbook of antisocial behavior* (pp. 125–139). New York: Guilford Press.

Looman, J., Abracen, J., DiFazio, R., & Maillet, R. (2004). Alcohol and drug abuse among sexual and nonsexual offenders: Relationship to intimacy deficits and coping strategies. *Sexual Abuse: A Journal of Research and Treatment, 16*, 177–189.

Looman, J., Abracen, J., Serin, R. C., & Marquis, P. (2005). Psychopathy, treatment change, and recidivism in high-risk, high-need sexual offenders. *Journal of Interpersonal Violence, 20*, 549–568.

Lösel, F., & Schmucker, M. (2005). The effectiveness of treatment for sexual offenders: A comprehensive meta-analysis. *Journal of Experimental Criminology, 1*, 117–146.

Lussier, P. (2005). The criminal activity of sexual offenders in adulthood: Revisiting the specialization debate. *Sexual Abuse: A Journal of Research and Treatment, 17*, 269–292.

Lyn, T. S., & Burton, D. L. (2004). Adult attachment and sexual offender status. *American Journal of Orthopsychiatry, 74*, 150–159.

MacCulloch, S. I., Gray, N. S., Phillips, H. K., Taylor, J., & MacCulloch, M. J. (2004). Birth order in sex-offending and aggressive-offending men. *Archives of Sexual Behavior, 33*, 467–474.

Maddock, J. W., & Larson, N. R. (1995). *Incestuous families: An ecological approach to understanding and treatment.* New York: Norton.

Madrigano, G., Curry, S., & Bradford, J. M. W. (2003, May). *Sexual arousal of juvenile sex offenders: How do they compare to adult sex offenders?* Paper presented at the Third Annual Canadian Conference on Specialized Services for Sexually Abusive Youth, Toronto, Ontario, Canada.

Maes, M., De Vos, N., Van Hunsel, F., van West, D., Westenberg, H., Cosyns, P., & Neels, H. (2001). Pedophilia is accompanied by increased plasma concentrations of catecholamines, in particular epinephrine. *Psychiatry Research, 103*, 43–49.

Maes, M., van West, D., De Vos, N., Westenberg, H., Van Hunsel, F., Hendriks, D., et al. (2001). Lower baseline plasma cortisol and prolactin together with increased body temperature and higher mCPP-induced cortisol responses in men with pedophilia. *Neuropsychopharmacology, 24*, 37–46.

Mahoney, J. M., & Strassberg, D. S. (1991). Voluntary control of male sexual arousal. *Archives of Sexual Behavior, 20,* 1–16.

Mailloux, D. L., Abracen, J., Serin, R., Cousineau, C., Malcolm, P. B., & Looman, J. (2003). Dosage of treatment to sexual offenders: Are we overprescribing? *International Journal of Offender Therapy and Comparative Criminology, 47,* 171–184.

Maisch, H. (1972). *Incest* (C. Bearns, Trans.). New York: Stein & Day.

Malamuth, N. M. (2003). Criminal and noncriminal sexual aggressors: Integrating psychopathy in a hierarchical-mediational confluence model. In R. A. Prentky, E. S. Janus, & M. C. Seto (Eds.), *Annals of the New York Academy of Sciences: Vol. 989. Sexually coercive behavior: Understanding and management* (pp. 33–58). New York: New York Academy of Sciences.

Malamuth, N. M., Addison, T., & Koss, M. (2000). Pornography and sexual aggression: Are there reliable effects and can we understand them? *Annual Review of Sex Research, 11,* 26–91.

Malamuth, N. M., & Check, J. V. P. (1984). Debriefing effectiveness following exposure to pornographic rape depictions. *Journal of Sex Research, 20,* 1–13.

Malcolm, P. B., Andrews, D. A., & Quinsey, V. L. (1993). Discriminant and predictive validity of phallometrically measured sexual age and gender preference. *Journal of Interpersonal Violence, 8,* 486–501.

Malesky, L. A., Jr. (2005). The use of the Internet for child sexual exploitation. In S. W. Cooper, R. J. Estes, A. P. Giardino, N. D. Kellogg, & V. I. Veith (Eds.), *Medical, legal, and social scientific aspects of child sexual exploitation: A comprehensive review of pornography, prostitution, and Internet crimes* (pp. 469–487). St. Louis, MO: G. W. Medical.

Malesky, L. A., Jr., & Ennis, L. (2004). Supportive distortions: An analysis of posts on a pedophile Internet message board. *Journal of Addictions & Offender Counseling, 24,* 92–100.

Maletzky, B. M., & Field, G. (2003). The biological treatment of dangerous sexual offenders, a review and preliminary report of the Oregon pilot Depo-Provera program. *Aggression and Violent Behavior, 8,* 391–412.

Maletzky, B. M., & Steinhauser, C. (2002). 25-year follow-up of cognitive/behavioral therapy with 7,275 sexual offenders. *Behavior Modification, 26,* 123–147.

Marcus, D. K., & Cunningham, M. R. (2003). Do child molesters have aberrant perceptions of adult female facial attractiveness? *Journal of Applied Social Psychology, 33,* 499–512.

Marks, I. M., & Gelder, M. G. (1967). Transvestism and fetishism: Clinical and psychological changes during faradic aversion. *British Journal of Psychiatry, 113,* 711–730.

Marlatt, G. A., & Gordon, J. R. (1985). *Relapse prevention: Maintenance strategies in the treatment of addictive behaviors.* New York: Guilford Press.

Marques, J. K. (1999). How to answer the question "Does sexual offender treatment work?" *Journal of Interpersonal Violence, 14,* 437–451.

Marques, J. K., Day, D. M., Nelson, C., & West, M. A. (1994). Effects of cognitive–behavioral treatment on sex offender recidivism: Preliminary results of a longitudinal study. *Criminal Justice and Behavior, 21*, 28–54.

Marques, J. K., Nelson, C., Alarcon, J. -M., & Day, D. M. (2000). Preventing relapse in sex offenders: What we have learned from SOTEP's experimental treatment program. In D. R. Laws, S. M. Hudson, & T. Ward (Eds.), *Remaking relapse prevention with sex offenders: A sourcebook* (pp. 321–340). Thousand Oaks, CA: Sage.

Marques, J. K., Wiederanders, M., Day, D. M., Nelson, C., & van Ommeren, A. (2005). Effects of a relapse prevention program on sexual recidivism: Final results from California's Sex Offender Treatment Evaluation Project (SOTEP). *Sexual Abuse: A Journal of Research and Treatment, 17*, 79–107.

Marsa, F., O'Reilly, G., Carr, A., Murphy, P., O'Sullivan, M., Cotter, A., et al. (2004). Attachment styles and psychological profiles of child sex offenders in Ireland. *Journal of Interpersonal Violence, 19*, 228–251.

Marshall, P. (1997). *The prevalence of convictions for sexual offending* (Research Findings No. 55). London, UK: Home Office Research and Statistics Directorate. Retrieved May 2, 2007, from http://www.homeoffice.gov.uk/rds/pdfs/r55.pdf

Marshall, W. L. (1988). The use of sexually explicit stimuli by rapists, child molesters, and non-offenders. *Journal of Sex Research, 25*, 267–288.

Marshall, W. L. (2006a). Appraising treatment outcome with sexual offenders. In W. L. Marshall, Y. M. Fernandez, L. E. Marshall, & G. A. Serran (Eds.), *Sexual offender treatment: Controversial issues* (pp. 255–273). New York: Wiley.

Marshall, W. L. (2006b). Diagnostic problems with sexual offenders. In W. L. Marshall, Y. M. Fernandez, L. E. Marshall, & G. A. Serran (Eds.), *Sexual offender treatment: Controversial issues* (pp. 33–43). New York: Wiley.

Marshall, W. L., & Anderson, D. (2000). Do relapse prevention components enhance treatment effectiveness? In D. R. Laws, S. M. Hudson, & T. Ward, (Eds.), *Remaking relapse prevention with sex offenders: A sourcebook* (pp. 39–55). Newbury Park, CA: Sage.

Marshall, W. L., & Barbaree, H. E. (1990). An integrated theory of the etiology of sexual offending. In W. L. Marshall, D. R. Laws, & H. E. Barbaree (Eds.), *Handbook of sexual assault: Issues, theories, and treatment of the offender* (pp. 257–275). New York: Plenum Press.

Marshall, W. L., Barbaree, H. E., & Butt, J. (1988). Sexual offenders against male children: Sexual preferences. *Behaviour Research and Therapy, 26*, 383–391.

Marshall, W. L., Barbaree, H. E., & Christophe, D. (1986). Sexual offenders against female children: Sexual preferences for age of victims and type of behavior. *Canadian Journal of Behavioural Science, 18*, 424–439.

Marshall, W. L., Barbaree, H. E., & Eccles, A. (1991). Early onset and deviant sexuality in child molesters. *Journal of Interpersonal Violence, 6*, 323–336.

Marshall, W. L., & Christie, M. M. (1981). Pedophilia and aggression. *Criminal Justice and Behavior, 8*, 145–158.

Marshall, W. L., & Fernandez, Y. M. (2000). Phallometric testing with sexual offenders: Limits to its value. *Clinical Psychology Review, 20,* 807–822.

Marshall, W. L., Hamilton, K., & Fernandez, Y. M. (2001). Empathy deficits and cognitive distortions in child molesters. *Sexual Abuse: A Journal of Research and Treatment, 13,* 123–131.

Marshall, W. L., Hudson, S. M., Jones, R., & Fernandez, Y. M. (1995). Empathy in sex offenders. *Clinical Psychology Review, 15,* 99–113.

Marshall, W. L., Jones, R., Hudson, S. M., & McDonald, E. (1993). Generalized empathy in child molesters. *Journal of Child Sexual Abuse, 2,* 61–68.

Marshall, W. L., & Laws, D. R. (2003). A brief history of behavioral and cognitive behavioral approaches to sexual offenders: Part 2. The modern era. *Sexual Abuse: A Journal of Research and Treatment, 15,* 93–120.

Marshall, W. L., & Marshall, L. (2000). The origins of sexual offending. *Trauma, Violence & Abuse, 1,* 250–263.

Marshall, W. L., & Mazzucco, A. (1995). Self-esteem and parental attachments in child molesters. *Sexual Abuse: A Journal of Research and Treatment, 7,* 279–285.

Marshall, W. L., Payne, K., Barbaree, H. E., & Eccles, A. (1991). Exhibitionists: Sexual preferences for exposing. *Behaviour Research and Therapy, 29,* 37–40.

Marshall, W. L., Serran, G. S., & Cortoni, F. A. (2000). Childhood attachments, sexual abuse, and their relationship to adult coping in child molesters. *Sexual Abuse: A Journal of Research and Treatment, 12,* 17–26.

Marshall, W. L., Ward, T., Mann, R. E., Moulden, H., Fernandez, Y. M., Serran, G., & Marshall, L. E. (2005). Working positive with sexual offenders: Maximizing the effectiveness of treatment. *Journal of Interpersonal Violence, 20,* 1096–1114.

Marshall, W. L., & Yates, P. M. (2005). Comment on Mailloux et al.'s (2003) study "Dosage of Treatment to Sexual Offenders: Are We Overprescribing?" *International Journal of Offender Therapy and Comparative Criminology, 49,* 221–224.

Mason, F. L. (1997). Fetishism: Psychopathology and theory. In D. R. Laws & W. O'Donohue (Eds.), *Sexual deviance: Theory, assessment, and treatment* (pp. 75–91). New York: Guilford Press.

Matravers, A. (Ed.). *Managing sex offenders in the community: Contexts, challenges, and responses.* London: Willan.

Matson, S., & Lieb, R. (1996). *Community notification in Washington State: 1996 survey of law enforcement.* Retrieved July 18, 2005, from http://www.wsipp.wa.gov/rptfiles/sle.pdf

McCabe, J. (1983). FBD marriage—Further support for the Westermarck hypothesis of the incest taboo. *American Anthropologist, 85,* 50–69.

McCarty, L. M. (1986). Mother–child incest: Characteristics of the offender. *Child Welfare, 65,* 447–458.

McClanahan, S. F., McClelland, G. M., Abram, K. M., & Teplin, L. A. (1999). Pathways into prostitution among female jail detainees and their implications for mental health services. *Psychiatric Services, 50,* 1606–1613.

McClelland, G. H., & Judd, C. M. (1993). Statistical difficulties of detecting interactions and moderator effects. *Psychological Bulletin, 114*, 376–390.

McClintock, M. K., & Herdt, G. (1996). Rethinking puberty: The development of sexual attraction. *Current Directions in Psychological Science, 5*, 178–183.

McGrath, R. J., Cumming, G. F., & Burchard, B. L. (2003). *Current practices and trends in sexual abuser management: The Safer Society 2002 nationwide survey.* Brandon, VT: Safer Society Press.

McGrath, R. J., Cumming, G., Livingston, J. A., & Hoke, S. E. (2003). Outcome of a treatment program for adult sex offenders: From prison to community. *Journal of Interpersonal Violence, 18*, 3–17.

McGuire, R. J., Carlisle, J. M., & Young, B. G. (1965). Sexual deviations as conditioned behavior: A hypothesis. *Behavior Research and Therapy, 2*, 185–190.

McNiel, D. E., Lam, J. N., & Binder, R. L. (2000). Relevance of interrater agreement to violence risk assessment. *Journal of Consulting and Clinical Psychology, 68*, 1111–1115.

Mealey, L. (1995). The sociobiology of sociopathy: An integrated evolutionary model. *Behavioral and Brain Sciences, 18*, 523–599.

Meehl, P. (1954). *Clinical versus statistical predictions: A theoretical analysis and review of the evidence.* Minneapolis: University of Minnesota Press.

"Megan's Law": Registration and Community Notification Laws, New Jersey State Code, 2C:7-12 to 7-19 (1994). Retrieved April 23, 2007, from http://njlawnet.com/title2c_7-1.html

Mehta, M. D. (2001). Pornography in Usenet: A study of 9,800 randomly selected images. *Cyberpsychology & Behavior, 4*, 695–703.

Mehta, M. D., Best, D., & Poon, N. (2002). Peer-to-peer sharing on the Internet: An analysis of how Gnutella networks are used to distribute pornographic material. *Canadian Journal of Law and Technology, 1.* Retrieved March 4, 2007, from http://cjlt.dal.ca/vol1_no1/articles/01_01_MeBePo_gnutella.pdf

Mental Health Centre Penetanguishene Research Department. (n.d.). *The risk assessment page.* Retrieved November 9, 2006, from http://www.mhcp-research.com/ragpage.htm

Meston, C. M., & Gorzalka, B. B. (1992). Psychoactive drugs and human sexual behavior: The role of serotonergic activity. *Journal of Psychoactive Drugs, 24*, 1–40.

Mills, J. F., Anderson, D., & Kroner, D. G. (2004). The antisocial attitudes and associates of sex offenders. *Criminal Behaviour and Mental Health, 14*, 134–145.

Mills, J. F., & Kroner, D. G. (1999). *Measures of Criminal Attitudes and Associates: User guide.* Selby, Ontario, Canada: Authors. (Available from Jeremy F. Mills, Bath Institution, 5775 Bath Road, PO Box 1500, Bath Ontario, K0H 1G0)

Miner, M. H., Marques, J. K., Day, D. M., & Nelson, C. (1990). Impact of relapse prevention in treating sex offenders: Preliminary findings. *Annals of Sex Research, 3*, 165–185.

Mishra, S., & Lalumière, M. L. (2006). *Self-control, risk taking and the crime drop: A test of the general theory of crime using aggregate data.* Manuscript submitted for publication.

Mitchell, K. J., Finkelhor, D., & Wolak, J. (2005). The Internet and family and acquaintance sexual abuse. *Child Maltreatment, 10,* 49–60.

Moffitt, T. E. (1993). Adolescence-limited and life-course-persistent antisocial behavior: A developmental taxonomy. *Psychological Review, 100,* 674–701.

Moffitt, T. E., Caspi, A., Harrington, H., & Milne, B. J. (2002). Males on the life-course-persistent and adolescence-limited antisocial pathways: Follow-up at age 26 years. *Development and Psychopathology, 14,* 179–207.

Møller, A. P., & Swaddle, J. P. (1997). *Asymmetry, developmental stability and evolution.* New York: Oxford University Press.

Monahan, J. (1981). *Predicting violent behavior: An assessment of clinical techniques.* Beverly Hills, CA: Sage.

Moncher, F., & Prinz, R. (1991). Treatment fidelity in outcome studies. *Clinical Psychology Review, 11,* 247–266.

Money, J. (1984). Paraphilias: Phenomenology & classification. *American Journal of Psychotherapy, 38,* 164–179.

Moore, D. L., Bergman, B. A., & Knox, P. L. (1999). Predictors of sex offender treatment completion. *Journal of Child Sexual Abuse, 7,* 73–88.

Moser, C., & Levitt, E. E. (1987). An exploratory–descriptive study of a sadomasochistically oriented sample. *Journal of Sex Research, 23,* 322–337.

Mossman, D. (2006). Another look at interpreting risk categories. *Sexual Abuse: A Journal of Research and Treatment, 18,* 41–63.

Motiuk, L. L., & Vuong, B. (2002). *Homicide, sex, robbery and drug offenders in federal corrections: An end-of-2001 review* (Research Rep. No. B-26). Ottawa, Ontario, Canada: Correctional Service of Canada. Retrieved April 26, 2007, from http://www.csc-scc.gc.ca/text/rsrch/briefs/b26/b26_e.pdf

Murphy, W. D., & Barbaree, H. E. (1988). *Assessments of sex offenders by measures of erectile response: Psychometric properties and decision making.* Brandon, VT: Safer Society Press.

Murphy, W. D., Haynes, M. R., Stalgaitis, S. J., & Flanagan, B. (1986). Differential sexual responding among four groups of sexual offenders against children. *Journal of Psychopathology and Behavioral Assessment, 8,* 339–353.

Mustanski, B., Chivers, M. L., & Bailey, J. M. (2002). A critical review of recent biological research on human sexual orientation. *Annual Review of Sex Research, 13,* 89–140.

Nathan, D., & Snedeker, M. (2001). *Satan's silence: Ritual abuse and the making of a modern American witch hunt.* Lincoln, NE: Author's Choice Press.

National Research Council, Committee to Review the Scientific Evidence on the Polygraph. (2003). *The polygraph and lie detection.* Washington, DC: National Academy Press.

Ng, E. M. L. (2002). Pedophilia from the Chinese perspective. *Archives of Sexual Behavior, 31*, 491.

Nicholaichuk, T. P., & Yates, P. M. (2002). Treatment efficacy: Outcomes of the Clearwater sex offender program. In B. K. Schwartz (Ed.), *The sex offender: Current treatment modalities and systems issues* (pp. 711–718). Kingston, NJ: Civic Research Institute.

Nichols, H. R., & Molinder, I. (1984). *Multiphasic Sex Inventories.* (Available from the authors, 437 Bowes Drive, Tacoma, WA, 98466-7047).

Noble, R. K. (2007, January). *The fight against sexual exploitation of children via the Internet.* Speech given at the Paris Meeting on Missing and Exploited Children, Paris, France. Retrieved April 26, 2007, from http://www.interpol.int/public/ICPO/speeches/SGChildren20070117.asp

Nunes, K. L., Firestone, P., Bradford, J. M., Greenberg, D. M., & Broom, I. (2002). A comparison of modified versions of the Static-99 and the Sex Offender Risk Appraisal Guide. *Sexual Abuse: A Journal of Research and Treatment, 14*, 253–269.

Nutter, D. E., & Kearns, M. E. (1993). Patterns of exposure to sexually explicit material among sex offenders, child molesters, and controls. *Journal of Sex and Marital Therapy, 19*, 77–85.

O'Brien, S. (1983). *Child pornography.* Dubuque, IA: Kendall/Hunt.

O'Donohue, W., Regev, L. G., & Hagstrom, A. (2000). Problems with the DSM–IV diagnosis of pedophilia. *Sexual Abuse: A Journal of Research and Treatment, 12*, 95–105.

Öhman, A., Lundqvist, D., & Esteves, F. (2001). The face in the crowd revisited: A threat advantage with schematic stimuli. *Journal of Personality and Social Psychology, 80*, 381–396.

Oosterbaan, D. (2005, May). *Meeting the law enforcement challenges of online child victimization in the United States.* Presentation at the Symposium on Online Child Exploitation, University of Toronto Centre for Innovation Law and Policy, Toronto, Ontario, Canada.

Oules, J., Boscredon, J., & Bataille, J. (1977). A case of gerontophilia. *Evolution Psychiatrique, 42*, 243–257.

Pacific Psychological Assessment Corporation. (2006). Affinity 2.1 [Computer software]. Victoria, British Columbia, Canada: Author.

Pagel, M. (1997). Desperately concealing father: A theory of parent–infant resemblance. *Animal Behavior, 53*, 973–981.

Park, K., Seo, J. J., Kang, H. K., Ryu, S. B., Kim, H. J., & Jeong, G. W. (2001). A new potential of blood oxygenation level dependent (BOLD) functional MRI for evaluating cerebral centers of penile erection. *International Journal of Impotence Research, 13*, 73–81.

Parker, H., & Parker, S. (1986). Father–daughter sexual abuse: An emerging perspective. *American Journal of Orthopsychiatry, 56*, 531–549.

Parks, G. A., & Bard, D. E. (2006). Risk factors for adolescent sex offender recidivism: Evaluation of predictive factors and comparison of three groups based upon victim type. *Sexual Abuse: A Journal of Research and Treatment, 18,* 319–342.

Patrick, C. J. (Ed.). (2006). *Handbook of psychopathy.* New York: Guilford Press.

Paveza, G. J. (1988). Risk factors in father–daughter child sexual abuse: A case-control study. *Journal of Interpersonal Violence, 3,* 290–306.

Peacock, E., & Barbaree, H. E. (2000, November). *The impact of treatment on risk assessment: Integrating treatment performance.* Paper presented at the 19th Annual Research and Treatment Conference of the Association for Treatment of Sexual Abusers, San Diego, CA.

Perkins, D. (1987). A psychological treatment programme for sexual offenders. In B. J. McGurk, D. M. Thornton, & M. Williams (Eds.), *Applying psychology to treatment: Theory & practice* (pp. 192–217). London: Her Majesty's Stationery Office.

Perper, T. (1989). Theories and observations on sexual selection and female choice in human beings. *Medical Anthropology, 11,* 409–454.

Phillips, D. (1998). *Community notification as viewed by Washington's citizens* (Research Rep. No. 98-03-1101). Olympia: Washington State Institute for Public Policy.

Pieterse, M. (1982). *Pedofielen over pedofilie* [Pedophiles concerning pedophilia]. Zeist, the Netherlands: Nisso.

Platek, S. M., Burch, R. L., Panyavin, I. S., Wasserman, B. H., & Gallup, G. G., Jr. (2002). Reactions to children's faces: Resemblance affects males more than females. *Evolution and Human Behavior, 23,* 159–166.

Platek, S. M., Critton, S. R., Burch, R. L., Frederick, D. A., Myers, T. E., & Gallup, G. G., Jr. (2003). How much paternal resemblance is enough? Sex differences in hypothetical investment decisions but not in the detection of resemblance. *Evolution and Human Behavior, 24,* 81–87.

Plaud, J. J., & Martini, J. R. (1999). The respondent conditioning of male sexual arousal. *Behavior Modification, 23,* 254–268.

Politser, P. (1982). Reliability, decision rules, and the value of repeated tests. *Medical Decision Making, 2,* 47–69.

Porter, S., Fairweather, D., Drugge, J., Hervé, H., Birt, A., & Boer, D. P. (2000). Profiles of psychopathy in incarcerated sexual offenders. *Criminal Justice and Behavior, 27,* 216–233.

Potterat, J. J., Rothenberg, R. B., Muth, S. Q., Darrow, W. W., & Phillips-Plummer, L. (1998). Pathways to prostitution: The chronology of sexual and drug abuse milestones. *Journal of Sex Research, 35,* 333–340.

Prentky, R. A., Janus, E. S., & Seto, M. C. (Eds.). (2003). *Understanding and managing sexually coercive behavior.* New York: New York Academy of Sciences.

Prentky, R. A., Knight, R. A., & Lee, A. F. S. (1997). Risk factors associated with recidivism among extrafamilial child molesters. *Journal of Consulting and Clinical Psychology, 65,* 141–149.

Proulx, J., Côté, G., & Achille, P. A. (1993). Prevention of voluntary control of penile response in homosexual pedophiles during phallometric testing. *Journal of Sex Research, 30*, 140–147.

Quayle, E., & Taylor, M. (2002). Child pornography and the Internet: Perpetuating a cycle of abuse. *Deviant Behavior, 23*, 331–361.

Quinsey, V. L. (1986). Men who have sex with children. In D. N. Weisstub (Ed.), *Law and mental health: International perspectives* (Vol. 2, pp. 140–172). New York: Pergamon Press.

Quinsey, V. L. (2002). Evolutionary theory and criminal behaviour. *Legal and Criminological Psychology, 7*, 1–13.

Quinsey, V. L. (2003). The etiology of anomalous sexual preferences in men. In R. A. Prentky, E. S. Janus, & M. C. Seto (Eds.), *Annals of the New York Academy of Sciences: Vol. 989. Sexually coercive behavior: Understanding and management* (pp. 105–117). New York: New York Academy of Sciences.

Quinsey, V. L., & Bergersen, S. G. (1976). Instructional control of penile circumference. *Behavior Therapy, 7*, 489–493.

Quinsey, V. L., & Carrigan, W. F. (1978). Penile responses to visual stimuli: Instructional control with and without auditory sexual fantasy correlates. *Criminal Justice and Behavior, 5*, 333–342.

Quinsey, V. L., & Chaplin, T. C. (1988). Penile responses of child molesters and normals to descriptions of encounters with children involving sex and violence. *Journal of Interpersonal Violence, 3*, 259–274.

Quinsey, V. L., Chaplin, T. C., & Carrigan, W. F. (1979). Biofeedback and signaled punishment in the modification of inappropriate sexual age preferences. *Behavior Therapy, 11*, 567–576.

Quinsey, V. L., Coleman, G., Jones, B., & Altrows, I. F. (1997). Proximal antecedents of eloping and reoffending among supervised mentally disordered offenders. *Journal of Interpersonal Violence, 12*, 794–813.

Quinsey, V. L., Harris, G. T., Rice, M. E., & Cormier, C. A. (1998). *Violent offenders: Appraising and managing risk*. Washington, DC: American Psychological Association.

Quinsey, V. L., Harris, G. T., Rice, M.E., & Cormier, C. A. (2006). *Violent offenders: Appraising and managing risk* (2nd ed.). Washington, DC: American Psychological Association.

Quinsey, V. L., Jones, G. B., Book, A. S., & Barr, K. N. (2006). The dynamic prediction of antisocial behavior among forensic psychiatric patients: A prospective field study. *Journal of Interpersonal Violence, 21*, 1539–1565.

Quinsey, V. L., Ketsetzis, M., Earls, C., & Karamanoukian, A. (1996). Viewing time as a measure of sexual interest. *Ethology and Sociobiology, 17*, 341–354.

Quinsey, V. L., Khanna, A., & Malcolm, P. B. (1998). A retrospective evaluation of the Regional Treatment Centre Sex Offender Treatment Program. *Journal of Interpersonal Violence, 13*, 621–644.

Quinsey, V. L., & Lalumière, M. L. (1995). Evolutionary perspectives on sexual offending. *Sexual Abuse: A Journal of Research and Treatment, 7*, 301–315.

Quinsey, V. L., & Lalumière, M. L. (2001). *Assessment of sexual offenders against children* (2nd ed.). Newbury Park, CA: Sage.

Quinsey, V. L., Lalumière, M. L., Querée, M., & McNaughton, J. K. (1999). Perceived crime severity and biological kinship. *Human Nature, 10,* 399–414.

Quinsey, V. L., Lalumière, M. L., Rice, M. E., & Harris, G. T. (1995). Predicting sexual offenses. In J. C. Campbell (Ed.), *Assessing dangerousness: Violence by sexual offenders, batterers, and child abusers* (pp. 114–137). Newbury Park, CA: Sage.

Quinsey, V. L., Rice, M. E., Harris, G. T., & Reid, K. S. (1993). The phylogenetic and ontogenetic development of sexual age preferences in males: Conceptual and measurement issues. In H. E. Barbaree, W. L. Marshall, & S. M. Hudson (Eds.), *The juvenile sex offender* (pp. 143–163). New York: Guilford Press.

Quinsey, V. L., Skilling, T. A., Lalumière, M. L., & Craig, W. M. (2004). *Juvenile delinquency: Understanding the origins of individual differences.* Washington, DC: American Psychological Association.

Quinsey, V. L., Steinman, C. M., Bergersen, S. G., & Holmes, T. F. (1975). Penile circumference, skin conductance, and ranking responses of child molesters and "normals" to sexual and nonsexual visual stimuli. *Behavior Therapy, 6,* 213–219.

Rabinowitz, S. R., Firestone, P., Bradford, J. M., & Greenberg, D. M. (2002). Prediction of recidivism in exhibitionists: Psychological, phallometric, and offense factors. *Sexual Abuse: A Journal of Research and Treatment, 14,* 329–347.

Racey, B. D., Lopez, N. L., & Schneider, H. G. (2000). Sexually assaultive adolescents: Cue perception, interpersonal competence and cognitive distortions. *International Journal of Adolescence and Youth, 8,* 229–239.

Rachman, S. (1966). Sexual fetishism: An experimental analogue. *Psychological Record, 16,* 293–296.

Rachman, S., & Hodgson, R. J. (1968). Experimentally-induced "sexual fetishism": Replication and development. *Psychological Record, 18,* 25–27.

Raskin White, H., Bates, M. E., & Buyske, S. (2001). Adolescence-limited versus persistent delinquency: Extending Moffitt's hypothesis into adulthood. *Journal of Abnormal Psychology, 110,* 600–609.

Raymond, M. (1956). Case of fetishism treated by aversion therapy. *British Medical Journal, 2,* 854–856.

Raymond, N. C., Coleman, E., Ohlerking, F., Christenson, G. A., & Miner, M. (1999). Psychiatric comorbidity in pedophilic sex offenders. *American Journal of Psychiatry, 156,* 786–788.

Rea, J. A., DeBriere, T., Butler, K., & Saunders, K. J. (1998). An analysis of four sexual offenders' arousal in the natural environment through the use of a portable penile plethysmograph. *Sexual Abuse: A Journal of Research and Treatment, 10,* 239–255.

Redouté, J., Stoléru, S., Grégoire, M.-C., Costes, N., Cinotti, L., Lavenne, F., et al. (2000). Brain processing of visual sexual stimuli in human males. *Human Brain Mapping, 11,* 162–177.

Regalski, J. M., & Gaulin, S. J. C. (1993). Whom are Mexican infants said to resemble? Monitoring and fostering paternal confidence in the Yucatan. *Ethology and Sociobiology, 14,* 97–113.

Remafedi, G., Resnick, M., Blum, R., & Harris, L. (1992). Demography of sexual orientation in adolescents. *Pediatrics, 89,* 714–721.

Rendall, D. (2004). "Recognizing" kin: Mechanisms, media, minds, modules and muddles. In B. Chapais & C. Berman (Eds.), *Kinship and behaviour in primates* (pp. 295–316). Oxford, England: Oxford University Press.

Renshaw, K. L. (1994). Child molesters: Do those molested as children report larger numbers of victims than those who deny childhood sexual abuse? *Journal of Addictions & Offender Counseling, 15,* 24–32.

Rice, M. E., Chaplin, T. C., & Harris, G. T. (2003, October). *What's shape got to do with it? Phallometric waist–hip ratio preferences among psychopathic and nonpsychopathic child molesters and normal controls.* Poster presented at the 22nd Annual Conference of the Association for the Treatment of Sexual Abusers, St. Louis, MO.

Rice, M. E., Chaplin, T. C., Harris, G. T., & Coutts, J. (1994). Empathy for the victim and sexual arousal among rapists and nonrapists. *Journal of Interpersonal Violence, 9,* 435–449.

Rice, M. E., & Harris, G. T. (1995). Violent recidivism: Assessing predictive validity. *Journal of Consulting and Clinical Psychology, 63,* 737–748.

Rice, M. E., & Harris, G. T. (1997). Cross-validation and extension of the Violence Risk Appraisal Guide for child molesters and rapists. *Law and Human Behavior, 21,* 231–241.

Rice, M. E., & Harris, G. T. (2002). Men who molest their sexually immature daughters: Is a special explanation required? *Journal of Abnormal Psychology, 111,* 329–339.

Rice, M. E., & Harris, G. T. (2003). The size and signs of treatment effects in sex offender therapy. In R. A. Prentky, E. S. Janus, & M. C. Seto (Eds.), *Annals of the New York Academy of Sciences: Vol. 989. Sexually coercive behavior: Understanding and management* (pp. 428–440). New York: New York Academy of Sciences.

Rice, M. E., Harris, G. T., & Cormier, C. A. (1992). An evaluation of a maximum-security therapeutic community for psychopaths and other mentally disordered offenders. *Law and Human Behavior, 16,* 399–412.

Rice, M. E., Harris, G. T., Lang, C., & Cormier, C. A. (2006). *Sexually violent offenses: How are they best measured from official records of charges and convictions?* Manuscript submitted for publication.

Rice, M. E., Quinsey, V. L., & Harris, G. T. (1991). Sexual recidivism among child molesters released from a maximum security psychiatric institution. *Journal of Consulting and Clinical Psychology, 59,* 381–386.

Ridley, M. (1995). *The red queen: Sex and the evolution of human nature.* New York: Penguin Books.

Riegel, D. L. (2004). Effects on boy-attracted pedosexual males of viewing boy erotica [Letter to the editor]. *Archives of Sexual Behavior, 33*, 321–323.

Rimm, M. (1995). Marketing pornography on the information superhighway: A survey of 917,410 images, descriptions, short stories, and animations downloaded 8.5 million times by consumers in over 2000 cities in forty countries, provinces, and territories. *Georgetown Law Review, 83*, 1849–1934.

Rind, B., Tromovitch, P., & Bauserman, R. (1998). A meta-analytic examination of assumed properties of child sexual abuse using college samples. *Psychological Bulletin, 124*, 22–53.

Rispens, J., Aleman, A., & Goudena, P. P. (1997). Prevention of child sexual abuse victimization: A meta-analysis of school programs. *Child Abuse & Neglect, 21*, 975–987.

Roberts, C. F., Doren, D. M., & Thornton, D. (2002). Dimensions associated with assessments of sex offender recidivism risk. *Criminal Justice and Behavior, 29*, 569–589.

Robertson, C., Beech, T., & Freemantle, N. (2005, November). *The influence of individual study design when evaluating psychological treatment for sex offenders: A meta-analysis.* Poster session presented at the 24th Annual Conference of the Association for the Treatment of Sexual Abusers, Salt Lake City, UT.

Robinson, D. (1995). *The impact of cognitive skills training on post-release recidivism among Canadian federal offenders* (Research Rep. No. R-41). Ottawa, Ontario, Canada: Correctional Service of Canada.

Robinson, M.-C., Rouleau, J.-L., & Madrigano, G. (1997). Validation of penile plethysmography as a psychophysiological measure of the sexual interests of adolescent sex offenders/Validation de la pléthysmographie pénienne comme mesure psychophysiologique des intérêts sexuels des agresseurs adolescents. *Revue Québécoise de Psychologie, 18*, 111–124.

Roese, N. J., & Jamieson, D. W. (1993). Twenty years of bogus pipeline research: A critical review and meta-analysis. *Psychological Bulletin, 114*, 363–375.

Romero, J. J., & Williams, L. M. (1983). Group psychotherapy and intensive probation supervision with sex offenders: A comparative study. *Federal Probation, 47*, 36–42.

Rooth, G. (1973). Exhibitionism, sexual violence and paedophilia. *British Journal of Psychiatry, 122*, 705–710.

Rosenbloom, M. L., & Tanner, J. (1998). Misuse of Tanner puberty stages to estimate chronological age. *Pediatrics, 102*, 1494.

Rosenmerkel, S. P. (2001). Wrongfulness and harmfulness as components of seriousness of white-collar crimes. *Journal of Contemporary Criminal Justice, 17*, 308–327.

Rösler, A., & Witztum, E. (1998). Treatment of men with paraphilia with long-acting analogue of gonadotropin-releasing hormone. *New England Journal of Medicine, 338*, 416–422.

Rouweler-Wuts, L. (1976). *Pedofielen in contact of conflict met de samenleving* [Pedophiles in contact or conflict with society]. Deventer, the Netherlands: Van Loghum Slaterus.

Rowe, D. C. (2002). *Biology and crime*. Los Angeles: Roxbury Publishing.

Roys, D. T., & Roys, P. (2001). *Protocol for phallometric assessment: A clinician's guide*. Brandon, VT: Safer Society Press.

Ryan, G., Lane, S., Davis, J., & Isaac, C. (1987). Juvenile sex offenders: Development and correction. *Child Abuse & Neglect, 11,* 385–395.

Ryan, G., Miyoshi, T. J., Metzner, J. L., Krugman, R. D., & Fryer, G. E. (1996). Trends in a national sample of sexually abusive youths. *Journal of the American Academy of Child & Adolescent Psychiatry, 35,* 17–25.

Sadoff, R. L., Roether, H. A., & Peters, J. J. (1971). Clinical measure of enforced group psychotherapy. *American Journal of Psychiatry, 128,* 224–227.

Salter, D., McMillan, D., Richards, M., Talbot, T., Hodges, J., Bentovim, A., et al. (2003). Development of sexually abusive behaviour in sexually victimised males: A longitudinal study. *The Lancet, 361,* 471–476.

Sanchez, M. M., Hearn, E. F., Do, D., Rilling, J. K., & Herndon, J. G. (1998). Differential rearing affects corpus callosum size and cognitive function of rhesus monkeys. *Brain Research, 812,* 38–49.

Sandfort, T. G. M. (1992). "The world is bursting with adults, so I'm always glad to see a little girl": A young woman's account of her paedo-erotic interests. *Paidika: The Journal of Paedophilia, 2,* 65–75.

Sandfort, T., Brongersma, E., & Van Naerssen, A. (1990). Man–boy relationships: Different concepts for a diversity of phenomena. *Journal of Homosexuality, 20,* 5–12.

Savin-Williams, R. C., & Diamond, L. M. (2000). Sexual identity trajectories among sexual-minority youths: Gender comparisons. *Archives of Sexual Behavior, 29,* 607–627.

Sax, M., & Deckwilz, S. (Eds.). (1992). Special women's issue. *Paidika: The Journal of Paedophilia, 8.*

Schell, B. H., Martin, M. V., Hung, P. C. K., & Rueda, L. (2006). Cyber child pornography: A review paper of the social and legal issues and remedies—And a proposed technological solution. *Aggression and Violent Behavior, 12,* 45–63.

Schieffelin, E. (1976). *The source of the lonely and the burning of the dancers*. New York: St. Martin's Press.

Schild, M. (1988). The irresistible beauty of boys: Middle Eastern attitudes about boy-love. *Paidika: The Journal of Paedophilia, 1,* 37–48.

Schram, D., & Milloy, C. (1995). *Community notification: A study of offender characteristics and recidivism* (Research Rep. 95-10-1101). Olympia, WA: Washington State Institute for Public Policy.

Scott, C. L., & Holmberg, T. (2003). Castration of sex offenders: Prisoners' rights versus public safety. *Journal of the American Academy of Psychiatry and the Law, 31,* 502–509.

Scott, J., Grange, T., & Robson, T. (2006). *MAPPA–The first five years: A national overview of the Multi-Agency Public Protection Arrangements 2001–2006*. London, England: National Offender Management Service. Retrieved May 2, 2007, from http://www.probation.homeoffice.gov.uk/files/pdf/MAPPA%20-%20The%20First%20Five%20Years.pdf

Seemanova, E. (1971). A study of children of incestuous matings. *Human Heredity, 21*, 108–128.

Sell, R. L., Wells, J. A., & Wypij, D. (1995). The prevalence of homosexual behavior and attraction in the United States, the United Kingdom and France: Results of national population-based samples. *Archives of Sexual Behavior, 24*, 235–248.

Serin, R. C., Mailloux, D. L., & Malcolm, P. B. (2001). Psychopathy, deviant sexual arousal and recidivism among sexual offenders: A psycho-culturally determined group defense. *Journal of Interpersonal Violence, 16*, 234–246.

Seto, M. C. (2001). The value of phallometry in the assessment of male sex offenders. *Journal of Forensic Psychology Practice, 1*, 65–75.

Seto, M. C. (2002). Precisely defining pedophilia. *Archives of Sexual Behavior, 31*, 498–499.

Seto, M. C. (2003). Interpreting the treatment performance of sex offenders. In A. Matravers (Ed.), *Managing sex offenders in the community: Contexts, challenges, and responses* (pp. 125–143). London: Willan.

Seto, M. C. (2004). Pedophilia and sexual offenses involving children. *Annual Review of Sex Research, 15*, 321–361.

Seto, M. C. (2005). Is more better? Combining actuarial risk scales to predict recidivism among adult sex offenders. *Psychological Assessment, 17*, 156–167.

Seto, M. C. (2007). Treatment of pedophilia. In G. O. Gabbard (Ed.), *Gabbard's treatments of psychiatric disorders* (4th ed., pp. 657–669). Washington, DC: American Psychiatric Publishing.

Seto, M. C. (in press). Psychophysiological assessment of paraphilic sexual interests. In E. Janssen (Ed.). *The psychophysiology of sex*. Bloomington: University of Indiana Press.

Seto, M. C., & Barbaree, H. E. (1993). Victim blame and sexual arousal to rape in rapists and nonoffenders. *Annals of Sex Research, 6*, 167–183.

Seto, M. C., & Barbaree, H. E. (1995). The role of alcohol in sexual aggression. *Clinical Psychology Review, 15*, 545–566.

Seto, M. C., & Barbaree, H. E. (1997). Sexual aggression as antisocial behavior: A developmental model. In D. Stoff, J. Breiling, & J. D. Maser (Eds.), *Handbook of antisocial behavior* (pp. 524–533). New York: Wiley.

Seto, M. C., & Barbaree, H. E. (1999). Psychopathy, treatment behavior and sex offender recidivism. *Journal of Interpersonal Violence, 14*, 1235–1248.

Seto, M. C., Cantor, J. M., & Blanchard, R. (2006). Child pornography offenses are a valid diagnostic indicator of pedophilia. *Journal of Abnormal Psychology, 115*, 610–615.

Seto, M. C., & Eke, A. W. (2005). The future offending of child pornography offenders. *Sexual Abuse: A Journal of Research and Treatment, 17*, 201–210.

Seto, M. C., Harris, G. T., Rice, M. E., & Barbaree, H. E. (2004). The Screening Scale for Pedophilic Interests and recidivism among adult sex offenders with child victims. *Archives of Sexual Behavior, 33,* 455–466.

Seto, M. C., & Kuban, M. (1996). Criterion-related validity of a phallometric test for paraphilic rape and sadism. *Behaviour Research and Therapy, 34,* 175–183.

Seto, M. C., & Lalumière, M. L. (2000). Psychopathy and sexual aggression. In C. Gacono (Ed.), *The clinical and forensic assessment of psychopathy: A practitioner's guide* (pp. 333–350). Mahwah, NJ: Erlbaum.

Seto, M. C., & Lalumière, M. L. (2001). A brief screening scale to identify pedophilic interests among child molesters. *Sexual Abuse: A Journal of Research and Treatment, 13,* 15–25.

Seto, M. C., & Lalumière, M. L. (2005). Conduct problems and juvenile sexual offending. In H. E. Barbaree & W. L. Marshall (Eds.), *The juvenile sex offender* (2nd ed., pp. 166–188). New York: Guilford Press.

Seto, M. C., & Lalumière, M. L. (2007). *What is so special about juvenile sexual offending? A review and test of explanations using meta-analysis.* Manuscript under review.

Seto, M. C., Lalumière, M. L., & Blanchard, R. (2000). The discriminative validity of a phallometric test for pedophilic interests among adolescent sex offenders against children. *Psychological Assessment, 12,* 319–327.

Seto, M. C., Lalumière, M. L., & Kuban, M. (1999). The sexual preferences of incest offenders. *Journal of Abnormal Psychology, 108,* 267–272.

Seto, M. C., Maric, A., & Barbaree, H. E. (2001). The role of pornography in the etiology of sexual aggression. *Aggression and Violent Behavior, 6,* 35–53.

Seto, M. C., Murphy, W. D., Page, J., & Ennis, L. (2003). Detecting anomalous sexual interests among juvenile sex offenders. In R. A. Prentky, E. S. Janus, & M. C. Seto (Eds.), *Annals of the New York Academy of Sciences: Vol. 989. Sexually coercive behavior: Understanding and management* (pp. 118–130). New York: New York Academy of Sciences.

Seto, M. C., & Quinsey, V. L. (2006). Toward the future: Translating basic research into prevention and treatment strategies. In C. J. Patrick (Ed.), *Handbook of psychopathy* (pp. 589–601). New York: Guilford Press.

Shapiro, C. M., Trajanovic, N. N., & Fedoroff, J. P. (2003). Sexsomnia—A new parasomnia? *Canadian Journal of Psychiatry, 48,* 311–317.

Shepher, J. (1983). *Incest: A biosocial view.* New York: Academic Press.

Shidlo, A., & Schroeder, M. (2002). Changing sexual orientation: A consumers' report. *Professional Psychology: Research and Practice, 33,* 249–259.

Silbert, S. M., & Pines, A. M. (1982). Early sexual experience as an influence in prostitution. *Social Work, 28,* 285–289.

Silverman, I., & Bevc, I. (2004). Evolutionary origins and ontogenetic development of incest avoidance. In B. J. Ellis & D. F. Bjorklund (Eds.), *Origins of the social mind: Evolutionary psychology and child development* (pp. 292–313). New York: Guilford Press.

Simkins, L., Ward, W., Bowman, S., & Rinck, C. M. (1989). The Multiphasic Sex Inventory: Diagnosis and prediction of treatment response in child sexual abusers. *Annals of Sex Research, 2,* 205–226.

Simon, L. M. J. (1997). Do criminal offenders specialize in crime types? *Applied and Preventive Psychology, 6,* 35–53.

Simourd, D. J. (1997). The Criminal Sentiments Scale—Modified and Pride in Delinquency Scale: Psychometric properties and construct validity of two measures of criminal attitudes. *Criminal Justice and Behavior, 24,* 52–70.

Simourd, D. J., & Van de Ven, J. (1999). Assessment of criminal attitudes: Criterion-related validity of the Criminal Sentiments Scale—Modified and Pride in Delinquency Scale. *Criminal Justice and Behavior, 26,* 90–106.

Simourd, L., & Andrews, D. (1994). Correlates of delinquency: A look at gender differences. *Forum on Corrections Research, 6,* 26–31.

Singh, D. (1993). Adaptive significance of female physical attractiveness: Role of waist-to-hip ratio. *Journal of Personality and Social Psychology, 65,* 293–307.

Sjöstedt, G., & Långström, N. (2001). Actuarial assessment of sex offender recidivism risk: A cross-validation of the RRASOR and the Static-99 in Sweden. *Law and Human Behavior, 25,* 629–645.

Sjöstedt, G., Långström, N., Sturidsson, K., & Grann, M. (2004). Stability of modus operandi in sexual offending. *Criminal Justice and Behavior, 31,* 609–623.

Skilling, T. A., Quinsey, V. L., & Craig, W. M. (2001). Evidence of a taxon underlying serious antisocial behavior in boys. *Criminal Justice and Behavior, 28,* 450–470.

Smallbone, S. W. (2006). An attachment-theoretical revision of Marshall and Barbaree's integrated theory of the etiology of sexual offending. In W. L. Marshall, Y. M. Fernandez, L. E. Marshall, & G. A. Serran (Eds.), *Sexual offender treatment: Controversial issues* (pp. 93–107). West Sussex, England: Wiley.

Smallbone, S. W., & Dadds, M. R. (1998). Childhood attachment and adult attachment in incarcerated adult male sex offenders. *Journal of Interpersonal Violence, 13,* 555–573.

Smallbone, S. W., & McCabe, B. (2003). Childhood attachment, childhood sexual abuse, and onset of masturbation among adult sexual offenders. *Sexual Abuse: A Journal of Research and Treatment, 15,* 1–10.

Smallbone, S. W., & Wortley, R. K. (2004). Criminal diversity and paraphilic interests among adult males convicted of sexual offenses against children. *International Journal of Offender Therapy and Comparative Criminology, 48,* 175–188.

Smiljanich, K., & Briere, J. (1996). Self-reported sexual interest in children: Sex differences and psychosocial correlates in a university sample. *Violence and Victims, 11,* 39–50.

Smith, G., & Fischer, L. (1999). Assessment of juvenile sexual offenders: Reliability and validity of the Abel Assessment for Interest in Paraphilias. *Sexual Abuse: A Journal of Research and Treatment, 11,* 207–216.

Smith, P., & Waterman, M. (2004). Processing bias for sexual material: The emotional Stroop and sexual offenders. *Sexual Abuse: A Journal of Research and Treatment, 16*, 163–171.

Smith, T. P. (1994). Effects of the child's relative age, appearance, and attractiveness on vulnerability to pedosexual interactions. *Dissertation Abstracts International, 54* (12), 6472B. (UMI No. 9413603)

Snyder, H. N. (2000, July). *Sexual assault of young children as reported to law enforcement: Victim, incident, and offender characteristics* (Rep. NCJ 182990). U.S. Department of Justice, Bureau of Justice Statistics, Office of Justice Programs. Retrieved February 15, 2006, from http://www.ojp.usdoj.gov/bjs/pub/pdf/saycrle.pdf

Socarides, C. W. (1991). Adult–child sexual pairs: Psychoanalytic findings. *Journal of Psychohistory, 19*, 185–189.

Spelman, W. (2000). The limited importance of prison expansion. In A. Blumstein & J. Wallman (Eds.), *The crime drop in America* (pp. 97–129). Cambridge, England: Cambridge University Press.

Spiering, M., Everaerd, W., & Laan, E. (2004). Conscious processing of sexual information: Mechanisms of appraisal. *Archives of Sexual Behavior, 33*, 369–380.

Spitzer, R. C., & Wakefield, J. L. (2002). Why pedophilia is a disorder of sexual attraction—At least sometimes. *Archives of Sexual Behavior, 31*, 499–500.

Stathopulu, E., Hulse, J. A., & Canning D. (2003). Difficulties with age estimation of Internet images of South-East Asian girls. *Child Abuse Review, 12*, 46–67.

Stermac, L., & Segal, Z. (1989). Adult sexual contact with children: An examination of cognitive factors. *Behavior Therapy, 20*, 573–584.

Stirman, S. W., Crits-Christoph, P., & DeRubeis, R. J. (2004). Achieving successful dissemination of empirically supported psychotherapies: A synthesis of dissemination theory. *Clinical Psychology: Science and Practice, 11*, 343–359.

Stoléru, S., Grégoire, M.-C., Gérard, D., Decety, J., Lafarge, E., Cinotti, L., et al. (1999). Neuroanatomical correlates of visually evoked sexual arousal in human files. *Archives of Sexual Behavior, 28*, 1–21.

Stone, M. H., & Thompson, E. H. (2001). Executive function impairment in sexual offenders. *Journal of Individual Psychology, 57*, 51–59.

Sugarman, P., Dumughn, C., Saad, K., Hinder, S., & Bluglass, R. (1994). Dangerousness in exhibitionists. *Journal of Forensic Psychiatry, 5*, 287–296.

Sullivan, C. (2005). *Internet traders of child pornography: Profiling research* (Research Rep.). Auckland, New Zealand: Department of Internal Affairs. Retrieved April 25, 2007, from http://www.dia.govt.nz/pubforms.nsf/URL/Profilingupdate2.pdf/ $file/Profilingupdate2.pdf

Swets, J. A. (1988, June 3). Measuring the accuracy of diagnostic systems. *Science, 240*, 1285–1293.

Swets, J. A., Dawes, R. M., & Monahan, J. (2000). Psychological science can improve diagnostic decisions. *Psychological Science in the Public Interest, 1*, 1–26.

Symons, D. (1979). *The evolution of human sexuality.* New York: Oxford University Press.

Tannahill, R. (1980). *Sex in history*. New York: Stein & Day.

Tanner, J. (1978). *Foetus into man: Physical growth from conception to maturity*. Cambridge, MA: Harvard University Press.

Tanner, J. M., & Davies, P. S. (1985). Clinical longitudinal standards for height and weight velocity for North American children. *Journal of Pediatrics, 107*, 317–329.

Taylor, M., Holland, G., & Quayle, E. (2001). Typology of paedophile picture collections. *Police Journal, 74*, 97–107.

Taylor, M., & Quayle, E. (2003). *Child pornography: An Internet crime*. New York: Brunner-Routledge.

Teicher, M. H., Dumont, M. L., Ito, Y., Vaituzis, C., Giedd, J. N., & Andersen, S. L. (2004). Childhood neglect is associated with reduced corpus callosum area. *Biological Psychiatry, 56*, 80–85.

Templeman, T. L., & Stinnett, R. D. (1991). Patterns of sexual arousal and history in a "normal" sample of young men. *Archives of Sexual Behavior, 20*, 137–150.

Tetley, D. (2007, May 3). *Pedophile payout: Victims group outraged as U of L pays excons to explain lure of child sex*. Retrieved May 9, 2007, from http://www.canada.com/calgaryherald/news/story.html?id=a758a694-599e-4bc1-844d-4e1cda58fb7a&k=28295

Thomas, F., Renaud, F., Benefice, E., De Meeüs, & T. Geugan, J.- F. (2001). International variability of ages at menarche and menopause: Patterns and main determinants. *American Journal of Human Biology, 73*, 271–290.

Thornhill, N. (Ed.). (1993). *The natural history of inbreeding and outbreeding*. Chicago: University of Chicago Press.

Tierney, D. W., & McCabe, M. P. (2001). An evaluation of self-report measures of cognitive distortions and empathy among Australian sex offenders. *Archives of Sexual Behavior, 30*, 495–519.

Treat, T. A., McFall, R. M., Viken, R. J., & Kruschke, J. K. (2001). Using cognitive science methods to assess the role of social information processing in sexually coercive behavior. *Psychological Assessment, 13*, 549–563.

Trevethan, S., Crutcher, N., & Moore, J. (2002). *A profile of federal offenders designated as dangerous offenders or serving long-term supervision orders* (Research Rep. No. R-125). Ottawa, Ontario, Canada: Correctional Service of Canada.

Trivers, R. L. (1972). Parental investment and sexual selection. In B. Campbell (Ed.), *Sexual selection and the descent of man 1871–1971* (pp. 136–179). Chicago: Aldine-Atherton.

United Nations. (2006). *Report of the independent expert for the United Nations study on violence against children*. Retrieved October 31, 2006, from http://www.violencestudy.org/IMG/pdf/English.pdf

U.S. Department of Justice, Office of Justice Programs, Bureau of Justice Statistics. (2006). *Criminal offenders statistics*. Retrieved January 13, 2007, from http://www.ojp.usdoj.gov/bjs/crimoff.htm#sex

U.S. Postal Inspection Service. (2002). *2002 annual report of investigations: Child exploitation*. Retrieved February 22, 2005, from http://www.usps.com/postalinspectors/ar02/ar02_04.pdf

Van den Berghe, P. L. (1979). *Human family systems: An evolutionary view*. New York: Elsevier.

Varela, D., & Black, D. W. (2002). Pedophilia treated with carbamazepine and clonazepam. *American Journal of Psychiatry, 159*, 1245–1246.

Vermeiren, R., Schwab-Stone, M., Ruchkin, V., De Clippele, A., & Deboutte, D. (2002). Predicting recidivism in delinquent adolescents from psychological and psychiatric assessment. *Comprehensive Psychiatry, 43*, 142–149.

Verona, E., & Sachs-Ericsson, N. (2005). The intergenerational transmission of externalizing behaviors in adult participants: The mediating role of childhood abuse. *Journal of Consulting and Clinical Psychology, 73*, 1135–1145.

Vlachos, F. M., & Karapetsas, A. B. (1999). A developmental study of handedness in Down syndrome pupils. *Perceptual and Motor Skills, 88*, 427–428.

Wakefield, J. C. (1992). The concept of mental disorder: On the boundary between biological facts and social values. *American Psychologist, 47*, 373–388.

Waldrop, M. F., & Halverson, C. F. (1971). Minor physical anomalies and hyperactive behavior in young children. In J. Hellmuth (Ed.), *Exceptional infant* (pp. 343–381). New York: Brunner/Mazel.

Walsh, W. A., & Wolak, J. (2005). Nonforcible Internet-related sex crimes with adolescent victims: Prosecution issues and outcomes. *Child Maltreatment, 10*, 260–271.

Ward, T., & Beech, A. (2005). An integrated theory of sexual offending. *Aggression and Violent Behavior, 11*, 44–63.

Ward, T., & Marshall, W. L. (2004). Good lives, aetiology, and the rehabilitation of sex offenders: A bridging theory. *Journal of Sexual Aggression, 10*, 153–169

Ward, T., Polaschek, D., & Beech, A. R. (2006). *Theories of sexual offending*. Chicester, England: Wiley.

Ward, T., & Siegert, R. J. (2002). Toward a comprehensive theory of child sexual abuse: A theory knitting perspective. *Psychology, Crime, and Law, 9*, 197–248.

Ward, T., & Stewart, C. A. (2003). The treatment of sex offenders: Risk management and good lives. *Professional Psychology: Research and Practice, 34*, 353–360.

Ward, T., Yates, P. M., & Long, C. (2006). *The self-regulation model of the offense and relapse process: Vol. 2. Treatment*. Victoria, British Columbia, Canada: Pacific Psychological Assessment Corporation.

Webster, C. D., Harris, G. T., Rice, M. E., Cormier, C., & Quinsey, V. L. (1994). *The violence prediction scheme: Assessing dangerousness in high risk men*. Toronto, Ontario, Canada: Centre of Criminology.

Weinberg, M. S., Williams, C. J., & Calhan, C. (1995). "If the shoe fits . . .": Exploring male homosexual foot fetishism. *Journal of Sex Research, 32*, 17–27.

Weinrott, M. R., & Saylor, M. (1991). Self-report of crimes committed by sex offenders. *Journal of Interpersonal Violence, 6*, 286–300.

Weinstein, D. D., Diforio, D., Schiffman, J., Walker, E., & Bonsall, R. (1999). Minor physical anomalies, dermatoglyphic asymmetries, and cortisol levels in adolescents with schizotypal personality disorder. *American Journal of Psychiatry, 156,* 617–623.

Weisz, J. R., Weersing, V. R., & Henggeler, S. W. (2005). Jousting with straw men: Comment on Westen, Novotny, and Thompson-Brenner (2004). *Psychological Bulletin, 131,* 418–426.

Welham, C. V. J. (1990). Incest: An evolutionary model. *Ethology and Sociobiology, 11,* 97–111.

Westen, D., Novotny, C. M., & Thompson-Brenner, H. (2004). The empirical status of empirically supported psychotherapies: Assumptions, findings, and reporting in controlled clinical trials. *Psychological Bulletin, 130,* 631–663.

Westermarck, E. A. (1921). *The history of human marriage* (5th ed.). London: Macmillan. (Original work published 1891)

Wheeler, D. L. (1997). The relationship between pornography usage and child molesting. *Dissertation Abstracts International, 57* (08), 3691A. (UMI No. 9701739)

White, H. R. (1997). Alcohol, illicit drugs, and violence. In D. M. Stoff, J. Breiling, & J. D. Maser (Eds.), *Handbook of antisocial behavior* (pp. 511–523). New York: Wiley.

Widom, C. S. (1995). *Victims of childhood sexual abuse: Later criminal consequences* (NCJ 151525). Washington, DC: U.S. Department of Justice. Retrieved May 1, 2007, from http://www.ncjrs.gov/pdffiles/abuse.pdf

Widom, C. S., & White, H. R. (1997). Problem behaviors in abused and neglected children grown up: Prevalence and co-occurrence of substance abuse, crime and violence. *Criminal Behaviour and Mental Health, 7,* 287–310.

Wiederman, M. W. (1997). Extramarital sex: Prevalence and correlates in a national survey. *Journal of Sex Research, 34,* 167–174.

Wiederman, M. W. (2002). Reliability and validity of measurement. In M. W. Wiederman & B. E. Whitley Jr. (Eds.), *Handbook for conducting research on human sexuality* (pp. 25–50). Mahwah, NJ: Erlbaum.

Wiegel, M., Abel, G. G., & Jordan, A. (2003, October). *The self-reported behaviors of female child abusers.* Paper presented at the 22nd Annual Conference of the Association for the Treatment of Sexual Abusers, St. Louis, MO.

Wille, R., & Beier, K. M. (1989). Castration in Germany. *Annals of Sex Research, 2,* 103–133.

Williams, G. C. (1996). *Adaptation and natural selection.* Princeton, NJ: Princeton University Press.

Williams, L. M., & Finkelhor, D. (1995). Paternal caregiving and incest: Test of a biosocial model. *American Journal of Orthopsychiatry, 65,* 101–113.

Wilson, E. O. (1998). *Consilience: The unity of knowledge.* New York: Knopf.

Wilson, G. D., & Cox, D. N. (1983). *The child-lovers: A study of paedophiles in society.* London: Peter Owen.

Wilson, M., & Daly, M. (1985). Competitiveness, risk-taking, and violence: The young male syndrome. *Ethology and Sociobiology, 6,* 59–73.

Wilson, M., & Daly, M. (1987). Risk of maltreatment of children living with step-parents. In R. J. Gelles & J. B. Lancaster (Eds.), *Child abuse and neglect: Biosocial dimensions* (pp. 215–232). New York: Aldine de Gruyter.

Wilson, R. J., Abracen, J., Picheca, J. E., Malcolm, P. B., & Prinzo, M. (2003, October). *Pedophilia: An evaluation of diagnostic and risk management methods.* Paper presented at the 23rd Annual Research and Treatment Conference of the Association for the Treatment of Sexual Abusers, St. Louis: MO.

Wilson, R. J., Huculak, B., & McWhinnie, A. (2002). Restorative justice innovations in Canada. *Behavioral Sciences and the Law, 20,* 363–380.

Wilson, R. J., Picheca, J. E., & Prinzo, M. (2005). *Circles of Support & Accountability: An evaluation of the pilot project in South-Central Ontario* (Research Rep. No. R-168). Ottawa, Ontario, Canada: Correctional Service of Canada. Retrieved May 2, 2007, from http://www.csc-scc.gc.ca/text/rsrch/reports/r168/r168_e.pdf

Wolak, J., Finkelhor, D., & Mitchell, K. J. (2004). Internet-initiated sex crimes against minors: Implications for prevention based on findings from a national study. *Journal of Adolescent Health, 35,* 424–433.

Wolak, J., Finkelhor, D., & Mitchell, K. J. (2005). *Child-pornography possessors arrested in Internet-related crimes: Findings from the National Juvenile Online Victimization study.* Retrieved November 16, 2006, from http://www.unh.edu/ccrc/pdf/jvq/CV81.pdf

Wolak, J., Mitchell, K., & Finkelhor, D. (2003). *Internet sex crimes against minors: The response of law enforcement* (Research Rep.). Arlington, VA: National Center for Missing and Exploited Children. Retrieved November 17, 2006, from http://www.unh.edu/ccrc/pdf/jvq/CV70.pdf

Wolak, J., Mitchell, K. J., & Finkelhor, D. (2006). *Online victimization of youth: Five years later* (Research Rep.). Arlington, VA: National Center for Missing and Exploited Children. Retrieved November 17, 2006, from http://www.unh.edu/ccrc/pdf/CV138.pdf

Wolf, A. P. (1995). *Sexual attraction and childhood association: A Chinese brief for Edward Westermarck.* Stanford, CA: Stanford University Press.

World Health Organization. (1997). *The ICD-10 classification of mental and behavioural disorders: Clinical descriptions and diagnostic guidelines.* Geneva, Switzerland: Author.

Worling, J. R. (1995). Sexual abuse histories of adolescent male sex offenders: Differences on the basis of the age and gender of their victims. *Journal of Abnormal Psychology, 104,* 610–613.

Worling, J. R. (2001). Personality-based typology of adolescent male sexual offenders: Differences in recidivism rates, victim selection characteristics, and personal victimization histories. *Sexual Abuse: A Journal of Research and Treatment, 13,* 149–166.

Worling, J. R. (2006). Assessing sexual arousal with adolescent males who have offended sexually: Self-report and unobtrusively measured viewing time. *Sexual Abuse: A Journal of Research and Treatment, 18,* 383–400.

Worling, J. R., & Curwen, T. (2000). Adolescent sexual offender recidivism: Success of specialized treatment and implications for risk prediction. *Child Abuse & Neglect, 24*, 965–983.

Wortley, R., & Smallbone, S. (Eds.). (2006). *Situational prevention of sexual offenses against children*. Devon, England: Willan.

Wrangham, R., & Peterson, D. (1997). *Demonic males: Apes and the origins of human violence*. New York: Houghton Mifflin.

Wright, L. W., & Adams, H. E. (1994). Assessment of sexual preference using a choice reaction time task. *Journal of Psychopathology & Behavioral Assessment, 16*, 221–231.

Wright, L. W., & Adams, H. E. (1999). The effects of stimuli that vary in erotic content on cognitive processes. *Journal of Sex Research, 36*, 145–151.

Wright, P., Nobrega, J., Langevin, R., & Wortzman, G. (1990). Brain density and symmetry in pedophilic and sexually aggressive offenders. *Annals of Sex Research, 3*, 319–328.

Wurtele, S. K., Currier, L. L., Gillispie, E. I., & Franklin, C. F. (1991). The efficacy of a parent-implemented program for teaching preschoolers personal safety skills. *Behavior Therapy, 22*, 69–83.

Yeudall, L. T., & Fromm-Auch, D. (1979). Neuropsychological impairments in various psychopathological populations. In J. Gruzzelier & P. Flor-Henry (Eds.), *Hemisphere asymmetries of function in psychopathology* (pp. 401–428). Amsterdam, the Netherlands: Elsevier/North Holland Biomedical Press.

Zevitz, R. G., & Farkas, M. A. (2000). Sex offender community notification: Managing high risk criminals or exacting further vengeance? *Behavioral Sciences and the Law, 18*, 375–391.

Zolondek, S., Abel, G., Northey, W., & Jordan, A. (2001). The self-reported behaviors of juvenile sexual offenders. *Journal of Interpersonal Violence, 16*, 73–85.

Zucker, K. J. (Ed.). (2003). The politics and science of "reparative therapy" [Special issue]. *Archives of Sexual Behavior, 32*(5).

Zuckerman, M. (1971). Physiological measures of sexual arousal in the human. *Psychological Bulletin, 75*, 297–329.

찾아보기

ㄱ

가용성 추단법 193

가학증 31

간편 성범죄 재범 위험성 평가
194, 196

강간기호증 159

거짓말탐지 검사 43

경로이론 104

계리적 위험성 평가 192

계리적 위험성 평가척도 194

계리적 평가척도 193

공감능력의 결핍 117

관음증 159

구애과정 장애 33

구애장애의 이론 159

구조화된 임상적 판단 192

근친 메커니즘 167

근친상간 범죄자 164

근친상간의 회피 26, 167

ㄴ

낮은 자존감 106

내재적 민감화 137, 232

네피오필리아 12

노인성애자 12

노출증 159

ㄷ

다면적 성 평가 40

다윈의 진화론 26

대뇌 영상법 56

대인관계 106

대표성 추단법 193

동성애 152

동적 위험 요인 199

두부손상 145

ㅁ

매춘 72

모성 주산기 유대 169

물질남용 119

물품음란증 31, 231

미네소타 성범죄자 선별 도구-개정
판 197

민사적 감금제도 187, 193

ㅂ

반사회성 114, 189

반응성 원칙 258

범죄유발 욕구 256

변별 타당도 50

변태성욕 30

복장도착적 물품음란증 231

부모-자녀 간 애착 106

부모-자녀 간 애착문제 112, 119

부신피질기능항진 150

부정기 수용 246

비구조적 임상적 판단 191

비전형적 성적 기호 189

비접촉 성범죄 210

비행동주의적 치료 232

ㅅ

사이코패스 130

사춘기 13

사춘기 발달단계 14

사측면 이론 104

사회적 유능성 110, 115

상황적 예방 252

선택 반응 시간 검사 044

성도착증의 공병 151

성도착증의 유형 30

성매매 72

성범죄자 등록제도 245

성범죄자 위험성 평가 가이드 194

성범죄자의 지능 144

성범죄자 치료 225

성범죄자 치료의 효과 224

성범죄자 치료평가프로젝트 227

성범죄 재범 188

성적 가학증 159

성적 공상 질문지 40

성적 기호 카드소트 질문지 40

성적 발달 112, 120, 141

성폭력 범죄의 위험성 프로토콜 197

성폭력 위험-20 197

성학대 경험 109

성학대 예방 프로그램 247

세로토닌 147

세로토닌 재흡수 억제제 237

소아성애자 동호회 67

소아성애자 선별검사 42

소아성애자 선별척도 285

소아성애증 11, 110

소아성애증 유병률 15

신경발달상의 문제 143

신경심리검사 146

신상공개 245

신체미세기형 161

신체절단기호증 30

ㅇ

아동과의 성적 접촉에 대한 태도 116

아동기 부모-자녀 애착 109

아동기 성학대 113, 121, 138, 141

아동 성구매자 71

아동 성범죄 예방 248

아동 성범죄 이론 103

아동 성범죄자 85

아동의 취약성 128

아동 포르노 77

아동 포르노 범죄자 73

아동 포르노 소지자 75

아동 포르노와 아동 성범죄자 92

아동 포르노의 내용 94

아벨의 성적기호평가 289

약물치료 234

에페보필리아 12

여성 성범죄자 98

여성 소아성애자 98

연속적 시각제시 검사 45

예측 타당도 52

오프라벨 235

외과적 거세 225, 240

왼손잡이 152

용량-반응 관계 262

위약 235

위험성 원칙 257

위험성 평가 290

유죄 답변 협상 196

유죄 지식 검사 46

음경체적변동 검사 48, 286

응시 시간 측정 43, 289

이중 은폐법 235

인지왜곡 111

인지행동치료 226

인터넷 유인 범죄자 82

임상면담 38

ㅈ

자기공명이미지 146

자기보고 질문지 40

자기보고 편향 90

자기조절 접근 264

자위 재조건화 137

자위 재조건화 기법 231

잘못된 양성 오류 218

잘못된 음성 오류 219

재발방지 226

재범 봉쇄 모형 244

재범의 위험 요인 189

재범의 조작적 정의 215

적응 포괄도 164

적응 포괄도 이론 171

젊은 남성 증후군 27

접촉기회와 범행 175

접촉도착증 159

정서조절 곤란 111, 116

정신병리와 성범죄 132

정적 위험 요인 199

조건화 135

좋은 삶 접근 264

진화심리학 165

ㅊ

청소년기 제한형 125

청소년 성범죄자 124

초기 성적 발달 109

최적의 절단 점수 218

치료에서의 중도 탈락 266

친부 불확실성 177, 184

친족 아동에게만 국한된 근친상간
　성범죄자 164

ㅋ

클라크 성에 대한 개인력 질문지-
　개정판 40

ㅌ

탈억제 111, 117

텔레오필리아 12

통제 질문 검사 46

통합이론 104

ㅍ

평생 지속적 125

포만 기법 232

폭력 위험성 평가 194

폴리그래프 43, 46

프로그램 충실도 267

피학증 31, 159

필요성 원칙 258

ㅎ

행동치료 231

허리-엉덩이 비율 28

헤베필리아 12

혐오 기법 231

혐오 조건화 137

형벌과 관리감독 242

형제 출생순위 효과 153

기타

4측면 이론 105

AUC 198

Finkelhor의 4요인 이론 103

Moffitt의 발달적 분류법 125

ROC 218

SOTEP 227

Static-99 194, 197